Michael Kämper-van den Boogaart (Hrsg.)

DEUTSCH *DIDAKTIK*

Die Autorinnen und Autoren

Prof. a.D., Dr. phil., Dipl.-Päd. Jürgen Baurmann, Bergische Universität Wuppertal, ist Mitherausgeber von PRAXIS DEUTSCH und Mitglied des PEN-Zentrums Deutschland. Seine Arbeitsschwerpunkte sind: Schreiben und Schreibforschung, Verstehen von Texten, Fragen der Lehrerbildung (Fach Deutsch).

Dr. Gisela Beste ist Abteilungsleiterin im Landesinstitut für Schule und Medien Berlin-Brandenburg. Mehrere Jahre lang war sie Lehrerin und Fachbereichsleiterin am Gymnasium und außerdem in der Lehrerausbildung tätig.

Prof. Dr. Michael Kämper-van den Boogaart lehrt Neuere deutsche Literatur und Fachdidaktik Deutsch am Institut für deutsche Literatur der Humboldt-Universität. Er ist gegenwärtig deren Vizepräsident für Studium und Internationales.

Prof. Dr. Peter Klotz lehrte Didaktik der deutschen Sprache und Literatur an der Universität Bayreuth. Sein Arbeitsschwerpunkt ist jetzt Textwissenschaft.

Prof. Dr. Bodo Lecke ist emeritierter Professor der Universität Hamburg. Er lehrte Didaktik der deutschen Sprache und Literatur am Fachbereich Erziehungswissenschaften mit dem Schwerpunkt Literaturdidaktik, Didaktik der Massenkommunikation/Medienpädagogik.

Prof. Dr. Beate Lütke ist Juniorprofessorin und lehrt Fachdidaktik Deutsch/Sprachdidaktik am Institut für deutsche Literatur der Humboldt-Universität zu Berlin.

Prof. Dr. Ingelore Oomen-Welke lehrte Deutsche Sprache und Sprachdidaktik, zuletzt an der Päd. Hochschule Freiburg i. Br., mit Schwerpunkt Deutsch als Zweitsprache und Mehrsprachigkeit. Sie koordinierte grenzüberschreitende Projekte, war Vorsitzende des Fachverbandes „Symposion Deutschdidaktik" und leitend in der Selbstverwaltung der Hochschulen tätig.

Prof. Dr. Cornelia Rosebrock lehrt an der Johann-Wolfgang-Goethe-Universität Frankfurt am Main Neuere Deutsche Literaturwissenschaft mit den Schwerpunkten Literaturdidaktik, literarisches Lernen und Lesesozialisation. Sie ist Mitherausgeberin der Zeitschrift „Didaktik Deutsch".

Dr. Barbara Schubert-Felmy war Lehrbeauftragte für deutsche Literatur / Fachdidaktik Deutsch am Institut für deutsche Literatur der Humboldt-Universität zu Berlin. Sie arbeitet im Bereich Literaturdidaktik. .

Prof. Dr. Dr. h.c. Kaspar H. Spinner ist emeritierter Professor der Universität Augsburg. Er lehrte Didaktik der deutschen Sprache und Literatur.

Michael Kämper-van den Boogaart (Hrsg.)

DEUTSCH
DIDAKTIK

Praxishandbuch für die
Sekundarstufe I und II

Projektleitung: Gabriele Teubner-Nicolai, Berlin
Redaktion: Daniela Brunner, Düsseldorf
Umschlagkonzept/-gestaltung: Magdalena Krumbeck, Wuppertal
Layout/technische Umsetzung: LemmeDESIGN, Berlin
Bildnachweis:
S. 70: Zeichnung Stefan Giertzsch, Werder/Havel; S. 71: INTERFOTO © Sammlung Rauch

www.cornelsen.de

6. Auflage 2016

Die Links zu externen Webseiten Dritter, die in diesem Titel angegeben sind, wurden vor Drucklegung sorgfältig auf ihre Aktualität geprüft. Der Verlag übernimmt keine Gewähr für die Aktualität und den Inhalt dieser Seiten oder solcher, die mit ihnen verlinkt sind.

Druck: CPI – Clausen & Bosse, Leck

ISBN 978-3-589-16400-4

 Inhalt gedruckt auf säurefreiem Papier aus nachhaltiger Forstwirtschaft.

Inhalt

Einführung

Zur Neubearbeitung 2014

■ *Ermüdung aber ist so wenig zu besorgen, daß man vielmehr bei nichts so sehr auf gespannte Aufmerksamkeit rechnen kann. Auch wird ihr ausdrücklich vorgebeugt dadurch, daß der Lehrer sein Amt der Auseinandersetzung möglichst bald an die Schüler selbst abgiebt, – zaghaftern muß es freilich durch Fragen, deren leicht zu findende Beantwortung sie ermuthigt, gleichsam in die Hände gespielt werden, – ohne daß sie vom Interesse der Sache fortgerissen recht merken, zu was für einem Unternehmen sie sich eben anschicken. Der Lehrer begnüge sich dann nur den Abirrungen und Mißverständnissen zu begegnen, und aller sprachlichen Unbehülflichkeit durch ein rasches Eingreifen nachzuhelfen; denn Verwirrung, oder Stocken, das die Spannung stören würde, darf nicht eintreten. Würde aber doch einmal ein Nachlassen der Sammlung bemerkbar, so wird jeder Lehrer, der nicht überhaupt noch unfähig ist diesen allerdings nicht leichten Unterricht zu ertheilen, schon verstehen, durch eingestreute Aufwerfung interessanter Fragen, welche alle noch ihre Erledigung finden sollen, zum Theil wohl auch sogleich sie finden können, die Aufmerksamkeit in eine erhöhte Spannung zu versetzen, ohne doch zu eigentlichen Abschweifungen abzulenken* (HIECKE 1841, 176). ■

Diese Sätze finden sich in einem Band, der bereits im Jahr 1841 erschien. Auf seinem Titelblatt kann man lesen: „Der deutsche Unterricht auf deutschen Gymnasien. Ein pädagogischer Versuch. Robert Heinrich Hiecke, Corrector und Professor am Gymnasium zu Merseburg." Was im Zitat aufscheint, ist eine Vision gelungenen Deutschunterrichts, die bis heute ihre Gültigkeit bewahrt haben dürfte.

Da ist zunächst der günstig gewählte Lesestoff, der die Schüler in den Bann zieht – die Rede ist vom „Götz" und von den „Räubern". Diese Auswahl trägt nur ihre Früchte, wenn das Tempo der kommentierenden Lektüre geschickt bestimmt ist. Zu langsames, übertrieben statarisches Lesen lädiert nämlich die Konzentration der Leser. Dasselbe gilt für allzu dominante Instruktionen des Lehrers. Zu dessen Geschicken zählt zudem, schwächere und stärkere Schüler unterschiedlich zu behandeln, ohne sie dies unnötig merken zu lassen. Dies geschieht durch unscheinbare, aber raffiniert passgetreu eingestreute Fragen, die die unsicheren Leser wie von selbst auf die richtige Spur bringen. Droht trotzdem irgendwann ein kollektiver Spannungsabfall, ein Nachlassen der Konzentration, besitzt der Lehrer die professionelle Gabe, flexibel zu intervenieren. Durch das unangestrengte Aufwerfen alle interessierender Gedanken fesselt er die Schüler erneut – nicht an seine Person oder für eine dritte Sache, sondern mit Blick auf den poetischen Text und dessen gemeinsame Lektüre.

Dass HIECKE von einem „allerdings nicht leichten Unterricht" spricht, mag angesichts dieser Vision nicht allein unerfahrene Lehrkräfte trösten. HIECKES Schulwelt war zudem die des neuhumanistischen Gymnasiums, zu dem nur wenige Jugendliche Zugang fanden. Deren Freizeit wiederum wurde bestimmt von einer derart starken Faszination für Lesestoffe aller Art, dass die chronisch besorgten Zeitgenossen von Lesesucht und -krankheit sprachen. Dass die Lektüre des dramatischen Frühwerks von Goethe und Schiller auf durchaus enthusiastische Erwartungen stoßen wird, war mithin tatsächlich anzunehmen. Obgleich die Bedingungen des Deutschunterrichts zu HIECKES Zeiten offensichtlich andere als heute waren, lässt sich gleichwohl vermuten, dass der hier zitierte und empfohlene Unterrichtsverlauf bereits damals eher einem Ideal als der Wirklichkeit entsprach. Dafür spricht nicht zuletzt eine Fülle literarischer Dokumente, die den Typus des Deutschlehrers nicht eben in ein positives Licht rücken.

Von einer Diskrepanz zwischen den eigenen Versuchen, Sprache und Literatur zu lehren, und den Modellen, die sich in der fachdidaktischen Literatur jeweils als den zu erreichenden *state of the art* präsentieren, handeln auch bis heute viele Erzählungen aus dem Lehreralltag. Gerade in der Berufsanfangsphase wirkt diese Diskrepanz wie die Bestätigung des eigenen professionellen Unvermögens und als solche dürfte sie neue Unsicherheit provozieren. Nicht zuletzt zu deren Abwehr dient die reziproke Verarbeitung derselben Differenzerfahrung. Hierbei richtet sich die Skepsis nicht gegen die eigene Person, vielmehr werden die Abgehobenheit und Realitätsferne fachdidaktischer Richtigkeitsvorstellungen moniert: Was als fachdidaktische Norm guten Unterrichts kommuniziert werde, seien demnach reine Schönwetterkonzepte, die in den Sturmtiefen realen Unterrichtens besser zu vergessen seien. Beide Reaktionsweisen sind, gerade weil sie durchaus verständlich sind, kaum ermutigend, sobald es darum geht, die praktische Wirkung fachdidaktischer Literatur positiv zu taxieren. Schon deshalb macht es Sinn, die normativen Implikationen fachdidaktischer Verlautbarungen streng zu dosieren und handlungsanleitende Doktrinen mit Vorsicht und immanenter Skepsis zu kommunizieren.

Diesem Ansatz folgt auch die Neuauflage des seit 2003 verbreiteten *Leitfadens Deutsch-Didaktik*. Noch immer handelt es sich um das Produkt mehrerer Autorinnen und Autoren, die unterschiedliche Perspektiven auf das Unterrichten im Fach Deutsch einnehmen und den Leserinnen und Lesern ein letztlich pluralistisches Angebot unterbreiten. Es handelt sich dabei um die Offerte, das eigene Unterrichtshandeln auf der Basis aktueller Überlegungen der Fachdidaktik zu bedenken und reflexiv eigene Zielsetzungen zu entwickeln. Hierzu konzentriert sich der *Leitfaden* auf wesentliche Aspekte, die zum Teil in übergreifenden Kapiteln beleuchtet werden, er widmet sich wesentlich aber auch den curricularen sprach- und literaturdidaktischen Schwerpunkten der beiden Sekundarstufen. Dies alles geschieht im

Bewusstsein realer Grenzen. So wird vergleichsweise ausführlich auf die politischen Rahmenbedingungen des Deutschunterrichts eingegangen, die in Zeiten bundesweit geltender Bildungsstandards und koordinierter Anforderungen föderaler Zentralabiturprüfungen an Brisanz gewonnen haben. Auf ein kritisches Verständnis zielt gleichsam die parallele Beschäftigung mit dem Status fachdidaktischer Wissensangebote, in der die alte Frage nach der Vereinbarkeit normativer Handlungsorientierung und Wissenschaftlichkeit aufgegriffen wird. Dem Charakter eines der reflektierten Praxis zugewandten Einführungsbandes entspricht, dass es hierbei nicht um Ausflüge in eine abstrakte Wissenschaftstheorie geht, sondern primär darum, die Geltungsansprüche fachdidaktischer Kommentare realistisch zu bestimmen.

Zu einer entsprechend kritisch-aufgeschlossenen Lektüre laden dann auch sämtliche Kapitel dieses Bandes ein. Leserinnen und Leser, die bereits mit früheren Auflagen des *Leitfadens* gearbeitet haben, wird dabei auffallen, dass die neue Ausgabe konzentrierter daherkommt und thematische Überschneidungen da vermeidet, wo lediglich Redundanz entstanden wäre. Inhaltliche Revisionen gegenüber früheren Auflagen folgen einerseits den Weiterentwicklungen der fachdidaktischen Forschungsdiskussion, andererseits den veränderten Rahmenbedingungen des Deutschunterrichts, die nun insbesondere durch die KMK-Bildungsstandards für die Abiturphase bestimmt werden. Dass sich bei allen Aktualisierungen die Kernstruktur des Bandes nicht verändert hat, reflektiert die positive Resonanz, die der Leitfaden in den zurückliegenden Jahren erfahren hat. Natürlich hoffen wir, dass die Neubearbeitung bei ihren Leserinnen und Lesern auf ein ähnlich interessiertes Echo stößt.

Berlin, im Mai 2014
Michael Kämper-van den Boogaart

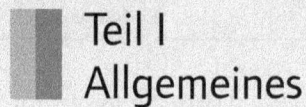

Teil I
Allgemeines

1 Der Deutschunterricht des Staates

MICHAEL KÄMPER-VAN DEN BOOGAART

1.1 Ein erster Problemaufriss

Wer bestimmt eigentlich, was im Deutschunterricht gelehrt und gelernt werden soll? Wohl jede Antwort auf diese Frage wird auf den Staat oder ein zuständiges Ministerium verweisen und von Lehrplänen oder staatlicher Lehrerausbildung handeln. Insofern scheint es sich um eine wenig interessante, da kaum umstrittene Frage zu drehen, die hier im ersten Kapitel des Leitfadens traktiert werden soll. Indes, so ganz klar ist die Sache dann doch nicht. Zwar sind alle Verweise auf den Staat, genauer: auf die Bundesländer und auf die Kultusministerkonferenz, zutreffend. Aber auch wenn die Zuständigkeit des Staates für den Unterricht an öffentlichen Schulen und für schulische Abschlüsse insgesamt nicht zur Disposition steht, ergibt sich doch die Nachfrage, ob der Staat tatsächlich kontrollieren kann, was in den Klassenzimmern oder gar in den Köpfen von Schülerinnen und Schülern passiert. Letztlich hängen ganz viele publizistisch ausgetragenen Kontroversen um den Zustand unserer Schulen mit dem Problem zusammen, dass niemand einfach einen Hebel umlegen und damit den Schulunterricht ändern kann. Vorgaben können zwar binnen kurzer Zeit geändert werden, aber das zeigt nicht zwangsläufig Wirkungen. Ändern sich die Vorschriften zum Beispiel in rascher Folge, wächst die Wahrscheinlichkeit, dass viele, für die diese Vorgaben gelten, sie gar nicht mehr zur Kenntnis nehmen. Und selbst wenn Lehrkräfte lesen, was gemäß neuer Vorschriften die ihnen anvertrauten Schülerinnen und Schüler lernen sollen, ist es höchst ungewiss, ob das auch so verstanden wird, wie es die vorgebende Autorität intendierte. Ein solches Kommunikationsproblem resultiert nicht aus einer notorischen Borniertheit der Vorschriften lesenden Lehrkräfte, sondern daraus, dass gerade im Deutschunterricht viele Erwartungen zwar normativen Charakters, aber nicht normierbar sind. Was zum Beispiel hieße es, wenn Schülerinnen und Schüler lernen sollten, ein Überblickswissen zur deutschen Literaturgeschichte vom Barock bis zur Gegenwart aufzubauen? Ist dieses Ziel bereits erreicht, wenn sie durch den Lehrer gelernt haben, dass „Barock jedenfalls vor der Aufklärung" kommt? Man muss das hier nicht weiter durchspielen und auch nicht noch heiklere Formulierungen in den Blick nehmen, um das Problem als ein letztlich nicht lösbares fassen zu können. Dabei ist das Dilemma der mangelnden Eindeutigkeit allgemeiner Informationen nicht das einzige: Aus der Perspektive der Adressaten stellt sich bei allen Vorgaben stets die Frage der Machbarkeit: Lässt sich das seitens meiner Schüler lernen? Nimmt man mir das ab? Ist dafür die nötige Zeit vorhanden? Sind notwendige Medien, zum Beispiel Bücher, am Platz? usw. Gewinnt man in der Praxis das Gefühl, die Umsetzung staatlicher Vorgaben sei vor Ort in der Regel nicht machbar, und wird dieses Gefühl von den Kollegen bestätigt, dann lässt sich der Autoritätsverlust selbst der klarsten Vorgaben vorstellen. Um Phänomene wie diese wird es also in diesem Kapitel gehen, mithin um Fragen, die man auch dem Thema Governance zuschlagen könnte.

Beginnen wir unsere Sichtung solcher Governance-Herausforderungen beim klassischen Medium staatlicher Vorgaben für den Fachunterricht: dem Lehrplan. Unter einem Lehrplan versteht man in Deutschland die Kodifikation von Unterrichtsinhalten und Unterrichtszielen. Im öffentlichen Schulwesen wird diese in Form von Verwaltungsvorschriften durch die Kultusministerien der Länder vorgenommen.[1] Die Strukturen der Kodifikation unterscheiden sich: In der Regel werden Inhalte und Ziele für die einzelnen Unterrichtsfächer vorgegeben, aber auch Angaben zu fach- und fächerübergreifenden Projekten gemacht sowie der Beitrag des Faches für allgemeine Bildungsziele ausgewiesen. Ein weiterer Unterschied der Kodifikation betrifft die Differenzierung nach Jahrgangsstufen. Häufig werden die einzelnen Klassenstufen als Einheit betrachtet, zuweilen werden Doppeljahrgangsstufen, also z. B. die Klassen 7 und 8, als Einheiten zusammengefasst.

Didaktisch wohl gravierender ist die Art, wie Lernziele und Lerninhalte oder Stoffe in Beziehung zueinander gesetzt werden. Stärker *lernerorientiert* aufgebaute Lehrpläne, wie sie heute anzutreffen sind, akzentuieren die zu entwickelnden Kompetenzen der Schüler; stärker *stofforientierte* Lehrpläne bestehen in einer Abfolge von Lernstoffen, die zumeist einer etablierten Fachsystematik folgen. Die Differenz drückt sich bereits in der sprachlichen Kodierung aus: Während lernerorientierte Pläne bemüht sind, die Ziele und die Praxis des Unterrichts in verbalisierter Form wiederzugeben, tendieren stofforientierte Lehrpläne zu einem knappen Nominalstil. In der einen Variante häufen sich Formulierungen wie die folgende: „Die Schü-

---

[1]   Mittlerweile ist dies die Regel.

lerinnen und Schüler erfassen im Gespräch über Differenzerfahrungen die je eigenen Lesehaltungen." In der anderen Variante heißt es eher (und knapper): „Kenntnisse einschlägiger Interpretationsverfahren". Man sollte sich allerdings nicht täuschen lassen: Oft genug lässt sich auch eine stofforientierte Lehrplanung durch sprachliche Tricks als lernerorientierte verkaufen. Im Übrigen ist es nicht ausgemacht, ob oder in welchem Maße sich die Fixierung von Kompetenzerwerbsprozessen von Inhalten – im Sinne von Lernstoff – trennen lässt (siehe unten).

Die unterschiedlichen Ausprägungen der Kodifikation, die den Ansatzpunkt kontrastiver Lehrplananalysen bieten können, lassen darauf schließen, welche Rolle der pädagogischen Autonomie beigemessen wird. Lehrpläne, die zum Beispiel keine Differenzierung der Schulformen kennen, können naturgemäß nur weiter gefasste Orientierungen geben. In diesem Fall spricht man von *Rahmenplänen* und meint damit, dass die Pläne lediglich einen allgemeinen Rahmen setzen, der für weitere Planungsaktivitäten vor Ort Raum lässt.

1.2   Streit um den Lehrplan: Die Entstehung eines Kernfachs höherer Bildung

Auch wenn es Schulpläne und andere Edikte der Obrigkeit zur Organisation des Schulwesens bereits deutlich früher gab, wurden staatliche Regulationsbestrebungen intensiviert durch die Etablierung des Abiturs in seiner Funktion als allgemeine Hochschulzugangsberechtigung.

Seit 1832 setzte sich das Abitur als notwendige und hinreichende Eintrittskarte zum Besuch einer Universität durch. Im Vorfeld wurden das Gymnasium und sein Fächergefüge über Lehrpläne, die zunächst die Form von Mustervorgaben hatten, mehr oder weniger standardisiert. Zuvor schon sorgten die Ausbildungsvorgaben für Gymnasiallehrer – Universitätsstudium, Staatsprüfungen – und einheitliche Prüfungsanforderungen (1812 entsprechend ausgearbeitet) für eine Angleichung der Bildungsinstitute. Konnten die staatlichen Mustervorgaben (Preußen) zunächst noch nach Bedingungen vor Ort variiert werden, engte sich der Gestaltungsspielraum für Kollegien und Gymnasialdirektoren nach 1850 erheblich ein.[2] Das Bildungsprofil des Gymnasiums wurde besonders durch die Stundentafel – die Verteilung der in den jeweiligen Klassenstufen zu gebenden Unterrichtsstunden auf die einzelnen Schulfächer – geprägt. 1812 war das Unterrichtsfach Deutsch wenig relevant für dieses gymnasiale Profil. In der 32-Stunden-Woche eines Primaners mach-

---

[2]   Vgl. TENORTH 2000, 146 ff. Zum Abitur vgl. durchgehend KÄMPER-VAN DEN BOOGAART 2012.

te es lediglich vier Stunden aus, während man sich wöchentlich acht Stunden mit dem Lateinischen und sieben Stunden mit dem Griechischen befasste.[3] 1856 blieben den rund 30 000 preußischen Gymnasiasten zwei Wochenstunden Oberstufenunterricht erspart, und das Fach Deutsch verringerte sich in den beiden Jahren der Prima auf drei Wochenstunden, während zumindest Latein seine Stundenzahl hielt. Für die männliche Bildungselite (bis 1908 blieb Frauen an Universitäten bestenfalls ein Gästestatus vorbehalten) stand, im Zeichen eines humanistischen Bildungsideals, die Altphilologie an erster Stelle.

Während das Gymnasium als Passage auf dem Weg zur Universität starker staatlicher Regulierung ausgesetzt war, konnten andere Schulen im städtischen Raum vergleichsweise frei operieren. Wer für seinen Nachwuchs kein Universitätsstudium plante, dem boten Realschulen eine Bildungsversorgung, welche den Ansprüchen etwa einer kaufmännischen Karriere durchaus entsprach und überdies Zeit sparte. Die relative Autonomie gegenüber dem Staat verflüchtigte sich allerdings, als auch diese Bürgerschulen[4] darauf drangen, dass ihre Abschlüsse zu weiteren Bildungsgängen – dem Studium bestimmter Fächer – berechtigen sollten. In der Konkurrenz zwischen den auf Realien und den auf humanistische Themen ausgerichteten Schulen entwickelte sich ein lange währender öffentlicher Disput, der auch Lehrplanfragen ins Zentrum weltanschaulicher Kontroversen des Kaiserreichs rückte. Bekannt wurde diese Kontroverse als *Humanismus-Realismus-Streit* oder gar als *Schulkrieg*. Seine mit großer öffentlicher Aufmerksamkeit bedachten Austragungsorte waren drei Schulkonferenzen (1873, 1890, 1900), infolge derer das Gymnasium einer Lehrplanreform unterzogen und die Abiturprüfungen von Gymnasium, Oberrealschule und Realgymnasium als Universitätszugangsberechtigungen einander gleichgestellt wurden.[5] Eine prominente Rolle spielte in dieser Entwicklung der Auftritt Kaiser Wilhelms II. auf der Schulkonferenz von 1890. Der Monarch attackierte zum Schrecken vieler Teilnehmer das zeitgenössische Gymnasium wegen seiner Präferenz für die Antike und ihre Sprachen und forderte energisch, Fächern wie Sport, Neuerer Geschichte sowie Deutsch größere Aufmerksamkeit zu widmen. So nahm er einerseits Klagen über eine Verkrustung der höheren Bildung auf und spielte die

---

[3]   Die komplette Stundentafel aus dem Lehrplan des preußischen Gymnasiums von 1812 lässt sich z. B. bei TENORTH 1994, 16 einsehen.

[4]   1882 hatten sich mit der Oberrealschule und dem Realgymnasium zwei Schultypen mit einer deutlichen Anwartschaft auf weiterführende Bildung profiliert. Besonders die Oberrealschule gab sich mit einer Dominanz der mathematisch-naturwissenschaftlichen Fächer als klare Alternative zum Gymnasium. Diese Umgewichtung wurde als stärkere Praxisorientierung und mithin als Fortschritt verbucht.

[5]   Der entsprechende Beschluss galt 1900 zunächst nur für Preußen. Die anderen Länder zogen jedoch nach, sodass 1908 von einer formalen Gleichberechtigung der konkurrierenden Abschlüsse gesprochen werden kann. Vgl. RINGER 1987, 53 f.

bis heute populäre Modernisierungskarte aus. Andererseits drang er darauf, das Gymnasium in die weltanschauliche, sprich, nationale Pflicht zu nehmen.

■ *Wilhelm II., Eröffnungsansprache auf der Schulkonferenz von 1890:*
Wer selber auf dem Gymnasium gewesen ist und hinter die Kulissen gesehen hat, der weiß, wo es da fehlt. Und da fehlt es vor allem an der nationalen Basis. Wir müssen als Grundlage für das Gymnasium das Deutsche nehmen; wir sollen nationale junge Deutsche erziehen und nicht junge Griechen und Römer. Wir müssen von der Basis abgehen, die jahrhundertelang bestanden hat, von der alten klösterlichen Erziehung des Mittelalters, wo das Lateinische maßgebend war und ein bißchen Griechisch dazu. Das ist nicht mehr maßgebend, wir müssen das Deutsche Reich zur Basis machen. Der deutsche Aufsatz muß der Mittelpunkt sein, um den sich alles dreht. Wenn einer im Abiturientenexamen einen tadellosen deutschen Aufsatz liefert, so kann man daraus das Maß der Geistesbildung des jungen Mannes erkennen und beurteilen, ob er etwas taugt oder nicht (zit. nach: GIESE 1961, 197). ■

Die kaiserliche Argumentation zielte wesentlich auf eine Aufwertung des Deutschunterrichts im Stundenplan. Inhaltlich stand dieser bereits im Dienst der national-pädagogischen Aufgabe, vor allem durch die Hineinnahme einer „Geschichte der vaterländischen Literatur" – so das von 1834 bis 1882 gültige preußische Abiturreglement (FRANK 1976, I/280). Angesichts der vergleichsweise geringen Stundenzahl führte die verordnete Beschäftigung mit Grundzügen der an der deutschen Klassik justierten Literaturgeschichte bald zur Überfrachtung. Der Kontakt der Schüler mit den einzelnen Texten werde, so die vielfach formulierte Kritik an der Schulpraxis, im Unterricht nahezu unmöglich gemacht.

Auf solche Einwände reagierte der Staat mit Lehrplanrevisionen. 1882 zielten diese zum Beispiel darauf, eine herrschende Tendenz im Umgang mit Literatur zurückzudrängen: Literarische Texte sollten nicht unnötig zergliedert werden. Stattdessen setzte man auf das Auswendiglernen ausgewählter Literatur („Besonderes Werthvolles aus der classischen Dichtung des eigenen Volkes"). Als „nationale Pflicht jedes Gebildeten" sollte es gelten, einen entsprechenden „unverlierbaren Schatz im Gedächtnis zu bewahren" (FRANK 1976, I/311). Ebenso bewegt gestalteten sich die Debatten um die Beschäftigung mit dem Mittelhochdeutschen. Was zunächst unter dem Aspekt der Nationalerziehung und als Orientierung an einer germanistischen Philologie als schulisch bedeutsam aufgebaut wurde, fiel der preußischen Lehrplanrevision 1882 wieder zum Opfer. Unter Hinweis auf die knappen Zeitressourcen sollte der Unterricht im Mittelhochdeutschen eingestellt und die mittelalterliche Literatur auszugsweise in Übersetzungen studiert werden. 1901 wurde nach heftigem Disput die Revision bereits wieder revidiert: Das Nibelungenlied kehrte unübersetzt zurück in den gymnasialen Deutschunterricht Preußens.

Die Position des Deutschunterrichts auf der Stundentafel, Hintergrundproblem vieler Debatten, änderte sich erst 1925 gravierend. Ausgangspunkt hierfür war eine Denkschrift des preußischen Kultusministeriums zur „Neuordnung des preußischen Schulwesens" von 1924. Für die Zielsetzung des Deutschunterrichts galt hier die Maxime: „Im deutschen Unterricht sollen die Schüler lernen, deutsch zu reden und zu schreiben, deutsch zu fühlen, zu denken und zu wollen" (HEGELE 1996, 40). In den bereits existierenden Formen höherer Bildungsanstalten gewann der so verstandene Deutschunterricht gegenüber Latein an Terrain. Als weit revolutionärer wurde die Einführung einer weiteren Schulform wahrgenommen: Die sogenannte Deutsche Oberschule, für zukünftige Volksschullehrer gedacht, bot weder Latein noch Griechisch an und stellte Deutsch, Geographie und Moderne Geschichte in den Vordergrund. Dass mit Ausnahme von Bayern alle deutschen Länder den Abschluss an dieser Oberschule als Zugangsberechtigung für ein Universitätsstudium anerkannten, rief die Empörung namentlich des Verbandes der Deutschen Hochschulen hervor. Vehement attackierte diese Interessenvertretung von Universitätsprofessoren jeden Versuch, das Kapital einer klassischen Bildung in seinem Wert zu schmälern.[6]

Die historischen Beispiele sollten zeigen, dass die Diskussionen über die Lehrpläne höherer Bildungsanstalten von Beginn an unterschiedlichen Ansprüchen folgten. Zentral ist wegen der Bedeutung des Abiturs als Hochschulzugangsberechtigung das von den Universitätsprofessoren bis heute eingeforderte Kriterium der *Studierfähigkeit*. Dass solche Studierfähigkeit nicht nur für altphilologische Fächer lange Zeit mit einer klassischen, nämlich durch gründliche Kenntnisse des Griechischen und Lateinischen ausgezeichneten Bildung identifiziert wurde, zeigt, worum es hierbei auch ging (und geht): das eigene Renommee, das Kapital einer spezifischen Form von Gelehrsamkeit. Wie bereits der Disput um das Gymnasium und sein Monopol zeigte, kann ein konkurrierender Maßstab der Lehrplan- und Schulkritik der utilitaristische Anspruch auf *Wirtschaftlichkeit* sein. Lehrpläne und Stundentafeln werden daraufhin gesichtet, ob das durch sie repräsentierte Bildungsprofil den gegenwärtigen und zukünftigen Erfordernissen des qualifizierten Berufslebens bzw. den Rekrutierungsinteressen der Industrie entspricht.

Insbesondere für den Deutschunterricht sind es zudem *politische Interessen,* die auf Lehrpläne einwirken. So war bereits die Entstehung eines höheren Schulfaches Deutsch mit nationalerzieherischen Ansätzen verwoben, die ihre traurige Zuspitzung in der Konstruktion eines deutschkundlichen Unterrichts fanden.[7] *Pädagogi-*

---

[6]   Vgl. RINGER 1987, 71 ff.
[7]   Vgl. KÄMPER-VAN DEN BOOGAART 2010a.

sche Einlassungen stehen in den öffentlichen Auseinandersetzungen zumeist im Kontext umfassenderer Diskurse, was sich bereits durch das Problem erklärt, den allgemein beanspruchten Bildungsbegriff semantisch zu laden.

Die heftigste Auseinandersetzung über solche Ladung ereignete sich in der Geschichte der Bundesrepublik 1973 in Hessen. Mit hoher Medienresonanz wurden von konservativer Seite die 1972 vorgelegten Entwürfe für Rahmenrichtlinien der Sekundarstufe I insbesondere in den Fächern Gesellschaftslehre und Deutsch attackiert. Was gab den Anlass zu Veranstaltungstiteln wie „Freiheit oder Kulturrevolution" oder zu einer CDU-Broschüre „Marx statt Rechtschreibung"?[8] 1965 legte der Pädagoge und Theologe Georg Picht seine Schrift „Die deutsche Bildungskatastrophe" vor, in der er den Nachweis führte, dass die Bundesrepublik auf dem besten Weg sei, in der internationalen Konkurrenz der zukunftsichernden Bildungssysteme abzustürzen. Angesichts der drohenden Perspektive, mit zu wenig akademisch ausgebildeten Arbeitskräften Zukunftsaufgaben nicht bewältigen zu können, wurden die Rufe nach grundlegenden Reformen im Bildungssystem lauter. Auch im sozialdemokratisch, dann sozialliberal geführten Hessen geriet eine deutliche Modernisierung des Schulsystems auf die politische Agenda. Gedacht war an die Entwicklung einer Gesamtschule, um Kindern benachteiligter Schichten den Zugang zur Hochschule zu erleichtern – und auch an eine Umstrukturierung der aus dem Jahr 1957 stammenden Lehrpläne, die – lernzielorientiert – den veränderten gesellschaftlichen Bedingungen und wissenschaftlichen Erkenntnissen angepasst werden sollten. Wie so häufig warf die Koordination beider Maßnahmen erhebliche Probleme auf: Das dreigliedrige Schulsystem konnte bestenfalls langfristig verändert werden; eine Lehrplanrevision schien hingegen rasch machbar zu sein. Da der neue Lehrplan aber auch zu der zu entwickelnden Gesamtschule passen sollte, kam nur das Format eines *Rahmen*plans (s. o.) in Frage. Engagiert in dem Bestreben, Kinder aus benachteiligten Schichten zu fördern und ihre Lebenswelt, ihren sprachlichen Habitus zu berücksichtigen, stellte die Lehrplankommission viel von dem zur Disposition, was bislang als zumindest gymnasialer Bildungskanon galt. Negiert wurde zum Beispiel, „dass der Deutschunterricht [...] dem Erwerb spezieller literarischer Kenntnisse oder der Einführung in einen nationalen Kanon wertvoller Dichtung dienen soll".[9] Deutlich relativiert wurde zudem die Bedeutung orthographischer Leistungen. Unter dem Einfluss der kritischen Diskussion um den Soziolinguisten BASIL BERNSTEIN, der Ende der 1950er-Jahre mit der Distinktion eines schichtabhängigen elaborierten bzw. restringierten Sprachcodes aufwartete, sollte der

---

[8]   Vgl. CHRIST u. a. 1974.
[9]   CHRIST u. a. 1974, 103.

Zusammenhang zwischen sprachlicher Performanz und Herrschaft problematisiert werden. Neben „Konflikt" und „Kritik" spielte in der Semantik der Rahmenrichtlinien das deutschdidaktische Zauberwort „Kommunikation" eine herausragende Rolle.

Auf Ablehnung stieß der Plan nicht nur bei der CDU und den konservativen Medien; vor allem die gymnasiale Klientel – Eltern- wie Lehrerverbände – beteiligte sich wirkungsvoll an der Kampagne. Studiert man die Dokumente dieser Debatte, lässt sich abschätzen, wie massiv ein kulturelles Kapital verteidigt wurde, das gymnasial kodifiziert ist. Höchst aufschlussreich ist auch die selbstkritische und detailreiche Innensicht, die die Erinnerungen von Hubert Ivo, dem damaligen Sprecher der Kommission, bieten.[10]

1.3 Funktionen und Wirkung(sschwäch)en der Lehrplangenerationen vor PISA

Werden Lehrpläne Gegenstände öffentlicher Debatten, zeigt sich, dass diese Texte in starkem Maße Legitimationsfunktionen erfüllen sollen. Der Staat benutzt Lehrpläne, um der Öffentlichkeit zu signalisieren, was in seinem Namen in der Schule zu geschehen hat. Unter diesem Aspekt sind Lehrpläne papierner Ausdruck von Bildungspolitik. Bildungspolitische Maßnahmen sind meist gefragt, wenn der öffentliche Eindruck entsteht, dass mit der nachwachsenden Generation etwas verkehrt laufe. Dabei kann es sich um Fragen des Wirtschaftsstandortes (Humankapital), der kulturellen Integration (soziale Identität) oder um Probleme der Volksgesundheit (Drogen, Überernährung) handeln. In einer solchen Situation fragen Kritiker öffentlichkeitswirksam und konservativ: *Lernt man das etwa nicht mehr in der Schule* (z. B.: Gedichte auswendig, Pünktlichkeit)? Oder man erhebt die progressiv klingende Klage: *Wieso wird das noch nicht in der Schule gelernt* (z. B.: App-Programmierung oder Datenschutz in sozialen Netzwerken)? Die verantwortliche Bildungspolitik reagiert, zumal im Vorfeld von Wahlen, auf solche Anwürfe tunlichst problembewusst.[11] Entweder kann sie zeigen, dass eigentlich alles in Ordnung ist, weil die Lehrpläne die vermeintlichen Leerstellen gar nicht aufweisen. Oder die Politik gibt sich energisch und reformbereit. In diesem Fall wird der Unterricht auf dem Papier verändert, indem die Lehrpläne um etwas Neues oder Altes ergänzt werden. In beiden Fällen wirkt die Annahme, dass tatsächlich so etwas wie ein

---

[10] Ivo 2002, 267 ff.
[11] Vgl. hierzu auch den satirischen Beitrag von MARTIN SPIEWAK: Der undankbarste Job meines Lebens. In: *Die Zeit* Nr. 12 vom 13. 03. 2008, 33 f.

Abbildverhältnis zwischen Lehrplänen und Unterricht bestehe. Mit anderen Worten: Unterstellt wird, man könne mit Lehrplänen Schule und Lehrerhandeln steuern und verändern (s. o.).

Die Lehrplanarbeit organisieren zumeist Landesinstitute im Auftrag der Kultusministerien. Dort wird ein allgemeiner Rahmen entwickelt, der allen Fachplänen ein gemeinsames Profil geben und einen vergleichbaren Aufbau ermöglichen sollte. Auf der Basis dieser Festlegungen werden in für den Außenstehenden eher undurchsichtigen Entscheidungsprozessen Kommissionen gebildet, denen neben den Landesbediensteten in jedem Fall Lehrer der betreffenden Schulform angehören sollten. Hinzu kommen in der Regel noch wissenschaftliche Berater, vorrangig Fachdidaktiker aus der Universität. In Hearings mit Lehrern, Funktionsträgern, Schulbuchverlegern u. a. werden die Pläne in Entwurfsform vorgestellt und kritisiert. Stellungnahmen von Verbänden und Parteien gehen ein und zwingen die Kommissionen über ministeriellen Druck zu Überarbeitungen. Fehlendes wird von Interessengruppen eingeklagt und dann in die immer praller werdenden Listen eingefügt. Besonders anfällig sind hierfür die Literaturlisten der Deutschlehrpläne, obgleich diese in den meisten Bundesländern nur unverbindliche Empfehlungen darstellen.

Für den Erfolg der Lehrplanarbeit entscheidend ist der Prozess der Implementation, der im günstigsten Fall noch während der Erarbeitungsphase einsetzt. Hier kommt es darauf an, Kollegien zu interessieren und zu beteiligen, Fortbildungen zu organisieren und öffentliche Diskussionsforen, etwa im Internet, einzurichten. In diesem Zusammenhang wird häufig moniert, dass in vielen Ländern die Lehrplanautoren anonym bleiben. Dies erwecke den Eindruck, dass die Pläne ohne Lehrerbeteiligung in der Ministerialbürokratie entstanden seien – für viele ein komfortables Argument, um Pläne vorab als praxisferne Vorschriften in der Schublade verschwinden zu lassen.

Dass in der Bundesrepublik, aber auch in der Schweiz sehr viele Lehrpläne koexistieren, ist nicht selten Anlass zu Klagen gewesen. Die Etablierung bundesweiter Bildungsstandards (s. u.) beschreibt hier in jüngerer Zeit eine gegenläufige Tendenz, die allerdings den für die Pluralität der Vorschriften verantwortlichen Bildungsföderalismus keineswegs untergraben soll. Bereits vor den Versuchen, über nationale Standards die Unterrichtsziele in den einzelnen Bundesländern zu harmonisieren, gab es indes länderübergreifende Vereinbarungen. Diese betreffen namentlich Rahmenbedingungen, die durch Beschlüsse der KMK gesetzt werden. Für das Fach am bedeutsamsten dürften die Verständigungen der Kultusminister über die Fachstundenminima in den einzelnen Schulstufen und -arten (Stundentafel) sein. Dass es in der Gewichtung der Unterrichtsfächer international immer noch deutliche Differenzen gibt, verdeutlichen die Datenreports der OECD (2013), *Bildung auf einen Blick 2013: OECD-Indikatoren*, W. Bertelsmann Verlag, Germany/Academic Foundation, 446). Betrachtet man für die Sekundarstufe I das prozentuale Verhältnis der Unterrichtszeit für das muttersprachliche Lesen und Schreiben (L1) einerseits und die für Fremdsprachen (L2) aufgewandte Zeit andererseits, zeigen sich die folgenden Unterschiede:

	L1	L2
Deutschland	14	15
UK	13	08
Japan	11	10
Finnland	12	16
Kanada	19	07
OECD-Durchschnitt	16	14

Die KMK-Vereinbarung über die Schularten und Bildungsgänge in der Sekundarstufe I v. 03. 12. 1993 i. d. F. vom 04. 10. 2012 legt für die Klassen 5 bis 10 eine Wochenstundenzahl von 22 für den zum Mittleren Schulabschluss führenden Bildungsgang fest.

Für die Sekundarstufe II heißt es in der aktuellen Variante der KMK-Vereinbarung zur Gestaltung der gymnasialen Oberstufe in der Sekundarstufe II vom 07. 07. 1972 i. d. F. vom 06. 06. 2013:

■ *Die Fächer Deutsch, Mathematik und Fremdsprache werden mindestens dreistündig unterrichtet. Fächer mit erhöhtem Anforderungsniveau werden mindestens vierstündig unterrichtet. Bei diesen vierstündig unterrichteten Fächern ist das Erreichen des erhöhten Anforderungsniveaus entsprechend zu sichern. [...] Die Schülerinnen und Schüler müssen mindestens zwei Fächer mit erhöhtem Anforderungsniveau mindestens fünfstündig oder mindestens drei Fächer mit erhöhtem Anforderungsniveau mindestens vierstündig belegen [...]. Davon ist eines entweder Deutsch, eine Fremdsprache, Mathematik oder eine Naturwissenschaft.*
Das Weitere regeln die Länder in eigener Zuständigkeit. ■

Man sieht an diesen Formulierungen, dass es nicht leicht ist, die unterschiedlichen Akzente der Bundesländer in ein auf den ersten Blick kohärentes Modell zu übersetzen. Doch kehren wir lieber zurück zu der oben aufgeworfenen Frage nach der Akzeptabilität und Steuerungsleistung von Lehrplänen:

In einer empirischen Untersuchung haben VOLLSTÄDT u. a. im Zeitraum zwischen 1994 und 1997 erforscht, wie an hessischen Schulen in der Sekundarstufe I mit alten und mit frisch revidierten Lehrplänen umgegangen wird (VOLLSTÄDT u. a. 1999, 81). Ihre Ergebnisse sprechen eine deutliche Sprache.

So äußerten 1994 in einer Repräsentativbefragung 26 % aller befragten Deutschlehrer, seit mehr als zwei Jahren nicht mehr in die zu diesem Zeitpunkt seit 14 Jahren geltenden Rahmenrichtlinien geschaut zu haben. Gleichzeitig beurteilten 24 % der Deutschlehrer ihre Kenntnis der Richtlinien als „nicht gut" oder „schlecht" (VOLLSTÄDT u. a. 1999, 82).

1997 erschienen neue Rahmenpläne, die zumindest eine Erwartung der 1994 befragten Lehrer einlösten: Im Vergleich zu den Vorgängern waren sie knapp gehalten. 88 % der 1997 Befragten hatten sich kurz nach Erscheinen in Fachkonferenzen mit dem Plan beschäftigt, und 70 % gaben an, dass bereits die schulinternen Jahrespläne auf den neuen Rahmenplan umgestellt seien (VOLLSTÄDT u. a. 1999, 106 f.). 64 % sahen in den neuen Plänen eher eine Verbesserung. Diese Ergebnisse scheinen auf den ersten Blick den Erfolg der hessischen Lehrplanpolitik widerzuspiegeln. Diesem Eindruck widerspricht aber schon die Repräsentativbefragung. Während in Fächern wie Deutsch didaktisch entscheidende Zäsuren bereits durch die Rahmenrichtlinien 1980 gesetzt wurden, fanden gravierende Veränderungen im Fach Chemie erst im Zuge der 1997 in Kraft getretenen Rahmenpläne statt. Offensichtlich vor diesem Hintergrund votierten 55 % der gymnasialen Chemielehrer dafür, lieber mit den bisherigen Rahmenrichtlinien weiterzuarbeiten (VOLLSTÄDT u. a. 1999, 122).

Der Eindruck, Lehrpläne stießen besonders dann auf Akzeptanz in den Lehrerzimmern, wenn sie zu keinerlei Veränderungen führen, bestätigte sich in der Tendenz bei parallel durchgeführten Fallstudien an einzelnen Sekundarschulen. Trotz aller Unterschiede zeigte sich hier, dass die Pläne vor allem im Hinblick auf Übereinstimmungen mit bereits existierenden Stoffverteilungsplänen wahrgenommen wurden. Die allgemeineren didaktischen Hinweise dagegen erfuhren eher flüchtige Wahrnehmung und Würdigung – aber nur dann, wenn sie dem Selbstbild von der eigenen Lehrpraxis entsprachen. Bedenkt man, dass sich Stoffverteilungspläne von Deutsch-Fachkonferenzen häufig mit einer Auflistung der auf der jeweiligen Jahrgangsstufe zu lesenden Textsorten begnügen, erkennt man, wie minimal der faktische Einfluss von Lehrplaninnovationen ist.

Wie die Autoren der Studie selbst konstatieren, ist dieser Umstand auch nicht verwunderlich. Lehrer, die über einige Jahre Berufserfahrung verfügen, haben in aller Regel einen Planungsstil gefunden, der ihnen, wenn nicht als gut, so doch vor

Ort als einzig realistisch erscheint. Aus dieser Sicht gibt es für sie keinen Grund, dass ein Lehrplan ihre eigene Unterrichtspraxis tangieren sollte. Hilfreich ist der Lehrplan offenkundig vor allem als Lieferant übergreifender Zielformulierungen, die sich gegenüber Eltern und anderen als Legitimation benutzen lassen.

Über die geringe Wirksamkeit von Lehrplänen räsoniert auch der Erziehungswissenschaftler JÜRGEN OELKERS:

▉ *Das faktisch vermittelte Schulwissen kommt eklektisch zustande (Schwab, 1978), es muss sich auf je neue Situationen beziehen lassen, zugleich einen Identitätskern bewahren, ohne allzu große Anforderungen an Erneuerung stellen zu können. Die Aufgabe wird dadurch erleichtert, dass die Lehrkräfte nicht die gesamte Wissenskarriere von Schülern aufbauen, sondern immer nur Ausschnitte. Sie sehen, anders gesagt, immer Anfänger vor sich, die für eine bestimmte Lernperiode begleitet werden. Was Lehrkräfte vermitteln, ist darauf zugeschnitten, die Innovationsrate ist begrenzt, bewährte Routinen haben eine hohe Wahrscheinlichkeit, beim nächsten Durchgang ähnlich erfolgreich zu sein wie beim vorhergehenden. Folien werden ausgetauscht, Kopien gewechselt, bestimmte Einstiege erneuert und Abschlüsse variiert, aber der [sic!] Wissenskorpus wird nicht ständig erneuert, auch weil die Lernenden nicht kontrollfähig sind oder wenigstens nicht dafür gehalten werden. Sie wechseln die Lehrkraft, aber sind an Bilanzen von Erfolg oder Misserfolg nicht beteiligt. Lehrkräfte unterrichten, wovon sie überzeugt sind. Lehrpläne werden geschrieben, aber nicht genutzt. Was Lehrkräfte überzeugt, ist nicht Lektüre, sondern Wirksamkeit. Routinen sind die Wiederholungen erfolgreicher Versuche, wobei die Kriterien für «Erfolg» oder «Misserfolg» sehr verschieden sein können [...].*[12] ▉

Für die Praxis viel gravierender als Lehrpläne selbst sind offensichtlich ihre Sekundäreffekte. Hierzu gehören die Schulbücher, deren Zulassung unter anderem von der Übereinstimmung mit dem Fachlehrplan des betreffenden Landes abhängt. Die Wirkung des Schulbuchs ist beachtlich, berücksichtigt man, dass es nicht nur in vielen Fächern das zentrale Unterrichtsmedium darstellt, sondern auch in der Vorbereitung von Unterricht neben wieder verwendeten Notizen von Lehrern am häufigsten eingesetzt wird.[13]

Gravierend sind selbstverständlich auch die Wirkungen, die von einer Veränderung der Zeitbudgets einzelner Fächer im Zuge veränderter Stundentafeln ausgehen. Dies gilt insbesondere, wenn es stimmt, dass „Stoff" und Zeit die wichtigsten Faktoren der Unterrichtsmodellation vor Ort sind. Nicht zu unterschätzen sind zudem die von den Beschlüssen der KMK ausgehenden Wirkungen. So haben die unter dem Kürzel EPA kursierenden „Einheitlichen Prüfungsanforderungen in der Abiturprüfung" bei aller Inkonsistenz ihrer systembedingten Kompromissformeln eine erhebliche Wirkung auf die praktisch wirksamen Vorstellungen fachlicher Qualifikationsanforderungen gehabt (DIEDERICH/TENORTH 1997, 158 f.). Wenn hier

---

[12] OELKERS 2006, 241–268, 255.
[13] Vgl. VOLLSTÄDT u. a. 1999, 86.

Aufgabenarten für das schriftliche Abitur festgeschrieben und exemplifiziert werden, wenn Erwartungshorizonte modellhaft skizziert und mithin erwartete Schülerleistungen am Beispiel konkretisiert werden, berührt dies die Arbeit in der gymnasialen Oberstufe erheblich. Man darf davon ausgehen, dass die neuen KMK-Standards für die Abiturphase mindestens dieselbe Wirkung haben werden (s. u.).

Dass Lehrpläne im Vergleich zu den anschaulichen Leistungserwartungen der EPA die Praxis von Lehrpersonen nur unerheblich oder lediglich sekundär beeinflussen, dürfte wesentlich mit der Dialektik von Steuerungs- und Legitimationsfunktion zu tun haben. Wenn die Macher der Hessischen Rahmenrichtlinien von 1972 (s. o.) notierten, dass der Aufwand, der für Orthographieunterricht betrieben würde, übertrieben sei, so agierten sie wohl realistisch und unrealistisch zugleich. Realistisch war der Hinweis wahrscheinlich für viele Lehrpersonen, die um den bescheidenen Langzeiterfolg von Rechtschreibtrainings im Peripheriebereich der berühmten orthographischen Ausnahmen wussten. Unrealistisch war aber wohl die Erwartung, dass Bildungspolitik damit durchkomme. Relativ unproblematisch ist es vordergründig, via Lehrplan dem Deutschunterricht neue Aufgaben zuzuweisen. Man wird schon mit Akzeptanz oder Sympathie beim Wahlvolk rechnen können, wenn man per Lehrplan die Behandlung audiovisueller Texte in den Aufgabenbereich des Deutschunterrichts delegiert. Besagte Sympathie verliert man aber rasch, fügt man hinzu, dass dafür natürlich die Klassikerlektüre einzuschränken sei. Folglich liegt es in der Logik der Legitimationsstrukturen staatlich verantworteter Schule, dass Lehrpläne im Zuge von Revisionen immer umfangreicher und damit für die Praktiker unrealistischer geraten. Um diesen Effekt geht es auch dem bereits zitierten OELKERS an anderer Stelle:

■ *Untersucht man staatliche Lehrpläne und dazugehörige Lehrmittel, dann ist vor allem eins ins Auge fallend, die Ästhetik der Spiegelstriche, die mit einem ‚et-cetera'-Hinweis enden, also noch beliebig verlängert werden könnten (Oelkers 2001, 7).[14]* ■

1.4 Steuerungspolitik nach PISA

1.4.1 Rückkehr der Curricula als Fachkerne

Bereits vor der Publikation der für die Bundesrepublik als verheerend eingeschätzten Resultate der PISA-Studie vor allem zur Erfassung von Lesekompetenz waren auch in der KMK offenkundig Bedenken laut geworden, mit der *Ästhetik der Spiegelstriche* weiterzumachen. Der Verdacht lautete, dass die so evozierte Unverbind-

---

[14] Vgl. auch OELKERS 1999.

lichkeit dazu führen könnte, dass die Diskrepanzen in der Realisierung zu groß geraten würden, dass ein Deutschkurs an einem Gymnasium in Landshut einem ganz anderen Fachverständnis folgen könnte als ein Deutschkurs in Bremen. Folglich gab die KMK[15] ausgewählten Experten den Auftrag, sich einmal zu überlegen, was den Kern ihres Faches in der gymnasialen Oberstufe ausmache. Betrachtet man die Expertisen, fällt – gerade für den Deutschunterricht – auf, dass den bildungspolitischen Erwartungen sehr vorsichtig begegnet wurde. Unter dem Strich wird man sagen dürfen, dass in den deutschdidaktischen Beiträgen mehr über die Schwierigkeiten, einen Fachkern herauszupräparieren, zu erfahren ist, als dass man dem geforderten Unterrichtskern näher kommt.

Natürlich ist die Rede vom Kern nicht zufällig: Gegen die *Ästhetik der Spiegelstriche* der Lehrpläne sollte steuerungspolitisch auf eine Kodifikation von Unterrichtsvorgaben gesetzt werden, die sich mit dem angelsächsischen Begriff *core curriculum* verbindet. Was ist damit gemeint?

Zunächst: das Wort *Curriculum* ist im deutschsprachigen Raum ein Vorläufer des Begriffs *Lehrplan*. Es bezeichnete im frühen 17. Jahrhundert „den Umfang des Wissens, das Heranwachsende angeeignet, d. h. gelernt haben müssen, wenn sie für ihr Leben und Arbeiten in der jeweiligen Gesellschaft vorbereitet sein sollen" (VOLLSTÄDT u. a. 1999, 12).

Wie noch in *Curriculum vitae* (Lebenslauf) sichtbar, impliziert der Gedanke an ein solches Wissen auch den Aspekt der Verlaufsform seines Erwerbs, also der zeitlichen Abfolge von Erwerbsschritten – oder mit dem Fachbegriff: den Gedanken der *Sequenzierung*. Anders als in den angelsächsischen Ländern trat in Deutschland seit dem 18. Jahrhundert der Begriff des Curriculums hinter die Rede vom Lehrplan zurück. In den 1960er-Jahren erlebte er ein Comeback, das auf den Versuch zurückging, die deutschen Schulen durch Importe US-amerikanischer Bildungspolitik zu reformieren. Curriculum wurde in dieser Diskussion zur missverständlichen Zauberformel einer grundlegenden Lehrplanrevision.[16] Während in den USA Theorien des Curriculums sich an einer vergleichsweise heterogen und pragmatisch strukturierten Schulwirklichkeit abarbeiteten, verband sich in der BRD auf der Basis ganz anderer Voraussetzungen mit Curriculumtheorie die Erwartung einer systemischen Interpretation „von Lernereignissen zur administrativen Schulpolitik mit wissenschaftlichen Mitteln".[17]

---

[15] Vgl. TENORTH 2001a.
[16] Vgl. den entscheidenden Titel dieser Diskussion bei ROBINSOHN 1969.
[17] Vgl. KÜNZLI 1991, 180–209, 194f.

„Curriculare Lehrpläne" transformierten *Lehrpläne* zu *Lernplänen,* indem sie etwa auch Unterrichtsverfahren und Lernzielkontrollen „wissenschaftlich" zu normieren suchten. Als Alternative zu diesen sogenannten geschlossenen Curricula, die dem Lehrer alle unterrichtlichen Entscheidungen vorgaben, wurden bald offene Curricula propagiert. Hier werden lediglich die Lernziele, nicht aber die Verfahren, sie zu erreichen, vorgegeben.

Auch wenn, etwa in der Lernzieldiskussion, Impulse entsprechender Curriculumtheorien [18] wirksam geblieben sind, handelt es sich doch um Konzepte aus einer bildungspolitischen Reformphase, deren Scheitern heute als irreversibel gilt. So lässt sich von Curriculum nun wieder reden, ohne die Theorien der späten 1960er-Jahre zu implizieren. Entsprechend verwischen sich die semantischen Unterschiede zwischen den Begriffen Lehrplan und Curriculum. Da der Begriff des Curriculums weniger an staatliche Planungen gebunden ist, wird er zuweilen für die Kennzeichnung eher ungeplanter Lernprozesse gebraucht oder für nicht kodifizierte Planungen beansprucht. So sprechen VOLLSTÄDT u. a. 1999 von Curricula mit Blick auf die schulische Ebene, also auf die Praxis, während der Begriff des Lehrplans der staatlichen Ebene vorbehalten bleiben soll (VOLLSTÄDT u. a. 1999, 13).

Das „BELTZ Lexikon Pädagogik"[19] legt beim Lemma ‚Curriculum' Wert auf die Feststellung, dass Curricula im Unterschied zu Lehrplänen nicht nur die „Programmseite" erfassten, sondern auch die „Rahmenbedingungen des Lernens und die intendierten Formen der Realisierung" thematisierten. Im Eintrag wird dann aber auch festgestellt: „Der Begriff C. wurde durch die Praxis seiner Verwendung eher diskreditiert."

Von dieser Diskreditierung ist der Begriff Kerncurriculum allerdings nicht affiziert. Hierzu heißt es:

■ *[T]heoretisch und politisch der Versuch, statt des Totums des Wünschenswerten den für alle Lernenden gesellschaftlich verbindlichen und für das Fach [...] sachlich notwendigen Bestand des Wissens und Könnens im Lehrplan zu fixieren und damit die schulisch zu vermittelnden Basiskompetenzen zu definieren (ebd.).* ■

Dass hier von „Versuch" die Rede ist, mag auch auf die Schwierigkeit verweisen, die es objektiv bereitet, zwischen Ansprüchen des Faches und dem, was gesellschaftlich, etwa als Grundbildung, legitimationsfähig sein soll, zu vermitteln. Trotz solcher in den KMK-Expertisen (TENORTH 2001a) dokumentierten Schwierigkeiten war

---

[18]   Zur Breite der Curriculumforschungen in den USA vgl. PINAR/REYNOLDS/SLATTERY/TAUBMAN 1996. Zur seit den 1940er-Jahren veränderten Semantik von core curriculum vgl. hier 697 f.
[19]   TENORTH/TIPPELT 2007.

nach der Publikation der Ergebnisse der OECD-Studie PISA 2000[20] die Blitzkarriere der Kerncurricula nicht mehr zu stoppen. Kerncurricula folgen nämlich der Logik einer Steuerungspolitik, deren Auswirkungen auf die Praxis des Deutschunterrichts unverkennbar sind. Diese Politik folgt einem Steuerungsmodell, das in den USA 1983 durch die Reagan-Administration (High Stakes Testing) implementiert und 2002 durch die George-W.-Bush-Regierung unter dem Slogan „No Child Left Behind" fortentwickelt wurde. Der zentrale Steuerungsmechanismus besteht in der Festlegung und Messung der durch Unterricht erwarteten Lernerfolge. Dieser Output[21] wird in Form kompetenzorientierter Bildungsstandards formuliert und in zentralen Tests nach psychometrischen Kriterien evaluiert. Um den Schulen größtmöglichen Spielraum für die Optimierung ihrer Output-Ergebnisse durch schulinterne Curricula zu gewähren, wird die Festlegung des obligatorischen Inputs auf einen die Bildungsstandards reflektierenden Kern – das Kerncurriculum – beschränkt.

Abgesehen davon, dass die Erfahrungen mit solcher Output-Orientierung in den USA und in UK keineswegs nur als positiv eingeschätzt werden[22], wuchs im Nachklang von PISA 2000 also das Bestreben, die Steuerungsschwächen bisheriger Lehrpläne zu überwinden.

Betrachtet man den Entwicklungsprozess des neuen Steuerungsmodells, wird allerdings deutlich, dass unter einer veränderten Politik alte Fragen neu aufgeworfen werden.

1.4.2   Output-Orientierung und Bildungsstandards

Als die KMK am 5./6. Dezember 2001 ein sogenanntes Maßnahmepaket (KMK 2002) verabschiedete, gehörte zu diesem auch die Ankündigung, die Qualität von Unterricht und Schule auf der Basis verbindlicher Standards zu verbessern. Im Mai 2002 beschloss die KMK in dieser Sache, dass im Herbst desselben Jahres Fachkommissionen, koordiniert durch eine Steuerungsgruppe, mit der Ausarbeitung solcher Standards beginnen sollten. Im selben Jahr forderte die Bundesministerin für Bildung und Forschung im Bundestag einen „Kanon von nationalen Bildungsstandards und nationale Bildungsvergleiche" (Rede vom 13. 6. 2002, 4 f.). Was wirkungsvolle Bildungsstandards indes charakterisiere, sollte zunächst einmal in einer bildungswissenschaftlichen Expertise herausgearbeitet werden. Diese wurde am 18. 02. 03 mit dem Titel „Zur Entwicklung nationaler Bildungsstandards" durch die Bundesmi-

---

[20]   Vgl. Deutsches PISA-Konsortium 2001.
[21]   Gelegentlich wir auch von Outcome-Orientierung gesprochen. Unter Outcome fasst man dann längerfristige Wirkung von Bildungsmaßnahmen.
[22]   KÄMPER-VAN DEN BOOGAART 2013b, 735–756..

nisterin BULMAHN und die KMK-Präsidentin WOLFF vorgestellt. Erstellt hatte die Expertise eine Kommission, die vom Leiter des Deutschen Instituts für Internationale Pädagogische Forschung (DIPF), ECKHARD KLIEME, koordiniert wurde.

Dass schon vor dem Abschlussbericht der KLIEME-Kommission die KMK-Kommissionen an der Formulierung fachspezifischer Bildungsstandards arbeiteten, lässt auf den Zeitdruck schließen, unter den sich die Kultusminister mit ihrer Reformpolitik setzten. Bereits im Juli 2003 wurden Entwürfe zu Standards für den Mittleren Schulabschluss in den Fächern Deutsch, Mathematik und Erste Fremdsprache (Englisch/Französisch) von der KMK öffentlich präsentiert; im Sommer und Herbst wurden diese diskutiert, modifiziert und im Dezember 2003 verabschiedet. Am 15. Oktober 2004 folgte die Verabschiedung von Bildungsstandards für den Hauptschulabschluss in Mathematik, Deutsch und Erster Fremdsprache und für den Primarbereich in Deutsch und Mathematik und am 16. Dezember 2004 für den Mittleren Abschluss in Biologie, Physik und Chemie.

Wie beurteilte die Klieme-Kommission diesen Prozess? Deren Mitglieder standen vor einem Dilemma: Einerseits traten ja auch sie für schnelle Reformen ein, und einige von ihnen wirkten auch in der Steuerungsgruppe der KMK mit. Andererseits konnten sie schwerlich die Formulierung von Standards ohne wissenschaftlich fundierte Kompetenzmodelle für einen optimalen Schritt halten. Deshalb erklärte die Kommission die zu erwartenden KMK-Standards für vorläufige Modelle, die überwiegend von Experten für die alten Lehrpläne erstellt würden (KLIEME 2003, 136 f.).

„Richtige" Bildungsstandards könnten erst formuliert werden, wenn es auf wissenschaftlicher Basis zu einer fachdidaktischen Fundierung gestufter Kompetenzmodelle gekommen sei (ebd., 123 ff. u. 141). Diesen Kommentar nahm die KMK-Präsidentin mit gedämpfter Zustimmung auf, indem sie darauf hinwies, dass solche Fragen „leichter zu diskutieren" seien, „wenn man sich an konkreten Entwürfen von Standards ,abarbeiten' kann und den Blick für das Machbare im Auge behält" (ebd., 185). Zudem hielt die KMK in ihrer Vereinbarung über die Bildungsstandards (04. 12. 2003) fest:

■ *Die Standards und ihre Einhaltung werden unter Berücksichtigung der Entwicklung in den Fachwissenschaften, in der Fachdidaktik und in der Schulpraxis durch eine von den Ländern gemeinsam beauftragte wissenschaftliche Einrichtung überprüft und auf der Basis validierter Tests weiterentwickelt.* ■

Die annoncierte Einrichtung ist im Sommer 2004 als Institut für Qualitätsentwicklung im Bildungswesen (IQB) der Länder an der HUMBOLDT-Universität zu Berlin etabliert worden. Eine der Aufgaben des Instituts ist es, über Tests zu einer empirischen Datenbasis zu gelangen, die eine Skalierung von Kompetenzen erlaubt.

Damit wäre ein Schritt in die Richtung getan, die das KLIEME-Gutachten mit einem Plädoyer für gestufte Kompetenzmodelle vorgibt. Doch was verstehen die Gutachter überhaupt unter Kompetenzen? Sie beziehen sich auf eine Definition des Psychologen FRANZ E. WEINERT und bezeichnen als *Kompetenzen:*

> ■ *[D]ie bei Individuen verfügbaren oder durch sie erlernbaren kognitiven Fähigkeiten und Fertigkeiten, um bestimmte Probleme zu lösen, sowie die damit verbundenen motivationalen, volitionalen und sozialen Bereitschaften und Fähigkeiten, um die Problemlösungen in variablen Situationen erfolgreich und verantwortungsvoll nutzen zu können.*[23] ■

Zitiert ist hier übrigens WEINERTs weiter Kompetenzbegriff, den empirische Bildungsforscher oft notgedrungen verengen, wenn sie sich auf die kognitiven Dimensionen konzentrieren, da sie etwa motivationale Dispositionen für schwer messbar erachten. Um Bildungsstandards für die Schule zu fundieren, muss zudem ergänzt werden, von welcher Art die Probleme sind, für deren Lösung es bestimmter Kompetenzen bedarf. Mit dieser Frage rücken alte Diskussionen um den Kern schulischer Bildung in den Blick. Dass man folglich bei der Konstruktion von Bildungsstandards nicht von der gesellschaftlich kontroversen Diskussion über die Ziele der Schule absehen kann (KLIEME 2003, 57 ff.)[24], wurde von der KLIEME-Kommission klar als Problem erkannt. Die Wissenschaftler optierten für eine Lösung, die sie als pragmatisch kennzeichneten. Einerseits erklärten sie, sich auf solche Basiskompetenzen beschränken zu wollen, über deren Entwicklung im Unterricht aus ihrer Sicht ein gesellschaftlicher Grundkonsens besteht. Andererseits unterstellten sie, dass jene „basalen Sprach- und Selbstregulationskompetenzen" auf unterschiedliche Modi der Welterfahrung zu beziehen seien. Diesem Sachverhalt entspreche ein in Fächern oder Domänen ausdifferenziertes kanonisches Orientierungswissen (ebd., 62 ff.). Konsequenterweise werden Bildungsstandards dann auch als bereichsspezifische Leistungserwartungen definiert. Diese Argumentation weicht unter Verweis auf die Kompetenzmodelle der Expertiseforschung (ebd. 74) von Positionen ab, die fachübergreifende Kompetenzen betonen, wie es viele Lehrpläne der letzten Generation tun. Stattdessen gilt den Experten als erstes Merkmal guter Bildungsstandards deren Fachlichkeit. Insgesamt skizziert die Expertise sieben solcher Qualitätsmerkmale (ebd., 24 f.) und liefert damit auch einen Maßstab zur Überprüfung der im selben Jahr beschlossenen KMK-Standards für das Fach Deutsch (Mittlerer Schulabschluss).

---

[23] KLIEME 2003, 72; WEINERT 2002, 17–31, 27.
[24] Vgl. allgemein TENORTH 1994, 21 ff. und 176 ff.

1 *Fachlichkeit: Bildungsstandards sind jeweils auf einen bestimmten Lernbereich bezogen und arbeiten die Grundprinzipien der Disziplin bzw. des Unterrichtsfachs klar heraus.*
Die KLIEME-Kommission geht davon aus, dass in den Standards die „Kernideen der Fächer" besonders klar herausgearbeitet werden müssten. Unter der Prämisse, dass es eine Korrespondenz zwischen einer Wissenschaftsdisziplin und einem Unterrichtsfach gebe, zählen die Experten hierzu grundlegende Begriffsvorstellungen, die damit verbundenen Denkoperationen und Methoden sowie das ihnen zuzuordnende Grundlagenwissen. Nimmt man in den Blick, wie ausdifferenziert die germanistischen Korrespondenzwissenschaften des Unterrichtsfachs Deutsch mittlerweile sind, fällt es allerdings schwer, so etwas wie Kernideen auszumachen, die zum Beispiel Lexikologen und Diskurshistoriker als Grundprinzipien teilen und die auf den Schulunterricht zu applizieren wären.[25]

2 *Fokussierung: Die Standards decken nicht die gesamte Breite des Lernbereiches bzw. Faches in allen Verästelungen ab, sondern konzentrieren sich auf einen Kernbereich.*
Die aus lernökonomischen Gründen plausible Forderung nach einer ‚Fokussierung' zielt de facto auf ein sehr voraussetzungsreiches Unterfangen. Wie die Diskussionen über Kerncurricula gezeigt haben, verlangt eine Identifikation von Kernbereichen eine Klarheit über die Strukturen des Faches in der Perspektive auf ein probates fachliches Können. Für das Fach Deutsch kann, zumal in den Sekundarstufen, hiervon bestenfalls in Subdomänen die Rede sein, z. B. wenn beim Lerngegenstand Syntax Fragen der Verbstruktur für wichtiger als andere Phänomene gehalten werden. Auch wenn sich aus den Kernen der Subdomänen kaum eine kohärente Substanz des Faches generieren lässt, bleibt der Anspruch als Desideratum fachdidaktischer Forschung wichtig.

3 *Kumulativität: Bildungsstandards beziehen sich auf die Kompetenzen, die bis zu einem bestimmten Zeitpunkt im Verlauf der Lerngeschichte aufgebaut worden sind. Damit zielen sie auf kumulatives, systematisch vernetztes Lernen.*
Diese Forderung ist ebenso bestechend wie anspruchsvoll. Es ist kein Zufall, dass das Ansinnen, über Lehrpläne kumulatives Lernen zu organisieren, in der Vergangenheit nicht eingelöst werden konnte. Verantwortlich für diese Misere sind, neben organisatorischen Fragen, die oben bereits genannten Probleme der Fachstruktur: In gewisser Weise setzt die Inszenierung kumulativen Lernens wohl die Konzentra-

---

[25]   KÄMPER-VAN DEN BOOGAART 2011, 22–39.

tion auf Kerne voraus, die dann in der Lernprogression differenziert, perspektiviert oder relativiert werden können.

4 *Verbindlichkeit für alle: Sie drücken die Mindestvoraussetzungen aus, die von allen Lernern erwartet werden. Diese Mindeststandards müssen schulformübergreifend für alle Schülerinnen und Schüler gelten.*
Die Deklaration von Kompetenzen als Mindeststandards setzt massive Kenntnisse über empirische Schwierigkeitsgrade und feinstufige Modellierungen voraus. Solange dies nicht geleistet ist, dürfte der Einsatz weicherer Regelstandards die sicherere Alternative darstellen. So verfährt dann auch die KMK.

5 *Differenzierung: Die Standards legen aber nicht nur eine „Messlatte" an, sondern differenzieren zwischen Kompetenzstufen, die über und unter bzw. vor und nach dem Erreichen des Mindestniveaus liegen. Sie machen so Lernentwicklungen verstehbar und ermöglichen weitere Abstufungen und Profilbildungen, die ergänzende Anforderungen in einem Land, einer Schule, einer Schulform darstellen.*
Dass diese Erwartung an Standards idealische Züge trägt, räumen die Gutachter selbst ein. Ansätze zu einer empirisch basierten Modellierung von Kompetenzstufen, die verständlicherweise stark auf die Aufgabenformate des zugrundliegenden Tests bezogen bleiben, hat das IQB immerhin 2009 zum Mittleren Schulabschluss vorgelegt.[26]

6 *Verständlichkeit: Die Bildungsstandards sind klar, knapp und nachvollziehbar formuliert.*
Diese auf den ersten Blick selbstverständlich anmutende Erwartung ist tückisch. Gerade um dem Gebot der Verständlichkeit zu entsprechen, um unterschiedliche Publika nicht zu verschrecken, wertschätzen Ministerien in der Regel alltagssprachlich abgefasste und knappe Formulierungen. Solche Distanz gegenüber Terminologie und Explikation führt allerdings in der Regel nicht zu der intendierten Klarheit der Information.

7 *Realisierbarkeit: Die Anforderungen stellen eine Herausforderung für die Lernenden und die Lehrenden dar, sind aber mit realistischem Aufwand erreichbar.*
Diese Forderung präzisiert eigentlich die Erwartung an Mindeststandards. Sie sollte allerdings auch für Regelstandards gelten. Problematisch ist, nicht zuletzt aus der Sicht der Praxis, das bekannte Problem der Fülle: Auch wenn einzelne Standards zugleich herausfordernd und realistisch erreichbar sind, gilt das nicht automatisch

---

[26]   http://www.iqb.hu-berlin.de/bista/ksm (29.11.13)

für das gesamte Ensemble. Die vertraute Ästhetik der Spiegelstriche (s. o.) macht erkennbar auch vor Standards nicht halt …

1.4.3　Bildungsstandards im Fach Deutsch für den Mittleren Schulabschluss

Die zuständige KMK-Kommission hat wohlweislich nicht einmal versucht, den Kern germanistischen Wissens zu beschreiben. Stattdessen blieb sie bei Vertrautem und strukturierte das Fach in der Art der meisten Lehrpläne:

- Sprache und Sprachgebrauch untersuchen,
- Sprechen und Zuhören,
- Schreiben und
- Lesen – mit Texten und Medien umgehen. (KMK 2003, 11 ff.)

Diese als Kompetenzbereiche bezeichneten Lernfelder mögen den Deutschunterricht sinnvoll strukturieren, mit fachwissenschaftlichen Kernideen haben sie aber kaum etwas gemein. Ihren Überbau liefert in den Bildungsstandards eine Präambel, die, analog zu den meisten Lehrplänen, hoffnungsfroh den Beitrag des Faches zur „Bildung" beschreibt. Auch die weiteren Ausführungen arbeiten keine fachwissenschaftlichen Kerne heraus. So wird etwa für den Umgang mit Texten von einem „Orientierungswissen" (KMK 2003, 10) gesprochen, dieses Wissen wird aber in den Standards kaum und schon gar nicht präzise ausgewiesen. Es heißt z. B. im Hinblick auf das Verstehen literarischer Texte denkbar allgemein, dass die Schüler „Zusammenhänge zwischen Text, Entstehungszeit und Leben des Autors/der Autorin bei der Arbeit an Texten aus der Gegenwart und Vergangenheit herstellen" (ebd., 16). Für solche Allgemeinformeln sollte man Verständnis aufbringen. Dass sich die KMK-Autoren scheuen, Wissensstrukturen disziplinär abzubilden, in Netzen zu modellieren oder auch nur Wissensformen zu gewichten, ist durchaus begründet. Die Fachdidaktik Deutsch vermag nämlich zurzeit viel zu wenig Präzises über den Zusammenhang von Fachwissen und fachlichem Können auszusagen. Zu einem ähnlichen Urteil kommt fachübergreifend auch das KLIEME-Gutachten (KLIEME 2003, 80 ff.). Überdies wird in dieser Frage etwas deutlich, was die Euphoriker der Output-Orientierung im Interesse einer reinen Lehre ungern sehen: Der Verzicht auf ein Beschreiben der Inhalte nötigen Wissens lässt Standards vage und bezuglos erscheinen.

Umso leichter ist es offensichtlich im Prozess der Standard-Entwicklung gefallen, den Reigen der als Standard gesetzten Kompetenzen zu entgrenzen: Was die KMK als erwartete Lernleistungen aufführt, kommt als eine gewaltige Liste daher, die kaum beschreiben kann, was im Deutschunterricht bis zur 10. Klasse realistischerweise zu leisten ist. Vergleicht man die Entwurfs- mit der Endfassung, sieht man, dass die Anhörungen den aus der Lehrplanarbeit bekannten Effekt hatten (s. o.): Es wurde beständig erweitert, ausgleichende Kürzungen an anderen Stellen wurden aber vermieden. Diese Überfülle bewirkt, dass die Bedeutung der Bildungsstandards für die Unterrichtspraxis im Vergleich zu den Tests (MSA) gering sein wird.

Die KLIEME-Expertise erwähnt Aufgabenbeispiele als Möglichkeit, Bildungsstandards zu illustrieren (KLIEME 2003, 52). Ähnlich sieht es die KMK-Vereinbarung über Bildungsstandards: „Die Aufgabenbeispiele veranschaulichen die fachlichen Bildungsstandards." Notwendigerweise veranschaulichen die unter diesem Anspruch von der KMK vorgelegten Aufgabenbeispiele aber auch die Probleme, Kompetenzen als Standards auszuweisen.

Für ihre Aufgabenbeispiele wählte die KMK einen Orientierungsmaßstab, den die Schule selbst liefert. Obwohl bestehende Lehrpläne der Sekundarstufe I durchaus Kompetenzen formulieren, die in Handlungssituationen gefordert sind, mit denen es Schulabgänger zu tun haben, lehnen sich die Aufgaben der KMK an das Abitur und dessen Einheitliche Prüfungsanforderungen (EPA) an, wobei die Beschreibung der sogenannten Anforderungsbereiche „der praktischen Erfahrung in der Schule" (KMK 2003, 4) entsprechen soll.

2013 sind nun allerdings auch die EPA der Karriere der Bildungsstandards gewichen. Die Anforderungsbereiche indes finden sich auch in einem fachübergreifenden Teil der Abiturstandards (s. u.) wieder. Sie werden hier folgendermaßen expliziert:

■ *Die Prüfungsaufgabe ist so zu stellen, dass sie Leistungen in den folgenden drei Anforderungsbereichen erfordert:*

　■ *Anforderungsbereich I umfasst das Wiedergeben von Sachverhalten und Kenntnissen im gelernten Zusammenhang, die Verständnissicherung sowie das Anwenden und Beschreiben geübter Arbeitstechniken und Verfahren.*

　■ *Anforderungsbereich II umfasst das selbstständige Auswählen, Anordnen, Verarbeiten, Erklären und Darstellen bekannter Sachverhalte unter vorgegebenen Gesichtspunkten in einem durch Übung bekannten Zusammenhang und das selbstständige Übertragen und Anwenden des Gelernten auf vergleichbare neue Zusammenhänge und Sachverhalte.*

　■ *Anforderungsbereich III umfasst das Verarbeiten komplexer Sachverhalte mit dem Ziel, zu selbstständigen Lösungen, Gestaltungen oder Deutungen, Folgerungen, Verallgemeinerungen, Begründungen und Wertungen zu gelangen. Dabei wählen die Schülerinnen und Schüler selbstständig geeignete Arbeitstechniken und Verfahren zur Bewältigung der Aufgabe, wenden sie auf eine neue Problemstellung an und reflektieren das eigene Vorgehen (KMK 2012, 27).* ■

Bei der Konstruktion von Aufgaben, die die Standards reflektieren, sind diese Anforderungsbereiche wie Komponenten aufzufassen; nie sollte eine dieser Komponenten fehlen; allerdings ist ihr Mischungsverhältnis variierbar. Der mittlere Anforderungsbereich stellt die Komponente dar, auf die es am meisten ankommt; I und III sind Dosierungskomponenten, durch die eine Aufgabe leichter oder schwerer gemacht werden kann. III gilt hierbei als die Komponente, durch deren Hochdosierung eine Aufgabe schwerer wird, mit einem größeren Maß von I soll sie leichter werden. Analog lässt sich mit den Komponenten bei der Bewertung der Schülerarbeiten operieren, indem erwartete Anforderungen gewichtet werden.

Betrachtet man die Aufgabenbeispiele, die die MSA-Standards illustrieren sollen, gewinnt man den Eindruck, dass neben der Berücksichtigung aller Anforderungsbereiche der EPA auch das Ziel leitend war, eine möglichst große Anzahl von Standards in die Lösung der Aufgaben zu projizieren. Die Problematik lässt sich gut am ersten Aufgabenbeispiel illustrieren. Hier werden den Schülern textsortenvariable Materialien zum Thema Alkoholkonsum vorgelegt (Interview, FAQ, Grafiken). Auf deren Basis sollen die folgenden Items bearbeitet werden (KMK 2003, 30):

■ *Entnehmen Sie den vorgelegten Texten und der Grafik die geeigneten Informationen, Aussagen und Hinweise und schreiben Sie auf dieser Grundlage einen informierenden Artikel für eine Schülerzeitung zum Thema „Alkohol"!*

■ *Im „Ratgeber-Kasten" der Schülerzeitung sollen den Leserinnen und Lesern drei Ratschläge zum angemessenen Umgang mit Alkohol gegeben werden. Formulieren Sie diese!*

■ *Begründen Sie die Auswahl Ihrer Ratschläge in einem gesonderten Text für die Redaktionskonferenz der Schülerzeitung!* ■

Dass Schülerzeitungen in solcher Form über Alkohol aufklären, dürfte selten sein. Ebenso praxisfern ist die bürokratische Vorstellung, einen Zeitungsartikel für die Redaktionskonferenz schriftlich zu begründen. Diese Vorbehalte berühren indes noch nicht die Frage, ob die Aufgaben geeignet sind, das Erreichen von Standards zu überprüfen. Die KMK-Kommission geht davon aus, dass ein „Bezug" zu acht Standards (mit Unterpunkten) vorliegt, der im Kommentar zu den detaillierteren Leistungserwartungen aber nicht explizit wird, was vermuten lässt, dass die Aufgaben nicht eigens für die Überprüfung der Standards entwickelt wurden. Von den genannten Bezügen dürften drei zentral sein (ebd., 31):

(a) Strategien zum Leseverstehen kennen und anwenden,

(b) Sach- und Gebrauchstexte verstehen und nutzen,

(c) einen Schreibprozess eigenverantwortlich gestalten.

Das Produkt, an dem diese Kompetenzen sichtbar werden, ist die Ausführung der drei Schreibaufgaben. Dieses Arrangement entspricht nicht den Geboten präziser

Testdiagnostik: Wenn der Schüler den Standard (c) nicht erfüllt, kann der Tester nämlich nicht wissen, in welchem Ausmaß (a) oder (b) beherrscht werden. Selbst wenn die Leistung (c) gelingt, ist angesichts des Themas und der Aufgaben fraglich, ob dies auf der Basis der Kompetenzen (a) und (b) gelang. Dies liegt daran, dass insbesondere die Aufgaben (2) und (3) auch zu bewältigen sind, wenn man die Materialien nicht studiert hat. Zehntklässler verfügen schließlich über hinreichend subjektive Theorien zum Alkoholkonsum (und wissen um die Einstellung der Schule zu diesem Thema). Und selbst wenn Schülertexte durch Zitate oder Paraphrasen dokumentierten, dass die über (c) gezeigte Leistung mit (b) zusammenhängt, muss man unterstellen, (b) impliziere (a), wenn man Aussagen über das Vorliegen von Kompetenz (a) ableiten will. In diesem Fall hätten wir es möglicherweise mit einer gestuften Kompetenz zu tun, sofern die Standards deutlicher formulierten, woran bei (a) gedacht ist.

Zur Überprüfung von Standards sind solche Aufgabentypen ungeeignet, da bei der Lösung zu viele Kompetenzen miteinander verschränkt werden, insbesondere aus den Bereichen Leseverstehen und Schreiben.

Über die Illusion einer einzig richtigen Interpretation poetischer Texte ist schon so viel geschrieben worden, dass sich kaum noch jemand findet, der erklärtermaßen diesem Glauben anhängt. Gleichwohl führten schon vor der Entwicklung von Bildungsstandards die Versuche, die Bewertung von Schülerleistungen zu objektivieren, zu einer gewissen Restituierung dieses Interpretationskonzepts. Wenn bei der Erstellung von Abituraufgaben von den Lehrpersonen gefordert wurde, diese mit einem Erwartungshorizont zu versehen, der die Anforderungsbereiche der EPA beachtet, lag zumindest die Gefahr einer Verengung nahe. Umsichtige Lehrpersonen antizipieren deshalb alternative Interpretationswege, um eine sachlich flexible Bewertung der Aufsätze zu ermöglichen. Geht es indessen um Testverfahren mit hohen Ansprüchen an empirische Reliabilität und Validität, bleibt bei der Kodierung der erwarteten Lösungen für Flexibilität selten Raum. Welche Schwierigkeiten daraus erwachsen, illustrieren die Aufgabenbeispiele der KMK-Standards aufschlussreich. Im Set enthalten ist eine – deutlich an Beispielen der EPA orientierte – Aufgabe, in der die Lerner ein Gedicht Heines mit einem Gedicht Frieds vergleichen sollen. In beiden Fällen handelt es sich um Spielarten des Genres Liebesgedicht. Heines Gedicht nun erscheint auf den ersten Blick voll von amourösem Überschwang. Studiert man es als den vierten Teil eines 15-teiligen Zyklus – etwa der Briegleb-Ausgabe von 1976 und der Düsseldorfer Ausgabe von 1983 folgend –, relativiert sich allerdings dieser Eindruck. Im Entwurf der Standards wird der Überschwang als Ironie ausgelegt, eine Interpretationspraxis, die sich deutlich an das gängige Autorschema – *der Ironiker Heine* – anlehnt. Da die Erscheinungsformen von Ironie im Werk Heines als schwer erkennbar gelten, wurde ein entsprechender Befund in der Juli-Fassung als eine mögliche Bonusleistung verbucht. Im Dezember wurde dieser Bonus stillschweigend als Fehlbuchung zurückgenommen. Jetzt heißt es in den Stichworten zur gewünschten Gedichtinterpretation nämlich u. a.: „[...] möglich erscheint es auch, darin eine ironische Übersteigerung zu erkennen; angemessener erscheint eine Deutung, die die Entwicklung zu einer Einheit zwischen Ich, Natur und Liebe erfasst [...]" (KMK 2003, 38).

Wie ist dieser Wandel zu erklären? Nach der Publikation des Entwurfs hat sich ein Heine-Experte eingeschaltet, der stärker auf die pantheistischen Tendenzen des betroffenen Seraphine-Zyklus geachtet hat und der überdies über die Autorität verfügte, die in der ersten Fassung noch prämierte Interpretationsoption als minderwertig ausweisen zu können. Mit anderen Worten: Die Lektüre des ursprünglichen Aufgabenkonstrukteurs gilt nicht mehr als angemessen genug, nachdem sich eine andere Lesart Heines in der Kommission durchsetzen konnte. Das spricht zunächst für die diskursiven Qualitäten der KMK-Gruppe, macht aber ebenso die Problematik ihrer Aufgabe deutlich: Schließlich sind die Adressaten einer Aufgabe, an deren Lösung der erste Konstrukteur, obgleich Philologe, aus der Perspektive der Endfassung selbst scheiterte, Zehntklässler aller Schulformen. Ist von Angemessenheit der Deutung die Rede, bieten gerade die zwei Kommentarvarianten ein Beispiel dafür, wie heikel die Frage nach den Maßstäben für solche Angemessenheit ist. Am Ende des revidierten Kommentars heißt es in einem Klammerzusatz: „(an diesem Beispiel ist auf die Bedeutung, aber auch Schwierigkeit des Verständnisses poetischer Bilder und Motive ohne ein historisches Kontextwissen zu verweisen)" (ebd., 39).

Zu vermuten ist, dass während der Revision deutlich wurde, wie wenig ein *sachangemessenes* Verständnis von Schülern, die in der Sekundarstufe I besagtes Kontextwissen schwerlich erwerben konnten, zu erwarten ist. Interessant ist bei der Revision des Aufgabenkommentars ohnehin, dass Angemessenheit als Deutungsqualität einseitig mit Blick auf den Text bzw. auf seine philologische Erklärung, nicht aber mit Blick auf die Lernenden begriffen wird. Letztes wäre aber die Bedingung einer kompetenzorientierten Aufgabenstellung. Unter diesem Aspekt könnte beispielsweise der Kommentar vertreten werden, dass es für 16-Jährige ohne ausgebildetes Kontextwissen durchaus angemessen sei, die Heine-Bilder schwülstig zu finden. Ähnlich argumentiert HEINER WILLENBERG, der in seinem Kommentar zu derselben Aufgabe (Entwurfsfassung) verschiedene Leseweisen diskutiert (WILLENBERG 2003, 26–31). Vor allem weist auch er auf das „zentrale Problem" hin:

■ *Die Kompetenz, literarische Fachbegriffe anzuwenden, ist nicht pur zu haben, sie beruht auf Wissen, das die gefundenen Metaphern umgeben muss und das auch in Form der Fähigkeit zu minimaler historischer Einordnung hilfreich und nötig wird (WILLENBERG 2003, 29).* ■

Wiederum zeigt sich das Provisorische der MSA-Standards: Weder Praktiker noch die Fachdidaktik verfügen, abgesehen vom Erfahrungswissen, über präzise Kategorien, die festlegen, welches Verständnis eines konkreten poetischen Textes für das jeweilige Lernalter als angemessen gelten kann. Wohl nicht nur für den Bereich des Leseverstehens bzw. Interpretierens gilt, dass der Zusammenhang von (Vor-)Wissen und Können noch nicht präzise und allgemein genug bestimmt werden kann. Die stillschweigende Gleichsetzung von Lerner- und von Sachangemessenheit kann dieses Desiderat nur kaschieren. Nimmt man nämlich in curricularer Perspektive den Anspruch ernst, dass nur geprüft werden darf, was gelernt werden konnte, und will, dass die Schüler den Fall Heine im Sinne des gegenstandsorientierten Kommentars angemessen lösen, müsste man konsequenterweise fordern, dass ein Unterrichtsgegenstand wie „Heine in seiner Zeit" für verbindlich erklärt wird.

1.4.4 Bildungsstandards im Fach Deutsch für die Allgemeine Hochschulreife

■ *Die Vorgaben der Einheitlichen Prüfungsanforderungen (EPA) für die Gestaltung der Abiturprüfungen wurden überarbeitet und in die Dokumentation der Bildungsstandards integriert. Damit lösen die Bildungsstandards der KMK für die Allgemeine Hochschulreife die EPA [...] vollständig ab (KMK 2012, 3).* ■

Mit dieser Erklärung geht der bislang letzte Beschluss der KMK zu Standards in allgemeinbildenden Schulen einher. Die Verabschiedung verbindlicher Standards für den Abschluss der Sekundarstufe II ist bildungspolitisch von besonderer Bedeutung, da die KMK mit dieser Initiative auf eine immer wieder hochkochende Debatte antwortete. Gerade angesichts der zunehmenden Konkurrenz um Studienplätze wird die Frage nach der Vergleichbarkeit der Abiturleistungen zwischen den Ländern beständig in den Raum gestellt. Hatten fast alle Länder mit der Einführung des Zentralabiturs auf die Klage reagiert, dass lokal unterschiedliche Leistungsanforderungen die Abiturprüfungen prägten, so war mit diesem Schritt die nächste Kontroverse vorprogrammiert. Wieso sollte es dann nicht gleich ein nationales Zentralabitur geben? Dass eine entsprechende Reform den Bildungsföderalismus an einer prekären Stelle zur Disposition gestellt hätte, war manchen Diskutanten aus der Bundespolitik wahrscheinlich kein unliebsamer Seiteneffekt. Die Länder indes machten in ihrer Abwehr namentlich organisatorische Einwände geltend, hierunter nicht zuletzt den Zusammenhang von Abitur- und Ferienterminen. Statt tatsächlich zentral durchgeführter Abiturprüfungen sollten, zunächst für die einschlägigen

Kernfächer, Bildungsstandards vereinbart werden, auf deren Basis ein nationaler Pool von Abituraufgaben mit analogen Kompetenzanforderungen gebildet werden kann, aus dem Länder ihr Abitur zusammenstellen sollen. Mit diesem Schritt könne jene Vergleichbarkeit hergestellt werden, um die es den Befürwortern des nationalen Abiturs gehe.

Domänenspezifischer Kompetenzbereich	Prozessbezogene Kompetenzbereiche	Domänenspezifischer Kompetenzbereich
Sich mit Texten und Medien auseinandersetzen	Sprechen und zuhören Schreiben Lesen	Sprache und Sprachgebrauch reflektieren

Ob es insbesondere im Fach Deutsch gelingen werde, sich auf einheitliche Standards zu einigen, schien unter Kennern nach den Erfahrungen mit den Standards für den Mittleren Schulabschluss und angesichts der Bedeutung literarästhetischer Gegenstände durchaus ungewiss. Dass dann dennoch Resultate erarbeitet werden konnten, die auf Zustimmung stießen, geht sicher auch darauf zurück, dass die Autorinnen und Autoren die Matrix der vorhergehenden Bildungsstandards modifizierten: Neu ist die Differenzierung zwischen prozessbezogenen und domänespezifischen Kompetenzbereichen. Hinter den letzten verbirgt sich einerseits die vertraute curriculare Distinktion eines Sprach- und Literaturunterrichts. Andererseits wird über die Modellierung der Kompetenzbereiche auch dem Umstand Rechnung getragen, dass Aussagen über das Können (im Sinne von can-do-Kompetenzen) nur dann hinreichend präzise geraten, wenn sie durch domänespezifische Anforderungen konkretisiert werden. Eingang findet hier die mittlerweile etablierte Auffassung, dass elaborierte Kompetenzen nicht unabhängig von einem distinkten Wissen zu denken sind, dass mithin Wissens- und Kompetenzerwerb interagieren. Diese Einsicht mag trivial anmuten, gleichwohl wurde sie zu Beginn der Ära kompetenzorientierter Konzepte nicht selten marginalisiert oder als zu stark inputorientiert kritisiert. Was die avisierten Wissensgebiete des Faches angeht, zeigen sich in den Standards erwartungsgemäß keine gravierenden Differenzen zu bisherigen Lehrplänen der Sekundarstufe II. Eine erhebliche Bedeutung spielen literar- und kulturhistorische Kenntnisse, textwissenschaftliche und poetologische Beschreibungsmodelle, Gegenstandstheorien, Kontextwissen u.a. So heißt es im Vorspann zu den erwarteten Kompetenzen in der Subdomäne „Sich mit literarischen Texten auseinandersetzen":

▣ *Die Schülerinnen und Schüler erschließen sich literarische Texte von der Aufklärung bis zur Gegenwart und verstehen das Ästhetische als eine spezifische Weise der Wahrnehmung, der Gestaltung und der Erkenntnis. Sie verfügen über ein literaturgeschichtliches und poetologisches Überblickswissen, das Werke aller Gattungen umfasst, und stellen Zusammenhänge zwischen literarischer Tradition und Gegenwartsliteratur auch unter interkulturellen Gesichtspunkten her (KMK 2012, 20).* ▣

Umrissen wird hier der Umfang des kanonischen Orientierungswissens, das von den gewünschten Handlungen in der Domäne vorausgesetzt wird und das auch den Handlungssinn im Bereich der prozessorientierten Kompetenzen, zum Beispiel im angemessenen Schreiben über poetische Texte, konturiert. Reflektiert man Formulierungen wie die zitierte auf der Folie der harten Maßstäbe der KLIEME -Kommission zeigen sich selbstverständlich auch hier Diskrepanzen. Die KMK-Standards sind mit Bedacht vergleichsweise allgemein formuliert und die subjektiven Dimensionen von Rezeptionsprozessen werden respektiert, in diesem Sinn der reflexive Gebrauch der Erschließungsmetapher. Die im Weiteren in der Gestalt von can-do-Kompetenzen aufgelisteten Standards der Subdomäne lauten:

▣ *Die Schülerinnen und Schüler können*
  ▣ *Inhalt, Aufbau und sprachliche Gestaltung literarischer Texte analysieren, Sinnzusammenhänge zwischen einzelnen Einheiten dieser Texte herstellen und sie als Geflechte innerer Bezüge und Abhängigkeiten erfassen*
  ▣ *eigenständig ein Textverständnis formulieren, in das sie persönliche Leseerfahrungen und alternative Lesarten des Textes einbeziehen, und auf der Basis eigener Analyseergebnisse begründen*
  ▣ *ihr Textverständnis argumentativ durch gattungspoetologische und literaturgeschichtliche*
  ▣ *Kenntnisse über die Literaturepochen von der Aufklärung bis zur Gegenwart stützen*
  ▣ *relevante Motive, Themen und Strukturen literarischer Schriften, die auch über Barock und Mittelalter bis in die Antike zurückreichen können, vergleichen und in ihre Texterschließung einbeziehen*
  ▣ *Mehrdeutigkeit als konstitutives Merkmal literarischer Texte nachweisen*
  ▣ *literarische Texte aller Gattungen als Produkte künstlerischer Gestaltung erschließen*
  ▣ *die besondere ästhetische Qualität eines literarischen Produktes aufgrund eines breit angelegten literarischen Vorwissens erfassen und ihre Befunde in das Textverständnis einbeziehen*
  ▣ *diachrone und synchrone Zusammenhänge zwischen literarischen Texten ermitteln und Bezüge zu weiteren Kontexten herstellen*
  ▣ *die in literarischen Werken enthaltenen Herausforderungen und Fremdheitserfahrungen kritisch zu eigenen Wertvorstellungen, Welt- und Selbstkonzepten in Beziehung setzen*
  ▣ *literarische Texte auf der Basis von nachvollziehbaren, sachlich fundierten Kriterien bewerten und dabei auch textexterne Bezüge wie Produktions-, Rezeptions- und Wirkungsbedingungen berücksichtigen*
  ▣ *kreativ Texte im Sinne literarischen Probehandelns gestalten (KMK 2012, 20f.)* ▣

In einer der ersten fachdidaktischen Würdigungen der Abiturstandards spricht FREUDENBERG davon, dass hier „überhöhte Anforderungen an die Schüler/innen gestellt werden" (FREUDENBERG 2012, 105). Sie fällt dieses Urteil auf der Basis empirischer Untersuchungen zu Leistungen in jüngeren Abituraufsätzen, die in der Tat ernüchternd ausfallen. Wie FREUDENBERG selbst ausführt, implizieren derart erfahrungsgesättigte Beurteilungen allerdings auch ein Manko, sofern sie die Variable Unterricht unberücksichtigt lassen. So sind die Standards ja Zielvorgaben für den Unterricht, der schließlich ein anderer sein soll als jener, der uns bislang die wenig ermutigenden Schüleraufsätze beschert. Solcher Anspruch, konstruktiv auf den Unterricht einzuwirken, ist in den zitierten Standards der Subdomäne durchaus erkennbar. Was allgemein als Interpretationskompetenz gelten könnte, findet sich hier vergleichsweise ausdifferenziert, wobei auch elementare und unverzichtbare Verstehensprozesse als kognitive Operationen aufgeführt werden, um Rezeptionsroutinen entgegenzutreten, die schemaorientiert top-down verfahren und zu den nicht nur von FREUDENBERG inkriminierten Interpretationsklischees verführen. Idealiter könnte also argumentiert werden, dass die Abiturstandards überhöhte Anforderungen allein für den Fall enthalten, dass der Unterricht nicht auf deren Impulse eingeht, dass aber mit ihnen nichts Unmögliches verlangt wird, sofern sich der Unterricht an ihnen orientiert. Empirisch belegt oder widerlegt werden kann dieses Argument allerdings erst in einigen Jahren, nachdem die Standards implementiert wurden. Keineswegs auszuschließen ist, dass das bekannte Problem kompakter Formulierungen auch in diesem Fall zu divergenten Verständnisse führt. So motiviert FREUDENBERG ihren Überforderungsvorbehalt mit dem Hinweis auf die Komplexität der Könnenserwartung: „Mehrdeutigkeit als konstitutives Merkmal literarischer Texte nachweisen". In der Tat kann man hier an weitreichende literaturwissenschaftliche Argumentationsakte denken, deren Realisierung sicher eine Überforderung darstellten; anders sieht es aus, wenn darunter die schlichtere Erwartung verstanden wird, dass konkrete Textstellen aufgeführt werden und an ihnen nachgewiesen wird, was in der sorgsamen Lektüre zum Eindruck von Uneindeutigkeit führt. Dieser reflexive Rekurs auf konkrete Verstehensprobleme müsste dann noch mit verstehensethischen Aspekten hermeneutischer Billigkeit verbunden sein, worunter aber auch nicht mehr zu fassen ist als die Einstellung, dass eine uneindeutige Formulierung nicht einfach einem schlechten Autor anzulasten ist. Begreift man den Standard auf diese Weise, schlösse sich meines Erachtens der Verdacht der Überforderung aus.

Die neuen Standards ersetzen die Einheitlichen Prüfungsanforderungen für das Abitur – die berühmten EPA -, indem sie deren Regelungen mit gewissen Transformationen umfassen. Kodifiziert werden hier unter anderem die im Abitur vorzusehenden Aufgabenarten. Allgemein registriert wurde eine Revision durch die Standards:

■ *Gestaltendes Schreiben im Sinne fiktionalen Schreibens sollte in erster Linie der Unterrichtsarbeit vorbehalten bleiben und entfällt als ausschließliche Aufgabenstellung in der schriftlichen Abiturprüfung (KMK 2012, 30).* ■

Der Verzicht auf diese durch den Erfolg handlungs- und produktionsorientierter Verfahren in das Abitur gerutschte Aufgabenreform, reflektiert deren geringe Resonanz und die mit ihr einhergehende Überforderung in High-Stakes-Situationen. Neu hinzugekommen ist ein Aufgabentyp, der sich stark an Schreibsituationen anlehnt, die in der akademischen und professionellen Praxis bedeutsam sind: das materialgestützte Verfassen informierender Texte. Mit der Kanonisierung dieses Aufgabentyps wird nicht allein ein Schritt auf die Schreibpraxen außerhalb der Schule und der Germanistik zugegangen; registriert wird zudem, dass das erfolgreiche Informieren über komplexere Sachverhalte gehörige Kompetenzen voraussetzt.

1.4.5 Unerwünschte Konsequenzen von Kompetenztests?

Auch den Bildungsstandards für die Allgemeine Hochschulreife sind umfangreiche Aufgabenbeispiele angefügt, nicht allein mögliche Prüfungs-, sondern auch Lernaufgaben. Dies lässt wiederum den Anspruch erkennen, mit den Standards Impulse für einen reformierten Unterricht zu liefern. Gleichsam sollen die Aufgaben dafür sorgen, dass die abstrakt formulierten Standards für Lehrpersonen fassbarer werden. So kann an der Lernaufgabe zu einem Text KAFKAS studiert werden, dass die oben diskutierte Kompetenz im Umgang mit Polyvalenz tatsächlich auf sehr konkrete Operationen zielt, die ihrerseits Interpretationsanstrengungen evozieren, die tatsächlich vom Text selbst angeregt werden (KMK 2012, 168 ff.).

Was bei den Aufgabenbeispielen für den mittleren Schulabschluss kritisch in Anschlag gebracht wurde (s. o.), bleibt auch bei den neueren Versuchen unverkennbar: Gerade an ihnen wird deutlich, dass sich zumindest die Literaturdidaktik schwertut, erwartetes Können in überzeugende Kompetenzmodellierungen zu übersetzen, in Modelle, die auch dem Entwicklungsstand der Lernenden angemessen sind.

Solange die Fachdidaktik keine empirischen Nachweise führen musste, fiel es ihr leicht, den Kontakt zwischen poetischem Text und Lernendem als eine irgendwie bereichernde Begegnung zu beschreiben. Erfahrungsgesättigt ließ sich sagen, worauf es zum Glücken jener Begegnung ankommt: auf ein möglichst großes Vorwissen und auf den Takt, dieses nur passgenau und also flexibel einzusetzen (KÄMPER-VAN DEN BOOGAART 2003, vgl. auch 2005, 2006 sowie KÄMPER-VAN DEN BOOGART/ PIEPER 2008). Das sieht zwar auch die Lesepsychologie kaum anders, was aber als Einsicht nur bedingt hilft, will man Kompetenzen modellieren. Zudem zieht die Erwartung einer flexiblen Kontextualisierung bei einem in der Schule nur beschränkt erwerbbaren Kontextwissen eine unterrichtsrelevante Konsequenz nach sich. In den Worten KAMMLERS:

> Will man den Erwerb dieser Flexibilität nicht dem Zufall überlassen und will man vor allem ihren Grad messen, so muss man im Grunde das gesamte zu einem literarischen Text zur Verfügung stehende Kontextwissen zuvor im Unterricht erarbeiten. Da ein derartiger Aufwand weder möglich noch didaktisch vertretbar ist, bleibt nur die Reduktion auf vorgegebene Kontexte. Eine solche Auswahl im eigenen Unterricht zu treffen ist das eine – sie von Amts wegen vorzuschreiben und damit den Unterricht in erheblichem Maße zu reglementieren das andere. Angesichts des innerhalb des literaturwissenschaftlichen und -didaktischen Fachdiskurses allgemein anerkannten Theorems von der Deutungsoffenheit des literarischen Kunstwerks ziehen derartige Vorschriften erhebliche Legitimationsprobleme nach sich (KAMMLER 2006b, 17).

Konkrete Lösungsversuche nehmen die einzelnen Texte zum Ausgangspunkt und fragen dann, wessen es bedarf, um angemessen auf sie zu reagieren (KAMMLER 2006a). Dieses Vorgehen, am je besonderen poetischen Text die für sein Verständnis notwendigen Kompetenzen zu eruieren, entspricht zwar den Konventionen des literarischen Spiels, führt aber, umgesetzt in bildungspolitisch wirksame Steuerungspolitik, leicht zu weiteren Restriktionen. Dazu KAMMLER:

> Viertens wird in einem zentralen Bereich, in dem es um das Erfassen textinterner Zusammenhänge geht [...] das „Niveau", auf dem sich diese Teilkompetenz realisiert, entscheidend von der Komplexität der Gegenstände bestimmt, mit denen sich der Lernende befasst. Das bedeutet, dass sich hier Kompetenzstufen nur auf der Basis eines – nach Schwierigkeitsgraden differenzierten – Textkorpus bestimmen ließen. Dies wiederum ließe sich nur im Rahmen einer entsprechenden curricularen Fixierung „der Literatur", also eines mehr oder weniger starren literarischen Schulkanons bewerkstelligen (KAMMLER 2006b, 19).

Für die Sekundarstufe II ist das Kanonthema bereits vor den Standards zur Allgemeinen Hochschulreife durch die Einführung des Zentralabiturs in allen Bundesländern (mit der Ausnahme von Rheinland-Pfalz) etabliert. Kanonisiert werden durch die obligatorischen Vorgaben übrigens nicht nur längere Texte, sondern auch das vorausgesetzte Kontextwissen. Unter diesen Bedingungen erscheint die Philosophie der Output-Orientierung in einem neuen Licht: Je gegenstandsabhängiger die für die Kompetenzmessungen erforderlichen Testungen geraten, desto größer gerät die Wahrscheinlichkeit, dass die Output-Evaluationen den Input normieren.

Insofern erfüllen auch die neuen – mit den Bildungsstandards koordinierten oder zu koordinierenden – Kerncurricula (bzw. Kernlehrpläne oder Kerncurricula in Lehrplänen) nicht wirklich die ihnen zugedachte Rolle. Selbst wenn sie gelegentlich in Sachen Obligatorik stärker selektieren als die KMK-Standards, binden sie aus der Sicht von Praktikern noch zu viel Unterrichtszeit. Zudem lässt sich ihre Offenheit, was Fragen der Umsetzung betrifft, von den Adressaten auch als Strukturierungsschwäche auslegen. In der Tat sollen die Kerncurricula geradezu die Funktion einer Baustelle haben, auf der schulinterne Lehrpläne errichtet werden sollen, in die ihrerseits die anspruchsvolle Strukturierungsarbeit der Kollegien einfließen soll. Angesichts der systemisch bedingten Unfertigkeiten der Kerncurricula gewinnen andere Steuerungsimpulse an Gewicht. Da viele zentrale Tests nicht nur Schulleistungen evaluieren, sondern auch wichtige Übergänge (Grundschule – Gymnasium, gymnasiale Oberstufe, Studium) reglementieren, geht von ihnen eine weit stärkere Steuerung des Unterrichts aus. Dies dürfte nicht zuletzt auch von Eltern erwartet werden, die an einer Hochschulzugangsberechtigung für ihre Kinder interessiert sind.

1.4.6 Schulinterne Lehrpläne

Im Modell der Output-Orientierung spielen schulinterne Lehrpläne eine prominente Rolle. Nach der Papierlage erhofft man hier Dokumente, die das bieten, was die Lehrerinnen und Lehrer vor Ort für richtig halten, was sie aber wegen der Abhängigkeit von zentralen Regularien und Instanzen nie realisieren konnten. Sind schulinterne Curricula das tatsächlich?[27]

Schulinterne Lehrpläne hat es bereits vor der Output-Orientierung gegeben. Schaut man sich an, was Schulen unter diesem Namen bis heute ins Netz stellen, trifft man in der Regel auf eher konventionelle Stoffverteilungspläne, die koordinierende Funktionen haben und die Beteiligten darüber ins Bild setzen, was an Stoff noch „ansteht". Auf Weitreichenderes zielen die Bundesländer, wenn sie die schulinternen Lehrpläne als wichtige Instrumente einer bildungspolitischen Qualitätsoffensive darstellen und ihre Entwicklung vorschreiben. Instruktionsbroschüren und Lehrerfortbildungsveranstaltungen bewerben ihre Implementation. Allerdings: Eine nicht repräsentative Pilotstudie zu dieser Frage ergab für Berlin, dass man sich in den Kollegien angesichts rasch revidierter curricularer Vorgaben und namentlich in Konfrontation mit der Einführung des Zentralabiturs überfordert sieht. Dass die Entwicklung schulinterner Curricula tatsächlich eine sowohl fachlich

---

[27]   Vgl. hierzu auch: KÄMPER-VAN DEN BOOGAART 2008.

als auch organisatorisch hoch anspruchsvolle Aufgabe ist, vermitteln die publizierten Implementationsinstruktionen. Beispiel Mecklenburg-Vorpommern[28] – in der Sekundarstufe II im Verbund mit Brandenburg und Berlin:

■ *Die veränderte Steuerung der Schule mit output-orientierten Instrumenten wie zentralen Prüfungen, Vergleichsarbeiten, niveaubestimmenden Aufgaben u. ä. verlangt in besonderer Weise ein differenziertes und ergebnisorientiertes Arbeiten. [...] Die individuelle Planung und Durchführung des Unterrichts wird von gemeinsamen Verabredungen und Entscheidungen in den Teams und Gremien unterstützt und geprägt. Die Verantwortung des Einzelnen für Qualität im Unterricht nimmt zu. Der Einzelschule zunehmend mehr Selbstständigkeit einzuräumen und abzuverlangen beruht auf der Erkenntnis, dass sich die Qualität des Lehrens und Lernens durch die Akteure ,vor Ort' (Lehrkräfte, Lernende, Eltern) herausbildet. Deshalb setzt der Staat auf eine stärkere Steuerung im Grundlegenden und Verbindlichen, zugleich ermöglicht bzw. fordert er die schulinterne Ausgestaltung der größer gewordenen Handlungsspielräume durch jede einzelne Schule. Bestimmte Planungsentscheidungen verlagern sich so auf die einzelne Schule. Die Verantwortung für Ergebnisse und Prozesse nimmt zu. Der Zwang zur Offenlegung der Konzepte und Ergebnisse wird größer (5).* ■

Die Tonlage der Ansprache ist deutlich. Es wird *eingeräumt* und *abverlangt*. Den Lehrkräften wird deutlich gemacht, dass sie sich nicht mit schlichten Stoffverteilungsplänen aus der Affäre ziehen können. Die eigentliche Aufgabe sei es nämlich, ein „auf die Kompetenzen der Lernenden gerichtetes Verständnis von Unterricht" zu entwickeln.

Korrespondenzbeziehungen sollen die geforderten internen Fachcurricula zu dem ebenfalls neu zu entwickelnden Schulprogramm aufweisen, das nach außen und innen klare Prinzipien und Zielsetzungen der Schule formuliert. Ersichtlich groß ist der Koordinationsaufwand, wenn zwischen einem schulinternen Lehrplan für die Gesamtorganisation des Unterrichts und den einzelnen Fachplänen differenziert wird. Im Gesamtlehrplan soll man sich auf fächerübergreifend Obligatorisches verständigen, wie beispielsweise Maßnahmen zur Förderung der Entwicklung von Schlüsselkompetenzen (z. B. Sozialkompetenz). Übernommen wird für die Fachpläne ein Postulat, das auch das KLIEME-Gutachten aufgreift: Die Aufsichtsbehörden legen Wert darauf, dass die einzelnen Jahrgangsstufenpläne insofern eine vertikale Koordination erkennen lassen, als innerhalb der jeweiligen Fächer wiederholt auf abgestimmte Themen, Modelle oder Verfahren rekurriert wird. Generell gilt es mithin, dem Prinzip kumulativen Lernens zu folgen: Um die Entstehung trägen Wissens zu verhindern, sollen Lernformen und Wissenssegmente sowohl fachspezifisch als auch fächerübergreifend bzw. fächerverbindend kontinuierlich aufgegriffen und zunehmend vernetzt werden. Erwiesenermaßen keine leichte Übung ...

---

[28]   Gute Schule. Schulinterner Lehrplan. Ein Leitfaden mit Grundsätzen, Instrumenten und Vorschlägen. http://www.bildungsserver-mv.de/download/qualitaet/leitfaden_gute_schule.pdf (29. 11. 13)

2 Medienpädagogik, Literaturdidaktik und Deutschunterricht

BODO LECKE

Wohl erstmals wurde in den 1970er-Jahren die Medienpädagogik bzw. die Behandlung von Massenmedien in das systematische Konzept einer „Didaktik und Methodik des Deutschunterrichts" – genauer: des sogenannten lernzielorientierten, insbesondere „politisch-kritischen Deutschunterrichts" – integriert (LECKE 1974).[1] Es dauerte lange Zeit, bis das Thema einer wechselseitigen Integration und Interdependenz von Medienpädagogik und Literaturdidaktik endgültig auf die Tagesordnung kam.

2.1 Literatur und Medien im „Verbund"

Kommunikationswissenschaftler und Medienpädagogen sind sich weitgehend einig, dass die Buchkultur, das gedruckte Wort, die Literalität, die Printmedien heute kaum noch eine dominierende Rolle spielen. Insbesondere das Fernsehen und das Internet dürften inzwischen das Buch als „Leitmedium" abgelöst haben.[2]

Daher kann die Buchkultur nicht länger separat bzw. exklusiv betrachtet werden, sondern ist relational (nach Produktions-, Vermittlungs- und Rezeptionsweisen, Formen, Arten, Gattungen, Stilen usw.) im intermedialen Bezugssystem zu bestimmen sowie letztlich im *qualitativen* und *quantitativen* „Verbund" mit anderen („neuen", „neueren" und „neuesten") Medien.

Das „kulturelle Gedächtnis" (J. ASSMANN) wird heute nicht mehr nur durch Bücher, sondern auch durch konkurrierende bzw. komplementäre Medien, durch social media und sich wandelnde Kommunikationsverhältnisse der sogenannten Informations- oder Dienstleistungs-Gesellschaft bestimmt.[3] In diese Richtung weisen auch die deutlichen Plädoyers für eine integrative Medien- und Kultur- bzw. sogar *Medienkultur*wissenschaft (JÖRG SCHÖNERT; KNUT HICKETHIER, SIEGFRIED J. SCHMIDT) im Sammelband „Literatur und Medien in Studium und Deutschunterricht"[4], der ähnliche „integrative" Tendenzen verfolgt, ohne indessen den traditio-

---

[1] Zum entstehungszeitlichen Hintergrund vgl. LECKE 1994, 44–68.
[2] Vgl. Teil II, Beitrag 3 v. CORNELIA ROSEBROCK in diesem Band.
[3] Vgl. FRÜHWALD 1991; JÄGER/SWITALLA 1994. Im Fachbereich Sprach- (und Literatur-)wissenschaften der Universität Hamburg z. B. wird ein (Nebenfach-)Studiengang „Medienkultur" angeboten mit dem Schwerpunkt der Analyse und Kritik von Sendungen und Programmen.
[4] Vgl. SCHÖNERT 1999, 43–64; SCHMIDT 1999, 64–83; HICKETHIER 1999, 85–112.

nellen, gewachsenen „Bildungswert" des Literaturunterrichts und der Literaturdidaktik preiszugeben.[5]

2.2 Zur Integration von Literaturdidaktik und Medienpädagogik

Als weiteres Beispiel für zahlreiche Versuche einer Zusammenführung von Medienpädagogik und Literaturdidaktik, Mediennutzung und Leseförderung, die nicht länger kontrovers, sondern komplementär – ebenso wie Literatur und Medien im „Verbund" – zu sehen sind, wäre das 1997 erschienene Buch von Jutta WERMKE zu nennen. Es belegt das vielseitige Bemühen, Medienpädagogik und Fach-, insbesondere Deutschdidaktik „unter einen Hut zu bringen". Freilich bleibt es eine schwierige Frage, ob man sich mit dem Spatzen in der Hand begnügen solle, wo man doch eigentlich gern die Taube auf dem Dach hätte, m. a. W.: Kann Medienpädagogik überhaupt im notwendig verengten Rahmen der Didaktik eines einzelnen Faches (wie z. B. Deutsch, Sozialkunde oder Kunst), in einem allgemein didaktischen Theoriekonzept oder in der alltäglichen Praxis des Fachunterrichts sinnvoll verankert werden?

Dabei stellt sich die Frage, ob sich der Deutschunterricht immer neue Themen und Inhalte „aufladen" lassen kann – über die verpflichtenden, nicht ohne weiteres aufzugebenden Fachtraditionen und -kulturen hinaus (z. B. „Germanistik", Kultur-, Literatur- und Sprachwissenschaft im Zeichen nationaler Identität und europäischer/internationaler/multi- bzw. interkultureller Integration).

Darüber hinaus wäre bedenkenswert, ob sich der Deutschunterricht nur auf bestimmte medienpädagogische Aspekte, die innerhalb seiner engeren „Fachkompetenzen" liegen, konzentrieren sollte, so z. B.:

- Dramaturgie,
- Verhältnis von Text und Bild (z. B. Literaturverfilmungen) im Kontext eines erweiterten Textbegriffs,
- Filmgeschichte und Literaturgeschichte,
- Kenntnis der medien- bzw. gattungsspezifischen Gestaltungs- und Ausdrucksmöglichkeiten und ihrer Funktion,
- Kenntnis der Kunstformen von Film und Fernsehen als Formen der dramatischen und narrativen Präsentation mit jeweils eigenen medialen Traditionen und Kon-

---

[5]   Vgl. LECKE 1996a, 19–50 und LECKE 1996b, 151–168.

ventionen (vom „aristotelischen Drama" zum „epischen Theater"; experimentell-avantgardistische Filmästhetik vs. Hollywood-Kino).

„Keine Bildung ohne Medien!" lautet daher das Plädoyer HORST NIESYTOS u. a., die für ein „breites Bündnis zur Medienkompetenzförderung" angesichts der „neuen Medien als pädagogische Herausforderung" eintreten (z. B. in: KAMMERL/LUCA/HEIN 2011).

Gerade „Deutsch" ist ja das (Schul-)Fach, das sich besonders mit der (kritischen) Reflexion von Medien über deren Informationswert hinaus befasst, in dem Sprache gleichermaßen als Unterrichtsgegenstand und Kommunikationsmedium fungiert!

JUTTA WERMKE geht in ihren grundsätzlichen Überlegungen zum Verhältnis von Medienpädagogik und Fachdidaktik von dem Orientierungsrahmen für „Medienerziehung in der Schule" der Bund-Länder-Kommission für Bildungsplanung und Forschungsförderung aus, der die Medienerziehung dem sogenannten allgemeinen Unterricht zuweist, wenn sie nicht – wie z. B. in Sachsen – als neues eigenes Fach institutionalisiert werden soll, da die Schule nun einmal „weitgehend durch Fächer- und Lernbereichsstrukturen gekennzeichnet sei" (WERMKE 1996, 440–450). Eine neue (didaktische) Standortbestimmung der Medienpädagogik zwischen fächer-übergreifender Projektierung („Taube auf dem Dach") und fachdidaktischer Exemplifizierung („Sperling in der Hand")

■ *erfordert aber die ‚Erarbeitung eines neuen didaktischen Feldes' [...]. Die Erarbeitung besteht einerseits in der inhaltlich-thematischen Suche nach ‚Schnittstellen' zwischen Fach und Kommunikationskultur [...]. Sie besteht andererseits in der detaillierten Überprüfung der Lehrpläne auf Fach/Medien-Relationen (WERMKE 1996, 446).* ■

Bereits im Orientierungsrahmen zur „Medienerziehung in der Schule" der Bund-Länder-Kommission für Bildungsplanung und Forschungsförderung vom 12. 5. 1995 ist eindeutig festgelegt, dass „Medienerziehung" weder als fach- bzw. fächerüber-greifendes Prinzip noch als ein neues Einzel- bzw. Spezialfach etabliert bzw. institutionalisiert, sondern in eines oder mehrere der bestehenden traditionellen Schulfächer integriert werden soll. Als „Leitfächer" einer solchen offensichtlich fachdidaktisch orientierten Medienerziehung gelten vorzugsweise der Deutsch-, Kunst-, Musik- und Sozialkundeunterricht.

Um zu effektivem Umgang mit der von Fernsehen, Computer, Internet usw. angebotenen Informationsflut zu befähigen, muss der Deutschunterricht über den bloßen Wissenserwerb hinaus Fähigkeiten zur sinnorientierten *Wissensverarbeitung* vermitteln, z. B. in Form eines Überblicks- bzw. Orientierungswissens.

In den letzten Jahren ist aus diesem Grund in vielen Bundesländern Film und Drehbuch verpflichtend mit in die Lehrpläne der Oberstufe eingegangen. Besonders für den Deutschunterricht zeigte sich dies im Abitur 2013 und 2014. Hier war und ist beispielsweise in Hamburg der Film bzw. das Drehbuch „Auf der anderen Seite" von FATIH AKIN für die Abiturkenntnisse relevant. Unter dem Thema „Grenzüberschreitung, Identität und Kultur" sollen sowohl das vorgenannte Drehbuch als auch der Roman „Räuberhände" von FINN-OLE HEINRICH behandelt werden. Eine intermediale Arbeitsweise ist somit selbstverständlich geworden und Arbeitsaufträge zum Abitur in 2013 verlangten, Romanauszüge aus „Räuberhände" zu Drehbuchszenen umzuformulieren. Zahlreiche Lehrerfortbildungen werden derzeit angeboten, um die Defizite der Lehrer im Bereich Filmvermittlung, wie sie in der Lehrerausbildung der letzten Jahrzehnte aufgetreten sind, auszugleichen. Auch der „digital turn" bringt neue Fähigkeitsanforderungen auf den Mediencurricula der Schulen mit sich: neben Bloggen, Twittern und Simsen müssen sich die Schüler heute auch im Bereich der social media bewegen können. Daneben sind die Zwischenwelten zwischen Computerspielen und Filmen für Unterricht zu nutzen. Letzteres stellt eine besondere Herausforderung für die Medienpädagogik und den Verbundgedanken dar, da hier auch technische Innovationen einfließen können.

2.3 „Medienkompetenz" – nur eine medienpädagogische Lieblingsmetapher?

Den ursprünglich von DIETER BAACKE eingeführten, inzwischen (zu) viel strapazierten Begriff der „Medienkompetenz"[6] versucht JUTTA WERMKE im Sinne von GERHARD TULODZIECKI u. a. auszudifferenzieren, vor allem durch sogenannte trans- bzw. intermediale und kreative Kompetenzen im Umgang mit Medien.

In einem integrativen Konzept könnten BAACKEs Bestimmungsmerkmale einer „Medienkompetenz" z. B. auf folgende Gegenstandsbereiche des Deutschunterrichts angewandt werden:

1 *Institutionenkunde:* Organisation von Sendern, Redaktionen und Verlagen. Mitbestimmungsgremien wie Rundfunkrat und ihre politisch bedingte Zusammensetzung. Rechte der Intendanten, Redakteure, Autoren usw.

2 *Inhaltsanalyse:* Programminhalte, Publikumszusammensetzung, Konsumgewohnheiten, gattungstypische und gattungsgeschichtliche Topoi des Mediums, stilistische und inhaltliche Strukturen, Weltbild, Personal; Figurenklischees wie

---

[6] Zur kritischen Auseinandersetzung mit diesem Begriff vgl. KÜBLER 1996, 11–15; WERMKE 1997, 134 ff.

Leitbilder, Vorbilder, Feindbilder; wirkungs- und rezeptionsästhetische Grundkategorien usw.

3 *Exemplarische ideologiekritische Interpretation* von Inhalten und Wirkungsmitteln (z. B. Handlungsstrukturen, Figurenkonstellationen, Schauplätze, soziokulturelle Codes, Manipulationstechniken formaler Elemente wie „Großmontage" und „Binnenmontage"), wobei an literaturwissenschaftliche Interpretationsmethoden, besonders literarsoziologische, angeknüpft werden kann.

4 *Gattungs- und Formenlehre:* Wie literarische Texte lassen sich auch massenmediale „Texte" nach Kodes, Soziolekten, Stilhöhen, *genera dicendi* unterscheiden. Analog der literarischen Rhetorik empfiehlt sich eine hermeneutische Methode, die nicht nur rein phänomenologisch oder formalästhetisch verfährt, z. B. bei der Analyse der Sprechsituation und Sprechhaltung des Senders (expressiv, appellativ, affirmativ, manipulativ usw.). Anzustreben wäre eine systematische Kennzeichnung und Katalogisierung der sprachlich-bildlichen Wirkungsmittel soziokultureller Codes, eine *Grammatik der Bildersprache,* wie sie vor allem in der Geschichte einer formulierten Filmästhetik seit EISENSTEIN, ALEXANDROW, VERTOW, PUDOWKIN, LUKÁCS, BUÑUEL, PASOLINI, GODARD u. a. vorbereitet wurde und durch eine Didaktik des Sehen-Lernens (HARTWIG) zu ergänzen wäre.

5 *Allgemeine Medientheorie und Kritische Kommunikationstheorie:* Sie müsste sich, besonders in der Sekundarstufe II (Medienkunde-Kurse), um eine Aufarbeitung, begrifflich-terminologische Klärung, methodische Systematisierung und didaktische Aufbereitung grundlegender Texte zur Medientheorie konzentrieren wie z. B. BRECHTS „Radiotheorie", LUKÁCS' „Ästhetik des Kinos", BENJAMINS „Kunstwerk im Zeitalter seiner technischen Reproduzierbarkeit" sowie die o. g. Filmtheorien.

Daraus ergeben sich vor allem vier aufeinander aufbauende „Lernziele":

1 Ideologiekritik auf der Grundlage modellhaft-exemplarischer Einsichten in dialektische (strukturhomologische) Zusammenhänge,

2 Immunisierung gegen interessengeleitete Wirkungs- und Manipulationsmechanismen,

3 Erkenntnis potenziell demokratischer, aufklärerischer Tendenzen und ihrer formalen (ästhetischen) und inhaltlichen (politischen) Manifestationen,

4 Anwendung der so gewonnenen sozio-ästhetischen Kategorien auf das eigene politische (Kommunikations-)Verhalten, verstanden als soziales Handeln.

2.4   Positionen – Tendenzen – Reaktionen

Die Frage der fachdidaktischen Integration von Medienpädagogik bzw. Medienerziehung in die Theorie und Praxis des Deutschunterrichts ist zugleich die Frage nach der Parallelität oder den Interdependenzen von Kategorien auf den drei Ebenen Allgemeine Didaktik, Fachdidaktik (Deutsch) und Medienpädagogik.[7] Die allgemeine und fachdidaktische Diskussion mit z. T. kontroversen Positionen und Tendenzen wird von mehreren Einschnitten oder Umschwüngen strukturiert, die mit so bedeutungsschweren Begriffen wie „Wende" oder „Paradigmenwechsel" bezeichnet worden sind:

1 die „didaktische Wende" (HARRO MÜLLER-MICHAELS) noch innerhalb des bildungstheoretischen Paradigmas,

2 die „curriculare Wende" (so SAUL B. ROBINSOHN vom Berliner Institut für Bildungsforschung) von der Bildungs- zur Lerntheorie,

3 die „kopernikanische" bzw. „kommunikative" oder „pragmatische" Wende (so MALTE DAHRENDORF) von der germanistischen Bezugswissenschaft zum derzeitigen und künftigen Lebensinteresse des heranwachsenden Schülers,

4 die „kognitivistische" bzw. „kognitionspsychologische" Wende,

5 die Wende von der Lernziel- und Bildungstheorie zur Kompetenzorientierung (namentlich „nach PISA"),

6 die partizipatorische (bzw. interkulturelle) Wende („Inklusion"/„Migrationshintergrund").

Die sich bei allen jeweils „neuen" Medien (z. B. Buch, Film, Fernsehen, Comic, Computer oder Internet) nahezu stereotyp wiederholende chronologische Abfolge medienpädagogischer Positionen und Reaktionen lässt sich (nach E. BIEGER, H. MOSER u. a.) wie folgt darstellen:

1 bewahrpädagogische Ablehnung,

2 moralpädagogische Missbilligung,

3 kulturpessimistischer Vorbehalt,

4 kritische/politische/emanzipatorische Auseinandersetzung,

5 projekt- und handlungsorientierte Bewältigung,

6 produkt(ions)orientierte Anwendung und Applikation.

Besonders die letzten drei Positionen bestimmen auch BAACKES Konzept der „Medienkompetenz", es besteht aus

1 Medienkritik

---

[7]   Vgl. dazu das tabellarische Schema bei LECKE 1987, 129–145 und LECKE 1986, 121–128.

2 Medienkunde
3 Mediennutzung
4 Mediengestaltung
(BAACKE 1997 u. ö.)

Der Leit- und Oberbegriff „Kompetenz" wurde bereits in den 1970er-Jahren in das Konzept eines „projektorientierten DUs" übernommen und in ästhetische, kommunikative, linguistische und Sprechhandlungskompetenz „unterteilt" (JONAS/ROSE 2002, 51).

Er orientiert sich vor allem an NOAM CHOMSKY (als Universal-pragmatischer Ober- und Gegenbegriff zu „Performanz"), JÜRGEN HABERMAS („kommunikative Kompetenz") und neueren Forschungen zu literarischer Sozialisation und Schriftspracherwerb. Danach ist Medienkompetenz weder angeboren noch universell, sondern als „historisch und kulturell spezifischer Sozialisationsprozess" zu verstehen (GROEBEN/HURRELMANN 2003, 5).

Im Sinne einer Integration von Medienpädagogik und Literaturunterricht plädieren auch HANS-DIETER ERLINGER und GUDRUN MARCI-BOEHNCKE für einen sinnvollen „Austausch beider Seiten", d. h. „der von traditioneller Schriftkultur sowie ihrer Repräsentanten und der von Medienkultur und ihren – eben auch vorrangig jugendlichen – Anwendern […]" (ERLINGER/MARCI-BOEHNCKE, 2001, 8).

ERLINGER sieht „mediale Bildung immer auch eingebettet in kulturelle Diskurse" und vertritt entschieden

▉ eine Fortentwicklung traditioneller Aufgabenfelder und Unterrichtsinhalte des Deutschunterrichts. Medientexte sind als symbolische Formen unserer Gegenwartskultur zu verstehen […]. Dazu ist der Blick auf gegenwärtige Ausdrucksformen dieser Gesellschaftsordnung unerlässlich. Dieser inhaltlichen Aufgabe – und nicht nur der Sorge um den kompetenten Umgang mit neuer Technologie – haben sich die heutigen Bildungsinstitutionen zu stellen. (ERLINGER/MARCI-BOEHNCKE 2001, 13)[8] ▉

2.5   Die Lehre von den „Sende-Formaten", Textsorten und Literaturgattungen

Nach dem begrüßenswerten Perspektivenwechsel von der quantitativ-statistischen Frage „Was machen die Medien mit uns?" (= traditionelle bzw. positivistische Wirkungsforschung) zum qualitativen Forschungsansatz „Was machen wir mit den Medien?" (= Mediennutzungsverhalten; *uses and gratification approach*) möchte

---

[8]   Vgl. auch ERLINGER 2001, 155–166, und BLEICHER 2006.

ich für einen weiteren Perspektivenwechsel bzw. eine perspektivische Verengung und Präzisierung auf eine „gattungstheoretische" Fragestellung plädieren, die sich auf die Produktionsweise, den „Werkcharakter" und die (insbesondere moralisch-pädagogische) Wirkung auf Kinder und Jugendliche sowie entsprechende medien-pädagogische Konsequenzen konzentriert, also z. B. auf epische oder dramatische Formen, Gattungen bzw. Textsorten, die – vom „bürgerlichen Rührstück" bis zur „daily soap opera" – sowohl im Medium Literatur als auch im Medium Fernsehen vorkommen. [9]

Die Lehre von den „Gattungen" (Gattungstheorie in der Tradition der bis auf die Antike zurückgehenden Poetik und Rhetorik) beschäftigt sich vor allem mit der systematischen „Einteilung" der Gattungen – nach allerdings unterschiedlichen und nicht immer universell gültigen Prinzipien.

Nicht nur Literaturverfilmungen, die sich schon seit den frühen 1980er-Jahren einen relativ festen Platz im Deutschunterricht erobern konnten, sondern auch wei-tere „intermediale Vergleiche" auf gattungstheoretischer Basis hält auch J. WERMKE für sinnvoll und praktikabel:

■ *Ansatzpunkte für intermediale Vergleiche in einer integrierten Medienerziehung können paral-lele Gattungen, Genres, Stile sein [...], aber auch Motive, Typen, Handlungsmuster [...]; Transfor-mationen von Werken aus einem in ein anderes Medium, die Verschiebung von Funktionen aus der Sicht der Rezipienten: z. B. der Unterhaltung oder der Information, des Begleitmediums oder des Medienereignisses; die Rolle des Autors in verschiedenen Mediensystemen usw. Allerdings liegen die Präferenzen deutschdidaktischer Publikationen seit den 70er Jahren bei Verfilmungen [...], die als buchnah eingeschätzt und dem Repertoire eher illustrativ eingegliedert werden können. Die Vielzahl möglicher didaktischer Ansatzpunkte ist damit bei weitem noch nicht erschlossen. (WERMKE 1997, 140)* ■

Statt einer grundsätzlichen ideologisch-metaphysischen Polarisierung von hoch-wertiger Literatur einerseits und minderwertigen audiovisuellen Massenmedien andererseits möchte ich daher abschließend – auf literaturwissenschaftlicher, kom-munikationstheoretischer und besonders auch medienpädagogischer Ebene – für die Wiederaufnahme einer Genre-, Textsorten- oder Gattungstheorie plädieren. Sie ist zwar medienumgreifend bzw. medientranszendierend, aber meint eben nicht umfassende Großformen oder GOETHEs sogenannte Naturformen (Lyrik, Epik, Dra-matik) oder allein materiale Erscheinungsformen wie Buch, Film, Video, Zeitung, Fernsehen, sondern Gattungen, *genres, genera dicendi* i. e. S. des Begriffs, also inhaltlich wie formal eingrenzbare Formen, die in Literatur und Film, Zeitschrift und Fernsehen vorkommen können und die zugleich auch andere kulturelle Erschei-

---

[9]   Vgl. dazu MARCI-BOEHNCKE/GAST 1997, 293–302, und LECKE 1997, 166–183.

nungsweisen wie gesellschaftliche Konventionen oder ästhetisch-moralische Normen bezeichnen.

Der Begriff der Gattung ist – in Bezug auf die existenziellen „Großformen" – buchstäblich kleiner, auch begrifflich enger gefasst, genauer zu bestimmen und zu beschreiben. Er bezeichnet zugleich deutlichere Konturen und Funktionen, Institutionsweisen und Konventionen, die sich freilich nicht nur perfekt erfüllen (wie in Trinklied, Elegie oder Limerick), sondern auch absichtsvoll transzendieren, durchbrechen, erneuern oder vermischen lassen (z. B. die in Fernsehen wie Literatur und anderen Medien vorkommenden Gattungen: Hörspiel, *feature* oder *faction*). Eine so konzipierte, zugleich integrative und medienüberschreitende wie auf einen beschränkten Gestalt- und Begriffsumfang reduzierte Gattungstheorie kann möglicherweise auch dazu beitragen, den Spagat zwischen der Gesamtorientierung (systematischer Überblick) und Ausdifferenzierung (bzw. Spezialisierung) als wissenschaftstheoretisches und als didaktisches Kardinalproblem zu bewältigen. Lessing hat einst, im Gegensatz zur „hohen" Gattung der feudal-heroischen Tragödie, seiner revolutionär neuen „mittleren" Gattung des bürgerlichen Trauerspiels bewusst nur die eine Wirkungsfunktion des „Mitleids" zum Zwecke der allgemeinen „Besserung" seines entstehenden bürgerlichen Publikums zugeschrieben.

Die für meinen Vorschlag interessanteste „Einteilung" der Kunstarten, gerade für die modernen, die Literatur transzendierenden Medien, scheint mir die bis auf die antike Rhetorik und Poetik zurückgehende Lehre von den „Stilhöhen" oder *genera dicendi* zu sein. (Stil-)Höhe ist dabei sowohl sozial (bzw. soziologisch) wie auch gemäß einem ästhetischen Werturteil (hohe vs. niedere Kunst) zu verstehen – also sozio-ästhetisch.

Ein literarisches wie zugleich literaturdidaktisches System bietet exemplarisch die – auch in den großen Literaturgeschichten des Mittelalters von ERNST ROBERT CURTIUS und KARL HEINRICH BERTAU dargestellte – *rota Vergilii* (das Rad des VERGIL) des spätmittelalterlichen englischen Literaturtheoretikers JOHN OF GARLAND (14. Jh.): ein aus drei Sektoren und zehn konzentrischen Kreisen bestehendes systematisches Schema der gesamten Gattungstheorie der Poesie und Rhetorik.[10]

Der römische „Schulautor" VERGIL lieferte die Muster dreier Gattungen:

1 das hohe Heldenepos *(Aneis)*,
2 die realistisch-didaktische Darstellung bäuerlichen Lebens *(Georgica)*,
3 die idyllische Schäferdichtung *(Bucolica)*.

---

[10]   Vgl. dazu die Abbildung bei LECKE 1996a, 161.

Der hohen, mittleren und niederen „Gattung" – *genus grande, medium, humile* – entsprechen die „Stilarten" hoch, mittel, niedrig. Ihnen zugeordnet werden das Personal (Kriegsheld, Bauer, Schäfer), die Requisiten (Schwert, Pflug, Hirtenstab) und sogar ein sozialhierarchisch eingeteiltes Tierreich (Schlachtross, Ochse, Schaf), die „standesgemäßen" Bäume (Lorbeer/Zeder, Buche, Obstbaum) und die dazugehörigen Schauplätze (Burg/Stadt, Weide, Acker).

Auf die speziellen Belange der Pädagogik und Didaktik der Massenmedien übertragen, könnte folgendes Schema hilfreich sein – in Anlehnung an PIERRE BOURDIEUS Theorie von der Distanz zwischen den „Ebenen des Senders" und den „Ebenen des Rezipienten". Die Stilhöhen oder -ebenen sind zugleich ästhetisch und soziologisch zu verstehen. Die vom Produzenten in der Regel angestrebte Kongruenz der Emissions- und Rezeptionsniveaus ist potenziell dissonant.

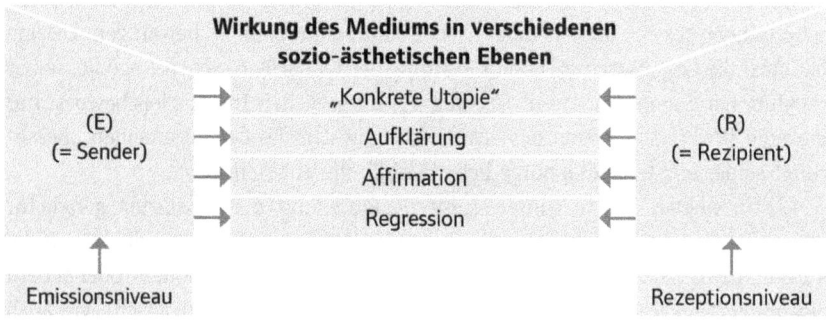

2.6 Medienverbund und Intermedialität

Nicht zuletzt in den „Medienverbundangeboten" sieht HANS-HEINO EWERS die Mythen und Göttersagen der Gegenwart als die „großen Narrationen unserer Zeit" – also ähnlich den in sogenannten Content-Universen verbreiteten Serienprodukten nebst ihren Helden und Heldinnen, die den Vermarktungsketten des rein kommerziellen „merchandising" auch „synergetische Effekte in einem spezifisch produktions-, distributions- und rezeptionsästhetischen Gesamtwirkungsmechanismus hinzufügen – als neue Qualitäten des Zusammenwirkens verschiedener Medien bei der Realisierung einer Narration" (EWERS 2004, 5).

■ *Global vermarktete Medienverbundangebote tendieren [...] zu einer Kombination mehrerer Gattungsmuster – etwa derjenigen von Sciencefiction und Fantasy (Man spricht von Gattungsmixtur oder Genremix) (EWERS 2004, 8).* ■

Für das Verhältnis einer (womöglich eher traditionellen) Literaturdidaktik zu einer (zukunftsoffenen) Medienpädagogik ist es wichtig, dass Literatur wie Buch keinesfalls durch „neue" (audiovisuelle und/oder digitale) außer Kraft gesetzt werden müssen:

▨ *Medienverbundangebote [...] sind [...] deshalb von Interesse, weil sie ein Medienarrangement darstellen, in welches prinzipiell auch Traditionsmedien wie das Buch einbezogen werden können. Sie sind ein Beispiel dafür, wie die Literatur sich in neue Medienfelder begeben kann (EWERS 2004, 10).* ▨

MARION BÖNNIGHAUSEN[11] nennt in ihren Betrachtungen über „mediale Kompetenz" vor allem drei Hauptformen von Intermedialität im Anschluss an IRINA RAJEWSKI u. a.[12], nämlich 1) Medienkombination, 2) Medienwechsel und 3) intermediale Bezüge.

Dabei bezeichnet „Medienkombination" das mediale „Zusammenspiel", z. B. als „Medien-Fusion, Multi-, Pluri- oder Polymedialität". Der „Medienwechsel" kann auch als „Medientransfer" bzw. „Medientransformation" bezeichnet werden.

Insbesondere die Medien*geschichte* mag dabei als „missing link" zwischen Medienpädagogik und Literaturdidaktik dienen.[13]

Somit kann die synchrone wie historische, besonders gattungsgeschichtliche Intertextualität bzw. Intermedialität zu einem Schlüsselbegriff für die Integration unterschiedlichster Medien-Genres, Textsorten, Formate, Gattungen werden und zugleich auf exemplarische Weise einen Schnittpunkt von Literaturdidaktik, Kulturwissenschaft und Medienpädagogik bilden.

Medienwechsel, Medienwandel und Mediengeschichte selbst zum Gegenstand des Deutschunterrichts zu machen und dabei an die zu vermutenden eher „populärkulturellen" Schüler-Interessen anzuknüpfen, scheint mir mit dem fachwissenschaftlichen wie fachdidaktischen Konzept einer medienübergreifenden Gattungstheorie vorteilhaft integrierbar in die alltägliche Praxis des Deutsch-, besonders des Literaturunterrichts.

2.7 Medialitätsbewusstsein und „Neu(est)e"/digitale Medien

Erst um die Jahrtausendwende rücken die digitalen Medien, zunächst natürlich der Computer, allmählich in das Blickfeld des Deutschunterrichts – und zwar vor allem

---

[11] Vgl. dazu BÖNNIGHAUSEN/RÖSCH 2004.
[12] RAJEWSKI 2002.
[13] LECKE 2008a.

in den Varianten des „computerunterstützen" Deutschunterrichts (als „assisted", „aided" oder „based") – vgl. H. JONAS/K. ROSE 2002.

Die „Länderkonferenz Medien Bildung" hat ein „Kompetenzorientiertes Konzept für die schulische Medienbildung" vorgelegt (Positionspapier vom 1. 12. 2008).

„Medialitätsbewusstsein" wird als zentrale Aufgabe von „Medienbildung"/ „media litercy" und als besonderer Bildungsauftrag für die Schule (WAGNER 2013) gesehen, namentlich zur Stärkung einer „kompetenzorientierten" Lernkultur durch die Nutzung digitaler Medien.

Im zielgerecht verengten Rahmen einer „Integration" (WERMKE) von Medienpädagogik/media literacy und Literaturdidaktik kann hier nur ein Seitenblick auf die „neuesten" (nämlich „digitalen") der „Neuen Medien" geworfen werden. Zudem ist ihr fachdidaktischer Nutzen nach wie vor umstritten – speziell für den Deutschunterricht, dem sie wohl in erster Linie als technische (Hilfs-)Mittel zur Unterrichtsgestaltung und Ergebnissicherung dienen.

Ein neues und womöglich zukunftweisendes „Handlungsfeld" sind z. B. *Computerspiele/Digitale Spiele,* vor allem als *Lernspiele,* (wie z. B. GÜNTHER 2012).

In einem kürzlich erschienen Sammelband stellen die Herausgeber die Frage,

▓ *wie die Spiele, in die viele Heranwachsende ein so beachtliches Maß an Zeit und Energie investieren und deren gesellschaftliche und kulturelle Bedeutung unabweisbar ist, in Bildungskontexten produktiv genutzt werden können.* ▓

Dies gilt besonders für die im Schulfach Deutsch zu vermittelnden Kompetenzen – zumal natürlich für den Kompetenzbereich „Lesen – mit Texten und Medien umgehen". (BOELMANN/SEIDLER 2013, 7 f.)

Neben der bereits als Abiturleistung geforderten *(Power-Point-)Präsentation* sowie der Verwendung von *Blogs* (bzw. auch „Vlogs") und der Gestaltung von Internetseiten (mittels sogenannten Homepagegeneratoren) seien z. B. auch die Nutzung von „Wikis" (etwa zur Gestaltung eines fachlich akzentuierten online-Lexikons), die Einbindung von *Mobiltelefonen* (z. B. beim Verfassen von SMS-Gedichten im Stil japanischer Haikus) oder weiterer ästhetisch anspruchsvollere Formen und „Genres" eines *digitalen Geschichtenerzählens (Digital Storytelling)* nebst weiteren – und z. T. durchaus kultivierungsbedürftigen – *E-Mail-Produktionen* (und nicht zuletzt gezielte Internet-Recherchen) hier beispielhaft und im Hinblick auf vermutlich ebenso dynamische wie selektive Entwicklungsprozesse genannt.

3 Sprachwissen und Sprachbewusstsein in Funktion

Aspekte eines integrativen Deutschunterrichts

PETER KLOTZ

3.1 Klärung und die thematisierten Bereiche

Das *Wissen* über Sprache ist auf drei Ebenen zu beziehen:

- Wissen zum Sprach*system,* wie es durch Darstellungen nahegelegt und durch Grammatiken tradiert wird.
- Wissen zum Sprach*gebrauch,* das als Handlungswissen zunächst die Erfahrung meint, *dass* und *wie* man mit Sprache etwas tun kann. – Formen des Sprachhandelns, hier sind besonders konventionelle und z.t. ritualisierte Handlungen sowie die Textsorten im schriftlichen Bereich gemeint (s. vor allem Kap. 3), ebenso die literarischen Gattungen als Weisen kulturellen Handelns. – Der mündliche Sprachgebrauch mit seinen kommunikativen Funktionen (s. vor allem Kapitel 4).
- Kenntnisse und Kompetenzen zur Kommunikation allgemein sowie insbesondere zur *Textualität,* also was einen Text zum Text macht und wie kommunikative, sprach- und textstrukturelle sowie ästhetische Komponenten einem Text Gestalt geben.

Sprachbewusstsein entsteht vor allem auf zwei Weisen:

1 Dem Menschen wächst *ontogenetisch* durch *kommunikative Erfahrungen,* aber auch durch sprachspielerische Lust ein allgemeines, vortheoretisches Sprachbewusstsein zu, das bei sprachlich-kommunikativen Konfliktfällen und bei Erstaunen hervorrufenden sprachlichen Ereignissen aktiviert wird.

2 Sprachbewusst*heit* entsteht durch die Begegnung mit und die *Kognitivierung von Sprachwissen* (s. o.). Als solches ist es ein Begleiter alltäglichen und besonderen, z. B. konfliktträchtigen oder literarischen Sprachgebrauchs; es lässt sich vom oft amorphen und zufälligen Sprachbewusst*sein* terminologisch als Sprachbewusst*heit* abgrenzen.

Sprachbewusstheit ermöglicht ein waches und benennbares Begleiten des eigenen und fremden Sprachgebrauchs, ermöglicht einen in Alternativen denkenden, auswählenden aktiven und passiven Sprachgebrauch, weil seine Basis ein systemisch orientiertes Wissen um die Sprache und Kommunikationsverläufe selbst ist. Solchermaßen ergibt sich für Sprachwissen und Sprachbewusstsein/-heit ein natürlicher Funktionsbegriff: Sprachwissen und Sprachbewusstsein/-heit werden auf einen *integrativen Deutschunterricht* bezogen, d. h. Sprache wird als die unhintergehbare Basis für die unterrichtliche Auseinandersetzung mit Sprechen und Schreiben, mit Zuhören und Lesen unter dem Handlungsaspekt begriffen. Es geht also um ein *Sprachwissen in Funktion* dergestalt, dass Sprache und ihre textuellen Ausprägungen neben allem Interesse und Engagement für Inhalte und Absichten deutschunterrichtlich konstituierend ist. Was so selbstverständlich klingt, ist es in der Praxis nicht immer und nicht immer in ausreichendem Maße. – Gleichermaßen gelten die Erfahrung und die Einsicht, dass nicht die ganze Breite möglichen sprachlichen und textuellen Wissens lehrens- und lernens*wert* ist (z. B. das System der Adjektivflexion nicht oder kaum), sondern dass didaktisch solche Bereiche des Sprachwissens aufzusuchen sind, bei denen vor allem den Heranwachsenden der Sinn und die Funktion sprachlichen Wissens deutlich werden kann. Wenn darüber hinaus und im Zuge dieser Praxis ein allgemeines, sozusagen pures bzw. systematisches Wissen entsteht, so ist dies ein bestes, aber selten erreichbares Ergebnis. (Dies als „totes Wissen" zu dissavouieren zeugt allenfalls von der Verabschiedung eines Bildungsinhaltes, und es versperrt sich der Einsicht, dass nie alle Funktionen vorhersehbar sind, noch wird dabei der Kompetenzerwerb für den Umgang mit komplexen, multifunktionalen Systemen berücksichtigt)

Von dieser Grundposition ausgehend ergibt sich für ein *„Sprachwissen und Sprachbewusstsein in Funktion"* eine vor allem das Sprachliche betonende Begegnung mit Schreiben und Textverstehen (*Sprechen und Zuhören* vollziehen sich einfach schneller, sodass ein kontrollierendes und bewusst formulierendes Begleiten des Sprachgebrauchs recht eigentlich den *„Vorlauf"* des Schriftlichen braucht, um bis in die Tiefe für den Sprachgebrauch zu sensibilisieren; dies gilt entgegen landläufiger Ansicht). Diese intensivierenden Begegnungen sind insofern *integrativ* angelegt, als einerseits die Bereiche des Deutschunterrichts als eigenständig begriffen und andererseits in kognitiver und praktischer Weise funktional zusammengeführt werden, um daraus ein jeweiliges funktionales Wissen für die Teilbereiche zu evozieren und die sprachlichen Wissensstände für immer neue Kombinationen zu „gymnastizieren" (dieser Wortgebrauch schließt das Üben mit ein, meint aber eine Distanz zu Festlegungen und Mustern).

3.2   Vom Sprachhandeln zum Textwissen und Sprachwissen

Sprachbewusst*sein* lässt sich im Unterschied zur Sprachbewusstheit (s. o.) als eine Aufmerksamkeit und Wachheit für Sprache in aktuellen Kommunikationssituationen verstehen: Sprachliches Wissen und Routinen, aber auch Formulierungszweifel und -sorgsamkeit werden vor- und halbbewusst aktiviert, um eine Kommunikationsaufgabe einigermaßen gut und für sich selbst vorteilhaft zu lösen. Solches sprachbewusstes Verhalten beginnt schon im Kindergarten, dort oft mit reduzierten Argumentationen, übertriebenen Erzählungen und Schilderungen oder mit Beschimpfungen, und es setzt sich als mehr oder weniger entfaltetes, oft auch simpel bleibendes Sprachhandeln in Schule und Alltag fort. Wesentlich daran ist, dass ontogenetisch das Handeln – meist imitativ – *vor* der eigentlichen Sprachsuche und Ausdrucksfindung liegt und dass mit der Bewusst*heit* durch den Deutschunterricht gewissermaßen ein sprachlicher Stolpereffekt nicht selten auftritt, nach dessen allmählicher Überwindung es zu brauchbaren oder sogar ausgefeilten Sprachkompetenzen kommt[1]. Diese Grundkonstellation kommunikativen Lernens gilt es mutatis mutandis zu nutzen und gegebenenfalls auch einmal zu konterkarieren. Zentrale Schwierigkeit bleibt die Künstlichkeit des Sprach- und Literaturunterrichts; gelingt es aber, die persönliche Notwendigkeit sprachlichen Handelns für eine Textproduktion und/oder ein Textverstehen herzustellen, so wird aus der produktiven Sprachsuche und rezeptiven Spracherfahrung ein engagierter Prozess; realistisch betrachtet wird dies und kann dies nur selten der Fall sein. In dieser Grundkonstellation liegt die Bestätigung des Prinzips der *Schriftlichkeit durch Schriftlichkeit,* weil der literale Text ein Mehr an Aufwand bedingt.

Methodisch relevant für die Sprachsensibilisierung sind textliche Befremdlichkeiten bzw. Begeisterung für einen Text: es fordert geradezu das Denken in Alternativen und somit das Vergleichen heraus. Methodisch relevant bleibt auch ein engagiertes Formulieren für eine „Sache", an der einem gelegen ist (für Erwachsene ist das keineswegs anders). Eine dritte methodische Möglichkeit besteht darin, zur schulischen Künstlichkeit sprachlichen Handelns als Lehrkraft zu stehen und geradezu positiv konfrontativ „Sprachunterricht" bzw. „Grammatikunterricht" zu machen, freilich nicht ohne die Betonung der jeweiligen Funktionalität der sprachlichen Zeichen bzw. des sprachlichen Wissens an sich. Diese dritte Möglichkeit lässt sich – um wenigstens ein Beispiel anzudeuten, das im Teil 3.3 noch weiter ausgeführt wird – an Kafkas Parabel „Auf der Galerie" exemplarisch nachvollziehen, weil

---

[1]   Hier erscheint Kleists „Marionettentheater-Aufsatz" immer noch aufschlussreich, auch wenn es dort um ganz andere Dimensionen geht.

dort sprachliches Wissen gewissermaßen explizit zum Einsatz kommt: eine Indikativverwendung für die sichtbare Scheinwelt des Showbusiness im Zirkus, die durch Parataxe in ihrer Serialität überdies gespiegelt wird (dies im zweiten Satz der Parabel), und eine Konjunktivverwendung (dies der erste Satz der Parabel), die die Bedingungen herauspräpariert, unter denen die „wirkliche Wirklichkeit" hinter der Show- und Scheinwelt sichtbar würden (Genaueres s. u. unter 3.3).

Wesentlich ist vor allem, vom passiven und aktiven Sprachhandeln den Weg zu Sprachwissen und Sprachbewusstheit funktional zu suchen. Kinder und Jugendliche erfahren sich selbst ja längst als Sprachbenutzer, so dass ihnen Sprache in ihren mehrfachen Dimensionen als Thema erst einmal bewusst gemacht werden muss, und dies gerade deshalb, weil die Inhalte, einmal gut ausgewählt, eine eigenständige Attraktivität haben. So kann viel von der Künstlichkeit schulischer Sprachbegegnung weggenommen werden. Deshalb hier ein erstes Beispiel, wie sich die Sicht auf Handlungen mit konkretem Sprachwissen funktional verknüpfen lässt.

▉ *Erfolg*
Herr K. sah eine Schauspielerin vorbeigehen und sagte: „Sie ist schön." Sein Begleiter sagte: „Sie hat neulich Erfolg gehabt, weil sie schön ist." Herr K. ärgerte sich und sagte: „Sie ist schön, weil sie Erfolg gehabt hat."   BERTOLT BRECHT[2] ▉

Natürlich macht es Spaß, über diesen Text inhaltlich zu sprechen. Aber, so sollte man zugeben, man wäre damit schnell am Ende, schlicht, weil hier zwei Klischées gegeneinander ausgespielt werden. Doch was geschieht eigentlich in dieser minimalen Szene? Eine Frau geht vorüber, und es wird wie so oft ein männlicher Kommentar abgegeben. Tatsächlich treffen wir hier aber auf verschiedene *Sprach*handlungsebenen: Da ist zum ersten die Begeisterung Herrn K.s, die er sich von seinem Begleiter nicht nehmen lassen will. Sein Kommentar selbst ist eigentlich kaum kommunikativ; der Begleiter Herrn K.s müsste auf diesen Ausdruck der Begeisterung nicht reagieren. Er tut es aber seinerseits, indem er einen winzigen erzählerischen Gestus wählt, um mithilfe eines Klischées etwas Herabwürdigendes zu sagen. *„Sie hat neulich Erfolg gehabt, weil sie schön ist."* Herrn K.s Ärger ist für uns erst einmal befreiend, und wir sind ihm dankbar, dass er an die allgemeine Erfahrung erinnert, wie ein schöner Erfolg einem Menschen eine gute Ausstrahlung verleihen kann. Besonders befriedigend dabei ist, dass er auf rhetorisch so geschickte Weise widerspricht. Er verkehrt einfach die Satzverhältnisse: Aus der mies gemeinten Begründung *weil sie schön ist* macht er seine, nun wiederholte Feststellung, die er jetzt nicht mehr durch bzw. mit seinem männlichen Blick begründen muss, sondern sie

---

[2] BRECHT 1971, 35.

als Ergebnis einer fairen Bewunderung hinstellen kann: Aus dem minimalen narrativen Satz *Sie hat neulich Erfolg gehabt* wird Herrn K.s Kausalsatz.

Begeisterte Begründung und klischéehafte Herabwürdigung stehen sich als *Sprachhandlungen* gegenüber, und der Reiz dieser kurzen Keunergeschichte ergibt sich nicht zuletzt durch den ästhetisierenden Sprachgebrauch mit einfachsten Mitteln, nämlich durch das Spiel mit syntaktischen Mustern. Das wird umso auffälliger, als die übrige sprachliche Ausstattung so sehr, sehr einfach ist. Die Wechselrede wird mit simplen Prädikaten ausgestattet: *sagte, sagte, ärgerte sich und sagte.* Mit anderen Worten: ein bisschen raffiniert ist diese Keunergeschichte bei aller leichten Verständlichkeit schon, und das lässt sich nur herausfinden, wenn man Sprachwissen verwendet. Man kann sich weiterhin der *Wortwahl* als Sprachhandeln zuwenden: Die Geschichte hätte ja auch funktioniert, wenn sie so begonnen hätte: „Herr K. sah eine Frau vorbeigehen …". Hier aber steht *Schauspielerin.* Ein Nachdenken in sprachlichen Alternativen, hier bei der Wort- und Themenwahl, führt dazu, dass dieser Text bereits durch diese Wortwahl Kontexte und Klischées aufruft, die minimalistisch in dem Dialog aufgearbeitet werden. Und somit lässt sich in der Geschichte eine Sprachhandlung sehen, die vor allem zum Nachdenken über Klischées auffordert, ja die unsere Zufriedenheit mit Herrn K.s Antwort sogar in Frage stellt, denn schließlich war er es, der über diese Frau, die eine Schauspielerin ist, erst einmal nur zu sagen wusste, dass sie *schön* sei, und nicht zunächst sagte, dass sie *Erfolg* gehabt hatte; auch Reihenfolgen können zu sprachhandelnden Thematisierungen werden, denn natürlich hätte er sich an ihrer Schönheit freuen können, und dann wäre sein letzter Satz mehr als eine ärgerliche Replik gewesen. Unter *textlinguistischer Perspektive,* hier genauer unter der Perspektive von *Thema* und *Rhema,* von Bekanntem und Neuem also, werden hier zwei Rhemata durchgespielt: *schön* und *Erfolg,* die auf das Thema *Schauspielerin* bezogen werden; dieses Thema erscheint in der Folge ja nur noch in der Proform des Pronomens *sie,* also in einer textuell ganz üblichen Weise, die den Binnenzusammenhalt des Textes mit stiftet. *Textuell* bemerkenswert ist darüber hinaus, dass hier wesentliche Elemente der *Deixis* gar nicht erst erzählt werden: Wir erfahren nichts über das *Wo* und das *Wann* der Geschichte, was doch eigentlich für die meisten Narrationen angemessen und erwartbar wäre. Eine solche Deixis scheint hier nicht nötig, denn die Keunergeschichte beansprucht wohl ein wenig Allgemeingültigkeit, so dass die Nennung der Personen genügt. Der Autor kann seinerseits auf die Kooperation der Textrezipienten vertrauen, denn er hat sie ja durch Knappheit geradezu herausgefordert.

Das kleine Beispiel verweist also auf wesentliche Komponenten sprachlichen Handelns: Da sind die *impliziten Handlungen,* die sich hier besonders leicht explizit machen lassen, nämlich Begeisterung und Schlecht-Reden. Somit lassen sich die Absichten *(Illokution)* wie die Wirkung *(Perlokution)* relativ klar erfassen, während die *Proposition,* die sachliche Kernaussage, je nach Absicht des Sprechers changiert. Die Feststellung, dass Deixisangaben – Ort und Zeit – fehlen, darf bei der Analyse nicht übergangen werden, sondern ist ja ein eigener besonderer Hinweis hier auf die Allzeitlichkeit und Allgemeingültigkeit der Geschichte. Ebenso zeigt sich an obigem Beispiel, wie das Wissen um Syntax und Wortschatz unmittelbar relevant wird. – Die eigentlich große Schwierigkeit besteht für solches sprachliche Arbeiten darin, dass ein breites sprachlich-grammatisches Wissen stetig präsent sein muss, damit jeder produktive oder rezeptive textliche Einzelfall adäquat angegangen werden kann – aber das ist ja das Ziel, das wie jedes andere auch schrittweise angegangen werden muss.

Die Annäherung an eine solche relativ umfassende sprachliche Kompetenz geschieht durch die absichtsvolle unterrichtliche Aufsuche von *Affinitäten.* Das meint (a) nichts anderes, als dass es funktionale Nähe zwischen inhaltlichen Handlungskonstellationen und den spezifischen Leistungen sprachlicher-grammatischer Zeichen gibt, und es meint (b), dass sprachlich-grammatische Zeichen nicht nur *eine* semantisch-pragmatische Funktion haben. Genau deshalb kann es nur um „Affinitäten" und nicht um reine Funktionszusammenhänge gehen. Sie können für den Deutschunterricht 1. durch *binnenfachliche Integration* und 2. durch *fächerübergreifende Integration* gefunden werden, was im Folgenden allgemein und exemplarisch skizziert wird.

3.3 Binnenfachliche Integration

Integrieren lässt sich nur, was zunächst eigenständig vorhanden ist oder in einer definierten Phase des Unterrichts selbstständig und begrifflich bewusst bearbeitet werden kann. Bezogen auf einen prototypischen, pädagogischen Stundenverlauf bedeutet dies, dass die Gegenstandsbegegnung für die Schülerinnen und Schüler in einer klug arrangierten Gemengegelage besteht. Dabei dominieren Aspekte aus zweien, maximal dreien der Teilbereiche des Deutschunterrichts (mehr ist nicht zu bewältigen, wie man aus der Sportdidaktik sehr genau weiß). Die Kognitivierungsphase verlangt gewissermaßen nach den Einzelbereichen – hier muss ihre funktionale Bezogenheit jeweils deutlich thematisiert werden – und die Phase der Übungen und Transfers wird die Vernetzungsmöglichkeiten selbst funktional wieder aufnehmen. Eine solche Kombinierung verspricht sichere Lernerfolge – denn ohne Begrifflichkeit ist Kognitivierung nicht möglich, allenfalls Mustererwerb.

Es war und ist die Auseinandersetzung mit Sinn und Funktion des Grammatikunterrichts, die die Frage bestimmt, ob denn sprachliches Wissen unmittelbar den Sprachgebrauch fördern könne. Der *schriftliche Sprachgebrauch* erfährt langfristig tatsächlich recht merkliche Förderung durch sprachliches Wissen (z. B. KLOTZ 1996). Ist die Integration nicht auf ein unmittelbares *input-output*-Verhältnis angelegt, sondern auf eine Erweiterung sprachlicher Variationsfähigkeit auf allen sprachlichen Ebenen, dann zeigt sich nicht nur die Bereicherung an Mustern im syntaktischen Bereich, sondern ebenso im Bezug auf die Deixis, auf den Tempus-, Modus- und Genus-verbi-Gebrauch; weiterhin werden Thema-Rhema-Inkonsistenzen deutlich verbessert sowie Textkohäsion und somit Textkohärenz.

Diese Steigerung von sprachlicher Kompetenz auf Grund eines nicht unmittelbar auf ein Ziel ausgerichteten Sprachunterrichts wird erst deutlich und nachvollziehbar unter den Aspekten eines Sprach*angebots*unterrichts. Kern dieses Unterrichts ist es, das Denken in sprachlichen Alternativen anzustiften und zu üben. Es ist nicht Ziel, vorgeblich „beste Lösungen" zu vermitteln, sondern das Ziel besteht in der Aufdeckung *sprachlicher Optionen*, für die sich die Schüler und Schülerinnen bewusst entscheiden können und sollen. Genau hier wird Integration wirksam. Im Formulierungsprozess tritt in der Folge eine Bereicherung ein, wenn sprachliche Alternativen durch Einübung im Bewusstsein zur Verfügung stehen und wenn gleichzeitig (!) die Erfahrung möglich wird, die adäquatere Ausdrucksweise gefunden zu haben. Rechtschreibung und Sprachrichtigkeit bilden natürlich einen immer zu integrierenden Bestandteil beim Texte-schreiben.

Gute schulische Praxis ist es auch, die Bereiche *Texte verstehen* und *Über Texte sprechen und schreiben* zu verbinden. Diese Verbindung ist selbstverständlich, kann aber ebenso zu bewusster Integration mit spezifizierter Aufgabenstellung entfaltet werden. Gemeint ist unter dieser Perspektive, über die übliche Inhaltsproblematisierung und Textparaphrasen hinauszugehen und die Äußerungen über Texte zu systematisieren:

- *Textbeschreibung* auf den Ebenen des Inhalts und der verwendeten Sprache bzw. des Stils;
- *Textanalyse* als Versuch, sich in begrifflicher und struktureller Weise des Textes im laufenden Diskurs zu versichern, z. B. im Zusammenhang mit einem Rahmenthema (z. B. „Effi Briest" im Rahmen eines Genderthemas, „Das Erdbeben von Chili" im Rahmen des Themas „Terror und Utopie" o. ä.);

- *Interpretation* und gegebenenfalls *Wertung* im Rahmen selbständiger Auseinandersetzung der Schüler und Schülerinnen mit dem und/oder den Text/en.

Von Integration kann unter solch klarer Konfiguration deshalb die Rede sein, weil eigenständige Fähigkeiten wiederum bewusst auf einen weiteren Bereich angewandt werden. Zentrales Anliegen bleibt die Äußerungskompetenz, denn sie macht ein Textverständnis erst kommunikabel.

Traditionell als besonders weit voneinander entfernt gelten die Bereiche Grammatik- und Literaturunterricht. Die Gründe sind vielfältig und können bis zu jenem Punkt verfolgt werden, wo sich künftige Lehrkräfte für das Fach Deutsch wegen ihrer Begeisterung für Literatur, aber nicht wegen ihres engagierten Verhältnisses zu sprachlichem Wissen entscheiden. Solche emotionale Vorsteuerung kann anhaltend sein und wirkt sich nicht zuletzt auf die deshalb negativen Einstellungen der Heranwachsenden aus. Dem ist zwar hier nicht eigens nachzugehen, aber es ist der Grund, warum gerade diese Form der Integration hier besondere Beachtung findet. Idealerweise ist/wäre es so, dass nicht nur sprachlich-grammatisches Wissen für das Verstehen und besonders für die Wahrnehmung der Ästhetik und Spezifik literarischer Texte dienstbar gemacht würde, sondern dass umgekehrt auch von der Beschäftigung mit Literatur der Impuls ausginge, sich genauer mit Sprache zu beschäftigen (beiseite lassen kann man Aufgabenstellungen, die nur „pflichtgemäße" Fragen zur Sprachlichkeit die Textdeutung anhängen, aber fast funktionslos bleiben). Gemeint ist hier freilich nicht, Grammatikunterricht an literarischen Texten zu exekutieren, also z.B. Hypotaxenstrukturen bei Kleist aufsuchen und bestimmen zu lassen, sehr wohl aber, die Hypotaxenstruktur für Spiegelung von Komplexität und/oder Informationsverdichtung und -beschleunigung zu sichten. Gemeint ist also eine Integration der auch an der Hochschule fern gewordenen Bereiche. Zwei Beispiele wurden eingangs in ihrer großen Unterschiedlichkeit schon genannt, nämlich Kafkas „Auf der Galerie" (s. u.) und Brechts Keunergeschichte „Erfolg" (s. o.).

Dies sei in Bezug auf Sprache und Grammatik nun weiter verdeutlicht, und zwar so, dass gerade auch der Eigenwert grammatischen Wissens sich zeigt. Galt es bei Brecht, selbst bei einem einfachen Text Sprachsensibilität zu entwickeln, minimale sprachliche Mechanismen als Handlungsträger durch das Denken und Ausprobieren von Alternativen zu erkennen, so wird bei der Kafka-Parabel „Auf der Galerie" deutlich, wie die Thematisierung von Sprache zum Text zurückführt und wie von dort die Sprach-Betrachtung zur Reflexion werden kann.

■ *FRANZ KAFKA:*
Auf der Galerie
Wenn irgendeine hinfällige, lungensüchtige Kunstreiterin in der Manege auf schwankendem Pferd vor einem unermüdlichen Publikum vom peitschenschwingenden erbarmungslosen Chef monatelang ohne Unterbrechung im Kreise rundum getrieben würde, auf dem Pferde schwirrend, Küsse werfend, in der Taille sich wiegend, und wenn dieses Spiel unter dem nichtaussetzenden Brausen des Orchesters und der Ventilatoren in die immerfort weiter sich öffnende graue Zukunft sich fortsetzte, begleitet vom vergehenden und neu anschwellenden Beifallsklatschen der Hände, die eigentlich Dampfhämmer sind - vielleicht eilte dann ein junger Galeriebesucher die lange Treppe durch alle Ränge hinab, stürzte in die Manege, riefe das: Halt! durch die Fanfaren des immer sich anpassenden Orchesters.

Da es aber nicht so ist; eine schöne Dame, weiß und rot, hereinfliegt, zwischen den Vorhängen, welche die stolzen Livrierten vor ihr öffnen; der Direktor, hingebungsvoll ihre Augen suchend, in Tierhaltung ihr entgegenatmet; vorsorglich sie auf den Apfelschimmel hebt, als wäre sie seine über alles geliebte Enkelin, die sich auf gefährliche Fahrt begibt; sich nicht entschließen kann, das Peitschenzeichen zu geben; schließlich in Selbstüberwindung es knallend gibt; neben dem Pferde mit offenem Munde einherläuft; die Sprünge der Reiterin scharfen Blickes verfolgt; ihre Kunstfertigkeit kaum begreifen kann; mit englischen Ausrufen zu warnen versucht; die reifenhaltenden Reitknechte wütend zu peinlichster Achtsamkeit ermahnt; vor dem großen Salto mortale das Orchester mit aufgehobenen Händen beschwört, es möge schweigen; schließlich die Kleine vom zitternden Pferde hebt, auf beide Backen küßt und keine Huldigung des Publikums für genügend erachtet; während sie selbst, von ihm gestützt, hoch auf den Fußspitzen, vom Staub umweht, mit ausgebreiteten Armen, zurückgelehntem Köpfchen ihr Glück mit dem ganzen Zirkus teilen will – da dies so ist, legt der Galeriebesucher das Gesicht auf die Brüstung und, im Schlußmarsch wie in einem schweren Traum versinkend, weint er, ohne es zu wissen. ■

Ein und derselbe Vorgang wird zweimal geschildert; dies aber sehr verschieden, mit Staunen abzulesen an den beiden Reaktionen des Zirkusbesuchers auf der Galerie. Die Verschiedenheiten sind nicht nur äußerlich, sondern reichen bis in den Sprachgestus und in die Sprachstruktur hinein, freilich auf höchst funktionale Weise. Während die zweite Darstellung im Indikativ die Welt des schönen Scheins schildert und die Reihung der Ereignisse durch Parataxe spiegelt, ist die erste Darstellung in einen konditionalen, konjunktivischen Zusammenhang und somit in eine Hypotaxe gerückt. Das Wenn- dann" wird spätestens durch den Einschub *„der Hände, die eigentlich Dampfhämmer sind"* zu einer Fragehaltung und es wird die Öffnung zu einer tieferen Einsicht. Die erste Darstellung fordert das argumentative Denken heraus, das sich das Fabrikhafte der Zirkusshow schließlich klar macht, während sich die zweite Darstellung auf das einlässt, was ist – bzw. zu sein scheint. Kafka kontrastiert die Modi: Der Indikativ ist ja nicht einmal grammatikalisch eine „Wirklichkeitsform", wie eine alte, falsche (Schul-)Grammatik terminologisch behauptete, sondern der Indikativ steht für Sprachhandlungen, die etwas mit dem Anspruch (!) des So-seins hinstellen – das ist alles. Und so geschieht es auch bei Kafka, nur dass der konjunktivische Teil vorausgegangen war und genau deshalb den Schein als Schein entlarvt. – Indikativ ist, wie jeder Lehrende weiß, schwer thematisierbar; hier käme seine Thematisierung für einen weiten Gebrauchsbereich zu ihrem Recht. Das gilt auch für den konditionalen Konjunktiv: HANS GLINZ hat schon 1952 in seiner grammatischen Neukonzeption „Die innere Form des Deutschen" den Konjunktiv umschrieben „als nur zu denken" (GLINZ 1952, 109). Damit ist das Hypothetische dieses Modus gemeint, das in der Kafka'schen Parabel auch so zum Zuge kommt: Der Vergleich der Hände mit *„Dampfhämmern"* unterbricht den Konjunktivteil mit einem *„eigentlich"* und einem Indikativ; das ermöglicht die eventuell „tiefere Wahrheit", dass das Zirkusgeschäft eher eine Show in einer Fabrikhalle ist. Über den Konjunktiv lässt sich auf solche Weise gut nachdenken, ebenso über das ganze Modalsystem im Deutschen (vgl. KLOTZ 1991, 494–508), um so zu der Fähigkeit zu gelangen, nicht nur die Welt sprachlich hypothetisch in Alternativen zu reflektieren, sondern auch sprachhandelnd zu differenzieren. – Das Beispiel zeigt also Beides: die Notwendigkeit der eigenständigen Durchdringung von Bereichen des Deutschunterrichts und die großen Chancen integrativen Arbeitens.

Im Folgenden gilt es zu sehen, wie Sprachwissen zur *sprachlichen Sensibilität* werden kann, die dazu befähigt, sich auf ein nur oberflächlich als nonsense-Text zu bezeichnendes Gedicht einzulassen und es zugleich vergnüglich zu rezipieren. Basis und Hintergrund bildet das Votum *für* einen deutlich akzentuierten Unterricht zum Sprachwissen, also auch Grammatikunterricht, damit eine breite Kompetenz zur Verfügung stehe, um auf die Spezifik von, auch literarischen, Texten einzugehen. Der Akzent sei beim folgenden Beispiel auf „Interpretation" im musikalischen Sinne gelegt: Text verstanden als Notation, die der Leseaufführung bedarf, und sei's im Kopf, aber doch besser laut. So wie ein Schauspieler die theatralen, nicht zuletzt die stimmlichen und prosodischen Mittel kennt, so verwendet unser Leser, unsere Leserin poetologisches und sprachliches Wissen, das ihm/ihr dabei immer mehr zu Bewusstsein kommt. Und dies ist auch die Stelle, wo sich jenes Verständnis von Integration finden lässt, das zusammenfügt, was letztlich wieder begrifflich zur Verfügung stehen muss, damit es vielfältig anwendbar werde.

Als Beispiel sei Kurt Schwitters „Anna Blume" gewählt (SCHWITTER, 1973, 58 f). Ein Gedicht, das selbst bei leisem Lesen zu tönen scheint, u. a. seiner vielfältigen Spiele wegen.

▨ *An Anna Blume*
Oh Du, Geliebte meiner 27 Sinne, ich liebe Dir!
Du, Deiner, Dich Dir, ich Dir, Du mir, - wir?
Das gehört beiläufig nicht hierher!

Wer bist Du, ungezähltes Frauenzimmer, Du bist, bist Du?
Die Leute sagen, Du wärest.
Laß sie sagen, sie wissen nicht, wie der Kirchturm steht.

Du trägst den Hut auf Deinen Füßen und wanderst auf die Hände,
Auf den Händen wanderst Du.
Halloh, Deine roten Kleider, in weiße Falten zersägt,
Rot liebe ich Anna Blume, rot liebe ich Dir.
Du, Deiner, Dich Dir, ich Dir, Du mir – wir?
Das gehört beiläufig in die kalte Glut!
Anna Blume, rote Anna Blume, wie sagen die Leute?

Preisfrage:
Anna Blume hat ein Vogel,
Anna Blume ist rot.
Welche Farbe hat der Vogel?

Blau ist die Farbe Deines gelben Haares,
Rot ist die Farbe Deines grünen Vogels.
Du schlichtes Mädchen im Alltagskleid,
Du liebes grünes Tier, ich liebe Dir!
Du Deiner Dich Dir, ich Dir, Du mir, - wir!
Das gehört beiläufig in die – Glutenkiste.
Anna Blume, Anna, A – N –N – A!
Ich träufle Deinen Namen.
Dein Name tropft wie weiches Rindertalg.
Weißt Du es, Anna, weißt Du es schon,
Man kann Dich auch von hinten lesen.
Und Du, Du herrlichste von allen,
Du bist von hinten, wie von vorne:
A – N – N – A.
Rindertalg träufelt STREICHELN über meinen Rücken.
Anna Blume,
Du tropfes Tier,
ich – liebe – Dir! ▨

Dieser Text, diese Sprachcollage spielt mit der ganz und gar verrückten Freude des frisch Verliebten, sodass natürlich die bekannten fünf Sinne nicht genug sind. Damit setzt gleichzeitig ein Sprachspiel ein, das keineswegs mit dem *ich liebe dir!* des ersten Verses auf das Berlinische allein beschränkt werden kann, auch wenn es damit – vielleicht – auf das Dada-Zentrum verweist. Denn der zweite Vers beginnt, die Geliebte umspielend – mit der Deklination des Personalpronomens der zweiten Person Singular und verdreht nach Nominativ und Genitiv die übliche Folge Dativ, Akkusativ in *Dich Dir*, kommalos freilich jetzt, so dass ein guter Vorleser daraus ein Reflektieren machen könnte darüber, wie's denn nun richtig heiße: „ich liebe dich" oder „ich liebe dir". Dass eine solche Vortragsweise möglich und auch sinnvoll wäre, zeigen die Verse 7 und 8. Das Spiel in Vers 2 nimmt aber noch eine weitere Wendung, indem fast alliterierend die nächste Folge auf *Dich Dir/ich Dir* heißt. Wer hier als Vortragender Wärme in die Stimme legte, ginge über die Unsicherheit der Kasusfüllung hinaus und nützte den Dativ als „Beziehungskasus", wie er bei Verben wie „nützen, schaden, helfen" und bei dreiwertigen Verben wie „bringen, schenken, geben" usw. zum Zuge kommt und wie das für die Wortfolge für den „Normalfall" eines Satzes festgelegt ist. Mit anderen, weniger grammatischen Worten: Assoziationen erhielten Raum für ein „ich bin dir gut", „ich will dir Liebes tun" o.Ä. Dies wohl umso mehr so, als der Liebende sich das Gleiche von der Geliebten ja auch wünscht, also: *Du mir* – und daraus wird nach etlichen Gedankenstrichen = Assoziationen und Fantasien des Liebenden das erwünschte *wir* ohne Fragezeichen (siehe im Text). – So viel nur zu einem ersten grammatischen „Anlauf" in den Text, weitere wunderschöne sind möglich. – Dass Anna „Anna" heißt und noch dazu „Blume" und was sonst noch von ihr mittels der Wortwahl gesagt wird, muss nicht für die Treue des dichtenden jungen Mannes sprechen, aber das ist ein bekanntes „weites Feld"[3]. – Mit solcher Leseweise soll gesagt sein – und ein mit seiner Stimme sprachbewusst arbeitender Interpret hätte das ja zu bedenken –, dass hier vielerlei Sprachwissen zu aktivieren und unmittelbar hörbar zu nutzen wäre.

Dies ist binnenfachliche Integration, wie sie zum einen im unterrichtlichen Alltag sowieso stattfindet, dem aber vielleicht oft jener Akzent fehlt, der das Sprachwissen und die Sprachbewusstheit wirklich in sein Recht setzt. Dieser Nachweis vom sinnvollen sprachlichen Handeln sind, man muss es wohl zugeben, Linguistik und Grammatikdidaktik weitgehend schuldig geblieben, und Literaturwissenschaft und Literaturdidaktik haben ganz sicher nicht genügend nachgefragt. Aber dieser Befund hindert Schule nicht, das Notwendige zu tun. – Hier, um dies noch einmal aufzunehmen, ließe sich über Sprache dergestalt reflektieren, dass man sich fragte, ob denn nicht wirklich der Dativ die angemessenere Kasusrelation für das Verb „lieben" wäre, wenn also das Jemandem-liebend-wohl-Tun mit dem „Beziehungskasus"[4] ausgedrückt würde. Innerfachlich wäre noch kulturelles Wissen zu integrieren, nämlich ein Einblick in das Variieren dadaistischer Texte und in Kurt Schwitters Auseinandersetzung mit „Der Sturm" [5].

---

[3]   Natürlich wird hier für den Schulbereich auch auf eine ziemlich heftige erotische Leseweise verzichtet, die sich aber vielleicht in der Zusammenarbeit mit dem Kunstunterricht ergäbe.
[4]   So heißt bei HANS GLINZ 1952 der Dativ „Zuwendgröße" (S. 162 ff.) und bei CHARLES FILLMORE ist der Beziehungskasus der Tiefenkasus „dativ".
[5]   Vgl. die Studie von HERETH 1996.

3.4 Fächerübergreifende Integration

Schulfächer sind zurückführbar auf allgemeine (Erkenntnis-)Interessen, und es sind ihre Perspektiven, ihre Begriffe, ihre Methoden und Modelle sowie ihre Darstellungsweisen und Texte, die jeweils ein „Fach" im Umgang mit (Teilen) der „Welt" konstituieren. Die schulische Sozialisation sorgt dafür, dass die Heranwachsenden eine nicht zuletzt auch sprachliche Enkulturation erfahren, die dem Kanon der Zugangsweisen zur Welt eben dieser Kultur ungefähr entspricht. Im Gehirn, im Denken, Fühlen und Handeln sollten sich – aus der Perspektive der Fächer – natürliche Zusammenfügungen der fachlichen Kenntnisse und Fähigkeiten ergeben – freilich oft mit Barrieren, die aber überwindbar sind und deren Überwindung routinisiert werden kann z. B. durch kluge fachliche Integration.

Es gibt m. E. gewissermaßen eine „Verpflichtung" des Faches Deutsch, für alle anderen Fächer sprachlich unterstützend zu wirken. Das Fach Deutsch kann vermitteln, wie und mit welchen textlichen Formen Gegenstände und Zusammenhänge der anderen Fächer sprachlich gestaltet werden können. Doch diese „Servicefunktion" bedeutet so noch keine wirkliche Integration; erst wenn diese Darstellungsformen für Schüler und Schülerinnen zu üblichen Textsorten werden, die sie schul- bzw. bildungssprachlich beherrschen, findet eine natürliche Integration statt. Der Deutschunterricht wird dabei durchaus zum „Mitgewinner", denn hierbei lässt sich zeigen und beweisen, wie nützlich Sprachwissen werden kann, zumal ja auch in den anderen Fächern die Repräsentation von Wissen mehr oder weniger auf dem Grund sprachlicher Darstellung gewertet wird, und die funktionale Begegnung und Verwendung von Fachsprache führt unmittelbar zu einer Sprachbewusstheit.

Dies sei an zwei Beispielen erläutert, die verschiedene Relationen der Integration repräsentieren, nämlich (A) die Sicherung der kompetenten Mitwirkung der Schüler und Schülerinnen durch den Erwerb von Textroutinen, hier bei einer Verbindung von Physik und Deutsch, und (B) die sprachliche „Übersetzung" von nicht-sprachlichen Daten in funktional argumentierende Texte bei einer Verbindung von Geographie und Deutsch.

Vertextungs*routine* und funktionale Sprachbewusstheit

In den natur- und sozialwissenschaftlichen Fächern geht es immer wieder um die Empirie durch Experimente. Experimente haben relativ feste Verläufe, und sie müssen von der Hypothesenbildung bis zu den Ergebnissen und Schlussfolgerungen dargestellt werden. Es ist sehr wohl auch im Deutschunterricht möglich, nach Klärung des Sachstandes und nach der Bereitstellung des fachlichen Vokabulars, mit den Schülern brauchbare Textmuster, Algorithmen gewissermaßen, zu erarbeiten. Das sprachliche Lernen ist dabei durchaus vielfältig, reicht es doch von Notizen bis zu einem erläuternden und argumentierenden Text. Zu klären sind die notwendigen Sprachhandlungen, die den Versuchsverlauf begleiten, die Deixis mit ihrem wo,wann, die Themenstellung mit ihrem wer,was, wie und wozu und die dabei zu fokussierenden Aussagen, also Rhematisierungen, ebenso sind der Wortgebrauch und die Syntax zu beachten, damit zum Beispiel Konjunktionen wie *nachdem, weil, obwohl* für Satzgefüge, die Hypotaxenstruktur funktional verwendet werden und es nicht zu einem „und, und dann, und dann" kommt. In Kleinformen beginnt solches Arbeiten ja schon in der ganzheitlich orientierten Grundschule, was es in Sekundarschulen und Gymnasien fortzusetzen gilt.

Der Algorithmus der Beschreibung eines Experiments – begründete Hypothesenbildung, geeignete Überprüfungsverfahren, Versuchsanordnung, Versuchsverlauf, Ergebnis und Folgerungen in Bezug auf die Hypothese und allgemein – ist fest und kann vernünftigerweise als Verfahren gelernt werden. Hier ein nicht veraltetes Beispiel, ein Auszug aus einem etwas älteren Sprachbuch:

■ *Aus[6]: Schulalltag, 2. Stunde Physik*
In der Physikstunde werden die Schülerinnen und Schüler mit der Frage konfrontiert, ob Luft Gewicht habe. Diese Frage hatte sich schon Evangelista Torricelli in der ersten Hälfte des 17. Jahrhunderts gestellt, als die experimentelle Naturwissenschaft noch in ihren Anfängen steckte. […] Er vermutete, dass Luft genauso wie feste und flüssige Körper Gewicht habe. […] Dem Naturwissenschaftler Torricelli war klar, dass er seine Hypothese durch ein Experiment beweisen müsse. […]

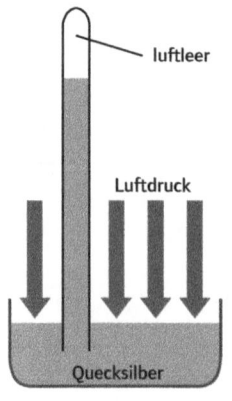

Versuchsanordnung
  ■ *Ein schmales, langes Glasgefäß oder -rohr,*
  ■ *gefüllt mit Quecksilber;*
  ■ *ein Gefäß oder Topf,*
  ■ *ebenfalls gefüllt mit Quecksilber.*
Versuch
  ■ *Verschließen des mit Quecksilber gefüllten Glasrohrs,*
  ■ *Umdrehen des Glasrohrs,*
  ■ *Eintauchen des Glasrohrs in das bereitgestellte Gefäß,*
  ■ *Öffnen des Glasrohrs (Verschluss entfernen).*
Ergebnis
  ■ *Aus dem Glasrohr fließt nur eine kleine Menge Quecksilber,*
  ■ *die größere Menge bleibt im Glasrohr;*
  ■ *oben im Glasrohr entsteht ein luftleerer (!) Raum, ein Vakuum.*

Abb. 1: Schematische Darstellung zum Nachweis von Luftdruck.

---

[6]   BENDEL-KLOSTERMANN (1998 ff), 34 ff.

Folgerung: Obwohl Quecksilber schwer ist, kann es nicht aus dem Rohr herausfließen. Die Luft drückt auf die Flüssigkeit im Topf, hat also ein so großes „Gewicht", dass sie die Quecksilbersäule im Glasgefäß hält. Je höher der Druck der Luft wird, desto höher steigt das Quecksilber im Glasrohr („h"). Luft hat also Gewicht, sie übt „Luftdruck" aus. [...] ▨

Dieser Versuch lässt sich übrigens vereinfacht mit einem schmalen, langen Wasserglas und einem Bierfilz nachvollziehen. Wenn man das gefüllte, aber mit dem Bierfilz zugedeckte Glas umdreht, wird das Bierfilz nicht einfach vom Gewicht des Wassers nach unten gedrückt: der Luftdruck gleicht das Gewicht aus und das Wasser bleibt im umgedrehten Glas! – Im Schulbuch heißt es dann weiter:

▨ *Unabhängig von Torricelli kam Otto von Guericke in Deutschland etwa zur gleichen Zeit zum selben Ergebnis. Seht euch das Bild [...] genau an und versucht mit eurem Wissen zum Luftdruck zu erklären, warum Guericke dieser Versuch, diese „Schau" gelingen konnte (Guericke hatte verschiedene Luftpumpen entwickelt, mit denen es möglich wurde, Luft aus Gefäßen abzusaugen und damit ein – angenähertes – Vakuum herzustellen.).* ▨

Abb. 2: Deutsches Museum: Guerickes Versuch mit den Magdeburger Halbkugeln. [Aus: BENDEL-KLOSTERMANN 1995 ff, 36.]

Mit solchen und ähnlichen Aufgabenstellungen und zumal mit der letzten Aufgabe werden nicht nur Übungstexte herausgefordert, sondern es wird auch der Weg a) zu einer Erläuterung beschritten; b) darüber hinaus kann das eigenständige explizite Sprachhandeln entwickelt werden, hier die Handlungen der Erkenntnisstiftung durch die hypothetischen Überlegungen, die Versuchsdarstellung, die Erklärung und ganz besonders hier durch das Ergebnis, das durch eine Show nicht nur augenfällig wird, sondern besonders publikumswirksam ist. Sprachhandeln und Sprachgebrauch werden hier unmittelbar miteinander verbunden. In bester funktionaler Weise kann die steuernde semantische Aufgabe von Konjunktionen und Präpositionen und somit von Hypotaxe und Parataxe, insbesondere aus dem Kausal- und Modalbereich, also von *weil/wegen, obwohl/trotz, indem/auf eine bestimmte Weise* usf. veranschaulicht werden.

Funktionales Sprachwissen und Versprachlichung von Daten und ihre Entfaltung zu einer Erläuterung

Sehr viele Informationen, wie sie in den Sachfächern ver- und bearbeitet werden müssen, erscheinen nicht in sprachlicher Form. Am Beispiel des Faches Geographie lässt sich erfahren, wie morphologische und thematische Karten versprachlicht werden müssen, ebenso Graphiken, Statistikzahlen, Diagramme usf., damit man zu wirklichen Einsichten und zu kommunikablen Aussagen kommt. Freilich, hinter dem Begriff „Versprachlichung" stehen viele Formen, die als Sprachhandlungen einigermaßen bewusst zu leisten sind, deren sprachliche Ausstattung bzw. Realisierung viel sprachliche und textuelle Kompetenz erfordern. Gleichermaßen wird eine kontrollierte Mischung aus allgemeiner Sprachlichkeit und Fachsprachlichkeit notwendig, die die Zusammenarbeit der Lehrkräfte meistens braucht (was sich immer wieder aus vielen Gründen, nicht zuletzt organisatorischen, als schwierig erweist).

Anschaulich kann für diesen Zusammenhang werden, wenn man das Ergebnis eines vollständig integrativen Unterrichtsexperiments betrachtet, bei dem in einer achten Klasse die Wirtschaftsentwicklung Chinas in den achtziger Jahren des letzten Jahrhunderts in Kombination mit Grammatikunterricht zu Passiv, Konnektoren (Konjunktionen und Partikel v. a.), Hypotaxe und Adverbialien thematisiert wurde. Es ging darum, den Sachstand argumentativ erläuternd darzustellen; hier das Beispiel der sprachlichen und auf die Wirtschaftsgeographie bezogenen Leistungen eines vierzehnjährigen Schülers, der aber kein Einzelfall war eben wegen des so konsequent gestalteten integrativen Unterrichts.

▓ *Im Osten und Nordosten wurde 1955 mit dem Wiederaufbau der alten Industrie begonnen, da hier am meisten Industrie war. In der Mitte Süd wurde der Schwerpunkt gelegt und im Nordwesten und im Südwesten wurde die Dezentralisierung durchgeführt. Den Erfolg stellt man fest, wenn man die Brutto-Wertschöpfung 1957 mit dem Wachstum der Brutto-Wertschöpfung 1972 vergleicht. 1957 waren die höchsten Einkommen pro Kopf im Nordosten und Osten zu verbuchen, da dort die Industrie am schnellsten vorankam. 1972 aber war das größte Wachstum der Bruttowertschöpfung im Südwesten festzustellen, wo 1952 das geringste Pro-Kopfeinkommen zu verbucht zu worden war. Im Nordosten und Osten jedoch war das geringste Wachstum. Daraus folgt, daß sich das Pro-Kopfeinkommen im Südwesten dem im Nordosten bzw. Osten stark angeglichen hat, d. h. die Bruttowertschöpfung ist in ganz China relativ gleich groß. Das ist als Erfolg des Drei-Stufen-Plans zu werten. (KLOTZ 1983, 142 f.)* ▓

Zusammenfassend lässt sich festhalten, dass auch gerade dieses die Fachgrenzen überschreitende Bemühen lohnt, und zwar nicht nur zur Förderung von sprachlichem und fachlichem Wissen, sondern auch als soziale Erfahrung gemeinsamen Erarbeitens – die Schwächen der Deutschlehrkräfte in den Sachfächern werden hier gewissermaßen funktional.

3.5 Funktional lehrens- und lernenswertes Sprachwissen – ein Versuch

Fraglos ist auch ein Wissen *an sich* wertvoll, denn es stiftet geistige Zusammenhänge, aber ein solches Wissen kann recht eigentlich erst nach den Erfahrungen mit funktionalem Wissen stehen, nämlich dort, wo Kompetenzen an ihre Grenzen geraten und doch der Wunsch entsteht, auf ein Ganzes zu blicken. Genau aus diesem Grund wird hier eine Art Katalog versucht, welche sprachlichen und textuellen Bereiche ganz besonders lehrens- und lernenswert sind, weil sich ihre Funktionalität einigermaßen klar und deutlich erschließt; dabei kann es sich letztlich nur um Affinitäten zwischen den Potenzialen sprachlicher Zeichen und textuell-kommunikativen Funktionen handeln, und das heißt vor allem, von der Pragmatik, vom Sprachhandeln auszugehen. Als Ausgangspunkte *brauchbar für die Betrachtung der Sprachlichkeit von Texten* sind folgende Ansätze:

1 Für den Anfang genügt, Sprachhandeln aus Absicht (Illokution), Wirkung (Perlokution), Kernaussage (Proposition), Deixis (wer, wo, wann) und kommunikativer Beziehung (face work, politeness = Gesichtswahrung, -verlust, bedrohung u. Ä.) zusammenzusetzen.

2 Die *Poetizitätsformel* ROMAN JAKOBSONS (1979, 94) verweist von sich aus auf den ästhetischen Aspekt von Textgestaltung, zumal er dabei Alltagstexte explizit einschließt: *„Die poetische Funktion projiziert das Prinzip der Äquivalenz von der Achse der Selektion auf die Achse der Kombination."* Die Formel beugt sich der

Linearität aller sprachlichen Äußerung und betont die Optionalität durch stimmige Auswahl, insbesondere im Bereich der zu wählenden Lexik, den semantischen Kollokationspotenzialen, den Satzlängen und den Satzarten (einfacher Satz, Para- und Hypotaxe).

3 An die Seite dieser Formel ist die *Syntax* zu stellen, denn die Formel selbst sagt bis auf den Begriff Kombination zu wenig über die grammatischen Hyperstrukturen aus, die diese Linearität gewissermaßen aufheben und den Textfluss hierarchischen Strukturen unterwerfen, damit differente Informationseinheiten entstehen: also Varianten der Wortfolge, die Satzglied-Gliedsatz-Option, die Herausstellungsoptionen durch Suprasätze, Passiv, Links- oder Rechtsausklammerung, die zahlreichen morpho-syntaktischen Funktionen des Prädikats, insbesondere des flektierenden Verbs (also insbesondere Tempus, Modus, Genus oder auch Funktionsverbgefüge für Prozessualität). Ihre Wirkung entfalten sie durch ihre Position im Satz, besonders bekanntlich am Anfang und am Ende eines Satzes, aber keineswegs nur da, denn Wort- und Satzgliedfolge sind ausdrucksstarke Möglichkeiten, und durch ihre Länge als Erscheinungsform ihrer Informationshaltigkeit. Unterhalb dieser mittelkomplexen Informationseinheiten sind z. B. die Wortgruppen anzusiedeln, die in ihren Bündelungen in die oben erwähnten Einheiten integriert sein können, also etwa umfangreiche Attribute; auch sie folgen in gewisser Weise Regeln der Linearität.

4 Im Anschluss an (1) und (2) und unter Benutzung des transphrastischen Textansatzes gilt es, für die *Abfolge von Textsegmenten* folgende Ähnlichkeit bzw. Parallelstruktur zu nutzen:

Als beobachtungsrelevant erweisen sich

Im Satz	Im Text
Wortordnung bzw. Satzgliedfolge	Themakonstanz bzw. -progression
Adverbialien (Deixis; Kausalität; Modalität)	Deixis u. ihre Veränderungen
Tempus, Modus, genus verbi	Relationen von Illokutionen/Absichten

Im Satz	Im Text
Komplexität bzw. Einfachheit der Satzstrukturen	Relationen von Propositionen/inhaltliche
Proformen und Konnektive	explizite Textsegmentierungen
Register	Textsegment-Abfolgen/Textstrukturen
Thema-Rhema-Strukturen	inhaltliche Entfaltungen
Absicht und Proposition	Adressatenorientierung, Kommunikation

3.6   Zum Schluss

Die Relevanz sprachlichen und textuellen Wissens kann in der Schule nur allmählich erfahren werden, und wirklich nur dann, wenn dieses Wissen zunächst durch Textbegegnung, später durch Kognitivierung *dominant* gesetzt wird. Gleichzeitig bleibt es Praxiserfahrung, dass das Interesse an Sprache nicht bei allen Schülern und Schülerinnen erreicht werden kann, so wie sich natürlich nicht alle Menschen für Literatur interessieren müssen. Aber vielleicht ist doch eine gewissermaßen handwerkliche Arbeitsweise ein Weg zum einigermaßen bewussten Sprachgebrauch, rezeptiv und produktiv. Was wirklich Mühe, auch uns Sprach-Fachleuten, kostet, ist, die Funktionen von Sprach- und Textstrukturen jeweils herauszufinden, und zwar schlicht deshalb, weil es nicht so ist, dass einem Sprachzeichen nur eine Funktion zuzuordnen wäre; die Zeichen sind, wenn sie nicht fachsprachlich gebraucht werden, multifunktional. Die Funktion lässt sich aber nur durch den Gebrauch herausfinden, so dass für den Unterricht möglichst reale Textbegegnungen bzw. Vertextungsanlässe anzustreben sind. – Einen solchen Sprach*angebots*unterricht müssen wir als Lehrende leisten, was die Heranwachsenden davon annehmen, fällt dann irgendwann in ihre eigene Verantwortung. Sprachliches Wissen gehört ganz sicher zu jenen Lernfeldern, die ein Leben lang relevant bleiben für ein kritisches Benennen von schlechtem, gutem und schönem, spannendem, erregendem und ästhetischem Sprachgebrauch. Die Chance für einen bewussten und verantworteten Sprachgebrauch, die sind wir den Heranwachsenden schuldig.

4 Deutschunterricht in der mehrsprachigen Gesellschaft

Ingelore Oomen-Welke

Wie soll die Schule, soll der Deutschunterricht eine Antwort auf die Diversität der Gesellschaft versuchen? Ingelore Oomen-Welke skizziert und diskutiert historische wie hochaktuelle Antworten auf diese Frage. Sie berücksichtigt dabei die zeitgeschichtlichen Kontexte, in denen die verschiedenen Ansätze erst verständlich werden, welche bis in die Gegenwart wirksam sind. Die jüngste Antwort auf das im Zuge der PISA-Diskussionen wieder prominenter erörterte Problem war in den vorigen Auflagen dieses Bandes die Perspektive eines vielsprachigen Deutschunterrichts, die weiterhin Gültigkeit besitzt, denn hier werden die sprachlichen Erfahrungen und Fragen aller Lerner berücksichtigt. Das Interesse gilt nicht nur dem Deutschen, sondern auch abweichenden oder ähnlichen Strukturen in den anderen Lernersprachen, wobei die Verständigung in Deutsch erfolgt. Hinzu kommt – hier neu – das Thema Sprachen und Sprecher in der Welt, bei dem die Lernenden entdeckend, forschend an Sachfragen arbeiten können. Ein solcher Sprachunterricht führt zum Lernziel Sprachbewusstheit der Sprachenvielfalt und motiviert auch zu einem veränderten Rollenverständnis von Lehrenden und Lernenden.

4.1 Zur Lage: Schülerinnen und Schüler in der Einwanderungsgesellschaft

Nach dem Zensus 2011, Fortschreibungsstand 2012, beträgt die Wohnbevölkerung Deutschlands 80,5 Mio Einwohner; darunter 8,1 Mio Familien mit minderjährigen Kindern. Der Ausländeranteil (nichtdeutsche Staatsangehörigkeit) liegt bei 8,2 %, der Anteil der Bevölkerung mit Migrationshintergrund bei 19,5 %. Kleinere Korrekturen ergeben sich 2013 durch die kommunalen Statistiken.[1]

Im Schuljahr 2012/13 wurden an allgemeinbildenden und beruflichen Schulen 11,3 Mio Schülerinnen und Schüler (SuS) unterrichtet. In der Sekundarstufe gab es 2011/12 über alle Schularten 218 865 Klassen mit 5 800 885 SuS, also pro Klasse durchschnittlich 27 SuS. An allgemeinbildenden Schulen machten SuS mit nichtdeutscher Staatsangehörigkeit insgesamt 7,7 % aus, davon in Hauptschulen 18,7 %,

---

[1] Quelle: Statistisches Bundesamt 2013.

in Realschulen 8 %, in Gymnasien 4,3 % und in integrierten Gesamtschulen 12,0 %, in Förderschulen 12,1 %.[2] Aus den Zahlen ist eine ungleiche Bildungspartizipation unmittelbar ersichtlich, da SuS mit nichtdeutschen Pass überproportional in Haupt- und Sonderschulen vertreten sind und unterproportional in Gymnasien. Diese Verhältnisse sind – erstaunlicherweise? – seit 30 Jahren beinahe gleich geblieben.

Im letzten Jahrzehnt hat es Untersuchungen des Sprachgebrauchs in den Familien gegeben: SuS mit mehreren Sprachen fanden sich in 2003 in Essen mit 28 % und in Hamburg mit 35 %, 2010/11 in Freiburg i.Br. mit 39 %, in Thüringen 2011/12 mit 13 bis 14 % und in Wien 2010/11 mit 59 %.[3] Zentrum der Befragungen waren SuS in Grundschulen, daneben in Thüringen Sekundarschulen, in Freiburg in Förderschulen. Dabei entsteht ein differenziertes Bild der sprachlichen Diversität der Sprachen in den Regionen: gesprochene Sprachen; mit wem gesprochen; Niveaus usw. Die häufigsten Sprachen waren in Hamburg: Türkisch 32 %, Polnisch 11 %, Russisch 11 %, Englisch 7 %, Dari/Pashto (Afghanistan) 6 %; in Essen: Türkisch 30 %, Arabisch 15 %, Polnisch 13 %, Serbisch/Kroatisch/Bosnisch 6 %, Russisch 5 %; in Freiburg Französisch 15 %, Englisch 14 %, Russisch 12 %, Arabisch 12 %, Serbisch/Kroatisch/Bosnisch 7 %.[4] Selten wurden genannt Edo und Igbo (aus Nigeria), Kabardinisch (aus dem Kaukasus) u. a.m. Bei den als häufig bekannten Sprachen waren einige Sprachen an Grundschulen nicht erwartungsgemäß stark vertreten. Aufschluss gab die Erhebung von Familiensprachen bei Förder-SuS (ehem. Sonder-SuS) mit Romanes (14 %) und Albanisch (22,3 %), die zeigt, wo diese Kinder geblieben sind.[5]

Die Mehrheit der Kinder ist bereits in Deutschland geboren und mehr oder weniger intensiv mit Deutsch in Kontakt gekommen. Daneben besteht weiter der sogenannte Seiteneinstieg ins deutsche Schulsystem für neu eingewanderte Kinder, die vorbereitende Sprachkurse oder -klassen „Deutsch als Zweitsprache" brauchen.

Es macht einen Unterschied, ob Kinder in der Schule in ihrer Sprache sprechen können, ob sie neu mit einer bildungssprachlichen Varietät konfrontiert werden oder sogar mit einer ganz anderen Sprache, und auch ob sie ihre heimische(n)

---

[2]   Aufschlüsselung nach Herkunftsländern wird geboten, Migrationhintergrund bei deutscher Staatsangehörigkeit wird hier nicht erfasst (Quelle: Statistisches Bundesamt 2013).

[3]   CHLOSTA u. a. 2003; CHLOSTA/OSTERMANN [3]2014; FÜRSTENAU, GOGOLIN/YAGMUR 2003; DECKER/SCHNITZER 2012; DECKER-ERNST/SCHNITZER 2013; BRIZIC/LO HUFNAGL 2011.

[4]   Vgl. Sprachenliste in Grundschulen nach absteigender Häufigkeit; Quelle: DECKER & SCHNITZER 2012. In Freiburg ist die Häufigkeit von Englisch und Französisch teils durch das akademische Milieu, teils durch Familien aus ehemaligen Kolonien mit englischer oder französischer Amtssprache erklärt.

[5]   DECKER-ERNST/SCHNITZER 2013.

Sprache(n) verschweigen und verstecken müssen. Diese Anfänge wirken sich auf die weitere Bildungspartizipation aus.[6]

4.2 Zur kulturellen Dimension: interkulturell, transkulturell, Gleichheit, Gleichwertigkeit?

Liegt es an der Unterschiedlichkeit von Kulturen und evtl. den damit verbundenen Sprachen, wenn Kinder einiger Gruppen den intendierten Schulerfolg nicht erreichen?

Schon immer waren komplexere Gesellschaften *multikulturell*.[7] In Mitteleuropa führten die Ost-West-Wanderungen nach dem Zweiten Weltkrieg trotz mancher Probleme zu Aufnahme und Integration der Neuankommenden ohne große kulturelle Umbrüche, auch wegen der gemeinsamen Standardsprache und gleichen oder ähnlichen Traditionen; dennoch wurde den Flüchtlingen eine Zeitlang eine sozial inferiore Rolle zugeschrieben. Die Arbeitsmigration dagegen wurde in der zweiten Hälfte des vorigen Jahrhunderts als große Herausforderung begriffen, auch für die Schulen, welche Kinder nichtdeutscher Familiensprachen ohne Deutschkenntnisse aufnahmen und Kompensation von deren Sprachdefiziten anstrebten. Die Frage der deutschsprachigen Kompetenz besteht nach wie vor. Eine Lösung anderer Probleme glaubte man im Konzept einer *interkulturellen Pädagogik* gefunden zu haben.[8]

Laut Auernheimer 1990, 1 f. entstand in den 1970er-Jahren in den klassischen Einwanderungsländern USA und Kanada ein Bewusstsein „kulturelle(r) Vielfalt als Tatsache und Wert", aus dem „multicultural education" hervorging. In Mitteleuropa kam diese Richtung als „mulikulturell" oder „interkulturell" an. HOHMANN (1983) differenzierte in gesellschaftliche und Erziehungsprozesse, mit der interkulturellen Erziehung als Antwort der Pädagogik auf die multikulturelle und multiethnische Gesellschaft. ROCHE (2001, 4) warnte später davor, beim Multikulturalismus eines verordneten Nebeneinander von Kulturen stehen zu bleiben; nur Prozesse interkultureller Annäherung könnten zu transkultureller Harmonie führen.

Allgemeine Definitionen von „interkulturell" nennen die Beziehungen zwischen verschiedenen/mehreren Kulturen bzw. die Integration der Kulturen oder deren Gemeinsames, Kultur und Didaktik in der internationalen Zusammenarbeit, wech-

---

6 S. OOMEN-WELKE/DIRIM 2013, 8 ff.

7 In seiner „Einführung in die interkulturelle Pädagogik" nimmt AUERNHEIMER 32003 u. a. die Gruppe der Sorben/Wenden als Beispiel, wie Staaten (erst die DDR und dann Gesamtdeutschland) mit ansässigen (Sprach-) Minderheiten umgehen können. Weitere Beispiele wären territoriale Sprachen in Österreich und der Schweiz.

8 S. auch Abschnitt 4.3.1 und 4.3.2.

selseitiges Verständnis für Fremdes und Eigenes und die sich daraus entwickelnde „interkulturelle (kommunikative) Kompetenz". „Interkulturelle Kommunikation" bedeutet nach LUCHTENBERG (1999, 7) „Interaktion und Diskurs in der multikulturellen Gesellschaft", in Sprachkontaktsituationen zum Beispiel am Arbeitsplatz und in Institutionen. REICH (1993) definiert prozessorientiert: „Interkulturelles Lernen vollzieht sich in der Auseinandersetzung des oder der Lernenden mit Sinnwelten, die bis dahin nicht Teil ihres Lebens waren." Damit ist der interkulturelle *Perspektivwechsel* als Charakteristikum der Interkulturalität beschrieben. Beispiele für den Deutschunterricht versuchen Perspektivenumkehr über Literatur zu erreichen, die fremde Sinnwelten eröffnet, mit denen sich dann alle SuS auseinandersetzen; insofern sei (fast) jeder Literaturunterricht interkulturell. Für den Sprachunterricht seien die Bildungsstandards der bundesdeutschen Kultusministerkonferenz zitiert, die die positive, produktive Rolle der Mehrsprachigkeit sowie der Mehrsprachigen beim interkulturellen Lernen in allen Kompetenzbereichen hervorheben:

▇ *In die Arbeit an Sprachfragen bringen Schülerinnen und Schüler mit divergenten Spracherfahrungen wichtige, eigenständige Beiträge ein. Erfahrungen der Mehrsprachigkeit führen zu vertiefter Sprachkompetenz und Sprachbewusstheit. Sie sind Teil der Arbeit in allen Kompetenzbereichen des Faches und unterstützen somit interkulturelles Lernen und soziale Verständigung. (KMK Bildungsstandards MSA 2003)* ▇

Dennoch soll auf Fallen im interkulturellen Lernen hingewiesen werden, da dieses Etikett vielfache Ausweitung gefunden und Kritik erfahren hat.

Grundfrage ist, was das „Andere" eigentlich sei und welche Rolle und Position ihm zugeschrieben werden: Ist das „Andere" etwas Verschiedenes, das sich abgrenzen lässt, oder schaffen wir durch unser Denken diese Abgrenzungen selbst? Eine Teilsicht haben KNAPP & KNAPP-POTTHOFF (1990) beigetragen, indem sie auf den Standort des Betrachters hinweisen. Von Afrika aus gesehen, wirkt Europa einheitlich; je größer die Entfernung, desto homogener erscheinen ein Land, eine Kultur in unserer Sicht. Mit Verringerung des Abstands verringert sich die wahrgenommene Homogenität, und wenn der Betrachtende es in seinem Kopf zulässt, werden Varietäten sichtbar, wie es sie in der eigenen Lebenswelt ebenfalls gibt. Die wahrnehmende Durchdringung zum Beispiel der komplexen pluralen mitteleuropäischen Gesellschaften von innen her bleibt ebenfalls schwierig, das versuchen Bezeichnungen wie „Super Diversity" und „heteroglossisch"[9] auszudrücken. Und wenn die eigene Identität unfest und zusammengesetzt ist, ist es dann nicht auch die der anderen? Solche Fragen verhindern binäre Konstruktionen eigener und fremder

---

[9]   „Super diversity" nach VERTOVEC 2007, „heteroglossisch" z. B. STEVENSON 2013.

Kultur, die den „Anderen" gleichzeitig eine inferiore Rolle zuzuweisen würden.[10] Schon kleine Begebenheiten wie Rollen von Personen in Literatur und Schulbüchern werden teils als Zeichen von Diskriminierung und evtl. institutionellem *Rassismus* entlarvt.[11] Gravierender sind im Kulturkontakt teils harmlos gemeinte, aber stereotypisierend-exotisierende Darstellungen in Bild und Sprache, auch in der Kunst.

Zuschreibungen vermitteln sich vielfach über Sprache; Sprachen und ihr Gebrauch sind nicht wertneutral gegenüber den Beteiligten, sondern kreieren mittels sprachlicher Zuschreibung das „Andere" als Objekt, oft in ungünstiger Position.[12] Sprache ist das Mittel für solche Zuschreibungen, wie Beispiele zeigen. Es geht in Sprachbelangen nicht nur um Verständlichkeit, sondern mittels Sprache, Akzent, Wortwahl usw. auch darum, wer zur eigenen Gruppe gehört und wer nicht und wie die nicht-eigene Gruppe gesehen wird. Besonders schwer wiegt das bei der „äußeren Mehrsprachigkeit" zum Beispiel der Kinder und Familien mit Migrationshintergrund, denen Inkompetenz und bestenfalls Hilfsbedürftigkeit unterstellt wird, die es zu kompensieren gelte – eine Abgrenzungsstrategie der Ungleichheit.

In der Tradition deutschen Denkens bildet sich nach HERDER[13] jede Kultur aus dem Genius des Volks und dem Erdstrich, auf dem es lebt. Jede Kultur fuße auf den Prinzipien *ethnische Fundierung, soziale Homogenisierung* und *Abgrenzung nach außen* und sei einzigartig. Fraglich bleibt, ob dies der Gesellschaft seiner Zeit empirisch standgehalten hätte; abgegrenzte kulturelle Einzigartigkeit ist ja schon durch die politische Mittellage eher Wunschdenken, eine Illusion. Dennoch schreiben sich Völker oder Staaten gern eine eigene, einzigartige, charakteristische Kultur zu.

WELSCH (2002) fordert dazu auf, „Kulturen jenseits des Gegensatzes von Eigenkultur und Fremdkultur zu denken", weil sie „extern grenzüberschreitende Konturen" aufweisen und „intern durch eine Pluralisierung möglicher Identitäten gekennzeichnet" sind. Als Gegenentwurf zu interkultureller Verständigung steht *Transkulturalität:* durch als klassisch angenommene Kulturgrenzen hindurchgehend, binnendifferenziert und komplex, verflochten, einander durchdringend und daher durchmischt, wie Lebensformen und Lebensstile nicht nur zwischen Gesellschaften, sondern gleichermaßen und zunehmend innerhalb von Gesellschaften

---

[10] Wie solche Positionierungen als *inferior – superior* subtil zustande kommen und auch im aufgeklärten Diskurs durch Übernahme fester Phrasen unterlaufen, klären DIRIM u. a. 2013. – Vgl. auch BAQUERO-TORRES 2009; RÖSCH 2013a; OOMEN-WELKE/DIRIM 2013: *Einleitung* und die Literatur dort.
[11] Vgl. COHEN 1993; FIGUEROA 1993; Schule ohne Rassismus 1995; HORMEL/SCHERR 2004; MELTER/ MECHERIL ²2011.
[12] Vgl. zu diesem Komplex Kap. I in HOLZBRECHER 2011.
[13] Ausgabe: HERDER 1966.

zeigen. Transkulturalität findet sich in den Wahrnehmungen, Denkmustern und im Handeln von Individuen, da einheitliche Lebensformen für eine ganze Gesellschaft nicht existieren. Der transkulturelle Gedanke wird vertieft und erweitert im postkolonialen Dialog, der die Ungleichheit des kulturellen Austauschs und die Hybridität der Lebensäußerungen beleuchtet. Als hybrid wird etwas bezeichnet, das sich aus zweierlei bzw. aus mehrerer Herkunft speist und vermischt, in Naturwissenschaft, Gesellschaft oder/und Sprache.

In der Sprachdidaktik wurde seit 20 Jahren versucht, einen differenziellen/differenzierenden Deutsch- bzw. Sprachunterricht anzuregen, der dem *Diversity*-Ansatz entspricht,[14] als ein sozio-konstruktivistisches Modell sprachlichen Lernens und Gegenentwurf zur künstlichen „Homogenisierung" der Lernenden. Das Verständnis von Differenz ist dabei nicht ‚Abweichung' von einer ohnehin imaginären Norm, sondern Grundbedingung jeden Lernens. Lernende konstruieren aktiv, kooperativ im Austausch und teilautonom ihr Wahrnehmen, Wissen und Denken im Rahmen von Welterfahrung auf der Basis ihrer differenten lebenswelt-spezifischen Geschichte, eben hybrid. *Diversity* beschreibt die Gesamtheit, dies käme auch der Gleichheit näher, und es ist mit den Bildungsstandards kompatibel.[15] Deutsch kann im Rahmen eines doppelten Erstspracherwerbs bzw. bei simultaner Zweisprachigkeit gelernt werden oder als frühe Zweitsprache nach einer anderen Erstsprache oder als spätere Zweitsprache im Schulalter, jeweils bei deutsch- oder anderssprachigem Umfeld. Diese Aufgabe besteht durch die Zeiten hindurch; hier sind jeweils eigene didaktische Konzepte gefragt.[16]

Eine Hürde ist die Befürchtung von Lehrpersonen, der Vielsprachigkeit ihrer SuS ausgeliefert zu sein, ohne sie zielgerichtet unterstützen zu können. Deswegen sei auf ein Sensibilisierungskonzept für Lehrpersonen und auf Unterrichtsmaterialien verwiesen; vgl. hier 4.5.

4.3   Herausforderungen der mehrsprachigen Schülerschaft: Historische Antwortversuche

Im Folgenden werden die in früheren Auflagen dieses Bandes ausführlicher dargestellten Antwortversuche der Pädagogik und Deutschdidaktik kurz zusammengefasst.

---

[14]   Z.B. LINKE/OOMEN-WELKE 1995; MÜLLER/DIRIM 2002; OOMEN-WELKE ³2014b; RÖSCH 2013a; GAWLITZEK/KÜMMERLING-MEIBAUER 2013.
[15]   MECHERIL 2010; MECHERIL u.a. 2010.
[16]   S. Jeuk ²2013; KNIFFKA/SIEBERT-OTT ³2012; BICKES/PAULI 2009.

4.3.1 Alle gleich machen – Defizitorientierung und Homogenisierung

Es ist eine Errungenschaft der Schule in demokratischen Gesellschaften, dass sie für alle SuS möglichst gleiche Bildung erreichen will. Defizite in deutscher Sprache und Kultur bei „Unterschichten" und „Ausländer"-Kindern versuchte man in den 1970er-Jahren zu kompensieren. Der Erwerb der deutschen Sprache und die Sprachrichtigkeit wurden zum Kriterium der Anpassungswilligkeit. Entsprechend richtete sich ein spezieller Deutschunterricht auf die Kinder aus immigrierten Familien (Sprachlernklassen, Stützkurse als kompensatorische Maßnahmen), damit schließlich alle gleich seien, den Deutschen gleich – was „Homogenisierung" genannt wird. Die Kultusverwaltungen gingen davon aus, dass nach spätestens zwei Generationen Gleichheit erreicht sei und die Herkunftssprachen verschwunden seien. GOGOLIN 1994 sprach vom (fortbestehenden) „monolingualen Habitus der deutschen Schule".

4.3.2 Zwei Optionen offen halten[17]

Nicht unabhängig von wirtschaftlichen Gegebenheiten wurde Mitte der 1970er-Jahre die Rückkehroption der Einwanderer in ihre „Entsendeländer" betont; es gab auch finanzielle Anreize für die Rückwanderung. Insbesondere in den süddeutschen Bundesländern wurden türkische, griechische usw. „Muttersprachenklassen" eingerichtet, die nach der Rückkehr ins Herkunftsland den Kindern den Einstieg ins dortige Schulsystem ermöglichen sollen. Durch diese sog. Doppelstrategie (gleichzeitig für die Integration und die Rückkehr zu qualifizieren) wurden die betreffenden Kinder von den anderen SuS separiert; ihre Zweitsprache Deutsch erhielt deutlich geringere Möglichkeiten zum Ausbau wegen geringerer Unterrichtszeit und weniger zielsprachlichem Kontakt.

4.3.3 Interkulturell lernen und handeln

Seit den 1980er-Jahren wurde in Pädagogik und Deutschdidaktik die Erkenntnis wirksam, dass Gesellschaft und Schule Systeme seien, die sich durch Bewegung an einer Stelle auch im Gesamtsystem verändern. Die Anwesenheit von Kindern und Jugendlichen aus Migrantenfamilien – die sich selbst mittlerweile durch die Migration und über die Generationen verändert haben – hatte Auswirkungen auf das Lern- und Handlungsfeld Schule und auf den Deutschunterricht, wo auf der Basis

---

[17] OOMEN-WELKE 1985 und die Literatur dort.

ihrer Verschiedenheit alle miteinander und voneinander lernen sollten.[18] Dazu schien es nötig, etwas von der Kultur des anderen zu erfahren und im Wechsel die Perspektive des jeweils anderen einzunehmen, s. o. Abschnitt 4.2.[19] Auf diese Weise sollte die vermeintliche Normalität und Alleingültigkeit des Eigenen in Frage gestellt werden. Allerdings zeigten fremdenfeindliche Anschläge in den 1990er-Jahren die Fragilität interkultureller Gemeinsamkeit, so dass antirassistische Konzepte erforderlich wurden, zum Beispiel „Schule ohne Rassismus". Der Bedarf an Förderung der Zweitsprache Deutsch blieb bestehen.

4.3.4 Über Grenzen blicken und Europa lehren

Die Kooperation mit Nachbarländern und der Blick über Grenzen hatten einen längeren Vorlauf. Aus Entsendeländern wurden Immigrationsländer (zum Beispiel Spanien); Bürger der EU sollten in allen EU-Ländern gleiche Rechte haben usw. Didaktische Kooperationsprojekte über Grenzen kamen in Gang.[20] Es ist den Anstrengungen des Deutsch-Französischen Jugendwerks, dem Europarat und der Europäischen Union mit dem ERASMUS-Programm sowie zweiseitigen Austauschmöglichkeiten zu verdanken, dass sich um 1990 der Blick über die Grenzen erweiterte; künftige Lehrpersonen machten durch studentische Austauschprogramme selbst vertiefte Erfahrungen in anderen Systemen („die europäische Dimension"). Die Öffnung des Westens zu den mittel- und osteuropäischen Ländern (MOEL) verbreitete und vertiefte diese Erfahrungen. Insgesamt entstand (und besteht weiter) allerdings die Gefahr, die Wahrnehmung der umgebenden Transkulturalität durch eine Europa und die Welt umspannende Universalität zu überlagern, in der der nahe Nachbar und seine Ungleichheit keine große Rolle spielen. Eine zweite Gefahr ist das assimilierende Verstehen, das Fremdes dem Eigenen angleicht ohne Rücksicht auf Sperriges und damit das Fremde entschärft und homogenisiert.[21] Der Bezug auf Europa war hilfreich bei der Überwindung der Defizitorientierung in Pädagogik und Deutschdidaktik. Es ist heute eine banale Feststellung, dass Europa mehrsprachig ist und dass der Arbeitsbereich „Sprache und Sprachgebrauch untersuchen" sich auch mit anderen als den eigenen Sprachen auseinander setzen muss.

---

[18]   Vgl. hier Abschnitt 4.2.
[19]   Vgl. REICH 1993; BELKE u. a. 1986.
[20]   Z. B. das IMEN-Projekt (International Mother Tongue European Network; s. HERRLITZ 1984; HERRLITZ u. a. 2007).
[21]   „Versteh mich nicht so schnell!" ist (in anderem Zusammenhang) der vielsagende Titel eines Gedichtbands, ANDRESEN ²1993.

4.4 Aktuelle Konzepte

Abschließend seien zwei aktuelle Konzepte vorgestellt, die sich ergänzen können: eines eher aus der Perspektive der Bildungsziele (4.4.1) und stärker eines von der Befindlichkeit und den Bedürfnissen heutiger SuS ausgehend (4.4.2). Sie lassen sich verbinden, sind jedoch nicht deckungsgleich. Daneben bleibt der Lernbedarf in Deutsch als Zweitsprache vor allem für sog. Seiteneinsteiger bestehen.

4.4.1 Durchgängige Sprachbildung und Bildungssprachlichkeit – in mehr als einer Sprache

Eine wichtige Aufgabe jeden Bildungssystems besteht in der Hinführung aller Kinder zur Bildungssprache. Bildungssprache[22] ist ein Sprachregister, das Schulwissen, bildungs- und fachsprachliches Wissen transportiert und auch Elemente wissenschaftlichen Sprechens bzw. Schreibens enthält für die Vermittlung komplexer Inhalte in anspruchsvollen Zusammenhängen. Bildungssprache ist überregional, kommt jedoch auch mit regionalen Färbungen vor; sie baut auf der Familiensprache und Umgebungssprache auf, appelliert jedoch nicht primär an situative Gegebenheiten oder gemeinsame Erfahrungen. Sie operiert situationsunabhängig durch Explizitheit und Dichte des Ausdrucks und neigt zur Abstraktion, entsteht aus dem Sprachausbau von klein an und in der Schule durch Unterrichtssprache, Sachsprache, dekontextualisiertes Wort- und Textverstehen sowie eines Schriftsprachenkonzepts (konzeptuelle/konzeptioneller Schriftlichkeit),[23] ist gekennzeichnet durch Textsorten für die Teilhabe an öffentlicher und formeller Kommunikation in sprachlichen Formaten und Prozeduren wie *Beschreiben, Vergleichen, Erklären, Analysieren, Erörtern, Argumentieren* usw., die man im schulischen und akademischen Bereich findet.[24] Entscheidend aber sind das „Gewusst wie" der Anwendung in den Textsorten und der sachadäquate und adressatenspezifisch-partnertaktische Gebrauch in Sprechsituationen und geschriebenen Texten. Bildungssprache wird lesend und hörend durch Textmusterwissen und durch eigene Sprachversuche gelernt, meist im Kontext höherer Bildung. Für viele SuS wirkt Bildungssprache jedoch von unten her undurchlässig, da sie bereits die Sprache von Lehrpersonen und die Formulierung von Aufgaben nicht verstehen.

---

[22] HABERMAS 1978; s. GOGOLIN/LANGE 2011.
[23] Vgl. OOMEN-WELKE/DECKER-ERNST 2013, 26–39 mit weiterer Literatur; dort auch einige Sprachmittel.
[24] Nach FEILKE 2012, 5 f.

Es ist das Verdienst der FörMig-Gruppe[25], die Bildungssprache Deutsch als kulturelles Kapital für alle Schülergruppen hervorzuheben. Die mehrsprachige Welt und die europäische Politik fordern für alle *Mehrsprachigkeit*. Sprachdidaktiker haben die Aufgabe, möglichst alle Kinder und Jugendlichen im Deutschen und in weiteren Sprachen zu Bildungssprachen (Pl.) zu führen: Bei Fremdsprachen ist das leicht einsehbar. Doch wie weit sollen Minderheits- und Migrationssprachen ausgebaut werden, in wie vielen Sprachen können die SuS bildungssprachliches Niveau erreichen? Sollen Sprecher selbst wählen, ob eine Sprache eher Kontaktsprache im Nahbereich bleiben oder eine voll ausgebaute Bildungssprache werden soll? Diese Diskussion ist dringend erforderlich. Einen Anstoß zur Diskussion gab 1998 das „Gesamtsprachenkonzept" für die Schweiz.[26]

Als Weg zum Erreichen der Bildungssprache entwickelt FörMig das Konzept *durchgängiger Bildung in der Zweitsprache Deutsch.* REICH (2011, 6 ff.) beschreibt vier Dimensionen seines sprachlichen Ausbaus:

1 Die „bildungsbiografische Dimension, der Zuwachs an Wissen und Können mit zunehmendem Lebensalter" mit Bildungsstufen und Schulübergängen;

2 Die „situativ-thematische Dimension" für Sprache in Situationen und für mündliche und schriftliche Themen, auch in den Sachfächern;

3 Die Dimension der Verbindung von Schule mit außerschulischen Feldern, in denen sprachlich und sachlich gelernt wird; Beispiel stadtteilorientiertes Lernen;

4 Die „interlinguale Dimension", damit „zur Erreichung von Bildungszielen mehr als eine Sprache zur Verfügung steht", wie es die europäische Bildungspolitik anstrebt.

Die Implementation durchgängiger Sprachbildung ist schwierig, aber gemeinsam machbar. Professionelle Begleitung stärkt sowohl *Pertinenz* als auch *Permanenz,* also die Zusammengehörigkeit und das Durchhalten der Beteiligten. Aber wiederum: nur auf Deutsch? Zumindest sollte es Möglichkeiten geben, Familiensprachen und evtl. Fremdsprachen auf bildungssprachliches Niveau zu bringen, evtl. nach dem Modell bilingualer Konzepte wie CLIL.[27] Dazu gehört die Kooperation mit Lehrpersonal aus den Herkunftsländern der entsprechenden Sprachen.

---

[25] BLK-Programm FörMig: Förderung von Kindern und Jugendlichen mit Migrationshintergrund, GOGOLIN 2011; s. REICH 2011.
[26] LÜDI u. a. machten 1998 für die Schulen der Schweiz einen Vorschlag zu Reihenfolgen und Ausbau von amtlichen, territorialen, individuellen Sprachen und Weltsprachen.
[27] Content and Language Integrated Learning; vgl. z. B. AHRENHOLZ 2010; GOETHE-INSTITUT CLIL-Seite.

4.4.2 Gemeinsam entdeckend und forschend lernen

Bildung heute, auch Sprachbildung in der mehrsprachigen Gesellschaft, muss die Befindlichkeiten von Jugendlichen berücksichtigen. In der Schule wollen Jugendliche Bedeutsames verhandeln, sie wollen möglichst wenig eingeschränkt werden und mehr Selbstwirksamkeit erfahren, d. h. sie wollen mithalten, etwas bewirken und Anerkennung finden;[28] dazu gehört die Anerkennung der Mehrsprachigkeit und vielfältiger Lebenskontexte. Eigene Wirksamkeit erleben die SuS in der schulischen Arbeit durch wichtige bzw. bedeutsame Inhalte und (teil-)autonome Arbeitsweisen; der Unterricht gestaltet sich auf diese Weise stärker produktiv und ansatzweise forschend. Insbesondere für heterogene Lerngruppen hat sich das handelnde Lernen in Themenkomplexen bewährt; so empfiehlt es auch die sogenannte Szenariendidaktik.[29] Auch „Ich-will-wissen"-Fragen können einen Themenkomplex bilden. Ausgangspunkt ist ein Kernthema mit zahlreichen inhaltlichen und methodischen Bearbeitungsmöglichkeiten bezüglich Aufgabe und Sozialform, was angesichts der Diversität der Lernenden günstig ist. Bei der Arbeit und beim Austausch über die Arbeitsschritte klären die SuS Erwartungen und Vorwissen, sie erwerben im Handeln Sach-, Sozial- und Methodenkompetenz. Die abschließende Präsentation mittels (Bildungs-)Sprache und evtl. Medien schafft Übersicht und macht – meist mithilfe der Lehrperson – aus den bearbeiteten Teilen ein zusammenhängendes Ganzes. Vorteile für Motivation, Wissen und Behalten liegen auf der Hand, darüber hinaus auch für Üben und Ausbau von Sprachrichtigkeit und Explizitheit (hörend, lesend, sprechend) durch Kommunikation mittels anspruchsvollerer Sprachregister.

Dieser Ansatz wird hier abgetastet auf sein Potenzial für Sprachreflexion, sprachliches Wissen, Methodenkompetenz und Interesse an Sprachen. Perspektivenerweiterung und -umkehr sowie Kooperation und Austausch ergeben sich im Handeln. Folgend werden einige Arbeitsfelder skizziert; für ausführlichere Darstellungen wird auf Literatur verwiesen.

Sprachgebrauchsweisen vergleichen und erkunden

Im Deutschunterricht ergeben sich vielfach Anlässe, Wörter im Gebrauch oder kleine Texte zu vergleichen, sei es spontan von den SuS ausgehend (sofern dies im Deutschunterricht erlaubt ist) oder von Lehrpersonen induziert, zum Beispiel:

---

[28] So auch der Sozialwissenschaftler HEITMEYER 2002, S. 4. – Das entspricht dem face-Konzept nach GOFFMAN 1967; s. dazu BROWN/LEVINSON 1978; KOTTHOFF 1998.

[29] Der Begriff *Szenariendidaktik* geht auf PIEPHO (z. B. 2003) für den Englischunterricht zurück und wurde insbesondere auf Deutsch als Zweitsprache übertragen; teils deckt sich die Szenariendidaktik sich mit situations- und handlungsorientiertem Unterricht. Vgl. HÖLSCHER/PIEPHO/ROCHE 2006; HÖLSCHER 2007, 156 ff.

- SuS finden und vergleichen gleichlautende (internationale u. a.) Wörter in deutschen und anderssprachlichen Texten, zum Beispiel dt. *Kompromiss* mit eher positiven Konnotationen gegen frz. *compromis* mit eher abwertenden Konnotationen, die empfinden lassen, dass man sich nicht durchgesetzt hat; möglicherweise klingt das verwandte frz. Verb *compromettre - kompromittieren* im Französischen mit, im Deutschen nicht.
- Falsche Kognaten ("falsche Freunde") wie frz. *sauf* und dt. *sauf-* oder dt. *kalt* und ital. *caldo (warm)* werden entdeckt und weitere gesucht.
- Sprachliche Routinen (Floskeln) in Situationen, die auffallen, werden untersucht: zum Beispiel Glückwünsche und deren wörtliche Bedeutung; auf Deutsch sagt jemand, dem wir Platz gemacht haben, meistens *danke,* auf Französisch *pardon.* Was sagt man in anderen Sprachen, und was heißt das wörtlich auf Deutsch?
- Kleine Texte oder populäre Lieder sind im Internet mehrsprachig zu finden und können auf Entsprechungen hin verglichen werden, zum Beispiel *Bruder Jakob;* Übersetzungsversuche von nicht zu langen Gedichten aus anderen Sprachen in registergerechtes Deutsch können versucht werden ...[30]

Aus einem „Aufhänger" entwickelt sich Interesse, im besten Fall ein Begehren zu wissen – Wissbegierde. Sie kann von unterschiedlichen Ausgangspunkten aus zustande kommen, zum Beispiel:

- von einer kleinen Situation hin zu einem kleinen Erkundungsprojekt (zum Beispiel höfliches Sprachhandeln, *wie verhält sich wer sprachlich?),* s. o. *danke* vs. *pardon;*
- von einer kommunikativen Fragestellung *(wie versteht X...? Warum, aufgrund welcher Kontextbedingungen?)*
- aus sprachlichem Material verschiedenen Typs, zum Beispiel kleine Sachtexte und kleine literarische Texte (Lyrik), die eine einfache Sprache durch poetischen Mehrwert aussagekräftig machen; ebenso mehrsprachige Beschriftungen auf Konsumprodukten usw.[31]

Durch überschaubare Erhebungen im Feld erwerben SuS handelnd einen Zugewinn an pragmatisch-kommunikativer Kompetenz. Aus der anfänglichen vergleichenden Aufmerksamkeit auf den Sprachgebrauch entwickeln sie Reflexionsansätze und Methoden zur Erforschung des Feldes, die Ansätze von mehrsprachiger Sprachbe-

---

[30]   Anregungen für die Sekundarstufe in OOMEN-WELKE (2011), OOMEN-WELKE/RÖSCH (2013) sowie im SPRACHENFÄCHER 2010 ff.
[31]   Vorschläge u. a. von HÜSLER-VOGT 1987, HÄCKER 1999, RÖSCH 1995; 2013a,b und öfter HUWYLER 2010, OOMEN-WELKE/RÖSCH 2013b.

wusstheit und zunehmende Sprachaufmerksamkeit bewirken. Der pragmatische Bereich mit seinen alternativen Sprachhandlungsmöglichkeiten hat große Bedeutung auch für das fremdsprachliche Lernen.

Wissen über die Sprachen der Welt erwerben
Ein für viele Jugendliche interessantes Thema sind die Sprachen selbst.[32] Der Unterricht greift zu selten große Fragen der SuS zu den Sprachen auf, weil es so im Curriculum nicht explizit vorgesehen, jedoch kompatibel ist; Fragen, die sich in Welt und Gesellschaft stellen.[33] Sie können zu einem Teil selbst forschend beantwortet werden, was selbstverständlich der sanft anleitenden Begleitung bedarf.

▪ Ein möglicher Ausgangspunkt ist eine kognitive Fragestellung zu einem bestimmten Sprachphänomen (zum Beispiel *Warum schreibt man im Spanischen vor den Fragesatz ein umgekehrtes Fragezeichen?* oder *Woran merkt man in welcher Sprache, dass etwas eine Frage ist?* oder: *Welche Wörter sind im Deutschen am häufigsten, sind es in anderen Sprachen dieselben Wörter bzw. die Entsprechungen?* oder: *Wie sind Wörter gebaut und evtl. zusammengesetzt? Wie viele Konsonanten, wie viele Vokale verträgt ein Wort in einer bestimmten Sprache? Oder: Wie funktionieren Sprachen wie das Deutsche mit drei Artikeln, das Englische mit nur einem, viele Sprachen aber ohne Artikel?* → *ich will wissen ...*). Diese Fragen führen das Nachdenken über Sprache(n) vom einzelnen Gebrauch über die Sprachmittel einer Sprache zum allgemeinen Sprachbau.[34]

Die Antworten könnten natürlich auch historisch sein *(wie geworden?)*; wichtig ist hier aber vor allem der funktionale Aspekt: *Wie gelingt das Zusammenspiel der Sprachmittel, so dass Texte verstanden werden? Was leisten Artikel, was leistet die Deklination? Wie signalisiert man beim Schreiben die Sprechintention ‚Frage‘, da ja die Frageintonation fehlt?)* usw.

▪ Ein anderer Ausgangspunkt ist das Bedürfnis, etwas über Sprachen in der Welt zu wissen: (*Wie wichtig ist eigentlich die deutsche Sprache in der Welt?* oder: *Welche Sprachen haben die meisten Sprecher?* oder: *Was bedeutet es, in einer Sprachminderheit zu leben?* oder: *(Wie) k/Klappt das Zusammenleben in gemischtsprachigen Gebieten? Usw.)*

---

[32] Anders, als viele Lehrpersonen vorher denken. Die nachfolgenden Vorschläge sind mehrfach erprobt und haben sich als auffordernd und produktiv erwiesen. – Als neues sprachwiss. Werk zum Sprachvergleich GÜNKEL/ZIFONUN 2012; vgl. auch die Hinweise auf sprachvergleichende Werke in der zitierten didaktischen Literatur.
[33] Vgl. KMK-Standards 2003/04.
[34] Genauer in OOMEN-WELKE ³2014; 2011; 2013a,b; OOMEN-WELKE/RÖSCH 2013; OOMEN-WELKE/BREMERICH-VOS 2014.

Diese Fragen erfordern Erkundungen und Erforschungen aus schriftlichen und elektronischen Quellen, also aus Zeitungen und Zeitschriften, aus Nachschlagewerken und aus dem Internet. Sie liefern Wissen über Sprachen und provozieren Anschlussreflexionen über Sprache und Geschichte, Politik, Macht, Sprachenrechte und evtl. sogar (im Sinne von Abschnitt 4.2 dieses Artikels) über den Gleichheitsdiskurs.

4.5 Der soziale Schulkontext

Forschungsorientiertes bzw. entdeckendes Lernen an Sprachen muss sich als im Unterricht möglich, zulässig und erwünscht erfahren lassen. Selbst initiiertes, autonomes Untersuchen eigener Fragen und eigenes Entdecken machen den Reiz des Vergleichens von und Wissen über Sprachen aus. Die Idee, dadurch das Sprachlernen und die Sprachbewusstheit anzuregen, ist nicht ganz neu. Ein Gelingensfaktor dabei ist das willig hörende Ohr von Lehrperson und der Mit-SuS als Voraussetzung für konstruktive Sprachmitteilungen, -fragen und Interpretationsvorschläge. Das bekannteste Konzept dafür ist die „Vier-Ohren-Theorie":[35]

- ein Sach-Ohr, das die thematisierte Sprachbeobachtung aufnimmt,
- ein Beziehungs-Ohr, das wahrnimmt, wie ein Lernender in den Dialog mit dem Adressaten eintritt und mit ihm verhandeln möchte,
- ein Selbstoffenbarungs-Ohr, das versteht, wie ein Lernender mit der sachlichen Äußerung gleichzeitig etwas über seine Interessen, sein Denken und Fühlen, also über sich, mitteilt, und
- ein Appell-Ohr, das den Wunsch hört, der Hörer möge das Gesagte für bedeutsam halten und sich damit weiter beschäftigen.

Was alles Kinder und Jugendliche, spontan und angeregt durch Dialoge, bemerken und wie sich ihre Beobachtungen didaktisch nutzen und zu Lernstrategien ausbauen lassen, wurde im Kontext der Sprachen in der Migrationsgesellschaft mehrfach beschrieben.[36] Im besten Falle entsteht mit der Zeit eine sprachübergreifende Bewusstheit, die auch die Sprachlernbewusstheit umfasst und Orientierung im großen Feld der Sprachen und des Sprachlernens ermöglicht, sowie Interesse für die Sprecher dieser Sprachen.

---

[35] Nach SCHULZ-VON THUN 1981, 2010..
[36] OOMEN-WELKE ³2014a,b.

5 Fachdidaktik als Wissenschaft

MICHAEL KÄMPER-VAN DEN BOOGAART

5.1 Eine Frage der Ehre ...

In den bisherigen Auflagen des Leitfadens Deutschdidaktik hieß dieses Kapitel „Fachdidaktik und Wissenschaft". Darüber mokierte sich unlängst ein Kollege in einem lesenswerten Beitrag und nannte die Formulierung „seltsam": „als ob Didaktikwissenschaft keine Wissenschaft wäre" (GERNER 2013, 184 Fn. 8).[1] Nun wird man sicher nicht nur deswegen als Wissenschaft adressiert, weil man sich so nennt. Gleichwohl macht es erkennbar Sinn, zwischen einer Fachdidaktik als Wissenschaft und einer Fachdidaktik als Praxis zu unterscheiden. Studiert man die Debattenbeiträge der letzten Jahre, die sich auf das akademische Selbstverständnis der Deutschdidaktik richten, kann man sich kaum des Eindrucks erwehren, dass vielfach empfindliche Fragen der inneruniversitären Reputation auf dem Spiel zu stehen scheinen. Dieser Eindruck ist in der Sache nicht abwegig. Zwar haben die Fachdidaktiken seit der Diskussion um die PISA-Ergebnisse und der Orientierung auf Kompetenzen und Bildungsstandards an Gewicht gewonnen, doch wird sich noch zeigen müssen, ob die mit diesem Statusgewinn verbundenen und letztlich auf das Erziehungssystem gerichteten Erwartungen erfüllt werden können. Unabhängig von solch verstärktem Interesse ist es erklärlich, dass immer wieder Versuche unternommen worden sind, die Fachdidaktik von der Germanistik zu emanzipieren und ihren besonderen disziplinären Charakter herauszustellen. Eine Rolle spielt hierbei die vielerorts gemachte Erfahrung, dass fachdidaktische Lehrstühle in Zeiten finanzieller Anspannung de facto fachfremd besetzt werden. Als ähnlich prekär kann gelten, dass Weichenstellungen in der Forschungsförderung selten auf der Basis fachdidaktischer Expertise erfolgen. Unvorteilhaft ist zuweilen zudem, dass die Fachdidaktiker unter den Germanisten stets diejenigen sind, die man für alle halbwegs fachlichen Belange der Lehrerbildung in der Verantwortung sieht, obgleich sie kapazitär in den Studiengängen nur eine Randrolle spielen. Aus Sicht der Studierenden bedeutet das auch, dass man, anders als von der interessant desinteressierten Fachgermanistik, von der Fachdidaktik Praxisrelevanz und professionelle Handlungsrezepte erwartet – und dass man sich enttäuscht zeigt, wenn solche Erwartungen enttäuscht werden. Ebendieses Muster findet sich in den notorischen

---

[1] GERNER 2013, 177–196.

Theorie-Praxis-Debatten beständig und wird entsprechend auch publizistisch als Praxisdefizit ins allgemeine Bewusstsein gemeißelt. Beginnen wir unseren Problemaufriss also bewusst im Lehrerzimmer, um später auf die Beziehung zwischen Wissenschaft und Berufspraxis etwas grundlegender einzugehen.

5.2   Fachdidaktik Deutsch: Kleine Germanistik für kleine Leute?

Gut streiten lässt sich auch in der Praxis über die Verbindungen, die die Fachdidaktik Deutsch zu den sogenannten Fachwissenschaften unterhalten soll. Während es etwa der Studienrätin Meier wichtig ist, einen Deutschunterricht vorzubereiten, der fachlich auf der Höhe der Zeit sei, betont ihr älterer Kollege Rüstig, dass sich längst schon gezeigt habe, wie fatal es sei, jedem wissenschaftlichen Trend hinterherzulaufen. Beide Positionen können auf jeweils triftige Argumente zurückgreifen.[2] Frau Meier wird etwa auf die Krise der Interpretation verweisen, die sie in drei Universitätsseminaren beschäftigte, die in der Schule aber hartnäckig ignoriert werde. Herr Rüstig hingegen wird abwinken und daran erinnern, mit welchen Hoffnungen in den 1970er-Jahren überall von Kommunikation, Kommunikationsmodellen und der linguistischen Wende die Rede gewesen sei. Nach ein paar Jahren sei die Konjunktur dieser Ansätze merklich abgeflacht, nur die Schulbücher hätten ihnen noch jahrelang auf ihren Seiten Asyl geboten.[3]

Hinter solchen und ähnlichen Kontroversen verbergen sich neben den Lebenserfahrungen im pädagogischen Alltag prinzipielle Fragen. Und diese berühren natürlich auch das grundsätzliche Verständnis von Fachdidaktik – nämlich das von Fachdidaktik als Forschungszusammenhang, als Bestandteil der universitären und der schulpraktischen Lehrerausbildung sowie als Komponente curricularer Planungen. Noch ein anderes gilt: Wohl jeder Lehrer koppelt sein professionelles Selbstverständnis und Renommee zurück an die Qualifikationen, die er unter Beweis stellen musste, um Lehrkraft einer bestimmten Gehalts- und Laufbahngruppe werden zu können. Entsprechend legitimiert Frau Meier ihre Aussagen und Taten, indem sie zum Beispiel sagt: „Als Pädagogin denke ich …"[4] oder aber: „Als Germanistin würde ich …" Deutlich wird an diesem kleinen Beispiel der Zwittercharakter ihres Expertentums: Einerseits ist Studienrätin Meier Germanistin und weiß so, was fachlich richtig ist. Andererseits ist sie bemüht, sich als Pädagogin zu sehen und zu

---

[2]   Vgl. KÄMPER-VAN DEN Boogaart 2007.
[3]   Vgl. zu dieser Argumentation bereits GEISSLER 1970, 19 ff.
[4]   Vgl. IVO 1996, 16 f.

wissen, was für ihre Schüler *menschlich bedeutsam* ist. Nun ist die Rolle als Pädagogin noch weiter gefasst als die der Didaktikerin. Doch auch hier treffen wir auf die besagten Zwitterprobleme.

Einfacher wäre die Welt, träfe eine weit verbreitete Ansicht zu: Studienrätin Meier wäre dieser nach in ihrer Eigenschaft als Deutschlehrerin eine Germanistin, die sich auf die Kunst verstünde, die Gegenstände der Germanistik klientengerecht zu vermitteln, also beispielsweise große Probleme der Literaturgeschichte so zu reduzieren, dass kleine Leute sie begreifen. Stillschweigend geht diese Annahme davon aus, dass es eine Identität des Schulfachs Deutsch mit der Wissenschaft der Germanistik – dem wissenschaftlichen Fach – gebe oder geben sollte.[5] Das Trügerische einer solchen Prämisse sticht spätestens dann ins Auge, sobald man die aktuelle Universitätsgermanistik und etwa den Zusammenhang von Sprach- und Literaturwissenschaft ins Visier nimmt.[6] Bereits hier kann von einer Identität, etwa der Forschungsfragen, der Methoden, Terminologien usw., kaum gesprochen werden. Nun kann man gegen die Diagnose von der Ausdifferenzierung der germanistisch genannten Forschungen einwenden, dass es im Studium anders aussehe. Schließlich werde hier noch das alte germanistische Menü gereicht. Doch erstens handelt es sich bei diesem Menü fast immer um ein additives, nicht um ein integriertes oder wenigstens vernetztes Angebot abgestimmter Speisefolgen, und zweitens sind die Lehramtsstudiengänge nicht das Produkt von Wissenschaft und Hochschule, sondern die Folge staatlicher Lehrerprüfungsordnungen bzw. Lehrerbildungsgesetze. Als solche erfahren sie ihre Prägung nicht primär durch Wissenschaft, sondern durch Vorstellungen von Schule und probater schulischer Bildung. Bei diesem Gegenargument beißt sich die Katze also in ihren ohnehin lädierten Schwanz. Unabhängig von allen didaktischen Erwägungen bliebe demnach festzuhalten: Die Vorstellung, dass der Deutschunterricht via Fachdidaktik „Germanistik" vermittle, ist irrig. Oder in den Worten der Erziehungswissenschaftler TENORTH und TERHART:

▮ *Gegenüber den Fachwissenschaften muss man hervorheben, dass Schulwissen Wissen eigener Art darstellt. Es muss in seinen Ansprüchen wie in seiner sachlichen und zeitlichen Ordnung zwar gerechtfertigt werden gegenüber den Fachwissenschaften, seine Form als schulisches Curriculum gewinnt es dann aber vom Primat der Lehrbarkeit und des Kompetenzaufbaus der Schüler her* [...].[7] ▮

---

5   Zu dieser Vorstellung von Abbilddidaktik vgl. MEYER 1987, 72 ff. Ausführlicher zum Thema KÄMPER-VAN DEN BOOGAART 2011.
6   Vgl. KREFT 1977, 285 f.
7   Sekretariat der Ständigen Konferenz der Kultusminister der Länder in der Bundesrepublik Deutschland: Standards für die Lehrerbildung: Bericht der Arbeitsgruppe, 12.

Vergegenwärtigt man sich die Professionalisierungserwartungen des staatlichen Arbeitgebers, dürften übrigens weder unsere Studienrätin Meier noch der Kollege Rüstig so ganz auf der Höhe sein. Hier befindet sich eher die Studienassessorin Mustermann, die keine Miene verzieht, wenn von Rasch-Skalierung gesprochen und über Item-Response-Theorien diskutiert wird. Frau Mustermann hat nämlich in der ersten und zweiten Phase ihrer Ausbildung jene Kompetenzen erworben, die die KMK als Standards für die Bildungswissenschaften in der Lehrerbildung definiert hat.[8] Folglich kennt sie nicht nur die sozialwissenschaftlichen Methoden empirischer Bildungsforschung, um einschätzen zu können, wie verlässlich deren Untersuchungsergebnisse sind. Sie nutzt auch „Verfahren und Instrumente der internen Evaluation von Unterricht und Schule". Wesentliche Teile ihrer professionellen Praxis bestimmt zudem eine Lernprozessdiagnostik, für die sie ebenfalls Expertin ist. Natürlich ist auch Frau Mustermann eine Germanistin, zudem aber kompetent in empirischer und pädagogischer Psychologie – und dies nicht nur, um als erfolgreiche Lehrerin, sondern auch als kooperationsfreudige Schulentwicklerin zu überzeugen.

5.3   Bildungswissenschaften?

Weder der Befund, dass der Deutschunterricht nicht darin aufgeht, Germanistik zu vermitteln, noch die Erwartungen der Kultusminister an kompetente Lehrkräfte können als Einwand gegen eine Praxis der Unterrichtsplanung bestehen, die um die Einhaltung sprach- oder literaturwissenschaftlicher Standards bemüht ist.[9] Zu registrieren bleibt lediglich, dass die Lage komplizierter oder auch reizvoller ist. Das zeigt bereits der Begriff, den die Kultusminister wählen, um die professionsspezifischen Qualifikationserwartungen an Lehrkräfte zu fundieren: *Bildungswissenschaften*. Gemeint sind ausdrücklich „die wissenschaftlichen Disziplinen, die sich mit Bildungs- und Erziehungsprozessen, mit Bildungssystemen sowie mit deren Rahmenbedingungen auseinandersetzen."[10] Als Sammelbezeichnung wird hier ein Begriff gewählt, der sich zuvor als Alternativbegriff zu Erziehungswissenschaften nicht durchsetzen konnte (TENORTH/TIPPELT 2007). Was durch Gewöhnung eher unauffällig daherkommt, ist die Einführung eines problematischen Gegenstandsbereichs von Wissenschaften: *Bildung*. Hier kommt ein deutsches Konzept ins Spiel,

---

[8]   Standards für die Lehrerbildung: Bildungswissenschaften. Beschluss der Kultusministerkonferenz vom 16. 12. 2004.
[9]   Vgl. hierzu den Passus „Wissenschaftsorientierung" in MEYER [12]1993, 259.
[10]   Standards für die Lehrerbildung, 4.

das deutlich normativ ist, wie auch TENORTH und TERHART konstatieren, wenn sie die Differenzen zwischen Fachwissenschaften und -didaktiken kennzeichnen:

> ■ *[G]egenüber der reinen Beobachterperspektive des nur forschenden Interesses und gegenüber der politischen Orientierung an Leistungs- und Erfolgsmessung erweitern sie [die Fachdidaktiken; MK] schließlich den Blick auf Unterricht um die normative Dimension, d. h. um die Frage nach der Legitimität und Notwendigkeit von Zielen und Themen schulischen Lernens im Kontext der modernen Reflexion eines Curriculums allgemeiner Bildung und der schulischen Konstruktion von Kultur.[11] ■*

Diese Aufgabenbeschreibung aus erziehungswissenschaftlicher Sicht ist ebenso zweischneidig wie verständlich. Verständlich wird sie nicht zuletzt aus der Tradition einer geisteswissenschaftlichen Pädagogik, die mit ERICH WENIGER Didaktik als „Theorie der Bildungsinhalte und des Lehrplans" definierte und mit WOLFGANG KLAFKI auf dem „Primat der didaktischen Intentionalität im Verhältnis zu allen anderen didaktischen Entscheidungsfeldern" beharrte – Letzteres ein Verständnis, das häufig als Primat der Didaktik gegenüber der Methodik auf den Punkt gebracht wird. Dieses Verständnis, das der Didaktik, verstanden als Bildungslehre, gegenüber der Methodik einen höheren Rang einräumt, entwickelte sich bereits gegen Ende der ersten Hälfte des 19. Jahrhunderts, wie NIKLAS LUHMANN und KARL EBERHARD SCHORR in ihrer systemtheoretischen Provokation der Pädagogik zeigen konnten (LUHMANN/SCHORR 1988, 199 ff.). Um aus einer zunächst untergeordneten Stellung Steuerungsfunktion zu erlangen, muss dabei Didaktik „eine Gesinnungskomponente in sich aufnehmen" (ebd. 207), was wiederum bereits im 19. Jahrhundert dazu beiträgt, dass kontroverse Ideologien in didaktische Konzepte eingehen. Insofern gelingt auch über die „Beförderung" der Didaktik durch Wissenschaftsautorität keine Anästhesie politischer Konflikte um die Ziele von Schule und Unterricht. Gleichwohl kann das bildungstheoretische Konzept von Didaktik bis in unsere Tage seine Geltung behaupten. Dies geschieht beispielsweise nach Argumentationsmustern, in denen dem Stoff selbst kein bildender Wert zugesprochen wird. Erst durch die kognitive Bearbeitung – die Selektion, die Strukturierung, die Aktualisierung oder Exemplifizierung – seitens der Lehrperson gewinne der Stoff eine bildende Kraft. Mit der Zielformel Bildung, von LUHMANN und SCHORR als Spezialfall einer Kontingenzformel begriffen, gelingt über weite Strecken das eher unwahrscheinlich Anmutende, „dass nur Pädagogen sagen und bewirken können, was Bildung ist" (ebd., 366).[12] Pädagogen taten und tun dies im problematischen Status einer Wissenschaft, die auch innerhalb des Wissenschaftssystems das Problem hat, nicht

---

[11]　Standards für die Lehrerbildung: Bericht der Arbeitsgruppe, 12.
[12]　Zum Problem dieser Kontingenzformel unter der Bedingung einer nachlassenden Autorität des Bildungskanons vgl. die amüsante Darstellung in: LUHMANN 2002, 186 ff.

wirklich als Wissenschaft zu gelten. Dies liegt wesentlich daran, dass Pädagogen, wenn Sie qua Instruktion und Zielvorgaben Erziehung leisten oder ermöglichen wollen, nicht wie andere Wissenschaftler jenseits ihres Gegenstands agieren. Zwar kompensiert Pädagogik das Problem der Involviertheit durch gesteigerte Reflexion, jedoch bleiben z. B. SCHORR und LUHMANN bei dem Verdikt:

> *[…] daß bei einem Regime funktionaler Differenzierung des Gesellschaftssystems Erziehung nie Wissenschaft sein kann und daher auch die eigene Reflexion nicht als Wissenschaft betreiben kann. Das Erziehungssystem und das Wissenschaftssystem führen entsprechend ganz unterschiedliche Realitätskonstruktionen auf. Damit ist überhaupt nicht bestritten, dass die Erziehung wie jedes andere Funktionssystem auch auf wissenschaftlich produziertes Wissen angewiesen ist und daß sie von hier mit laufend wechselnden Themen sowie mit Kritikmöglichkeiten versorgt wird. Das ist und bleibt aber eine zweischneidige Sache: Ressource und Belastung. Deshalb ist die Pädagogik, gerade wenn sie sich als Reflexionstheorie des Erziehungssystems versteht und gerade wenn sie dies gut macht, keine Wissenschaft. Ein akademisches Fach – nun gut. Das betrifft die Organisation der Universitäten und die Gehälter der Professoren. Aber keine wissenschaftliche Disziplin wie Physik, Chemie, Biologie, Psychologie, Soziologie (LUHMANN/SCHORR 1979, 378).[13]*

Für das systemtheoretische Konzept von Wissenschaft in der Gesellschaft ist in diesem Kontext eine Differenz bedeutsam. Während andere Funktionssysteme der Gesellschaft soziale Asymmetrien ausgebildet haben, so Ärzte und Patienten im Medizinsystem, besitzen Wissenschaft und ihre Theorien kein anderes Publikum als die Wissenschaft selbst. Oder wie OEVERMANN es professionstheoretisch fasst: Klient der Wissenschaft ist in analytischer Abstraktion die ganze Gesellschaft samt ihrer ungewissen Zukunft.[14] LUHMANNs Erklärung dafür, dass Wissenschaft nur parasitär an Asymmetrien des Erziehungssystems anschließt, aber diesbezüglich keine eigene Struktur aufbaut, lautet:

> *Man kann plausibel vermuten, dass dies mit der Eigenart des Mediums der Wissenschaft zusammenhängt. Wahrheit darf sich nicht als handlungsabhängig geben (LUHMANN 1992, 625).*

Auch LUHMANN konzediert selbstverständlich, dass es anwendungsbezogene Forschungen innerhalb des Wissenschaftssystems gibt, hält aber fest, dass die Anwender hier eher wie Kunden agieren, die sich aus dem angebotenen Wissen nach eigenen Zwecksetzungen bedienen – oder nicht bedienen können, weil das Passende

---

[13]   GERNER wirft mir, letztlich aber natürlich LUHMANN vor, einem kategorialen Denkfehler zu verfallen, insofern nicht konsequent zwischen Pädagogikwissenschaft und Pädagogik unterschieden würde. Man muss sich wohl nicht auf diese Kritik einlassen, zumal man bezweifeln kann, ob eine Pädagogik, die nicht Reflexionstheorie des Erziehungssystems sein will, von der Pädagogik noch als Pädagogik beobachtet würde. Wie dem auch sei, geht es bei den folgenden Überlegungen nicht darum, LUHMANNs Systemtheorie als Wahrheitsspender zu hypostasieren, eher um die Einladung, in den Augenschein zu nehmen, was passiert, wenn man keineswegs neue Zusammenhänge mit LUHMANNs Theorie in den Blick nimmt. Spricht MÜLLER-MICHAELS 2013 dieser Theorie die Rolle einer „partialen Sozialphilosophie" zu, muss dann doch selbst von dem Unkenntnis beklagt werden, der LUHMANNs Denken misstraut (MÜLLER-MICHAELS 2013, 117–125).

[14]   Vgl. LUHMANN 1992, 624 ff.; vgl. OEVERMANN 1996, 70–182

nicht zu finden ist. Interessant ist in diesem Kontext der Gedanke, dass auf der Anwendungsseite – der Umwelt des Wissenschaftssystems – nicht jene disziplinäre Differenzierung gilt, die das System Wissenschaft intern strukturiert. In anwendungsbezogener Forschung komme es deshalb häufiger zu interdisziplinärer Forschungskooperation. Allerdings – und das machte einen Unterschied zu den „Bildungswissenschaften" aus – bleibe diese Entdifferenzierung projektbezogen und mithin temporär.

Noch einen anderen Aspekt der Überlegungen LUHMANNs lohnt es meines Erachtens, ins Kalkül zu ziehen. Nicht zuletzt für das Erziehungssystem war der Autoritätsgewinn von Wissenschaftswissen namentlich in der zweiten Hälfte des 19. Jahrhunderts von großer Bedeutung. Ihm verdankt es nicht nur seine Expansion, sondern wesentlich auch die eigene Autorität. Ob das aktuelle Wissenschaftswissen seitens der Gesellschaft auf dieselbe Weise mit höchster Anerkennung rechnen kann, ist für LUHMANN mehr als fraglich. Die zunehmende Ausdifferenzierung seiner Wahrheiten, die Vervielfältigung von Rationalitäten, der konstruktivistische Schub, das damit verbundene Problem des Relativismus, das Verfallstempo von Wahrheiten, die systemische Indifferenz gegenüber ethisch relevanten Folgeerscheinungen – all dies führe dazu, dass anderswo klarere Orientierungen gesucht würden. Dass dies auch ein Problem für das Erziehungssystem in seinem Selbstverständnis als Vermittlungsorgan wissenschaftlicher Wahrheiten darstellt, registriert LUHMANN an einem Beispiel aus der Geometrie, das mühelos auf den Deutschunterricht zu übertragen wäre.

■ *Besonders auffällig ist das gleiche Phänomen im Bereich des Erziehungssystems, das um 1800, besonders in Deutschland, noch einmal ganz entschieden auf Wissenschaft gesetzt hatte, um sich aus der Bevormundung durch Religion und Politik zu lösen. Bald darauf wird aber das Risiko auch dieser Anlehnung deutlich: Nach über zweitausend Jahren Schulgeometrie plötzlich Zweifel an Euklid – und ohne pädagogisch brauchbaren Ersatzvorschlag! Die Figuren haben kein Wirklichkeitskorrelat, die Beweise stimmen nicht oder arbeiten mit unakzeptablen Annahmen, nur noch in der Schule »gilt« diese Geometrie. [...] Offenbar ist die Autorität des Wissenden für den Lehrer unentbehrlich, sie wird gleichsam durch Nachfrage konstituiert, wie immer er sich verhält und wie immer er schmerzlich erfahren muß, daß die Wissenschaft diese Autorität gar nicht deckt. Er muß so tun als ob (LUHMANN 1992, 630 f.).[15]* ■

Inwiefern ist nun Fachdidaktik als wissenschaftliche Disziplin von den skizzierten Problemen der Verschränkung von Bildungsformel und Wissenschaftsautorität betroffen? Betrachtet man die jüngeren Entwicklungen – etwa die Diskussion um Kompetenzmodelle und Bildungsstandards –, lässt sich registrieren, dass die Funktionserwartungen an die Fachdidaktiken deutlich gestiegen sind. Von einer allge-

---

[15]   Vgl. hierzu HEYTING 2004 und KRAFT 2004.

meinen oder pädagogischen Didaktik im Sinne einer allgemeinen Bildungslehre ist kaum mehr die Rede. Vielmehr zeigt sich ein großer Konsens, wonach schulische Bildungsziele domänenspezifisch formuliert sein müssten. Unter dem Erwartungsdruck, solche Zielformulierungen zu liefern, erbt die Fachdidaktik all jene Probleme der Zielformel Bildung aus der Pädagogik. Das Setzen von Zielen verletzt die Beobachterrolle, führt zu den bekannten Konflikten zwischen wissenschaftlicher Wertabstinenz (WEBER 1991) und normativen Praktiken mit dem Dauerrisiko, durch Systemüberschreitungen an wissenschaftlicher Reputation inner- und außerhalb des Wissenschaftssystems einzubüßen.

Betrachtet man, wie einzelne Erziehungswissenschaftler mit der Schwierigkeit umgehen, lassen sich verschiedene Varianten erkennen: Man kann bewusst die politische Karte ziehen, d. h. die eigene Reputation für politische Zwecke einsetzen und dadurch auf die Praxis einwirken.[16] Man kann die Aporien der Bildungstheorie zum Anlass nehmen und bildungstheoretisch über die Unmöglichkeit des Lehrberufs philosophieren. Man kann die Formulierung allgemeiner Bildungsziele den Politikern überlassen und sich aufs Lernen konzentrieren (Lehr-Lern-Forschung). Oder man kann Pädagogik zur empirischen Erziehungswissenschaft werden lassen und „die Konfliktzonen der beruflichen Praxis als politisches Problem" belassen, „ohne ihnen [...] die Weihe der Wissenschaft zu geben" (TENORTH 1986, 317). Auch hier hat man sich dann allerdings mit dem Problem herumzuschlagen, dass die Erwartungen an Theorie und Wissenschaft trotz alledem auf Einflussnahme und Hilfe ausgerichtet sind.[17] In allen Fällen verzichtete man jedoch darauf, auf Wissenschaft zu setzen, um Praxis durch die Entfaltung dessen, was Bildung sein soll, zu orientieren.[18] Dieser Anspruch, Wissenschaft und Praxisorientierung zu vereinen, prägte allerdings bereits den Gründungsgeist der universitären Deutschdidaktik.

---

[16] In diesem Sinne etwa BECK 1994. Zu den Skrupeln von HENTIG 1982, 297 ff. Grundsätzlich z. B. BOURDIEU 2002.

[17] „Weil der Sachverhalt pädagogischer Theorie, die Erziehung und der Unterricht, schon immer ein Element des Praktischen aufweist, verfällt man allzu leicht einem kurzschlüssigen Praktizismus, allzumal die Theorie der Erziehung und des Unterrichts stets einem Druck durch die Erwartungen der Praktiker ausgesetzt ist" (WINKLER 1995, 52).

[18] Der Erziehungswissenschaftler THOMAS ZIEHE plädiert für die Aufgabe des Anspruchs, „wirkliche" Erziehungswirklichkeit beschreiben zu können. Alternativ schlägt er die Zielsetzung vor, Verwendungsformen und -folgen pädagogischer Konstruktionen (Theorien, Deutungsmuster, Alltagstopoi) zu reflektieren. Erziehungswissenschaftliche Theorien wären demzufolge Konstruktionen zweiter Ordnung, nämlich Konstruktionen über das Zustandekommen alltäglicher Konstruktionen. Die Trendwende zur Selbstbezüglichkeit ist kaum verkennbar (vgl. ZIEHE 1996, 927 f.).

5.4   Fachdidaktik Deutsch: Zwischenposition(en)

5.4.1   Praxisrelevanz in der Geburtsurkunde

Als Disziplin sieht sich die Deutschdidaktik, wie bereits gesehen, mit der Erwartung konfrontiert, zwischen den akademischen Bezugswissenschaften (germanistische Sprach- und Literaturwissenschaften) und den politisch gesetzten, allgemein pädagogisch ausgewiesenen Bildungszielen zu vermitteln.[19] Gesucht werden so ihre Antworten auf die Frage nach den Leistungen des Schulfaches Deutsch für die Grundbildungen der einzelnen Schulstufen. In ihrer Funktion für das Erziehungssystem wird die Fachdidaktik seit ihrem Beginn vornehmlich als „Berufswissenschaft"[20] gehandelt, die neben der Ausbildung in speziellen unterrichtsmethodischen Fragen fachliches Wissenschaftswissen auf unterrichtliches Fachwissen transferieren soll. Stärker als die philologischen Disziplinen, die, abgesehen von interventionistischen oder politisierten Phasen[21], ihre Indifferenz gegenüber dem Erziehungssystem als Merkmal ihrer Autonomie und weltanschaulichen Unabhängigkeit kultivieren,[22] ist die universitäre Fachdidaktik in ihrer Existenz an ihre Funktion für das Erziehungssystem – Lehrerbildung – gebunden. Dieser Tatbestand stellt die Fachdidaktik in besonderem Maße vor das Problem, sich nach außen und innen als Wissenschaft zu präsentieren. Zudem ist sie als „Berufswissenschaft" in ihrer Existenz und Ausstattung von den Einstellungszyklen des Lehrerarbeitsmarktes abhängig. Dies erklärt im Wesentlichen auch ihre ungünstige Stellung im Streit um Reputation bzw. symbolisches Kapital im universitären Feld.[23]

Unter diesen Bedingungen und angesichts der aufkommenden Vorbehalte gegenüber abbilddidaktischen Konzepten hat sich die Disziplin in den 1970er-Jahren als Handlungs- oder praktische Wissenschaft deklariert.[24] Diese selbstbewusste

---

[19]   Eine ebenso engagierte wie anschauliche Revue zur Beziehungsgeschichte von germanistischen Fachwissenschaften und Fachdidaktik liefert FINGERHUT 1995. Der Band eignet sich auch zum Studium der Identitätsprobleme jüngerer Germanistik. Vgl. auch EICHLER/HENZE 1994 sowie HASSENSTEIN 1994.

[20]   Vgl. HELMERS [10]1979, 19.

[21]   Vgl. von einem deutlichen Standpunkt HERMAND 1994.

[22]   Interessant sind hier aber die Ausnahmen. 1969 – in einem Jahr von Aufbrüchen und Krisen – verfasste eine hochkarätige Gruppe von Fachwissenschaftlern ein Memorandum, das dafür warb, die nationalphilologische Orientierung in Schule und Universität zugunsten der allgemeinen Disziplinen Linguistik und Literaturwissenschaft aufzugeben. Vgl. LÄMMERT 1991, 41 ff., außerdem: KÄMPER-VAN DEN BOOGAART 2004a.

[23]   Vgl. KÄMPER-VAN DEN BOOGAART 1996. Der Begriff „Berufswissenschaften" ist in mehrfacher Hinsicht problematisch. Einerseits ruft er die Vorbehalte der modernen Universität des 18./19. Jahrhunderts gegenüber den Brotstudenten wach, andererseits, und bei positiverer Ladung im Sinne akademischer Professionalisierung, impliziert er, dass die Fachwissenschaften für professionelles Wissen nicht relevant seien.

[24]   Vgl. MÜLLER-MICHAELS 1972; IVO 1975; HOPSTER 1979a. Über einen Exkurs zur antiken Abwertung praktischer Wissenschaft (Techne) konturiert JAKOB OSSNER 1993 noch einmal die Vorstellung von Fachdidaktik als „praktische Wissenschaft" (OSSNER 1993). Vgl. zu den neueren Entwicklungen die Hinweise am Ende dieses Kapitels.

Deklaration wurde erleichtert durch grassierende Vorbehalte gegenüber den Elfenbeinturm-Wissenschaften. Derartige Vorbehalte bedienten ebenso technokratische (Effizienz) wie kritische (soziale Verantwortung) Muster. Die Akzentuierung eigener Praxisrelevanz folgte mithin jenen Strömungen im Universitätsbetrieb, die auch in den Geisteswissenschaften die Erkenntnisinteressen von statischen Gegenständen (Texte, Bilder, Zeugnisse) auf Handlungen und ihre Empirie umzustellen suchten. In der Germanistik lässt sich dieser Wandel etwa am Interesse an der Rezeptionsästhetik und an der Pragmalinguistik nachweisen.

5.4.2   KREFT: Literaturwissenschaft wird Literaturdidaktik

Wie stark die veränderten Fragestellungen in der Literaturwissenschaft für Optimismus sorgten, was die Perspektiven der Fachdidaktik betrifft, macht etwa ein Blick in die seinerzeit einflussreiche Literaturdidaktik JÜRGEN KREFTs [25] deutlich. In seiner ehrgeizigen Studie, die Literaturdidaktik in einem umfassenden, transdisziplinären Theorierahmen fundiert, spricht er 1977 davon, dass eine rezeptionsorientierte Literaturwissenschaft auf dem Wege sei, in Literaturdidaktik „überzugehen" (KREFT 1982, 215). Mit der Entdeckung des Lesers allgemein sei die Literaturwissenschaft nämlich im Begriff, sich auch für den Schüler und die Bedingungen seiner schulischen Lektüre zu interessieren. Konvergenzen sieht er auch im Hinblick auf eine fachbezogene Erziehungswissenschaft: Diese werde sich zur Literaturwissenschaft und mithin zur Literaturdidaktik entwickeln müssen. Tatsächlich haben sich derartige Konvergenztheorien unter dem Anspruch einer *Empirischen Literaturwissenschaft* in Ansätzen verwirklicht[26], KREFT aber beließ es nicht bei einer empirisch-deskriptiven Version von Literaturdidaktik. Zu einer Handlungswissenschaft werde diese nämlich erst, wenn sie Theorie und Praxis vermittle, indem sie Teil jenes praktischen Diskurses werde, in dem normative Regelungen in ihrer Geltung legitimiert werden könnten. Schlichter gesagt: Literaturdidaktische Forschung sollte zu einer Veränderung der Erziehungsziele beitragen und im Namen von Emanzipation und Humanisierung normbildend wirken. Dieses Bekenntnis zu einer durchaus politisch gemeinten Praxisrelevanz literaturdidaktischer Forschung erscheint, zumal in heutiger Blickrichtung, anrüchig: Sollen Literatur und Wissenschaft für politische Zwecke instrumentalisiert werden? Diesen Verdacht unterläuft KREFT durch zwei schwer beweisbare Prämissen: Sie beziehen sich auf die bis heute (s. u.) oft zu hörende Behauptung, Kunstliteratur habe per se ein emanzipatorisches Potenzial

---

[25]   Vgl. KREFT 1977.
[26]   Vgl. z. B. BARSCH/RUSCH u. a. 1994.

(KREFT 1982, 361), und auf die über HABERMAS' Diskursethik gewonnene Vorstellung von einer Entsprechung wissenschaftlicher und postkonventioneller Kommunikation (KREFT 1982, 264 ff.), die ihrerseits auf einen prozeduralen Wahrheitsbegriff zurückgeht.

5.4.3 Germanistische Teildisziplin oder souveränes Fach?

Wie KREFT optierte bereits KÜGLER 1971 für ein enges Zusammenspiel von Fachwissenschaft und -didaktik (KÜGLER 1971).[27] Dies traf zuvor ebenfalls für IVO zu, der 1969 geltend machte, dass Literaturwissenschaft und -didaktik „im Grundsatz identisch" seien bzw. Didaktik nur als Teildisziplin der Literaturwissenschaft Bestand haben könne (IVO 1969).[28] Andere Töne finden sich bei Geißler[29] und WILKENDING, die 1972 die strukturellen Diskrepanzen zwischen den Entscheidungsfeldern von Literaturwissenschaft und -didaktik akzentuierten (WILKENDING 1972, 38).

Für DAHRENDORF war die Bindung der Didaktik an die Fachwissenschaft ein Ärgernis, da durch diese Allianz ein elitaristischer Literatur- und Bildungsbegriff für die Schule und die Lehrerausbildung absolut gesetzt werde. Seine 1969 in diesem Zusammenhang gestellte Frage „Leseerziehung oder literarästhetische Bildung?" (DAHRENDORF 1975) hat im Übrigen, wenn auch unter veränderten Bedingungen, bis heute ihr Konfliktpotenzial konserviert.[30] Auch HELMERS warnte in seinem vielfach aufgelegten und einige Male revidierten Band „Didaktik des Deutschunterrichts", der 1966 erstmalig erschien und nebenbei die „Methodik" eines ROBERT ULSHÖFER (1953 ff.) durch „Didaktik" ablöste, vor einer fachwissenschaftlichen Hegemonie. Stattdessen forderte er eine interdisziplinär operierende Didaktik der deutschen Sprache als eine Wissenschaft, die gegenüber den Erziehungswissenschaften einerseits sowie den Sprach- und Literaturwissenschaften andererseits eine „Bindegliedfunktion" übernehmen sollte (HELMERS 1979, 25).

Eine adäquate Theorie der literarischen Bildung sehe das Gedicht, das von der Literaturtheorie als „ruhendes Geistesobjekt" betrachtet werde, stets als Lerninhalt, als Phänomen im Lernprozess. Obgleich HELMERS „das Hinzutreten des Schülers" als entscheidende Differenz zu den Textwissenschaften ausmacht (HELMERS 1979, 25), bleibt seine Didaktik jedoch gegenstands- und fachwissenschaftsorientiert. Charakteristisch für die ungeklärte Ambivalenz seiner Positionsnahme ist, was er als ein Prinzip der Lehrplanherstellung unter dem Stichwort „Wissenschaftlichkeit"

---

[27]   Vgl. auch RÖTTGER 1974.
[28]   Vgl. auch ARENDT 1974.
[29]   Vgl. GEISSLER 1970.
[30]   Vgl. KÄMPER-VAN DEN BOOGAART 2000.

aufführt: Einerseits postuliert er rigide eine ständige Revision der Bildungsinhalte, um auf „dem neuesten Stand der Sprach- und Literaturwissenschaften" zu sein. Andererseits entspricht er landläufigen Sorgen und fordert ein „didaktisches Regulativ", um zu verhindern, dass der Deutschunterricht „zum Tummelplatz ungesicherter sprach- und literaturwissenschaftlicher Theorien" (HELMERS 1979, 39) werde.

Die Unsicherheit in der Frage, wo sich eine Fachdidaktik Deutsch wissenschaftlich institutionalisieren soll, kommt nicht von ungefähr. Ein wichtiger Aspekt ist sicher die in den 1970er-Jahren einsetzende und von germanistischen „Fachkollegen" mit Skepsis betrachtete Einrichtung fachdidaktischer Lehrstühle an den Universitäten. Gestaltete sich an den Pädagogischen Hochschulen fachdidaktische und -wissenschaftliche Lehre mehr oder weniger in Personalunion (dies gilt auch heute noch), wurde an den meisten Universitäten Fachdidaktik als eigener Bereich in den germanistischen oder (seltener) erziehungswissenschaftlichen Instituten spezifiziert. Der Preis für die universitätsprofessoralen Würden bestand in einer festgeschriebenen Minderheitenposition vor allem gegenüber den „ordentlichen" Germanisten. Dies führte unter anderem dazu, dass Didaktiklehrstühle in Zeiten knapper werdender Ressourcen unter der Hand für andere Interessen eingesetzt wurden. Ähnlich problematisch verlief die Integration der Pädagogischen Hochschulen in die Universitäten.[31] Hier bildeten sich vielfach innerhalb der Universität PH-Restbestände, die in didaktischen Zentren oder als Erziehungswissenschaften mit Fachseminaren so etwas wie eine Hochschule innerhalb der Universität darstellten.

5.4.4 Jüngere Positionierungen der Disziplin

In ihrer Einführung in die „Literaturdidaktik Deutsch" brechen ABRAHAM und KEPSER mit der „Vorstellung einer germanistischen Mutterwissenschaft" und reklamieren für die Literaturdidaktik den Status einer eigenständigen kulturwissenschaftlichen Disziplin (ABRAHAM/KEPSER 2009, 47). Diese auf den ersten Blick selbstbewusst anmutende Positionierung fällt allerdings in gewisser Weise hinter KREFT zurück: ABRAHAM und KEPSER gehen nämlich nicht mehr wie dieser davon aus, dass sich die Literaturwissenschaft in -didaktik transformiere, sondern sehen lediglich eine Nachbarschaft mit vergleichsweise geringen Interdependenzen. Leitend für ihre Vorstellungen ist ein Verständnis, das sich durchaus noch auf KREFT beziehen könnte: Im Mittelpunkt der Literaturdidaktik stehe nicht der Gegenstand

---

[31] Ausnahme: Baden-Württemberg. Hier wurde das PH-Modell bis heute beibehalten. Die Studienratsausbildung verläuft aber auch hier universitär.

Literatur, sondern ein Handlungsfeld Literatur, das alle im weitesten Sinne mit Literatur verbundenen Tätigkeiten einbeziehe. Während KREFT mit der Perspektive auf Praktiken der Rezeption die Literaturwissenschaft auf analogem Weg wähnte, scheinen ABRAHAM und KEPSER zu unterstellen, dass die Gegenstände der Literaturwissenschaft in einem engeren Feld situiert seien, führen dies aber nicht wissenschaftsgeschichtlich aus. Plausibler mutet unter diesen Bedingungen der Hinweis an, dass die „Didaktik viel mehr an Normen- und Wertediskussionen teilnimmt" (ABRAHAM/KEPSER 2009, 48). Dieser unscheinbar anmutende Hinweis allerdings hat es, wie oben angedeutet, in sich, wirft er doch grundsätzliche Fragen nach der Wissenschaftlichkeit der Literaturdidaktik auf. Während diese Fragen von ABRAHAM und KEPSER nicht wirklich thematisiert werden, geben sie dem Hinweis großes Gewicht, dass die Literaturdidaktik eine Fülle von Bezugswissenschaften aufweise. Bei der von ihnen ins Spiel gebrachten Liste, die, wie schon BRÜGGEMANN (2013, 162)[32] irritiert moniert, auch mit Praxisfeldern aufwartet, die man kaum als Wissenschaften subsumieren möchte (z. B. Bildende Kunst), handelt es sich letztlich um eine Aufzählung, die man nahezu beliebig erweitern könnte, da in der Tat im Handlungsfeld Literatur Fragen aufgeworfen werden, die sich von der Theologie bis zu den Wirtschaftswissenschaften erstrecken. Fasst man Bezugswissenschaften dermaßen locker, wird an dieser Stelle die Diskriminierung zwischen Literaturdidaktik und Literaturwissenschaft erneut konterkariert (BRÜGGEMANN 2013, 162): Die aufgeführten Bezüge lassen sich schließlich ebenso für die Literaturwissenschaft ausmachen.

2012 unternahm KEPSER in seinem Plenarvortrag des Augsburger Symposions Deutschdidaktik erneut den Versuch, Deutschdidaktik als Kulturwissenschaft zu konzeptualisieren, nunmehr dezidiert als „eingreifende Kulturwissenschaft" (KEPSER 2013). Diese durchaus in vielen Aspekten interessante Positionierung leidet zwangsläufig daran, dass Kulturwissenschaft in der Regel als Sammelbegriff fungiert, der entweder analog zu den (alten) Geisteswissenschaften eine Fächergruppe bezeichnet oder, bei entsprechender Aufladung, Fraktionen innerhalb einer Fächergruppe einen Namen gibt (zum Beispiel kulturwissenschaftlich versus philologisch orientierte Literaturwissenschaftler). Die Feststellung, dass weite Teile der Deutschdidaktik kulturwissenschaftlich ausgerichtet seien, ist unter den gegebenen Bedingungen ebenso zutreffend wie unspektakulär. Entsprechend harmonisch zeigt sich das Bild aber nur in einer grobkörnigen Aufnahme, während sich in der Detailansicht charakteristische Friktionen zeigen.

---

[32] BRÜGGEMANN 2013, 143–176.

Was der Rekurs auf die historische *Birmingham School* und ihre *Cultural Studies* (KEPSER 2013, 58) eher eintrübt, ist unter anderem die vielerorts zu registrierende Polarität zwischen Kultur- und (empirischen) Sozialwissenschaften, die auf methodologischem Gebiet an Deutlichkeit kaum zu überbieten ist. Subsumiert KEPSER die Sprach- unter die Kulturwissenschaften, indem er etwa auf die Kultursemiotik hinweist, muss er zum Beispiel davon absehen, dass sich Kognitions- und Psycholinguistik deutlich den *Hard Sciences* verschreiben und an den Neurowissenschaften orientieren. Selbstverständlich lassen sich gerade in der forschungsintensiven Fachdidaktik analoge Lagerbildungen beobachten und weiterhin prognostizieren. Diese resultieren fast zwangsläufig aus interdisziplinären Kooperationen, etwa zwischen Psychometrik und Didaktik, und kulminieren nicht zuletzt in disparaten Falsifikationspraktiken. In dieser Hinsicht wird es für die disziplinäre Entwicklung der Fachdidaktik relevant sein, wie sich in Zukunft universell interessierte, eingriffsbereite *Cultural Studies*-Didaktiker mit empirischen Fachdidaktikern auseinandersetzen werden. Dass KEPSER in dieser Hinsicht offensichtlich positiv registriert, dass *Cultural Studies* nicht das Problem hätten, „das viele Sozialwissenschaften haben, nämlich die Verpflichtung auf eine strikt neutrale, apolitische Forschung" (KEPSER 2013, 57 Fn. 2), deutet entsprechende innerdisziplinäre Trennungslinien pejorativ an.

Jene Trennungslinien markiert auch BRÜGGEMANNs Darstellung (BRÜGGEMANN 2013), die sich der feldsoziologischen Terminologie BOURDIEUS und seiner Unterscheidung zwischen Orthodoxen und Häretikern bedient:

▨ *Auch wenn sich die Häretiker strategisch auf „die Grundlagen empirischer Forschung" als „härtesten Gradmesser von Wissenschaftlichkeit" berufen (FREDERKING/BRÜGGEMANN 2012, 18), wird die empirische Öffnung der Deutschdidaktik von vielen Didaktiker(inne)n gerade nicht als Chance einer überfälligen wissenschaftlichen Professionalisierung wahrgenommen, sondern als Indikator einer (unterstellten) Nähe zum politischen Feld, die das symbolische Kapital der Häretiker im wissenschaftlichen Feld durch die Vorstellung der politischen Veunreinigung diskreditieren soll"* (BRÜGGEMANN 2013, 169). ▨

BRÜGGEMANN, der sich selbstverständlich dem häretischen Pol zurechnet, entwickelt mit seinen Beobachtungen ein Szenario, dass die Zukunft der Deutschdidaktik eher prekär erscheinen lässt (s. u.). Während die Fachdidaktik die Erwartungen der Bildungsforschung auf sich ziehe, Brückenfunktionen auszuüben und sich zu einer empirisch forschenden Disziplin zu entwickeln (BRÜGGEMANN 2013, 167), falle ihre dominante Fraktion auf letztlich vorwissenschaftliche Überzeugungen zurück. Belege für eine solche Regression findet BRÜGGEMANN namentlich in

WINTERSTEINERS Versuch, Paradoxien literarischer Bildung zu bestimmen.[33] Im Kern bediene sich WINTERSTEINERS Plädoyer für ein reines Vertrautmachen mit Literatur („das eigentlich Literarische der literarischen Bildung" (WINTERSTEINER 2011, 10) eines normativ aufgeladenen Literaturbegriffs, der (nach welchen Selektionsprozessen auch immer) Literatur als „das Andere einer Gesellschaft" (ebd., 17) in der Spur des frühen FOUCAULT (KAMMLER 2011, 8)[34] auffasse. Mit dieser Stilisierung von Literatur verbinde sich die Polemik gegen eine von ihrem poetischen Gegenstand entfremdete empirisch forschende Literaturdidaktik, die das Eigentliche literarischer Bildung verfehle.

Dass die Orthodoxie WINTERSTEINERS in der Kritik BRÜGGEMANNS regelrecht zerbröselt, liegt zum einen sicher an der strategischen Einseitigkeit eines Kritikers, der seinerseits die Vorbehalte gegen die methodisch notwendigen Reduktionen empirischer Forschung kaum aufgreift und damit Motive des orthodoxen Protests im Dunkeln lässt. Zum anderen zeigt sich der kryptopoetische Essayismus WINTERSTEINERS trotz seines vehementen Plädoyers für eine literaturaffine Fachdidaktik tatsächlich nicht unbedingt auf der Höhe literaturwissenschaftlicher Reflexionen. Symptomatisch ist hier vielleicht die frappierende Geschichtsvergessenheit der These, dass sich Literatur nicht nationalpolitisch instrumentalisieren lasse (BRÜGGEMANN 2013, 170).

Schwächen wie diese sind allerdings nicht nur vom „häretischen" Pol der Fachdidaktik markiert worden. Studiert man die Reaktion KAMMLERS (2011) auf WINTERSTEINERS Beitrag, zeigt sich rasch, dass auch BRÜGGEMANNS Bild eines bipolar strukturierten Feldes der Deutschdidaktik wenig plausibel ist[35], sofern die Einstellung zu empirischer Forschung die entscheidenden Distinktion liefern soll. KAMMLER zeigt überzeugend, dass WINTERSTEINER mit seiner Kritik letztlich selbst solche Dichotomie kreiert, wobei ihm in dieser Kreation die heroische Rolle des letzten Emphatikers der Disziplin zufällt. KAMMLERS scharfer Einwand gegen diese Operation geht in dem schroffen Hinweis auf, dass man die Lage so nur bestimmen könne, wenn man die Positionen der meisten Fachdidaktiker komplett ignoriere.

---

[33] Diesen Versuch unternahm WINTERSTEINER 2010 mit seinem Plenarvortrag auf dem Bremer Symposion Deutschdidaktik. Die provokativen Leistungen des mit THOMAS BERNHARD spielenden Unternehmens sind nicht zu verkennen. Vgl. die Debattenbeiträge in Didaktik Deutsch 31 und 32.

[34] KAMMLER 2011, 5–10.

[35] In Anspielung auf BOURDIEU mag man hier die Effekte einer objektiven Komplizenschaft zwischen Häretikern und Orthodoxen sehen: Man bedarf einander, um im Spiel zu bleiben …

5.4.5   Wissenschaft und/oder Praxis – Ein zählebiges Dilemma

Aufschlussreich ist, dass in der Fachgeschichte die Frage, wie Wissenschaftlichkeit mit Praxisorientierung zu verbinden sei, relativ selten systematisch gestellt wurde. Dies ist wohl darin begründet, dass sich im Zeichen einer sogenannten Kritischen Germanistik so etwas wie ein antipositivistischer Grundkonsens abzeichnete, der die Wertaffinität der eigenen Wissenschaft in einer politisch aufgeladenen Rhetorik („Emanzipation", „Aufklärung", „Ideologiekritik") beteuerte und gesellschaftsverändernd auslegte.[36] Mit technokratischen Vorstellungen lief das politische Bestreben zusammen, Praxis über die Einspeisung von Theorien instruieren zu können und auf diese Weise eine demokratischere, in jedem Fall bessere Schule zu ermöglichen. Die politische Naivität, die die Vorstellungen einer Arbeitsteilung zwischen universitärer (praxisloser) Theorie und (theorieloser) Praxis prägte, kritisierte HOPSTER (1979b), indem er für ein dialektisches Verständnis des Theorie-Praxis-Verhältnisses warb und in der Sache auf das zielte, was heute etwa unter dem Begriff „subjektive Theorien" gehandelt wird. Sein Rat an eine handlungswissenschaftlich ausgelegte Didaktik geht dahin, die reflektierten und unreflektierten Richtigkeitsvorstellungen bzw. den Habitus der Unterrichtenden als Ansatzpunkt einer auf Veränderung zielenden Ausbildung zu erforschen (HOPSTER 1979a, 61). Eines der wenigen Beispiele für eine solche empirische Untersuchung lieferten, bis heute aufschlussreich, NÜNDEL/SCHLOTTHAUS 1978. Im selben Band wie HOPSTER schlug HOPPE vor, zwischen Wissenschaft und didaktischem Journalismus zu unterscheiden. Den Begriff des Journalistischen wollte er dabei nicht als Abwertung verstanden wissen. Die Publikation von Vorschlägen für eine bessere Praxis müsse auch für Wissenschaftler ein legitimes Unterfangen darstellen. Als Vorreiter einer konstruktivistischen Wende monierte er jedoch:

■ *Kritisiert werden muß [...], wenn dabei wissenschaftliche Theorie zu einer Legitimation benutzt wird, die dem Praktiker stark imponiert, ihm aber nicht hilft, das Postulat in eine praktische Theorie zu integrieren und festzustellen, was es taugt (HOPPE 1979, 107).* ■

HOPPES Kategorien folgend, muss man wohl bis heute den Großteil der didaktischen Publikationen als journalistisch bezeichnen. Dass dies so ist, liegt – neben der miserablen und forschungshemmenden Ausstattung didaktischer Lehrstühle[37] – schon daran, dass die publizistische Nachfrage sich neben Lehrwerken nach wie vor auf ein rezeptologisches Schrifttum richtet, etwa auf „schlüsselfertige" Unterrichtsmodelle. Angesichts der Dominanz solcher Publizistik wurde 1996 mit „Didaktik

---

[36]   In der Rückschau: KÄMPER-VAN DEN BOOGAART 2003.
[37]   Vgl. TERHART 2000; BAURMANN/HAUEIS u. a. 2000.

Deutsch" eine Halbjahresschrift gegründet, ausdrücklich als Organ für eine wissenschaftliche Fachdidaktik ausgewiesen.[38]

Kennzeichnend für die anhaltende Unsicherheit, zwischen Praxisinstruktion und Wissenschaft zu kreuzen und einen Platz im Gefüge der Disziplinen zu finden, ist das Editorial der ersten Ausgabe von „Didaktik Deutsch". Hier ist die Rede von einer „Selbstverständigung diesseits der praktischen Umsetzung, der sich die Fachdidaktik selbstverständlich verpflichtet weiß". Und über den Status der Fachdidaktik wird – wieder einmal – ausgeführt:

> ■ Als praktische Wissenschaft hat die Deutschdidaktik einen besonderen Spagat zu leisten. Gibt sie sich praktisch, wird sie von manch einem Vertreter der etablierten Universitätsdisziplin skeptisch betrachtet; gibt sie sich theoretisch, so wird ihr der gesellschaftliche Nutzen abgesprochen und damit ihre Existenzberechtigung, denn es war der Bildungsaufbruch der späten 60er Jahre, dem sie ihre Geburt verdankt. Sie ist also auch eine junge Wissenschaft, die ihren Standort als eigenständige Disziplin zwischen den Disziplinen suchen und das Selbstverständnis in ihrem Denken, Handeln, Analysieren, Forschen und Bewerten weiter entwickeln muss (KLOTZ/MÜLLER-MICHAELS u. a. 1996, 4). ■

Wenn hier ein weiteres Mal die Differenz von „theoretisch" und „praktisch" als Beschreibung eines didaktischen Spagats aufgemacht wird, mag das Außensicht auf die Fachdidaktik zutreffend abbilden. Betrachtet man hingegen jüngere Forschungsarbeiten und -programme[39], darf man sagen, dass HOPSTERs Monitum von 1979 insofern hinfällig geworden ist, als nunmehr Praxisorientierung seitens der „Theorie"[40] das Interesse für die subjektiven Theorien, für implizites Wissen, kognitive Schemata oder Weltkonstruktionen der an Lernprozessen Beteiligten einschließt.

Allerdings zeigen programmatische Beiträge wie das oben erwähnte Plädoyer KEPSERs für eine Fachdidaktik als eingreifende Kulturwissenschaft oder auch die Polemik WINTERSTEINERS mit ihrer Überlegung, dass „Literatur lehren" „wohl eher eine künstlerische denn eine wissenschaftliche Tätigkeit" sei (WINTERSTEINER 2011, 19), dass auch nach der – vielleicht nur vermeintlichen – empirischen Wende die Restriktionen, Wissenschaft sein zu sollen, verbreitetes Missbehagen auslösen. Für die universitäre Zukunft der Deutschdidaktik können solche Stimmungslagen besonders dann bedrohlich werden, wenn sie sich diffus artikulieren bzw. so wahr-

---

[38]　Sie ist gleichzeitig Mitgliederzeitschrift und Forum des 1975 zum Zweck des wissenschaftlichen Austauschs gegründeten Fachverbandes Symposion Deutschdidaktik.

[39]　Vgl. den Forschungsüberblicke bei BRÄUER/WINKLER 2012, 74–91; sowie bei KÄMPER-VAN DEN BOOGAART 2010b, 104–136

[40]　Die Referenz von „Theorie" ist in diesen Diskussionen zumeist sehr ungenau, da ledig die Differenz zu einer letztlich auch ominös bleibenden Praxis akzentuiert wird. Unter diesen Vorzeichen wäre auch empirische Forschung Theorie, was natürlich widersinnig ist, fasst man Theorie nach strengen Maßstäben.

genommen werden. Deshalb lohnt es sich vielleicht am Ende dieses Kapitels, noch einmal nachzufassen.

Fachgeschichtlich große Kontinuität weist die Position auf, die MÜLLER-MICHAELS auch 2013 noch vertritt, wenn er die Fachdidaktik zu einer praktischen bzw. zu einer angewandten Wissenschaft erklärt (MÜLLER-MICHAELS 2013, 119). Damit verbindet er die Notwendigkeit, „Tatsachenerhebungen" mit „normativen Aussagen" zu verknüpfen. Zudem bildet er eine bemerkenswerte Analogie:

▓ *Handeln im Unterricht stellt sich unter das Leitbild von Bildung wie die Behandlung in der Medizin unter die Idee von Gesundheit (MÜLLER-MICHAELS 2013, 121).* ▓

Frappierend ist hier nicht nur die Parallelisierung von Medizin und Didaktik, die jeweils auf Ideenbildungen zurückgeführt werden, sondern namentlich die Einebnung der Differenz zwischen Wissenschaft und Praxis, letzte dezidiert ausgewiesen als Unterrichtshandeln und Arbeit am Patienten. Werden wissenschaftliche und professionelle Praktiken derart nivelliert, gerät in der Tat jene Grenze aus dem Blick, die GERNER anmahnt, wenn er zwischen wissenschaftlicher und angewandter Fachdidaktik unterscheidet (GERNER 2013, 181).

Eine Selbstbeschreibung als praktische Wissenschaft wird interessanterweise auch von WINTERSTEINER in Anschlag gebracht, um die universitäre Einbettung der Deutschdidaktik in Österreich zu flankieren. Dabei gelte:

▓ *Deutschdidaktik gehört damit zweifelsohne zu den Wissenschaften, von denen man nicht bloß Analyse, sondern Handlungsorientierung, ja Handeln erwartet (WINTERSTEINER 2007, 20).[41]* ▓

Ähnlich postuliert, IVOS Positionen fortsetzend und am antiken Konzept der techne dezidiert ausgerichtet, OSSNER:

▓ *Die Fachdidaktik ist eine Wissenschaft, die Praxis erforscht und auf Praxis zielt, auf eine zukunftsgerichtete Praxis, auf eine humane Praxis (OSSNER 1999, 30).[42]* ▓

Auffassungen wie die hier zuletzt zitierten dürften das Selbstverständnis der meisten Deutschdidaktiker umschreiben; allerdings unterscheiden sich die von diesem Verständnis abgeleiteten Konsequenzen für das Selbstkonzept als praktischer Wissenschaftler nicht unbeträchtlich. Während der Rekurs auf das Praktische für manche die Lizenz darzustellen scheint, letztlich persönliche Meinungen oder Erfahrungen als Aussagen mit wissenschaftlichen Geltungsansprüchen vorzutragen, bleiben andere skrupulös, wenn es darum geht, aus wissenschaftlicher Forschung Ableitungen für die Praxis zu formulieren. So konstatiert DAWIDOWSKI anlässlich der Debat-

---

[41] WINTERSTEINER 2007, 19–32.
[42] OSSNER 1999, 23–45.

te um WINTERSTEINERS Polemik und nachdem er eingeräumt hat, dass fachdidaktisches Denken stets den „Hiatus zwischen regulativen und deskriptiven Orientierungen" überbrücken müsse:

▨ *Eine Literaturdidaktik, die sich „gerne als reine Handlungswissenschaft sieht" (WINTERSTEINER 2011, 11), erliegt somit nicht nur der Gefahr, mit der Literatur das eine Objekt ihrer Reflexion aus dem Auge zu verlieren, sondern opfert mit der nur noch praxisfixierten Reflexion hochkomplexer Vermittlungsprozesse auch ein Gutteil ihrer Glaubwürdigkeit als empirisch abgesicherte Reflexionswissenschaft. Damit verschiebt sich das interdisziplinäre Gefüge, in dem die Literaturdidaktik an der Literaturwissenschaft, der Pädagogik und dem schulisch-bildungspolitischen Zusammenhang partizipiert, in bedenklichem Maße – der Preis ist mit der (zumindest partiellen) Einbuße von Wissenschaftlichkeit zu hoch (DAWIDOWSKI 2012, 9).* ▨

Vergleichbare Bedenken löst der Enthusiasmus aus, den KEPSERS Visionen einer eingreifenden Fachdidaktik grundieren. Diese Visionen, die bezeichnenderweise Restriktionen einer Handlungswissenschaft im Sinne OSSNERS überwinden sollen, fassen die legitimen Eingriffe sehr weit. Bei KEPSER reichen sie von gesellschaftskritischen Kommentierungen schulischer Prozesse über die Generierung von Unterrichtsvorschlägen und die Lehrerausbildung bis hin zur Partizipation an Großforschung. Interessanterweise folgt gerade an dieser Stelle auch bei ihm der berechtigte Hinweis auf das Dilemma, dass eine eingreifende Wissenschaft Akteur- und Beobachterstatus im selben Feld einnehme. Dieses Dilemma lasse sich nur durch eine stets kritische Selbstreflexion bearbeiten. Aufschlussreicher als diese nicht näher ausgeführte, aber vertraute Folgerung scheint mir zu sein, weshalb KEPSER bei aller Euphorie für eine interventionistische Rolle der Fachdidaktik deren Wissenschaftlichkeit als Notwendigkeit herausstreicht. Als Wissenschaft sei sie nämlich von den Erwartungen auf Verwertbarkeit suspendiert, notiert KEPSER. Wenig später indes fügt er hinzu, dass das ja so ganz nicht stimmen könne, denn ohne Verwertungsoption wäre man schließlich keine eingreifende Wissenschaft mehr. Die Aporien eines Verständnisses von Fachdidaktik, die hier zwischen den Zeilen aufblitzen, scheinen mir in der Tat charakteristisch für die Disziplin und ihre Diskurse zu sein und sind mithin nicht KEPSER anzulasten. Problematischer, weil sie ein schwieriges Verhältnis zur empirischen Praxis manifestiert, ist aber eine andere Freiheit, die dieser aus dem Wissenschaftsstatus von Fachdidaktik ableitet. Die kulturwissenschaftliche Fachdidaktik erweitere durch ihre Interessen und Einblicke den Kanon der für den Deutschunterricht relevanten Gegenstände, indem sie über die Buchkultur hinaus viele weitere kulturelle Praktiken in den Blick nehme. Wenn dies seitens der Praxis mit der Klage registriert werde, dass für derlei Angebote in den Curricula kein Platz sei, so müsse man dem als eine Fachdidaktik ausweichen, die schließlich Wissenschaft und als solche nicht für Zeitbudgets und Curricula zuständig sei (vgl. KEPSER 2013, 64). Dass eine in diesem Punkt evasive Haltung gegenüber der Praxis nicht eben die Eingriffschancen der Fachdidaktik vermehrt, sei nur angemerkt. Aufschlussreicher ist im gegebenen Kontext vielleicht, dass gegenüber der Praxis eine derartige Selbstbeschränkung gerade auf der Basis eines Konzepts eingreifend praktischer Wissenschaft keineswegs zwingend ist. Es ist eine Sache, dass Wissenschaft keine Lehrpläne erlässt, dass sie aber Vorschläge machen kann, wie realistische und innovative Curricula gestaltet sein können, steht indes wahrlich auf einem anderen Blatt, auch wenn dieses unattraktiver sein mag als die unreglementierte Einspeisung von Innovationen durch didaktische Publizistik.[43]

▨ *Weite Teile der deutschdidaktischen Literatur sind rhetorisch brilliante und intelligente Postulate und Mahnungen, die nicht auf gesichertem Wissen beruhen bzw. solches – auch durch Kritik an scheinbar gesichertem Wissen – gar nicht zum Ziel haben oder sogar die Forschung anderer gerade wegen ihrer Wissenschaftlichkeit und Falsifizierbarkeit kritisieren (GERNER 2013, 191).* ▨

Dieses Verdikt ist wenig schmeichelhaft. Es zeigt nämlich, dass entscheidende Vorbehalte, die vor mehr als dreißig Jahren die Selbstverständigung der jungen Fachdidaktik begleiteten, auch heute nicht ausgeräumt sind. An die prekären Perspektiven, die sich mit dieser Konstellation verbinden, erinnert BRÜGGEMANN:

▨ *Im wissenschaftlichen Feld ist die Position der Deutschdidaktik unsicherer, als es die Rede von der eigenständigen Disziplin erwarten lässt (BRÜGGEMANN 2013, 171).* ▨

„Die Wissenschaft hat festgestellt, festgestellt, festgestellt, daß Marmelade Fett enthält, Fett enthält ..." Das vielen aus Kinderzeiten bekannte Mitsinglied ironisiert in diesen Versen die problematische soziale Autorität, die Aussagen begleitet, die als wissenschaftliche Erkenntnisse ausgewiesen werden. Geht es im Lied um Trivialitäten, so finden wir in fachdidaktischer Publikationen nicht selten voraussetzungsstarke Thesen, die angesichts des Duktus, in dem sie vorgetragen werden, den Eindruck wissenschaftlich gesicherten Wissens evozieren (s. o.). Inwieweit der Eindruck trügt oder zutrifft, erschließt sich letztlich nach den Regeln der Wissenschaft nur durch kritische Prüfung des Einzelfalls. Eine solche Prüfung ist indes in vielen Fällen ressourcenaufwändig. Deshalb ist es für Abnehmer fachdidaktischen Wissens vielleicht hilfreich, eine Orientierung über die wissenschaftliche Dignität fachdidaktischer Publikationen zu bekommen. Im Zweifelfall ersetzt das keine kritische Prüfung, es verhilft aber doch zu einer Orientierung, die zum Beispiel für die Bewältigung von Aufgaben im Studium hilfreich sein kann.

---

[43]   Vgl. das Kapitel zum Deutschunterricht des Staates in diesem Band und hier die Hinweise auf eine „Ästhetik der Spiegelstriche".

Zeitschrift mit Peer-Review-Verfahren

Die Halbjahresschrift „Didaktik Deutsch" enthält in ihrer Rubrik Beiträge, die nach der Auswahl durch eine hochrangige Redaktion noch ein anonymisiertes Gutachterverfahren erfolgreich passiert haben. Dieses Procedere entspricht im Kern internationalen Standards, die insbesondere in den Naturwissenschaften etabliert sind. Die Schattenseite: da das Verfahren in den Geisteswissenschaften nicht vergleichbar etabliert ist und man auch gute Publikationsmöglichkeiten mit weniger strenger Begutachtung findet, neigen gerade auch renommierte Autorinnen und Autoren dazu, sich nicht den Risiken und Aufwänden des Verfahrens auszusetzen.

Andere Zeitschriften

Noch gibt es hier trotz der Konkurrenz im Internet ein gewisses Spektrum. Überwiegend richten sich Angebote wie „Praxis Deutsch – Zeitschrift für den Deutschunterricht" an Lehrkräfte, die hier direkte Unterrichtshilfen finden sowie kompakte Überblickinformationen zu den fachlichen Themenbereichen der Hefte.

Sammelbände

Sammelbände spielen in der fachdidaktischen Publizistik eine wichtige Rolle, obgleich es hier gravierende Qualitätsunterschiede gibt. Umstritten sind in diesem Segment sogar die Konferenzbände, die im Fall der Deutschdidaktik zumeist sogenannte Sektionsbände sind. Publiziert werden hier Vorträge, die in einer thematisch ausgewiesenen Sektion auf einem Symposion Deutschdidaktik (SDD) gehalten wurden. Liegt diesem Abdruck keine strenge Auswahl durch die Herausgeber zugrunde, können sich hier auch Beiträge finden, die auf wenig Anerkennung in der Fachwelt stießen. Ähnliches gilt für Sammelbände, die in Zusammenhang mit Germanistentagen oder anderen Tagungen entstehen.

Anspruchsvoller sind gegebenenfalls Sammelbände, die die Ergebnisse größerer Forschungskooperationen dokumentieren, zum Beispiel die Publikationen aus dem DFG-Schwerpunktprogramm „Lesesozialisation".

Darüber hinaus existieren selbstverständlich noch andere Formate, etwa anlassbezogene, thematische Sammelbände (z. B. zu PISA, Bildungsstandards, Kompetenzmodelle). Diese Sammelbände unterscheiden sich nicht zuletzt mit Blick auf die Adressaten: Neben Bänden, die stärker auf die wissenschaftsinterne Kommunikation von Forschungsergebnissen und -diskussionen ausgerichtet sind, werden Bände vorgelegt, die sich dezidiert an Praktiker richten. Einige dieser Bände entstehen in Reihen bestimmter Verlage oder Zeitschriften, die von Reihenherausgebern betreut und gefiltert werden. Zu dieser Form der Sammelbände kann man auch Buchveröffentlichungen des IQB und anderer Institute zählen, die über die exemplarische Darstellung von Aufgaben und Lösungserwartungen die Implementation von Bildungsstandards erleichtern sollen. Zu den etablierten fachdidaktischen Reihen gehört z. B. die von Bodo Lecke und Christian Dawidowski herausgegebenen „Beiträge zur Geschichte des Deutschunterrichts", begründet und herausgegeben von Joachim S. Hohmann 1988–1998.

Eine Sonderrolle bei den Sammelbänden kommt, wie anderswo auch, den sogenannten Festschriften zu, die zur Ehrung bestimmter Person unter Beteiligung früherer Schüler und Vertrauter entstehen und schon deswegen nicht immer die Stringenz anders konzipierter Werke besitzen können.

Handbücher und Lexika

Den umfangsreichsten Überblick über den State of the Art in den Teildomänen der Deutschdidaktik bietet die insgesamt von Winfried Ulrich herausgegebene Handbuchreihe „Deutschunterricht in Theorie und Praxis" mit ihren elf großen Bänden. Hier finden sich auf breitem Raum Forschungsüberblicke und -referate zu allen wichtigen Themen der Fachdidaktik und unter Beteiligung einer Vielzahl von Wissenschaftlerinnen und Wissenschaftlern. Wichtig für die Disziplin wird es sein, diese Reihe kontinuierlich zu aktualisieren und als das große Referenzwerk auf dem Markt zu halten. Lexika oder lexikalisch angelegte Handbücher sind bereits in der Frühphase fachdidaktischer Wissenschaft entwickelt worden. Gegenwärtig liegt ein zweibändiges, von Kliewer und Pohl herausgegebenes „Lexikon Deutschdidaktik" vor, das es auf 455 Stichwörter bringt, die von über einhundert Autorinnen und Autoren bearbeitet wurden. Sehr wirkungsmächtig war über Jahrzehnte das „Taschenbuch des Deutschunterrichts", herausgegeben von Lange, Neumann und Ziesenis. Unter demselben Titel firmiert ein Nachfolgewerk, das deutlich umfangreicher ausgefallen ist und es seit der Neuauflage 2013 auf drei Bände bringt. Die Herausgeberschaft liegt hier bei Frederking, Huneke, Krommer, Meier.

Einführungen und Grundlagenwerke

Dieser Typ deutschdidaktischer Fachliteratur ist vor allem seit der Implementation der Bologna-Studiengänge breit vertreten. Da auch der „Leitfaden Deutschdidaktik" in diese Kategorie zählt, sei aus Gründen der Fairness auf eine nähere Sondierung dieses Segments verzichtet. Gemeinsam ist den zahlreichen Büchern der Anspruch, Grundlegendes zu vermitteln und damit zur Aus- und Weiterbildung von Deutschlehrkräften beizutragen.

Monografien

Die Zahl monografischer Titel dürfte nicht höher als die der Sammelbände sein. Vergleichsweise gesicherte Reputation verbindet sich mit den Qualifizierungsschriften, die einer Begutachtung in Promotions- und Habilitationskommissionen ausgesetzt waren. Diesem Segment monografischer Forschungsliteratur steht auf dem anderen Pol die Ratgeberliteratur gegenüber, zu der man auch die Unterrichtshilfen zählen kann, die fast ausschließlich die Unterrichtspraxis adressieren. Hier stehen nicht wissenschaftliche Diskurse im Vordergrund, sondern Anregungen, Ideen, Beispielaufgaben und Methoden für bestimmte Unterrichtsthemen oder -verfahren.

1 Auseinandersetzung mit Texten und Medien in der Sekundarstufe I

Barbara Schubert-Felmy

1.1 Die Schülerinnen und Schüler in der Sekundarstufe I

In den Kernlehrplänen der Sekundarstufe I werden in Anlehnung an Bildungsstandards der KMK Kompetenzen, Inhalte und Methoden vorgegeben, die für den Umgang mit pragmatischen und literarischen Texten maßgeblich sind.[1] Derartige Vorgaben sind auch wegen der Vorbereitung auf den Mittleren Schulabschluss wichtig und hilfreich. Doch ehe sich die Lehrperson die Frage stellt, wie die mit ihnen verbundenen Anforderungen zu erreichen sind, muss sie sich ein Bild von den Schülerinnen und Schülern machen, auf die sich Kompetenzen, Inhalte und Methoden beziehen.

In der Sekundarstufe I trifft man auf äußerst heterogene Lerngruppen. Ihren Lernvoraussetzungen, -bedürfnissen und -möglichkeiten zu entsprechen, ist wichtiges Anliegen eines Unterrichts, der dem Schüler als Subjekt von Lernprozessen Bedeutung beimisst. Standards können hier nur als Richtwerte verstanden werden, die vor Ort auf die Lernenden abzustimmen sind. Es kommt auf die einzelne Person an, folgt man der Erkenntnis, dass Lernprozesse effektiv sind, wenn man sie selbst konstruiert.[2] Wieweit sind Lernende dazu in der Lage? Manche Schülerinnen und Schüler der Sekundarstufe I verfügen noch nicht über ausgeprägte Lesekompetenzen, die auf Subjektebene Reflexion und innere Beteiligung ermöglichen,

---

[1] Vgl. Ständige Konferenz der Kultusminister 2003, 2004, 2005.

[2] Vgl. zu konstruktivistischen Begründungen des Literaturunterrichts Wangerin 2007, 75 ff., zu unterschiedlichen Lerntypen und literarischer Rezeption Haas 1995, 222, zur vermittelnden Rolle der Lehrperson Beisbart/Bismarck 2013, 359 ff.
Meyer fordert, dass die Ermittlung der subjektiven Interessen der Lernenden „so weit wie möglich in den Unterrichtsprozess integriert" wird. Das schließe zwar nicht aus, dass bei der Planung Vermutungen angestellt werden, verlange aber im Unterrichtsverlauf eine Ausrichtung auf die Lernenden, ein konzentriertes Zuhören, eine Zurücknahme der Lehrerdominanz. Meyer 1993, 306 f.

geschweige denn einen anschließenden Austausch in der Lerngruppe.[3] Andere wählen selbstständig anspruchsvolle Lektüre für sich aus und erwarten fachspezifische Vertiefungen. Die Lehrperson muss allen gerecht werden; sie wird Maßnahmen ergreifen, welche die Lesefähigkeit steigern und solche, die der Erschließung pragmatischer und literarischer Texte in unterschiedlichen Medien dienen. Bei der Rezeption fiktionaler Literatur muss sie den Unterricht so abstimmen, dass jeder Einzelne sich in die Textbegegnung einbringen kann, reflektierend, genussvoll, emotional. Diese Forderung verdient besondere Beachtung, denn im gegenwärtigen Literaturunterricht besteht die Gefahr, dass Lehrpersonen angesichts der Kompetenzorientierung in eine ähnlich kleinschrittige auf das richtige Ergebnis zielende Vorgehensweise zurückfallen, wie sie zurzeit der Lernzielorientierung üblich war.

Der Wechsel in die Sekundarstufe I ist in den meisten Bundesländern mit dem Übergang an weiterführende Schulen verbunden. Manche Schüler sind am Ende der Erprobungsstufe noch kindlich verspielt, ihrem Heute verhaftet. Da man weiß, dass Lesefreude die Textbegegnung intensiviert, wird den Leseinteressen mit der Lektüre beliebter Kinder- und Jugendbücher entsprochen.[4] In der weiterführenden Schule werden die Lernenden aber nicht selten mit Literatur konfrontiert, die am Geschmack der Lehrperson und an ihren Vorstellungen von literarischer Bildung orientiert ist. Diese Texte stoßen auf Desinteresse oder Verständnisschwierigkeiten.

◾ *Untersuchungen zur Lese- und literarischen Sozialisation verweisen regelmäßig darauf, dass der Literaturunterricht insbesondere in der Sekundarstufe I an seinem offensichtlich umfangreichen Anspruch scheitert oder in Antizipation dieses Scheiterns nicht mehr als Literaturunterricht stattfindet (PIEPER 2010, 133).* ◾

In der Pubertät herrscht, was Schule, Lernen und auch Lesen betrifft, häufig Lustlosigkeit vor; das Interesse an der Schullektüre nimmt ab, auch privat wird weniger gelesen.[5] Die Aufmerksamkeit richtet sich im Spiegel unterschiedlicher Medien vor allem auf den komplexen Prozess des Erwachsenwerdens, auf schwankende seelische Gestimmtheiten und körperliche Entwicklungsprozesse. Wie heterogen die Entwicklungsprozesse verlaufen, zeigt das äußere Erscheinungsbild von Lerngruppen der siebten oder achten Jahrgangsstufen; vor allem das Entwicklungstempo von Jungen und Mädchen fällt hier ins Gewicht. Auch ihre Interessen und Lesege-

---

[3]   Vgl. ROSEBROCK/NIX 2008, 17 ff., MAIWALD 2010, DTP, Bd. 2, 49 f.

[4]   Vgl. JOSTING/DREIER 2013, 81 ff., 94 f.

[5]   Vgl. PAYRHUBER 1999, 590, PIEPER 2010, 124 f., MAIWALD 2010, DTP, Bd. 2, 50 f. Auch während der Grundschule erlischt die Lesemotivation, wenn das Textangebot beim Erwerb der Lesekompetenzen nicht den Interessen der Lernenden entspricht (vgl. GARBE 2013, 30 f.)

wohnheiten divergieren[6] und müssen bei der Auswahl von Texten und Medien berücksichtigt werden.

1.2 Der Textbegriff

In Lehr- und Rahmenplänen wird ein Anliegen des Deutschunterrichts durch die Überschrift „Mit Texten und Medien umgehen"[7] erklärt, das heißt also mit zwei als gleichrangig anzusehenden Unterrichtsgegenständen. Diese Überschrift informiert darüber, dass der Textbegriff sich erweiterte: Nicht nur das geschriebene oder gedruckte Wort ist ein Informationsträger, sondern auch das Bild, die Tonträger, die Tabelle sind es. Sie alle spielen in spezifischer Akzentuierung im Alltag der Jugendlichen eine Rolle und werden in ihrem späteren Leben bedeutsam sein. Der Deutschunterricht (und nicht nur er) trägt dazu bei, dass die Schülerinnen und Schüler Kompetenzen erwerben, die der Erschließung dieser Texte und Medien in unterschiedlichsten Erscheinungsformen dienen. Jugendliche lernen im Deutschunterricht mit „Texten und Medien" umzugehen, das heißt, sie lernen den Umgang mit Sachtexten, sie lernen literarisches Lesen, literarisches Hören und Sehen. Literatur begegnen die Lernenden nicht nur mithilfe *eines* Mediums, sondern im Medienverbund.[8] „Deutschunterricht in einer Medienkultur [...] muss integrativer Deutschunterricht sein", verlangt WERMKE (WERMKE 1997, 46). „Sein traditioneller Gegenstandsbereich – das Buch bzw. die Buchkultur" kann – „nur noch bedingt isoliert betrachtet werden." WERMKEs Forderung wird im Literaturunterricht unterdessen weitgehend eingelöst, zumal Lesebücher und Unterrichtsangebote der Schulbuchverlage ihr entsprechen. Mit zunehmender Digitalisierung ist heutzutage die Aufmerksamkeit auch auf die Konvergenz der Medien zu richten, auf „Verschränkungen medialer Techniken, aber auch auf Verschränkungen bzw. Verschmelzungen von Angeboten/Inhalten, Rezeptionsformen" (JOSTING 2014). Das Buch stellt heute nur noch eines unter vielen Medien dar, die Jugendlichen Kenntnisse

---

6 EGGERT/GARBE 2003, 77 ff., JOSTING/HOPPE 2006, SCHUBERT-FELMY 2006.
7 Vgl. Beschlüsse der KMK 2003, 11 ff., ABRAHAM/KEPSER 2006, 121; MAIWALD 2010, 51 f.
8 Vgl. JOSTING/MAIWALD 2007, 7. FREDERKING fordert eine symmediale Textbegegnung, die die Ästhetik des jeweiligen Mediums und ihr Zusammenspiel mit anderen beachtet. FREDERKING 2013, TB des Deutschunterrichts, Bd. 2, 543 ff. Dass der Umgang mit Texten in unterschiedlicher medialer und ästhetischer Ausprägung differenzierte Methoden bedingt, stellt Deutschlehrer vor Aufgaben, für die sie in ihrer Ausbildung wenig vorbereitet wurden. Dieses Defizit könnte zur Vernachlässigung der Multimedialität führen. Es dürfte aber, solange sich ihr die Ausbildung nicht dezidierter öffnet, immer noch besser sein, zusammen mit den Lernenden und auch unter deren kompetenter Anleitung moderne Medien in den Literaturunterricht einzubeziehen und die jeweilige formalästhetische Ausprägung zu untersuchen, als sie und damit die Erfahrungswelt der Schüler zu missachten.

und literarische Erfahrungen vermitteln. Mithilfe des Computers (Smartphone, Tablet) erweitern sie ihr Weltwissen, erleben sie fiktionalisierte Wirklichkeit. Im Austausch mit Gleichaltrigen (Facebook, Twitter, WhatsApp usw.) nutzen sie die Medienangebote zur Unterhaltung, als Möglichkeiten des Rückzugs aus der Welt der Erwachsenen und der Flucht in Illusionen, aber auch zur kritischen Auseinandersetzung. Sie stellen Buchbesprechungen in das Netz, sie nehmen Kontakt mit einer Autorin / einem Autor auf und lenken die Aufmerksamkeit auf das, was sie rezipierten. Durch den multimedialen Umgang mit Literatur stärken sie ihr Selbstbewusstsein und gewinnen ihr alterstypisches Profil.

1.3   Die Auseinandersetzung mit Texten und Medien

Die Auseinandersetzung mit Texten und Medien orientiert sich an den Kompetenzen der Lernenden. Es gilt, ihre Lesefähigkeit zu steigern und Wege textspezifischer Erschließung pragmatischer und fiktionaler Literatur zu weisen. Ein wichtiger Schritt im Bemühen einen Text zu verstehen ist die Frage nach der Kohärenz der Aussagen.

■ *„Leseverstehen erfolgt durch Kohärenzbildung, Die Lesenden erkennen die Verknüpftheit der in einem Text enthaltenen Informationen und verbinden sie mit ihrem Wissen (Weltmodellen) in einer mentalen Repräsentation. Lesen geht damit über das Dekodieren hinaus [...].“*[9] ■

Der Umgang mit literarischen Texten stellt für den Rezipienten eine besondere Herausforderung dar. Um die Stimmigkeit des Textes zu prüfen, sind die Aussagen auf die eigene Lebenswirklichkeit zu beziehen, das Weltwissen ist zu aktivieren und zu den Weltmodellen des Textes in Beziehung zu setzen. Diese Art der Annäherung kann zur Korrektur und Erweiterung der bisherigen Weltwahrnehmung beitragen. In sorgfältiger Textarbeit wird die Aufmerksamkeit auf die inhaltlichen Aussagen und die sprachliche Gestaltung gerichtet. Thema und Problemstellung, Handlungsabläufe und Figurenkonstellationen werden aufgespürt, Raum- und Zeitdarstellung sowie Formen uneigentlicher Rede wie Metaphorik und Ironie beachtet. Mithilfe produktionsorientierter Verfahren lässt sich der Rezipient auf das Spiel der Fantasie ein und betätigt sich als Koproduzent des Textes. Er denkt Ungesagtes mit und öffnet sich der fiktiven Welt auch emotional. Der die Textarbeit ergänzende Rückgriff auf erläuternde, das Verständnis vertiefende lineare und nichtlineare Sachtex-

---

[9]   Vgl. http://bildungsserver berlin-brandenburg.de_grundlagen.html.
      Die im Kopf des Lesers aufgebauten mentalen Textweltmodelle unterscheiden sich von denen, über die er
      bereits verfügt (ZABKA 2012 a, 149).

te erhöht literarische Wissensbestände und schränkt die Willkür der Textbegegnung ein.[10]

Der *Umgang mit Texten* im Unterricht wird in der Fachliteratur als ein kommunikativer Prozess auf zwei Ebenen verstanden, auf der Ebene der Begegnung zwischen Text und Leser und auf der mehrerer Leser, die über den Text sprechen. „Der Text macht Angebote zur Begriffs- und Vorstellungsbildung, und die Leserinnen und Leser bringen das, was sie schon wissen, denken oder fühlen, sozusagen zum Text hinzu" (ABRAHAM u. a. 2000, 34). Diese Aussage wird der Schulsituation gerecht, in der es sich um einen ständigen Wechsel zwischen dem Lernen des Einzelnen und dem Lernen in der Gruppe sowie um einen Austausch der Lernergebnisse handelt. Aus dem gemeinsamen Umgang mit Texten ergibt sich die Chance, die jeweils eigenen, oft eigenwilligen Interpretationsergebnisse zu überprüfen. Die affektive und die kognitive Dimension der Texte potenzieren sich, wenn der einzelne Schüler sein eigenes Textverständnis im Gespräch mit den Mitschülern darlegen, korrigieren und anreichern kann. „Interpretation bleibt [...] ein auf andere gerichtetes, teilweise sogar um sie werbendes Handeln, bleibt ein vorwiegend soziales Phänomen" den individuellen Voraussetzungen gemäß (SCHEFFER 1995, 80).

Das sichernde Unterrichtsgespräch begleitet auch die Auseinandersetzung mit Sachtexten. Da Sachtexte an der Realität orientiert sind und weniger „Leerstellen" aufweisen als fiktionale, ist die subjektive Textdeutung begrenzt.[11] Wenn es um die Aktivierung des Weltwissens und die Überprüfung der Kohärenz der Aussagen geht, können Unklarheiten bei Sachtexten mithilfe von Suchmaschinen oder Lexika beseitigt werden. Beim Prozess der Texterschließung werden wichtig erscheinende Textstellen unterstrichen, Überschriften gebildet oder kurze Zusammenfassungen an den Rand geschrieben. Falls der gewählte Sachtext als Hilfe für die Interpretation des fiktionalen Textes fungiert, arbeiten die Lernenden heraus, inwiefern seine Aussagen dem Verständnis des fiktionalen Textes dienen.

---

[10] Zur Bedeutung der die Interpretation stützenden Kontexte vgl. HALLET 2007, 103 ff.
[11] Sachtexte werden allerdings nicht nur als Informationsträger benutzt; besonders Jungen befriedigen mit ihnen „imaginäre Bedürfnisse", z. B. wenn sie sich über andere Kulturen informieren. Vgl. SPINNER 2006b, 14 f.

1.4   Ziele des Umgangs mit literarischen Texten und der Entwicklungsstand der Lernenden

Wozu beschäftigt man sich in der Schule mit Literatur?[12] Bahnbrechendes zur Beantwortung dieser Frage stammt von KREFT. Er sprach Literatur großen Einfluss auf die Ich-Entwicklung zu, welche er über die Entfaltung der kognitiven, der interaktiven, der linguistischen und der ästhetischen Kompetenz gewährleistet sah (KREFT 1977, 84 ff.). Dass Literatur diese Kompetenzen vermitteln kann, „Grundfähigkeiten, die für das Menschsein konstitutiv sind" (ABRAHAM übernimmt diese Formulierung von Fritzsche (ABRAHAM 1998, 213)), ist die übereinstimmende Ansicht vieler Fachdidaktiker. Literatur ermöglicht ein

■ *„Probehandeln in der Bewältigung fiktiver Situationen, das nicht mit dem Risiko persönlichen Scheiterns verbunden ist. Sie bietet Entwürfe sozialen Handelns, vermittelt sozusagen Erfahrungen aus zweiter Hand, doch in einer Weise, dass der Rezipient meint, er habe sie selbst gemacht" (KREJCI 1993, 60 f.).* ■

In der Begegnung mit Literatur lernt er sich und die Welt, seine Kultur und die anderer, Gegenwart und Vergangenheit kennen (RÖSCH 2007, 57 ff.). Identitätsfindung, Fremdverstehen und Empathie (SPINNER 1999a), moralische Urteilsfähigkeit und kritische Weltsicht, Imaginationskraft und Kreativität und nicht zuletzt seine ästhetische Kompetenz werden gefördert. Ästhetik gehört „zur Grundausstattung des Menschen" (JOSTING 2001, 180), und Literatur trägt dazu bei, dass diese Grundausstattung erweitert wird. Das verdeutlichen schon die „Kernbegriffe" KLAFKIS zur Kennzeichnung ästhetischer Bildung:

■ *Bildung der ‚Empfindsamkeit' (i. S. der Verfeinerung des Empfindungsvermögens) gegenüber Naturphänomenen und menschlichem Ausdruck, Entwicklung der Einbildungskraft und Phantasie, des Geschmacks, der Genussfähigkeit und der ästhetischen Urteilskraft, Befähigung zum Spiel und zur Geselligkeit (KLAFKI 1991, 33).* ■

MÜLLER-MICHAELS sieht die besondere Leistung von Literatur in ihrer Bildungsfunktion. Durch Literatur werden Jugendliche mit Denkbildern bekannt gemacht, literarischen „Bildern", in denen sich „wie in einem Hohlspiegel" die Erfahrungen sammeln (MÜLLER-MICHAELS 1993, 5 f.). Diesen Bildern schreibt MÜLLER-

---

[12]   Vgl. dazu Christa Wolfs eindrückliche Antwort in ihrem Aufsatz „Tabula rasa". In ihm spielt sie den Gedanken durch, was Menschen fehlt, wenn sie mit Literatur (sie spricht von „Prosa") nicht in Berührung kämen. Wolf erläutert die Auswirkungen auf die Entwicklung von jungen Menschen an markanten Beispielen aus ihrer Lesebiografie (WOLF 1980, 18 ff.). Vgl. auch PETER WAPNEWSKIs Beitrag „Literatur heute", in dem er bereits 1975 Literatur in ihrer Bindung an das „Herkömmliche" und in ihrer Auswirkung auf das „Heute" und das „Morgen" eine wichtige Funktion zuspricht: „es kann nicht bezweifelt werden, dass sie ein taugliches Mittel ist, vielleicht das Tauglichste von allen, Welterfahrung weiterzugeben [...]. Literatur kann dem Menschen ein nützliches Werkzeug sein zur Bestimmung seiner selbst." (WAPNEWSKI 1975, 159)

MICHAELS ein energetisches Potenzial zu (MÜLLER-MICHAELS 1999, 173), denn sie fordern Jugendliche zur Auseinandersetzung heraus und sind eine Hilfe bei der Ich-Entwicklung.

In der gegenwärtigen Literaturdidaktik wird die Bedeutung dieser Denkbilder in Anlehnung an die Kulturwissenschaftlerin ALEIDA ASSMANN akzentuiert.[13] Sie begreift Literatur als Gedächtnisspeicher, der dazu beiträgt, den gegenwärtigen Standort in der Auseinandersetzung mit literarischen Zeugnissen zu finden und dadurch kulturelle Identität zu erlangen. Der Hinweis auf die kulturelle Bedeutung der Literatur ist eine Generationen überdauernde Begründung des Literaturunterrichts. Dass anspruchsvolle literarische Texte das hohe Niveau deutscher Dichtung spiegeln und als Bildungsgut gelten, mit denen Lernende vertraut zu machen sind, ist Deutschlehrerinnen und Deutschlehrern meistens klar. Viele von ihnen wählten das Studium der Germanistik und den Lehrerberuf, um die Bereicherung durch bewährte Literatur weiter zu geben. Die Auffassung, dass auch Jugendbücher, digitale Medien und Sachtexte Kulturträger sind, die das Unterrichtsangebot ergänzen sollen und besonderes Interesse wecken, setzt sich allerdings erst allmählich durch. Wiederholt begegnet man in den Rahmenlehrplänen der Bundesländer für die Sekundarstufe I dem Hinweis, dass Jugendbücher Kulturträger sind, die im Unterricht der Sekundarstufe I erhöhte Aufmerksamkeit verdienen.

Es geht jedoch nicht nur um deutsche Literatur. KÖSTER und WIESER stimmen ALEIDA ASSMANNS Forderung Literatur als Gedächtnisspeicher zu nutzen, grundsätzlich zwar zu, aber sie geben mit Recht zu bedenken, dass in unserer multikulturellen Gesellschaft mit der Hinwendung auf maßgebliche deutsche Gedächtnisspeicher der Blick eingeengt werden kann und dass die Frage nach der Textauswahl auch unter diesem Aspekt zu bedenken sei (vgl. KÖSTER/WIESER 2013, 9 f.). Die moderne multikulturelle Gesellschaft fordert zu einem interkulturellen Literaturunterricht heraus. Mindestens in Ansätzen muss Angehörigen anderer Kulturkreise in der Schule Gelegenheit geboten werden, ihre literarischen Erfahrungen ins Gespräch zu bringen und dadurch den Gesichtskreis ihrer Mitschülerinnen und Mitschüler zu erweitern.

Der Anspruch, der mit der Erschließung literarischer Texte erhoben wird, stellt hohe Anforderungen an die Lehrperson. Sie muss über umfassende Textkenntnisse verfügen, um eine motivierende Auswahl zu treffen, und sie muss sich von den literarischen Kompetenzen ihrer Schüler ein Bild machen, um sie nicht zu

---

[13]   Vgl. PIEPER 2010, DTP, Bd.1, 102; PAEFGEN 2010, DTP, Bd. 2, 86, 95; Bd. 2, 50 f.
MAIWALD 2010, DTP, Bd. 2, 68 f.; SCHUBERT-FELMY 2012. KEPSER begreift die Deutschdidaktik als „eingreifende Kulturwissenschaft". „Kultur ist kein Selbstzweck: Sie soll […] in erster Linie der Entfaltung des Individuums gelten." (2013, 59) Sie ist nichts Starres, sondern unterliegt dem Wandel, den ausgewählte Unterrichtsgegenstände multimedial und multikulturell bezogen (ebd. 63).

überfordern.[14]Auf die Frage nach ihrem Entwicklungsstand findet sich Orientierungshilfe in der Literaturdidaktik. SPINNER zum Beispiel zeigt in Anlehnung an Ergebnisse der Kognitionspsychologie altersspezifische Tendenzen bei der Entwicklung literarischen Verstehens von der Grundschule zur Sekundarstufe I und innerhalb der Sekundarstufe I auf.[15]

Altersspezifische Tendenzen der Entwicklung literarischen Verstehens (nach SPINNER)

Das Fiktionsbewusstsein der Lernenden entwickelt sich allmählich. Noch Siebtklässler überprüfen die Aussagen eines literarischen Textes auf Übereinstimmungen und Abweichungen mit und von der Wirklichkeit und bewerten Literatur und die Aussagekraft eines Textes dementsprechend. Erst ab dem 14. bis 16. Lebensjahr wird dem literarischen Text ein „Eigenrecht" zugestanden.[16]

Die Fähigkeit zur Verallgemeinerung und Abstraktion ist zu Beginn der Sekundarstufe nur im Ansatz vorhanden. Der Blick fällt auf das Einzelne. Erst im Verlauf der Sekundarstufe I sind Lernende zu Verallgemeinerungen und vom Text abstrahierenden Betrachtungsweisen in der Lage und bedürfen auf diesem Wege gezielter methodischer Unterstützung – teilweise bis in die Oberstufe.

Das Verständnis des indirekten Sprachgebrauchs ist nicht allgemein vorauszusetzen. Schüler und Schülerinnen verstehen in der Regel Metaphern, haben aber gelegentlich noch Schwierigkeiten, sie zu erklären, vor allem, wenn abstrakte Sachverhalte auf der Bildebene zum Ausdruck gebracht werden.[17]

Parabolische Texte werden zu Beginn der Sekundarstufe I zwar kaum noch wörtlich genommen, aber auch noch nicht so gedeutet, dass allgemeingültige Übertragungen oder Lehren aus der fiktiven Darstellung abgeleitet werden. Stattdessen werden wie schon in der Grundschule „Analogien hergestellt", „etwa in der Art, dass Parallelgeschichten aus dem erlebten Alltag erzählt werden" (SPINNER 1993, 59).

---

[14] Bedenkt man im Rückgriff auf ROSEBROCKS und NIX Forschungsergebnisse (vgl. Anm. 3.), dass mit manchen Schülern der Sekundarstufe I Literaturunterricht im gängigen Sinne wegen fehlender Lesekompetenz kaum möglich ist, und führt man sich dazu noch die vielerorts zu beklagende hohe Klassenstärke vor Augen, erscheint der pädagogische Anspruch an die Unterrichtenden über die Maßen hoch.

[15] Vgl. SPINNER 1993, 55 ff. Schon 1984 verwiesen SPINNER/SPINNER (362 ff.) auf die Entwicklung im Textverständnis von Schülern der Klassen 1–4 und der Sek. I.

[16] SPINNER stützt sich hier, ausgehend von Überlegungen PIAGETS und APPLEBEES, vor allem auf Untersuchungen, die KREFT 1984 auf mehreren Klassenstufen durchführte. Vgl. SPINNER 1993, 57; vgl. ferner EGGERT/ GARBE 2003, 22 ff.

[17] Vgl. SPINNER 1993, 58.

> *Die Fähigkeit, Symbole zu entschlüsseln, wird später ausgebildet als die, den Bedeutungsgehalt von Metaphern zu erschließen. In Anlehnung an* SVENSSON *hebt* SPINNER *hervor, dass Elf- bis Vierzehnjährige lyrische Texte meistens wörtlich verstehen. Er gibt allerdings auch zu bedenken, dass Kinder, die symbolische Aussagen wörtlich nehmen, ein ganzheitliches Textverständnis entwickeln, das eine hohe Sensibilität gegenüber den Aussagen des lyrischen Textes bezeugt. Erst nach der Sekundarstufe I kann man von einem entwickelten Symbolverständnis ausgehen.* [18]

Besondere Schwierigkeiten ergeben sich bei *Texten mit ironischem oder satirischem Unterton*. [19] Lernende bemerken zum Beispiel bei der Lektüre einer Erzählung von Tucholsky nicht, mit welcher Unerbittlichkeit gesellschaftliche Missstände angeprangert werden und Fehlverhalten der Lächerlichkeit preisgegeben wird. Noch in der zehnten Jahrgangsstufe lesen sie manchmal Texte mit ironischem oder satirischem Gehalt wie einen Tatsachenbericht aus der Zeitung. Selbst das Gespür für leisere komische Effekte ist nicht vorauszusetzen. Es entwickelt sich, wenn die Lernenden für Normabweichungen sensibilisiert werden, wenn ihnen Brüche im sprachlichen Ausdruck wie auch im Verhalten der Protagonisten auffallen. [20]

Große Bedeutung für die Erschließung eines literarischen Textes kommt der *Identifikation mit den Protagonisten* zu. Schön unterscheidet zwischen dreierlei Weisen der *Anteilnahme,* die ein Licht auf die Bedürfnisse des Rezipienten werfen, auf seine spezifische Art, mit dem Text umzugehen. Da die Art der Anteilnahme des Schülers seine Interpretationsergebnisse beeinflusst, gilt es, sich auch von ihr ein Bild zu machen und entsprechende Folgerungen für den Unterricht zu ziehen. SCHÖN spricht von *Projektion,* wenn der Leser eigene Eigenschaften auf den literarischen Helden überträgt und dadurch die Distanz zum Text verliert. Projektion ist ein „typisches Rezeptionsmuster der Pubertät und Nachpubertät". In dieser Zeit scheint die „Diskrepanz zwischen Handlungsbedürfnissen und realen Handlungsmöglichkeiten am größten" zu sein (SCHÖN 1990, 258). *Substitution* bezeichnet einen Textumgang, bei dem die fiktionale Welt fast als real erlebt wird, der Leser sich in sie hineinversetzt und der Illusion erliegt, er sei am fiktionalen Geschehen

---

[18]   Ebd., 64; vgl. ferner SPINNER 1995, 81 ff., 2006b, 10 f.; ABRAHAM 1998, 31 f.

[19]   Vgl. Gerth 1977, 8 ff.

[20]   „Alles Komische, so scheint es, beruht zunächst auf einem Kontrast, einem Widersinn oder einem Konflikt mit einer Norm oder Regel." (GERTH 1992, 21) Der Hamburger Rahmenlehrplan für die Sekundarstufe I erhebt die Forderung „parabolische, symbolische und implizite Aussagen" anhand „altersangemessene(r) Texte zu erschließen. Man geht von der Erfahrung aus, dass Lernende erst in der 10. Jahrgangsstufe dazu in der Lage sind. (Vgl. http://www.bildungsplaene.bbs.hamburg.de/ Rahmenlehrplan Deutsch achtstufiges Gymnasium 2007, 23.)

beteiligt. Projektion und Substitution werden oft als Zeichen unreifen Textumgangs gewertet. Diese Einschätzung verkennt, wie wichtig emotionale Prozesse beim Lesen sind. Sie öffnen für die Wirksamkeit von Literatur.[21] Von *Empathie* ist die Rede, wenn das fiktive Geschehen mit Anteilnahme, aber aus einer gewissen Distanz zum Beispiel durch probeweise Perspektivenübernahme beobachtet wird. Der Rezipient setzt sich mit einer anderen Welt als seiner eigenen auseinander; er versucht Fremdes zu verstehen und erweitert dadurch seinen Gesichtskreis.[22]

Das Wissen über entwicklungsbedingte Tendenzen der Textrezeption Lernender bietet eine gewisse Orientierungshilfe. Darüber hinaus bleibt die Frage nach den Kompetenzen der einzelnen Schüler, welche sich nicht in ein altersspezifisches Gesamtbild fügen. Antworten auf diese Frage sind maßgeblich für didaktisch-methodische Entscheidungen und bedingen – viel stärker, als bislang in der Sekundarstufe I üblich – binnendifferenzierten Unterricht.

ABRAHAM fordert von Literaturlehrern „Zweiäugigkeit": „Mit dem einen Auge müssten sie Ziele einer planvollen Leseerziehung und -förderung sehen und mit dem andern das, was die Kinder selbst können oder alleine lernen wollen" (ABRAHAM 1998, 34).

1.5   Wege und Inhalte zur Erreichung dieser Ziele

In der Fachdidaktik trifft man seit Jahren auf Überlegungen, die der Steigerung der Leselust, der Intensivierung des Lese- und Interpretationsprozesses und der Selbstständigkeit der Lernenden gelten. Aber angesichts der Vorbereitung auf den Mittleren Schulabschluss und auf das Zentralabitur erscheint es mancher Lehrperson nicht mehr vertretbar, den Schülern Spielräume bei der Textbegegnung zu gewähren. Sie erkennen in Bildungsstandards und Kompetenzorientierung Forderungen nach Wissensvermittlung sowie eindeutigen Interpretationsergebnissen[23] und richten ihren Literaturunterricht darauf aus. Dieses Verhalten muss als Rückschritt gelten, wenn es hinter grundlegende hermeneutische und rezeptionsästhetische

---

[21]   „Während rationales Lernen immer eine gewisse Distanziertheit schafft und aufrechterhält, sieht sich das Subjekt bei emotionalen und imaginativen Lernprozessen viel direkter betroffen und der Einflussnahme ausgesetzt." (SPINNER 1995, 7)

[22]   Obwohl diese Wirkungen nur schwer zu fassen sind, geht man davon aus, dass Perspektivenübernahme, Fremdverstehen und Erweiterung moralischer Urteilsfähigkeit Auswirkungen auf die realen sozialen Bezüge haben. Vgl. dazu FREDERKING 1995, 189. Zum Zusammenhang von literarischem Verstehen und Entwicklung der Moralstufen nach KOHLBERG vgl. KREFT 1977, 91 ff.

[23]   Diese Einschätzung ist nicht zuletzt auf wenig überzeugende Beispielaufgaben zurückzuführen. Vgl. den Beitrag „Staatliche Steuerung im Deutschunterricht" von MICHAEL KÄMPER-VAN DEN BOOGAART (2008). In: Deutschdidaktik, S. 12 ff.

Erkenntnisse aus der fachdidaktischen Diskussion zurückfällt. Andererseits ist es als Fortschritt zu werten, wenn mehr als bisher auch abfragbares literaturwissenschaftliches Wissen, das die Teilnahme am kulturellen Leben erleichtert, gefordert und überprüft wird und der Literaturunterricht dadurch den Charakter der Beiläufigkeit ablegt. Nur darf das nicht zu Lasten der eigenständigen Textbegegnung und Interpretation gehen.

Im Folgenden wird die Aufmerksamkeit zunächst auf die Textauswahl gerichtet, danach auf drei didaktische Ansätze, die Textbegegnungen intensivieren: auf das *textnahe Lesen*, auf die *Aktualisierung von Vorstellungsbildern* und auf die *schriftliche Begleitung der Lernprozesse*. Bei jedem dieser Ansätze ist zu überprüfen, ob sowohl Schülerorientierung als auch Wissensvermittlung gewährleistet ist.

1.5.1 Die Textauswahl

In den Rahmenlehrplänen der einzelnen Bundesländer für die Sekundarstufe I werden die Aufgaben und Ziele des Deutschunterrichts in enger Anlehnung an die Bildungsstandards für den mittleren Schulabschluss beschrieben. Die Ausführungen gelten dem Erwerb und der Überprüfung fachspezifischer Kompetenzen für die Jahrgangsstufen fünf/sechs, sieben/acht, neun/zehn.[24] Vorschläge für die Textauswahl im Bereich „Lesen – Umgang mit Texten und Medien" orientieren sich an Textsorten und Gattungen. In den unteren Jahrgangsstufen sind epische Kleinformen, Jugendbücher, Hörkassetten und Filme als Unterrichtsgegenstände ausgewiesen. Balladen, längere Erzähltexte, Dramen, Gedichte aus unterschiedlichen Epochen, deren Grundzüge erarbeitet werden, und die Interpretation stützende Sachtexte sind für die folgenden Jahrgangsstufen vorgesehen (vgl. www.bildungsplaene.bbs.hamburg.de). Neben kulturell bedeutsamen Texten und Medien, Werken von literaturgeschichtlichem Belang, sollen die Lernenden mit Jugendromanen, Filmen und anderen Medien konfrontiert werden, die ihren Interessen entsprechen. Hinweise auf bestimmte Titel finden sich nur in einigen Bundesländern.

■ *Somit wird die Vermittlung kultur- und literaturgeschichtlichen Wissens in der Sekundarstufe I dem Zufall überantwortet und es kann nur vermutet werden, was dies angesichts deutlich gewachsener Herausforderungen aufgrund der Heterogenität der Schülerschaft, aber auch mit Blick auf eine neue Generation von Lehrenden bedeutet (KÖSTER/WIESER 2013, 10).* ■

Die Rahmenlehrpläne bekunden unterschwellig Verständnis für die Schwierigkeiten bei der Umsetzung ihres Angebots, Schwierigkeiten, die sich zum Beispiel aus Zeit-

---

[24] Die Abweichungen einzelner Bundesländer – in NRW endet die Sek. I z.B. mit der neunten Jahrgangsstufe – werden in unserem Zusammenhang nicht berücksichtigt.

mangel ergeben. Baden-Württemberg erwartet, dass die geschichtliche Bedingtheit der Texte und Medien erfasst wird und epochenspezifische Kenntnisse anhand exemplarischer Texte erworben werden (vgl. www.bildungsstandards-b.w.de), betont aber zugleich, dass man Mut zur Präsentation von Textausschnitten haben solle, dass umfassende Interpretationen dem Interesse an Literatur manchmal abträglich sind und dass Hörbücher und Filme zu den Medien zählen, die von den Lernenden geschätzt werden. Wie hinderlich der Zeitmangel für die Erfüllung der Richtlinien ist, belegt auch das Angebot in NRW. Das Netzwerk Fachliche Unterrichtsentwicklung in der Sek. I setzt „angesichts der verkürzten Bildungsgänge" Schwerpunkte, die die Planung erleichtern helfen.[25]

Die Rahmenlehrpläne dienen den Fachkonferenzen zur Orientierung. Ihnen obliegt es, ein Schulcurriculum zu entwickeln, das zum Erwerb literarischer Kompetenzen beiträgt, zugleich Lesefreude weckt und den schulischen Bedingungen vor Ort gerecht wird. Obwohl die Wahlmöglichkeiten im Vergleich zu der Engführung in der Sekundarstufe II geschätzt werden, stoßen Lehrerinnen und Lehrer bei der Textauswahl an ihre Grenzen.[26] Die Fachkonferenzen, die ja nicht nur planen, sondern auch auswerten und Neuerscheinungen in den Blick nehmen, beanspruchen viel Zeit. Dazu kommt, dass die Textkenntnisse der Lehrerinnen und Lehrer häufig nicht umfassend genug sind.[27] Selbst wenn sie mit „bewährter, kanonischer" Literatur aus der eigenen Schulzeit und dem Studium vertraut sind, aktuelle Jugendbücher gehören selten zu ihrem Repertoire.[28] Niedersachsen (www.nibis.de/Literaturempfehlungen) und Baden Württemberg (s.o.) bieten eine Lösung an, die den Fachkonferenzen wenigstens Wege weist.Die Forderung beliebte Jugendbücher zu lesen wird mit einer auf einzelne Jahrgangsstufen bezogenen ausführlichen Leseliste begleitet, aus der Wahlen zu treffen sind. Sie enthält „Jugendbuchklassiker" wie *Robinson Crusoe, Oliver Twist*, Werke Karl Mays und beliebte aktuelle Bücher wie *Harry Potter*. Sie setzt mit dem *Tagebuch der Anne Frank* und Brussigs *Am unteren Ende der Sonnenallee* historische Schwerpunkte und orientiert sich an preisgekrönten Jugendbüchern der Gegenwart.[29] Ziele sind Freude am Lesen, Bereicherung des Weltwissens, Erwerb literarischer Kompetenzen, Stärkung persönlicher Entwick-

---

[25] Vgl. www.standardsicherung.schulministerium.nrw.de/…netzwerk-fachliche…, Stand 18.9.2012

[26] Vgl. KÄMPER-VAN DEN BOOGAART, Deutschdidaktik 2008, 38 ff.

[27] Leselisten wären auch während der Ausbildung an den Universitäten wünschenswert.

[28] Um auf neustem Kenntnisstand zu sein, ergeht in einigen Rahmenlehrplänen an die Fachkonferenzen der Rat, die Eignung preisgekrönter Jugendbücher in Erwägung zu ziehen und sich bei der Stiftung Lesen oder beim Arbeitskreis für Jugendliteratur kundig zu machen. Vgl. auch JOSTING/DREIER 2013, 95.

[29] Jugendbücher der DDR sucht man im Angebot Niedersachsens im Unterschied zu Baden Württemberg leider vergebens. Hier werden die Lehrenden mit einer kommentierten Empfehlungsliste „Ost und West: Nachkriegsdeutschland zwischen Teilung und Wiedervereinigung" mit entsprechenden namhaften Werken bekannt gemacht.

lung und kulturellen Bewusstseins sowie Vertiefung von literaturgeschichtlichen Kenntnissen.

Zusätzlich zu den begrüßenswerten Buchempfehlungen, welche den Fachkonferenzen wenigstens Anregungen vermitteln, wird im niedersächsischen Rahmenplan auf Sekundärliteratur zu einzelnen Werken hingewiesen. Schulbuchverlage präsentieren ein reiches Angebot an Kompetenzen fördernden Aufgaben und entsprechenden Lösungen. Mit ihrer Ergebnisorientierung lassen sie eine Engführung befürchten, die die persönliche Textbegegnung einschränkt, stellen aber angesichts der vielen Prüfungen und der verkürzten Schulzeit eine Hilfe bei der Vorbereitung dar. Manche Handreichungen sind mit Video- und Audio- CDs und Vergleichstexten ausgestattet, um multimediale Arbeit zu ermöglichen.

Die Situation der Lehrkräfte ist mit der der Lernenden zu vergleichen; sie sind auf Ergebnisse ausgerichtet, sind häufig überfordert und sie stehen unter Zeitdruck.[30] Wieweit angesichts dieser misslichen Situation die Unabschließbarkeit der Deutung und die Berücksichtigung der Schülerinteressen durchgehalten werden, bleibt fraglich. Die „Besonderheiten literarischer Texte" machen „ein kompetenztheoretisches Erfassen" jedenfalls schwer[31]:

▐ *Spezifisch für das Textverstehen im Bereich literarischen Lesens, ist, dass Inferenzbildungsprozesse angesichts des hohen Maßes an Unbestimmtheitsstellen, symbolischer Verdichtung sowie des Spiels mit Erwartungsbrüchen besonders herausgefordert werden. Darüber hinaus sind die intra- und intertextuellen Bezüge besonders bedeutsam für die Erarbeitung eines immer auch von Imaginationen und Emotionen geprägten Textverständnisses (KÄMPER-VAN DEN BOOGAART/ PIEPER 2008, 48, zitiert nach FREDERKING 2010, DTP, Bd. 11,1, 349).* ▐

1.5.2 Textnahes Lesen: Nacherzählung und Inhaltsangabe

PAEFGEN beklagt, dass Lernende zum flüchtigen Lesen neigen und die Mühe scheuen, dem Sinngehalt schwerer Texte auf die Spur zu kommen.[32] Die Ergebnisse der PISA-Studie aus dem Jahr 2000 zeigen, wie berechtigt diese Klage ist: 20 % der 15-Jährigen gehören in Deutschland zu dieser Zeit den Gruppen der schwachen oder schwächsten Leser an, welche nicht in der Lage sind, „den Hauptgedanken

---

[30]   Wenn man die Leseschwierigkeiten sowie die anderen Bereiche des Faches und die erhobenen Anforderungen bedenkt, dann mag man sich nicht vor Augen führen, wie viele Wochenstunden für den muttersprachlichen Unterricht in anderen Ländern vorgesehen sind. Man mag nicht daran denken, dass in „früheren Zeiten" grundsätzlich in den fünften und sechsten Klassen fünf bis sechs Stunden für Deutsch vorgesehen waren. Und es ist geradezu erschreckend, dass in NRW in der Jahrgangsstufe 9 nur drei Stunden Deutschunterricht erteilt werden.

[31]   Vgl. dazu auch SPINNER 2006, 6 und KAMMLER 2006b,16.

[32]   PAEFGEN 1998, 14 ff., 2010b. Vgl. ferner BELGRAD/FINGERHUT (Hg.) 1998, KÄMPER-VAN DEN BOOGAART 2013a, 279–290.

eines Textes zu erkennen", „Verbindungen zwischen Informationen" oder „zwischen Informationen aus dem Text und allgemeinem Alltagswissen herzustellen" sowie Informationen zu vergleichen.[33] Die Studie aus dem Jahr 2009 kommt zu besseren Ergebnissen. Der Forderung moderner Literaturdidaktiker, der Leseunlust der Jugendlichen durch ansprechende Texte und motivierende Methoden der Texterschließung zu begegnen, wurde weitgehend entsprochen. Texte sollten mindestens in Ausschnitten gründlich gelesen, das heißt auch erarbeitet werden, damit sich Erkenntnisgewinn und Bejahung (man kann es auch Lesefreude nennen) einstellt.[34] PAEFGENs Anregung, textnahes Lesen durch Reduktion der Textmenge, durch „ein Lesen mit Stiften, mit Papier, mit Zeit und Geduld für den Satz, den Absatz, die Seite" (PAEFGEN 1998, 14 f.) und, so muss man ergänzen, durch eine genaue Beachtung sprachlicher Gestaltungsmittel und ihrer Funktion zu gewährleisten, kann als Weg verstanden werden, die Kompetenz des sinnerfassenden Lesens zu fördern und Ansätze der Interpretation zu stützen. Diese ist Voraussetzung für jede Art des Textumgangs, für den analytischen und den produktionsorientierten, für den mündlichen und den schriftlichen, für den fiktionalen und den Sachtext.

Lyrische Texte werden wegen ihrer Kürze, aber auch wegen ihrer Hermetik häufig „textnah" gelesen.[35] Auch bei *Epischen Kurzformen* wie Fabeln, Parabeln, Märchen, Sagen, Legenden, Schwänken, Satiren und Kurzgeschichten bietet sich die Methode des textnahen Lesens an. Texte mit parabolischem Gehalt zum Beispiel sind auf ihren „Verweisungscharakter" hin zu untersuchen,[36] Texte mit satirischer Ausrichtung auf die Tendenz, mit spöttischer Schärfe Missstände zu entlarven. Selbst Schüler der Oberstufe stehen Formen uneigentlichen Sprechens mitunter noch hilflos gegenüber. Versionen uneigentlicher Rede müssten im Unterricht stärker als bisher durch textnahes Lesen, durch Vorlesen, durch Umstellungen und Veränderungen analysiert und erprobt werden.

Bei Untersuchungen zum Verständnis von Metapher und Ironie wurden Probanden schriftliche Äußerungen mit Formen uneigentlichen Sprachgebrauchs vorgelegt. Es handelte sich um Äußerungen zu einer alltäglichen Situation: Ein Mädchen soll sein Zimmer aufräumen, aber es gelingt nicht. Die Unordnung nimmt zu. Das veranlasst seine Schwester zu Bemerkungen. Fünf Versionen sollten erklären, was

---

[33]   Vgl. OECD PISA, 11 ff.

[34]   Gegen die Dichotomie von leichtem (lustbetont) und schwerem (analytisch) Lesen argumentiert KÄMPER-VAN DEN BOOGAART 2000a, 12 f. mit Nachdruck. Vgl. auch ders. 2010a, 288.

[35]   Vgl. ABRAHAM/KEPSER 2005, S. 138. In den Rahmenlehrplänen sind die Angaben zum Umgang mit Lyrik mit der Forderung, Reimformen zu bestimmen, Bildrede und Gestaltungsformen zu erkennen wenig differenziert (vgl. Hessen, Hamburg, Baden Württemberg).

[36]   SEIFERT 1975, 240. Dieses Kennzeichen teilen sie mit dem Gleichnis, der Allegorie, der Metapher und dem Bild.

die Äußerungen bedeuten. Die Versionen lauten: "Your room looks like its totally clean now" (sarcasm). "You have been growing a garden full of weeds"(metaphor). "Your room still needs a few things straightened up" (understatement). "Your room is so messy I can't even see you in it" (hyperbole). "Your room is a mess now after all that cleaning" (irony). "Your room is very messy" (literal statement).[37]

Hilfreich wäre es, Schüler selbst entsprechende Beispiele für eine vorgegebene Situation finden zu lassen.

Um der Abneigung gegenüber der Textarbeit vorzubeugen, sind Lernende behutsam und nur gelegentlich an das textnahe Lesen heranzuführen. Am besten eignen sich dafür kurze, vieldeutige Textstellen, die unterschiedliche Interpretationen nahe legen. Folgendes Beispiel aus einer Unterrichtsreihe zu Astrid Lindgrens „Ronja Räubertochter" veranschaulicht ein mögliches Vorgehen der Textbeschreibung als Vorform der Analyse. Es kostet Zeit, stellt die Verbindung zur Reflexion über Sprache her und legt vor dem Hintergrund eines umfassenderen Gesamtzusammenhangs ein anschließendes Gespräch über die Deutung nahe. Ein kurzer auffälliger Text, am besten ein Satz aus bekanntem Zusammenhang, wird auf drei Ebenen untersucht. Er wird zitiert, das ist die Ebene des Was, des Inhalts. Er wird beschrieben, das ist die Ebene des Wie. Und er wird im Rückgriff auf das Was und das Wie versuchsweise gedeutet. Unterschiedliche Deutungen werden mit der Prüfung ihrer Kohärenz zur Sprache gebracht.

Folie/Tafelbild Mattis Wutausbruch

Textstelle Seite 42	Was fällt an diesem Satz sprachlich auf?	Wie wirkt das? Wie kann man das deuten?
„Er starrte wild in die Runde, und mit einem Aufbrüllen packte er zwei Bierhumpen, einen mit jeder Faust, und schmiss sie an die Wand, dass das Bier nur so schäumte."	■ mehrere ausdrucksstarke Verben: „starren", „packen", „schmeißen" ■ die adverbialen Bestimmungen „wild", „einen mit jeder Faust" ■ das Verb „schäumen" ■ das Nomen „Aufbrüllen"	Man merkt, dass Mattis hemmungslos ist, er ist außer sich vor Wut. Das Bier kommt einem wie ein Opfer seiner Wut vor. Er gebraucht seine Fäuste, man merkt, wie stark er ist. Aufbrüllen sagt man eigentlich nicht. Vielleicht soll dieser Ausdruck anzeigen, dass das Gebrüll aus ihm herauskommt, er muss sich Luft verschaffen.

---

37 WINNER 1988, 137.

Textstelle Seite 42	Was fällt an diesem Satz sprachlich auf?	Wie wirkt das? Wie kann man das deuten?
„Mit Gebrüll packte Mattis den Hammelbraten, schleuderte ihn an die Wand, dass das Fett nur so spritzte."	■ das Nomen „Gebrüll" ■ die Verben „packen", „schleudern" und „spritzen"	„Aufbrüllen" zeigt den Anfang an, „Gebrüll" die Dauer. Man sieht die Wut und hört sie. Sie ist so groß, dass man ihr nicht ausweichen kann. Sie hinterlässt Spuren an der Wand. Das macht Angst.

Zu den Maßnahmen, die PAEFGEN für die genaue Textarbeit empfiehlt, lässt sich ein Textumgang rechnen, den man lange Zeit nur in der Grundschule oder bestenfalls noch in der Erprobungsstufe pflegte, die *Nacherzählung*. Sie wird in letzter Zeit auch in den Sekundarstufen I und II favorisiert und eignet sich als Vorform der Interpretation dazu, wirkungsvolles Reden oder Schreiben auf der Basis genauen Lesens, sorgfältiger Klärung unverständlicher Begriffe mithilfe von Nachschlagewerken und Rekonstruktion des Textsinns zu üben.[38] Damit diese Wirkung erreicht wird, bedarf die Aufgabe, einen Text mündlich nachzuerzählen, einer Erklärung. Die Lernenden müssen bedenken, dass in ihrem privaten Umfeld Nacherzählungen durchaus alltäglich sind. Man erzählt sich im Freundeskreis oder in der Familie von spannenden Büchern und Filmen, weil man andere unterhalten und Anteil an dem nehmen lassen möchte, was einen fasziniert. Sie haben jetzt in der Schule Gelegenheit, ihre Erzählfähigkeit zu verbessern, indem sie üben, flüssig (z. B. ohne ständiges „äh" als Verlegenheitslaut) und anschaulich zu erzählen, ihre Stimme wirkungsvoll einzusetzen, die Erzählung durch Gesten zu begleiten und dabei auf die Reaktion der Zuhörer zu achten.[39]

Nacherzählen im kommunikativen Zusammenhang ist mehr als treue Textwiedergabe. Es ist „aneignendes Nacherzählen, vom Interesse [...] des Erzählers geprägt" und es ist „partnergerichtetes, den Bedürfnissen eines Adressaten angepasstes Nacherzählen" (ABRAHAM u. a. 2000, 186). Der Erzählende baut ein mentales Modell auf, bedenkt die Handlungsschritte, den Plot und lässt die Zuhörenden an dem, was er weiß und verstanden hat, teilhaben (ZABKA 2010, 62 f.). Im Unter-

---

[38]   Vgl. FROMMER 1984, 24; ferner ZABKA 2010, DTP 11,3, 60 ff.
[39]   Dass Erzählen vor der Klasse viel stärker als bislang geübt werden muss, erfordern auch die Präsentationsprüfungen beim Mittleren Schulabschluss und Abitur. Zur Bedeutung der Körpersprache als Mittel der Verständigung und als wichtiger Aspekt für die Analyse einer Gesprächssituation vgl. SCHUSTER 1998, 58 f.

schied zur Inhaltsangabe bleibt der Erzählende nahe am Text und übernimmt „literarische Textmuster und Stilmerkmale" (vgl. SPINNER 2013,199); diese erweitern seine Fähigkeit, sich differenziert auszudrücken.

Gegebenenfalls versteht der Adressat das Erzählte nicht und ist auf Erläuterungen angewiesen. Bestünde die anspruchsvolle Aufgabe in einer neunten oder zehnten Jahrgangsstufe zum Beispiel darin, Mitschülern Reiner Kunzes Satire „Fünfzehn"[40] nachzuerzählen, dann hätte die erzählende Person wahrscheinlich Schwierigkeiten, den satirischen Charakter des Textes, der sich durchgehend in seiner semantischen Struktur spiegelt, zu erfassen und die Zuhörenden verstünden den bissig-kritischen und dennoch teilweise liebevollen Charakter des Textes nicht. Um dies aber zu gewährleisten, wird den Erzählenden empfohlen, sich in die Rolle des Vaters zu versetzen und einem Zuhörer Eindrücke und Erlebnisse zu schildern. (Sie könnten sich auf einem Zettel einige Formulierungen des Textes notieren, die die Einschätzung der Tochter durch den Vater besonders gut zum Ausdruck bringen. Dieser Zettel setzt sorgsame Lesearbeit voraus und stützt die Nacherzählung.) Der Vorschlag des perspektivischen Nacherzählens mutet den Lernenden zu, in das Geschehen einzutreten und Fremderfahrungen probeweise zu eigenen zu machen.

Das *ausschmückende Nacherzählen* ist ein Vorgang, der dem mündlichen Weiter-Erzählen eigen ist. Das zeigen unterschiedliche Erzählstränge in Märchen oder biblischen Gleichnissen. Lernende, zu solchen Ausschmückungen ermuntert, denken in diesem Zusammenhang grundsätzlich über den Wahrheitsgehalt von Alltagserzählungen und die Neigung des Erzählenden zum „Hinzudichten" und Übertreiben nach. Die Metareflexion trägt zur genauen Beachtung der Textaussagen bei und hilft, das Hinzugefügte vom Primärtext zu unterscheiden. Gemalte Bilder oder auch nur Skizzen zu den Protagonisten und bestimmten Erzähleinheiten begleiten den Erzählvorgang wirksam.

Wenn die Versuche der Nacherzählung auf Handys aufgezeichnet und reflektiert werden, wenn auch die Lehrperson sich daran beteiligt und auch ihre Fehler und Unsicherheiten thematisierbar werden, dann verstehen die Lernenden diese Form des Textumgangs durchaus als eine Herausforderung, der sie sich stellen.

Die *schriftliche Nacherzählung*, wie die Inhaltsangabe eine Form heuristischen Schreibens, erhebt neben der Forderung nach Texttreue den Anspruch stilistischen Geformtseins. FROMMER legte den Lernenden divergierende Nacherzählungen zur Korrektur vor (sie wurden mit der Vorgabe, sich an einen bestimmten Adressaten

---

[40] Vgl. KUNZE 1976, 131 f. Zur Einführung in die Textsorte Satire vgl. BLEISSEN 1995.

zu wenden, verfasst), um sie für die jeweilige ästhetische Gestaltung und Wirkung zu sensibilisieren.[41]

Die Nacherzählung steht auf der Schwelle zwischen Textaneignung und Interpretation. Sie setzt zwar sorgfältige Textarbeit voraus, aber sie verlangt keine distanzierte Textbeschreibung, die bei Lernenden der Sekundarstufen oft Abneigung hervorruft. Im besten Falle trägt sie dazu bei, lustvolles Lesen – das heißt den Anspruch der Schülerinnen und Schüler – mit dem Erwerb von Weltwissen – also mit dem Anspruch des Textes – zu verbinden.

Auch die *Inhaltsangabe* setzt textnahes Lesen und genaues Durchdringen des Textsinns voraus. Sie erfordert eine höhere Abstraktionsleistung als die Nacherzählung und wird in den Rahmenrichtlinien erst ab der siebten Jahrgangsstufe empfohlen. Zwischen der schon in der Erprobungsstufe zu leistenden Aufgabe den Inhalt eines kleinen Textausschnittes mit eigenen Worten wiederzugeben und der Inhaltsangabe besteht ein großer Unterschied. Im ersten Fall handelt es sich um eine überschaubare vorgegebene Einheit, im zweiten hingegen um einen strukturierten Gesamttext mit herausragenden und vielleicht auch weniger bedeutsamen Sätzen, die einen Prozess des Abwägens bedingen. Der Rezipient verschafft sich Klarheit über die für ihn wesentlichen Aussagen des Textes und stellt sich diese mithilfe seiner Imaginationskraft vor.[42]

Welche Aussagen wesentlich sind, lässt sich allerdings nicht ohne weiteres feststellen. Der Verfasser der Inhaltsangabe setzt nach der genauen Lektüre im Prozess des Deutens seine eigenen Akzente. Die Behauptung, dass die Inhaltsangabe einem objektiven Zugriff entspricht, ist von daher zu bestreiten.[43] Aber dass die Inhaltsangabe, wenn auch in kürzester Form, als Ebene des „Was" in einem „Interpretationsaufsatz" ihren Ort hat, gilt (vgl. KÄMPER-VAN DEN BOOGAART 2008, 41 f.).[44]

Die schriftliche Inhaltsangabe wird mit folgenden Vorgaben verlangt: knappe Wiedergabe der Hauptaussagen, Zeitform Präsens, Vermeidung der direkten Rede

---

[41]   FROMMER 1984, 28 ff.

[42]   „Für Inhaltsangaben […] ist eine propositionale Repräsentation mit daran ansetzenden reduktiven Verarbeitungsoperationen wie das Generalisieren oder das ‚Auf-den-Begriff-Bringen' Grundlage. Für das genussvolle Lesen literarischer Texte wird diese Verarbeitungsweise nicht ausreichen. Hier muss die Fähigkeit hinzukommen, durch unterschiedliche Ausweitungsoperationen beim Lesen ein möglichst differenziertes und elaboriertes mentales Modell aufzubauen, das die sprachlich begrifflichen Informationen des literarischen Textes in ein gegenständliches, anschauliches Medium überführt […]." HÖLSKEN 1993, 53.

[43]   Die Korrektur einer schriftlichen Inhaltsangabe stellt die Lehrperson vor die Frage, ob der Verfasser / die Verfasserin die Hauptaussagen des Textes erfasst hat. Nicht selten neigen Lernende mit hohem Abstraktionsniveau zu Kurzfassungen, die von der Lehrperson bemängelt werden. Eine detailliertere Aufgabenstellung, etwa in der Art: „Gib den Inhalt der Fabel wieder und achte dabei auf …" macht entsprechende Erwartungen transparent.

[44]   Vgl. Anmerkung 24.

sowie Genauigkeit und Sachlichkeit im Ausdruck.[45] Der Verfasser einer Inhaltsangabe weiß, dass man nicht als Beurteilender und affektiv Beteiligter gefragt ist, sondern dass man sich um Objektivität bemühen muss. Die knappe Akzentuierung des Wesentlichen stellt eine Herausforderung dar und ist die Hauptleistung (vgl. ZABKA 2010, DTP, Bd. 11,3, 68 f.).

Wegen der unterschiedlich ausgeprägten Abstraktionsfähigkeit der Lernenden verdient die Methodenschulung bei der Inhaltsangabe große Beachtung. Die Arbeit an sehr kurzen Texten hat zunächst Vorrang. Gemeinsame Formulierungsversuche, Transparentmachen des Vorgehens durch gemeinsame Arbeit am PC, Korrektur bereits vorliegender Inhaltsangaben sind hier hilfreiche methodische Schritte.[46]

Bei der Inhaltsangabe literarischer Texte bieten sich Textsorten an, die den Lernenden im Alltag begegnen: Rezensionen, Programmhefte, Theaterzettel, Klappentexte. Lernende, die in der Schule regelmäßig über ihre privaten Leseerfahrungen sprechen, indem sie Bücher vorstellen und empfehlen, flechten in ihre Buchvorstellungen Elemente der Inhaltsangabe ein. In der neunten und zehnten Jahrgangsstufe gehören Filmbesprechungen, Buchrezensionen oder Passagen aus Nachschlagewerken zu den wichtigen Textsorten, die mit der Wiedergabe des Inhalts verbunden sind.

1.5.3 An Vorstellungsbilder der Lernenden anknüpfen

ABRAHAM behauptet, dass ein literarischer Text – und sei es ein Bilderbuch – „immer als Türöffner für weitere" literarische Texte dient. Er hat bei dieser Aussage Lesewege mit *Übergängen* in den Entwicklungsphasen des Lesers und damit verbunden im sich ändernden Zugriff auf den Text im Auge.

■ *Das Bilderbuch fungiert, was Fiktionsbewusstsein, ästhetische Wahrnehmung und Empathiefähigkeit angeht, als Türöffner für die Kinderliteratur, und diese wiederum wird, was vertiefte Empathiefähigkeit, kognitive Rollenübernahme und kritische (Wertungs-)Kompetenz betrifft, gebraucht als Türhüter für die ‚hohe Literatur' (ABRAHAM 1998, 180).* ■

Solche Übergänge sind nachweisbar, wenn man nach den *Vorstellungsbildern* fragt, die Literatur in ihrer vielfältigen Ausprägung hervorruft, und wenn man versucht, mit einer neuen Lektüre an sie anzuknüpfen. Märchen, die Kindern erzählt oder vorgelesen wurden, Bilderbücher, die sie betrachteten, Kassetten und Jugendbü-

---

[45]   Vgl. ZABKA 2013, 65 f.

[46]   Allein die Anforderung, sich selbst und die eigenen Emotionen zurückzunehmen, den Text zu gliedern und sich bei seiner Wiedergabe um einen knappen und treffenden Ausdruck zu bemühen, rechtfertigt meines Erachtens, dass diese häufig auf schulische und nicht auf kommunikative Belange ausgerichtete Textsorte trotz mancher Einwände weiterhin geübt wird.

vorgelesen wurden, Bilderbücher, die sie betrachteten, Kassetten und Jugendbücher, die sie liebten und mehrfach hörten oder lasen, Literaturverfilmungen und
-software, die beeindruckten, hinterlassen innere Bilder. Vorstellungsbilder im
Zusammenhang mit Kenntnissen sind nachhaltig; manchmal tragen Vorstellungsbilder sogar dazu bei, dass man sich an die Situation erinnert, in der literarische Inhalte wichtig wurden. Wird Jugendlichen in der Sekundarstufe I Gelegenheit gegeben,
ihre literarischen Vorstellungsbilder zu aktualisieren, sie beim nochmaligen Lesen,
Hören oder Sehen ehemals rezipierter Texte zu überprüfen und sie zu neuer, ähnlich
gelagerter Lektüre in Beziehung zu setzen, dann wird für sie die Vergangenheitsbedeutung von Literatur evident und sie bemerken ihre veränderten Wahrnehmungs-
weisen. Zu einer solchen Besinnung regten BERTSCHI-KAUFMANN und KUNZ Studierende, SCHUBERT-FELMY Schüler und Schülerinnen an. Sie legten ihnen
Lesestoffe aus ihrer Kindheit vor und baten sie, sich an die vergangenen Leseein-
drücke zu erinnern, denn „Rückkehr zum scheinbar Bekannten eröffnet neue Sichtweisen" (BERTSCHI-KAUFMANN/KUNZ 1996, 62 ff.).

Im Unterschied zur Primar- und Erprobungsstufe wird in den Sekundarstufen zu
wenig nach der Lektüre gefragt, die Jugendliche privat bevorzugen.[47] In einer Zeit,
in der bei vielen Jugendlichen die Leselust ohnehin abnimmt, ist diese Missachtung
verhängnisvoll. Das Interesse an Literatur erlischt. Wird aber private Lektüre
berücksichtigt, dann gewinnen Schülerinnen und Schüler vielleicht Klarheit über
ihre literarische Sozialisation, über den eigenen sich wandelnden Umgang mit Literatur und dadurch über sich selbst. Sie lernen, ihre „persönliche[n] Vorlieben und
die eigenen, subjektiven Leseweisen" einzuschätzen (BERTSCHI-KAUFMANN/
KUNZ ebd.). Sie fühlen sich ernst genommen im Gespräch über Literatur.[48] Die Lehrperson, die den Leseerfahrungen und Vorstellungsbildern der Schülerinnen und
Schüler Raum gibt, sieht sich in der Lage, den Unterricht auf sie auszurichten, Interessen und Kompetenzen auch des Einzelnen, der aus der Gruppe herausragt, zu
berücksichtigen und an die Vorstellungsbilder und Vorkenntnisse wiederholt anzuknüpfen.

Wie der Prozess des Aufdeckens von Vorstellungen und des Anknüpfens an sie
verlaufen kann und welche Bedeutung einzelnen Schritten beizumessen ist, soll an
einem Beispiel erklärt werden: In einer siebten Jahrgangsstufe ist die Lektüre des

---

[47] Vgl. GANSEL 1997, 84 f.; RUNGE 1997b, 8 f.
[48] In einem Leistungskurs der Jahrgangsstufe 12 wurde die Aufgabe gestellt, eine Rede zu halten. Es sollte über
     literarische Figuren gesprochen werden, an die sie sich aus ihrer Kindheit erinnern. Die Aufgabe wurde mit
     großem Engagement gelöst. Vgl. SCHUBERT-FELMY 2001, 71 ff. Das Thema einer aktuellen Facharbeit „Lek-
     türe von Bilderbüchern – verlorene Zeit oder eine Hilfe für die literarische Sozialisation? Am Beispiel von
     Swen Norquists „Petersson und Findus" interessierte, wie ein Fragebogen belegte, die gesamte Lerngruppe.

Jugendbuches „Allein in der Wildnis" von Gary Paulsen geplant (PAULSEN 1995). Es handelt sich bei diesem Jugendbuch um eine Robinsonade mit dem 13-jährigen Brian Robeson (!) als Protagonisten.[49] Auf Brians Weg zu seinem im Norden von Kanada lebenden Vater erleidet der Pilot des Einmannflugzeuges einen tödlichen Herzinfarkt. Das Flugzeug stürzt über einem See ab. Brian überlebt den Absturz und verbringt fast zwei Monate in der Wildnis. Im täglichen Kampf um seine Nahrung und bei der Begegnung mit Tieren erlebt er viele Abenteuer. Sie tragen dazu bei, dass er sich von einem Großstädter, der die Annehmlichkeiten des Alltags wie selbstverständlich hinnahm, zu einem nachdenklichen Menschen wandelt. Er verinnerlicht die Schönheiten und Gefahren der Wildnis. Das Erlebnis der Einsamkeit in der Natur angesichts vielfältiger Gefahren, aber auch vielfältiger Schönheit gehört zu den zentralen Aspekten des Buches. Um die Aufmerksamkeit auf diesen Aspekt zu lenken und die Imaginationskraft zu wecken, werden die Lernenden vor der Lektüre aufgefordert, Vorstellungsbilder zu aktualisieren, die sich auf herausragende Erlebnisse eines Einzelnen in der Natur beziehen, auf Ängste und Begeisterung. Es soll sich um solche handeln, die sie aus bisher gelesenen Büchern, aus Hörspielen, Filmen und mündlichen Erzählungen gewonnen haben.[50]

Zur Konkretisierung der Vorstellungsbilder eignen sich das Malen eines Bildes, die Anfertigung einer Bildergeschichte, eine Buchvorstellung, in die die Beschreibung der Vorstellungsbilder integriert ist, oder auch eine mündliche Erzählung nach Stichpunkten. SCHELLER nennt die formalen Vorgaben oder Muster, die es Lernenden ermöglichen, ihre literarischen Erfahrungen auszubreiten, *Symbolisierungsformen*. Sie sollen helfen, das, was mithilfe der Imaginationskraft bei der Textlektüre und -erschließung vor dem inneren Auge gesehen wurde, konkret zu machen.[51] Die vorgegebenen „Muster", welche einer Entsinnlichung des Unterrichts entgegenwirken, bewahren vor bloßer Wiedergabe des einst Gelesenen. Sie zwingen zu einer Verarbeitung und damit auch zu einer gewissen Distanzierung von der eigenen Per-

---

49 Auf dem Buchcover findet sich eine unzutreffende Altersangabe. Hier ist von einem 12-Jährigen die Rede.
50 Der Rückgriff auf fiktional gestaltete Erlebnisse und nicht auf solche in der eigenen Wirklichkeit soll die Vergangenheitsbedeutung von Literatur bewusst werden lassen. Dazu kommt, dass manche der Schülerinnen und Schüler selbst nicht auf eigene entsprechende Erlebnisse zurückgreifen können.
51 SCHELLER fragt allerdings nicht nach der Wirkung einst rezipierter Literatur, sondern nach der Wirkung der gerade im Unterricht präsentierten. Er möchte, dass die Lernenden ihre Erfahrungen und Erlebnisse in die Textbegegnung einbringen. Vor allem die unterschiedlichsten Möglichkeiten des szenischen Spiels erscheinen ihm geeignet, das sinnliche Gedächtnis zu aktivieren und vergangene eigene Erlebnisse zu aktualisieren. Vgl. SCHELLER 1980, 121 ff., 169. Zur Unterstützung der Vorstellungsbildung und ihrer spielerischen Umsetzung vgl. die eindrucksvollen Versuche in der von KARIN RICHTER und ihren Mitarbeiterinnen im Schneider Verlag Baltmannsweiler seit 2005 herausgegebenen Buchreihe „Bilder erzählen Geschichten- Geschichten erzählen zu Bildern".

son. Mithilfe der Symbolisierungsformen wird es möglich, über sich selbst zu sprechen, eigene Vorstellungen zu konkretisieren, ohne sich zu entblößen.[52]

Dem Austausch der Ergebnisse wird hinreichend Zeit gewidmet (wie ja der Umgang mit inneren Bildern ohnehin Zeit und Ruhe verlangt). Es ist nicht voraussagbar, über welche literarischen Vorstellungen die Lernenden verfügen. Vielleicht erinnern sie sich an „Hänsel und Gretel", die sich im Wald verirrten, oder an „Schneewittchen", die dort ausgesetzt wurde. Vielleicht kennen sie das Buch „Insel der blauen Delphine" und die zahlreichen Szenen, in denen Won-a-pa-lei den Naturgewalten zu unterliegen droht. Auch von „Ronja Räubertochter", die Nebel und Schnee trotzt, mag die Rede sein.

Die Schüler erklären, was sie gemalt oder geschrieben haben, und warten auf Nachfragen.[53] Die Zuhörer aktivieren ihre Vorstellungskraft, wenn sie das, was die anderen vielleicht fragmentarisch präsentieren, verstehen wollen. Im Hin und Her des Ausbreitens, Erklärens, Imaginierens entstehen neue innere Bilder, im besten Falle eine dichte Erzählsituation. Sie belegt, dass Lernende, die Gelegenheit erhalten, ihre inneren Bilder auszubreiten und die der anderen kennenzulernen, ein besseres Verhältnis zu ihren Mitschülern entwickeln. Das begünstigt auch die spätere Interpretationsarbeit am Text.

Die Imaginationen, die einem Leser im Gedächtnis haften, weil sie in irgendeiner Phase des Lebens besonders wichtig waren, werden intensiviert, wenn die Texte ausschnitthaft noch einmal rezipiert werden. Imaginationen von einst treten verbunden mit dem entsprechenden Textweltmodell vor das innere Auge und wandeln sich, wandeln sich gemäß dem jetzigen Textverständnis und dem ihm entsprechenden Textweltmodell. Lernende erkennen oder ahnen dabei, wie sehr sie sich verändert haben.

Bei der Frage nach Vorstellungsbildern über einen Menschen in einer herausragenden Begegnung mit der Natur könnte man Ausschnitte aus dem Buch „Ronja Räubertochter", alternativ auch aus dem Hörspiel, dem Film oder zugehöriger Soft-

---

[52] Bei thematisch anders gelagerten Büchern eignen sich auch kleine Spielszenen, Pantomime, Tanz, Verkleidung als Symbolisierungsformen oder die Befragung durch einen Fragebogen. Vgl. SCHUBERT-FELMY 2001, 103 ff., 176 ff., 229 ff., 280 ff.

[53] Sollte sich herausstellen, dass die Antworten auf die Frage nach Vorstellungsbildern, welche in der Begegnung mit Literatur gewonnen wurden, nicht ergiebig sind, besteht die Möglichkeit, dass die Lehrperson selbst Texte aus Kinder- und Jugendbüchern zusammenstellt, die von der Begegnung eines Menschen mit der Natur oder mit Naturgewalten handeln. Die Lernenden lesen diese Stellen, beraten, woher sie stammen, und entwickeln zu der einen oder anderen Textstelle innere Bilder bzw. breiten jetzt Erinnerungen an frühere Vorstellungen und Erlebnisse bei der Textbegegnung aus. Auch der Einsatz von thematisch verwandten Gemälden oder von Fotografien kann in diesem Zusammenhang Erinnerungen und Vorstellungen wecken.

ware präsentieren, gleichzeitig die medienspezifische Gestaltung und Wirkung bedenken und ein Lernen im Medienverbund gewährleisten.[54]

Auf die Aktualisierung der Vorstellungsbilder folgen Lektüre und Erschließung des Textes (je nach Klassenstufe und Eigenarten der Lerngruppe methodisch arrangiert). Sie stehen jetzt im Zusammenhang mit den aktualisierten inneren Bildern, an die die Lernenden selbständig anknüpfen. Wann immer sich die Möglichkeit bietet, wird Gelegenheit eingeräumt, auf die zuvor geäußerten Vorstellungsbilder Bezug zu nehmen: vergleichend oder kontrastierend. Die Vorstellungsbilder der Lernenden sind Wissensträger; sie bilden die Folie für das Verständnis, und das heißt auch für die Imagination des Neuen; sie erleichtern den Zugang zu den Fremdheiten des Textes und dienen dem Wissenserwerb, denn die an sie wird angeknüpft, um den neuen Text zu verstehen. Der Aufbau eines Textweltmodells und der Versuch, den neuen Text zu deuten, greifen dabei ineinander (WINKLER 2011, 89).

Die Aktualisierung innerer Bilder intensiviert die Begegnung mit neuer Literatur. Immer dann, wenn Lernende ihre Erfahrungen mit Literatur – privater und schulischer in unterschiedlicher medialer Gestaltung – einbringen und entsprechende Vorstellungsbilder aktualisieren, besteht die Möglichkeit des Anknüpfens. Wird im Laufe der Schulzeit zum Beispiel das Naturverständnis in epochalen Zusammenhängen reflektiert, dann dient das, was mithilfe des Jugendbuches erarbeitet wurde, wiederum als Folie für entsprechende Textbegegnungen. Lesewege werden beschritten, intertextuelle Bezüge erkannt,[55] literaturgeschichtliches Wissen wird erworben.

Die Intensität der Arbeit mit einer Robinsonade (und auch mit anderen Jugendbüchern) wird erhöht, wenn der Lerngruppe eine *Bücherbox* zur Verfügung steht.[56] Dabei handelt es sich um einen kleinen Handapparat mit Jugend- und Sachbüchern, die zum thematischen Zusammenhang passen und als ergänzende Lektüre herangezogen werden. Die Bücherbox ist ein geeignetes Instrumentarium für literarische Bildung. Denn im Rückgriff auf andere Bücher und Medien zum selben oder zu ähnlichen Themen wird das Augenmerk auf unterschiedliche Formen der ästhetischen Gestaltung gerichtet und eine diesbezügliche Sensibilisierung angebahnt. Beim Aufdecken intertextueller Bezüge zwischen Defoes „Robinson Crusoe" und Paulsens „Allein in der Wildnis" sowie anderen Robinsonaden erkennen die Ler-

---

[54] Vgl. SCHUBERT-FELMY/SCHUBERT 2005.
[55] Vgl. BUSS 2006.
[56] Vgl. PAYRHUBER 1999, 617 f. Bei manchen Themenkreisen kommen durch private Leihgaben der Schüler und solche aus der schuleigenen Bibliothek schon hinreichend viele Titel für die Bücherbox zusammen. Sie kann im besten Fall in Zusammenarbeit mit der Stadtbücherei, welche in Rahmenlehrplänen gefordert wird, ergänzt werden.

nenden Korrespondenzen und Verflochtenheit literarischer Werke. Sie eignen sich überprüfbares Wissen an, ohne dass die Lehrperson die Begegnung mit Literatur ständig dominiert. Wie bisherige Versuche ergaben, steigert eine solche Bücherbox, welche die Einrichtung von *Lesestunden* nahelegt[57], den Anreiz zum Lesen und zur selbstständigen und vertiefenden Auseinandersetzung mit der gerade behandelten Thematik beträchtlich.

1.5.4 Die schriftliche Begleitung der Lernprozesse

Wie sehr die Erschließung von Literatur vom gelingenden mündlichen Austausch bestimmt wird, geht aus vielen entsprechenden Veröffentlichungen hervor.[58] Die positive Einschätzung des Deutschunterrichts ist nicht zuletzt auf die dichten Gespräche zurückzuführen, in denen sich die Lernenden für ihre Text- und Mediendeutung engagieren und dabei Bezüge zu ihrer Lebenswelt herstellen. Aber nicht alle können und wollen sich an solchen literarischen Gesprächen beteiligen. Die wenig Interessierten sitzen ihre Zeit mit gelegentlichen Beiträgen ab und die Zurückhaltenden, Stilleren, manchmal auch besonders Gründlichen brauchten Zeit für den neuen Text / das neue Medium und die wird ihnen nicht gegeben. Dass einige der Schweigenden über Kenntnisse verfügen und auch über literarische Kompetenzen, bezeugen ihre Tests und oft auch ihre herausragenden Analysen und Interpretationen bei schriftlichen Arbeiten, aber den Unterricht selbst beleben sie nicht.

Um die Lernsituation für alle ergiebiger zu machen, ist die schriftliche Begleitung der Lernprozesse von Nöten, nicht die, die das Resümee der Text- und Medienerschließung jeweils mit einem Tafelbild auf den Punkt bringt und damit gegen besseres hermeneutisches Wissen Eindeutigkeit und ein sicheres Ergebnis für alle bekundet; auch nicht die, die den Lernenden entsprechende Hausaufgaben aufträgt, aber sie nicht abfragt oder überprüft. Schriftliche Begleitung der Lernprozesse bedingt grundsätzliche Änderungen im Unterrichtsablauf. Sie gibt Phasen konzentrierten Nachdenkens Raum; „das Denken wird durch das Schreiben vorangebracht" (FIX 2008, 7). Nicht die Lehrerperson dominiert mit ihren gezielten „W- Fragen" das Unterrichtsgespräch, nicht die überaus eifrige Lerngruppe beharrt ohne erkennbaren Textbezug auf unterschiedlichsten Deutungen oder rätselt, wel-

---

[57] Zur Organisation und Bedeutung von längeren, konzentrierten Lesephasen vgl. KNOBLOCH 1992, HAAS 1997, 198. Da diese Lesephasen auch immer wieder in Stillarbeit erfolgen, geben sie der Lehrperson die Gelegenheit, sich einzelnen Schülern und Schülerinnen zuzuwenden und auf Lesestrategien aufmerksam zu machen, die der Textbegegnung dienlich sind.

[58] Vgl. ABRAHAM/KEPSER 2005, 113 f., SPINNER 2006b, 12 ff.

che Interpretation die Lehrperson „hören will" (SPINNER 2010, DTP Bd.11, 2, 204), vielmehr wird der Prozess der Annäherung durch den Wechsel von Schreib- und Gesprächsphasen bestimmt, der den Lernenden Raum gewährt und zugleich für eine solide Basis Sorge trägt. In den Schreibphasen wird jeder gefordert und an den Text in unterschiedlicher medialer Gestaltung verwiesen, produzierend, analysierend, interpretierend. Auf das, was geschrieben wird, beziehen sich das Unterrichtsgespräch und die erneute Textbegegnung; es haftet, kann nachgelesen werden und schützt den Unterricht vor Beliebigkeit.

Das Bemühen, die Selbständigkeit und Schreibkompetenz der Schülerinnen und Schüler beim Umgang mit literarischen Texten zu fördern, ihnen behilflich zu sein, ihren eigenen Lernstil und ihr eigenes Lerntempo zu finden, wird durch eine *Unterrichtsmappe*, ein *Lesetagebuch* oder ein *Portfolio*[59] unterstützt, welche Elemente der *Freiarbeit* enthalten und eine „veränderte Auffassung vom Lernen", eine „Verlagerung vom Belehren und Vermitteln zur Initiierung von Lernprozessen" spiegeln (vgl. BAURMANN/FEILKE 1997). Die Arbeit mit dem Lesetagebuch gehört am Ende der Primarstufe und in der Erprobungsstufe bei der Erschließung eines Jugendbuches zum methodischen, die Mitarbeit fördernden Repertoire, bedarf jedoch intensiver Vorbereitung, Beratung und Würdigung, die aus Zeitmangel oft unterbleibt.

Im *Portfolio* oder in einer *Unterrichtsmappe* werden alle im Unterricht verwendeten Arbeitsblätter und Zusatzmaterialien gesammelt, ferner die Lösungen der Hausaufgaben, die sich aus dem Umgang mit Lese- und Arbeitsbuch sowie Ganzschriften ergeben. Sie sichern häusliche Recherchen im Internet oder in Bibliotheken, die Auswertung von Hörbüchern und Filmen. Lernprozesse werden schriftlich begleitet, Interpretationsergebnisse überarbeitet und gesichert. Die kontinuierliche schriftliche Mitarbeit, die das Portfolio oder eine Unterrichtsmappe spiegelt, garantiert, wenn sie denn kontrolliert wird, eine Leistungssteigerung.[60] Sie erlaubt eine Reflexion der eigenen Annäherung an Texte, der Ergiebigkeit methodischer Schritte und entzieht die Lernenden auch sprachlicher, manchmal sogar umgangssprachlicher Beiläufigkeit. Die Schreibphasen verlangen klare Gedankenführung und Begrifflichkeit. Sie helfen, die im mündlichen Sprachgebrauch oft übliche flüchtige Sprechweise zu verhindern.

---

[59] Zum Lesetagebuch vgl. LANGEMACK 1989; IGL/POLLINGER 1999; HINTZ 2000, 2002. Zum Portfolio vgl. WINTERSTEINER 2002.
[60] Auf der Basis solch konzentrierter eigenständiger Textarbeit sind nachfolgende literarische Gespräche ergiebig. (Vgl. dazu CHRIST u. a. sowie den Beitrag von SPINNER im vorliegenden Band)

Alle Eintragungen werden mit Datum versehen, sodass der Unterrichtsverlauf nachvollziehbar wird. Am Ende einer Unterrichtsreihe gewährleistet ein Inhaltsverzeichnis mit Seitenangaben die Übersicht.

Portfolio oder Unterrichtsmappe eignen sich auch zur Begleitung *komplexer multimedialer Unterrichtsvorhaben,* die von einigen Bundesländern in den Rahmenrichtlinien für die Sekundarstufe I empfohlen werden[61]; diese Vorhaben integrieren Texte und Medien zu einem ausgewählten thematischen Schwerpunkt und verhindern die „Zersplitterung" des auf den Erwerb von Kompetenzen ausgerichteten Unterrichts. Die ausgewählten Texte und Medien sollten die Schülerinnen und Schüler interessieren, zugleich Fragen nach ihrem kulturellen Standort und dem der Texte nahe legen sowie textsortenspezifische Erschließungskompetenzen fördern.[62]

Ein Unterrichtsvorhaben zur sorbischen Sage „Krabat", ihrer Bearbeitung durch den in der DDR bekannten Schriftsteller Jurij Brezan („Die schwarze Mühle", 1968, illustriert durch Werner Klemke) und dem aus Reichenberg in Nordböhmen stammenden und später in der Bundesrepublik lebenden Otfried Preußler („Krabat", 1971, illustriert durch Herbert Holzing) entspricht in Verbindung mit einem multimedialen Angebot diesen Anforderungen. Celino Bleiweiss verfilmte Brezans „Die schwarze Mühle" 1975, Marco Kreuzpaintner Otfried Preußlers „Krabat" 2008. Karel Zeman erstellte 1977 einen Zeichentrickfilm. Es existieren zwei Hörfassungen: Preußler liest seinen Roman und fesselt seine Zuhörer stimmlich; das Hörspiel „Krabat" folgt dem Film. Die Sage „Krabat" der Zauberer wird in einem eBook von Mario Süßenguth umgesetzt. Auf dessen Basis entstand ein weiteres Hörspiel.

Aus diesem multimedialen Angebot trifft die Lehrperson für ihre Lerngruppe eine Auswahl, indem sie Vorkenntnisse, Leistungsstand und Vorlieben bedenkt. Sie arbeitet mit Zusatztexten, mit Text- und Medienausschnitten und sorgt dafür, dass bei aller Vielfalt der Text- und Medienbezüge das Interesse der Schülerinnen und Schüler nicht aus dem Blick gerät.[63]

Die Wahl dieses multimedialen Angebots ist mit folgenden Überlegungen zu begründen:

Geschichten von Zauberern und Magiern werden, wie die Harry Potter-Begeisterung belegt, gerne gelesen, weil sie die Grenzen der Realität durchbrechen und dem Unheimlichen Raum geben.

---

[61]   Vgl. https://www.hessen.de/irj/HKM_Internet?cid-pdF.Deutsch 2010
[62]   Vgl. MAIWALD 2010, DTP, Bd. 11,2, 273, FREDERKING 2013, TB des Deutschunterrichts, Bd. 2, 543 f., 552.
[63]   Zu Hilfen bei der Text- und Medienerschließung sowie der didaktisch-methodischen Reflexion vgl. RICHTER 2010, NIKLAS 2012, SCHWAKE 2007.

Die Textsorte Sage konfrontiert mit Lebenserfahrungen und Weltwissen vergangener Zeiten. Sie wirft ein Licht auf das Heute und hilft den eigenen weltanschaulichen Standort zu hinterfragen.

Brezan und Preußler akzentuieren den kulturellen Raum ihrer Protagonisten und erinnern in jeweiliger Schwerpunktsetzung an ihren eigenen sozialen und biografischen Hintergrund.[64]

Die Bedeutung von Freundschaft und Rivalität bei Jugendlichen wird in diesen Texten und Medien eindrücklich gemacht.

Der Kampf zwischen Gut und Böse wird im Rückgriff auf mythologische Überlieferungen dargestellt und „textsortenspezifisch" gestaltet.

Die Multimedialität des Angebots bedingt variable ästhetische Annäherungen und steigert die Kompetenzen der jeweiligen Text- und Medienerschließung.

In Integrationsklassen erleichtert die Vielfalt der Medien eine Binnendifferenzierung bei der Planung und Durchführung des Unterrichts. (Vgl. SCHUBERT/SCHUBERT-FELMY 2014, 89)

Was auch immer aus diesem Text- und Medienangebot für eine bestimmte Lerngruppe ausgewählt wird, Schreibanlässe ergeben sich, weil der jeweilige Text, das jeweilige Medium begleitet von der Suche nach Übereinstimmungen und Unterschieden rezipiert wird.

Einige Beispiele für Schreibanlässe in einer achten Jahrgangsstufe[65]:

Ehe die Lernenden die Krabatsage kennen lernen, beantworten sie drei Fragen schriftlich:

1   Welche Vorstellungen habt ihr von einem Zauberer (bildliche Darstellung als Ergänzung)?
2   Warum sind entsprechende Geschichten in der Regel beliebt?
3   Welche Bücher, Filme, Hörspiele zu Zauberern kennt ihr?

Im nachfolgenden Unterrichtsgespräch werden die Ergebnisse ausgetauscht. Nach der Beantwortung der letzten Frage hören die Schülerinnen und Schüler die Krabat-Sage (Lehrervortrag) und listen – falls ihre Vorkenntnisse reichen – einige Unterschiede zwischen ihr und einer medialen Bearbeitung auf.

Die Lerngruppe sieht den ersten Teil des Films von Celino Bleiweiss oder von Marco Kreuzpaintner. Sie erschließt den Inhalt und die Darstellungsmittel mithilfe eines Arbeitsblattes, das sich auf Kategorien der Filmanalyse stützt. Die Überprüfung der Ergebnisse und die Bewertung des Films sind Schwerpunkte des anschließenden Unterrichtsgesprächs, in das Kenntnisse über das jeweilig andere Buch und seine Verfilmung einfließen können.[66]

---

[64]   Zum Stellenwert der DDR-Literatur vgl. SCHUBERT-FELMY 2012.
[65]   Die Beispiele spiegeln keineswegs den gesamten Unterrichtsverlauf; sie machen lediglich auf eine mögliche Verzahnung von mündlichen und schriftlichen Unterrichtssituationen aufmerksam.
[66]   Diese Schritte der Annäherung gelten auch für die Rezeption des Hörspiels zu Otfried Preußlers „Krabat". Auf das Hören folgen der Einsatz des Arbeitsblattes und ein Unterrichtsgespräch. Da es zu Brezans „Die schwarze Mühle" keine Hörspielfassung gibt, bestünde die Möglichkeit, einen Textauszug dieses Werkes in einem Unterrichtsgespräch akustisch zu imaginieren, eine Hörszene zu gestalten und nach Unterschieden und Ähnlichkeiten bei Preußler zu fragen.

Die Annäherung an einzelne Protagonisten erfolgt mit „textnahem Lesen" ausgewählter Textausschnitte und mit produktionsorientierten Aufgaben (z. B. Perspektivenübernahme, Reflexionen über ihre Träume). Lösungen dieser Aufgaben werden vorgelesen und im Unterrichtsgespräch auf ihre Textkohärenz und Originalität überprüft.

Die Wirkung von Illustrationen, die die Sicht eines bildenden Künstlers auf das inhaltliche Geschehen spiegeln und die Deutungsversuche der Lerngruppe beeinflussen, wird im Unterrichtsgespräch erschlossen. Mithilfe der produktionsorientierten Aufgabe, sich in ein Bild hinein zu begeben und schriftlich zu erzählen, was man sieht, hört, erlebt, nimmt der Rezipient an dem imaginierten Geschehen teil. Nach der emotionalen Anteilnahme, erfolgt die (erneute?) Lektüre der zum Bild passenden Textpassage. Einige Sätze werden textnah analysiert. Diese mündliche und schriftliche symmediale Annäherung kommt unterschiedlichen Lerntypen entgegen.

Twittereinträge und SMS dienen der Meinungsbildung zu einem selbst ausgewählten Text oder Medium. Sie werden im Portfolio / in der Unterrichtsmappe aufgezeichnet, vorgelesen, im Unterrichtsgespräch vertieft und dann in einer Rezension auf den Punkt gebracht.

Ergebnisse der Internetrecherchen zu Jurij Brezan und Otfried Preußler sind Grundlagen für schriftliche Referate.

Was leistet die schriftliche Begleitung der Lernprozesse?

Die Beteiligung an literarischen Gesprächen wird allen ermöglicht. Die Beiträge sind fundierter; sie spiegeln die vorausgehende Arbeit am Text. Schreiben und Reden korrespondieren.

Sie gewährt Spielräume für die eigene Rezeption – das heißt für Heterogenität, Differenzierung und Individualisierung – sie fordert zur Textarbeit auf, sie folgt also hermeneutischer Tradition.

Prozessorientiertes Arbeiten wird gefördert. Die Lehrperson fungiert bei Schreibphasen während des Unterrichts als beratendes Gegenüber. Sie verfolgt die Arbeit des Einzelnen. Die Notengebung kann gerechter erfolgen.

Internetrecherchen, Rückgriffe auf Sachtexte (die auch Jungen intensiver in die Auseinandersetzung mit Literatur einbinden) und thematisch ähnliche Werke, auf Bilder und andere Medien fördern intertextuelles Arbeiten, erweitern das Weltwissen und bleiben durch schriftliche Fixierung haften.

Die Aufzeichnungen helfen bei der Wiederholung des Gelernten.

1.5.5   Arbeit mit dem Lesebuch

Der Umgang mit Texten und Medien in der Sekundarstufe I wird auch durch das in der Schule eingeführte Lesebuch und seine jeweilige Konzeption bestimmt. Das Lesebuch gibt dem Unterricht eine Struktur. Es ist sozusagen ein „Leitmedium" des Deutschunterrichts (EHLERS 2003). KARLA MÜLLER spricht Lesebüchern eine Mittlerfunktion zwischen „den Gegenständen, Zielen, Lehrpersonen und Schülern" zu, sie schränken Beliebigkeit ein (MÜLLER 2010, 243) und erleichtern die Vorbereitungen und die Durchführung des Unterrichts.

Da Schulbücher einem Genehmigungsverfahren unterliegen, dessen wichtigstes Kriterium die Übereinstimmung mit Lehrplänen ist, wähnen manche Lehrer, sie stünden bei der Benutzung des Lesebuches auf sicherem Boden. Sie vertrauen auf die Erfahrungen der ,Lesebuchmacher', vertrauen auf die Anlage und die Aufgabenstellung. Erst, wenn sie Erfahrungen mit dem gewählten Buch gemacht haben, ist es möglich, sich zur Eignung für eine Lerngruppe zu äußern. Es ist Aufgabe der Fachkonferenzen über die Einführung eines Lesebuches zu verhandeln. Die Entscheidung ist wegen der Vielfalt des Angebots nicht leicht zu fällen. Allerdings führten die „bundesweiten Bildungsstandards" zu einer gewissen Vereinheitlichung der Anforderungen (MÜLLER 2010, 255).

Die Struktur vieler Lesebücher wird durch problemorientierte Textsequenzen gebildet; der Einzeltext erhält seine Bedeutung bereits durch diesen vorgegebenen Zusammenhang, auf den sich auch die Arbeitsaufträge beziehen. FINGERHUT äußert Vorbehalte gegenüber einer solchen Sequenzbildung. Sie führe dazu, dass der Einzeltext zu wenig beachtet wird, sie schmälere mit kompetenzorientierten Arbeitsaufträgen die „Lesemündigkeit", sie gewähre Sachtexten zu großen Raum und „behinder(e) die ästhetische Wahrnehmung" (FINGERHUT 2008,14 f., 23).

Bei integrierten Lesebüchern[67] wird der Umgang mit Texten durch die Arbeit an grammatischen Problemen oder Fragen der Rechtschreibung begleitet. HAAS bemängelt schon 1995 den „Lehrgangscharakter" dieser Bücher. Die vorgegebenen Arbeitsanregungen sind zwar bei manchen Lehrern beliebt, weil sie die Vorbereitung erleichtern, gehören aber, zumindest wenn sie ausführlich sind, in den Buchanhang oder in das Lehrerbegleitheft. So wird die Lesefreude der Lernenden nicht gestört und die Lehrperson kann didaktisch-methodische Entscheidungen treffen, die auf die konkrete Lerngruppe ausgerichtet sind.

Wichtige Kriterien für die Güte eines Lesebuches sind das Textangebot und die Aufgabenstellung. Es gilt zu fragen: Sind die Texte antiquiert, zu stark gekürzt? Ist die Anzahl der Sachtexte zu hoch? Wird das Vorwissen der Schülerinnen und Schüler richtig eingeschätzt? Sind die Aufgaben kleinschrittig und stehen der persönlichen Textbegegnung im Wege? (MÜLLER 2010, 246 f.) Positiv zu beurteilen sind Lesebücher mit einem breiten, vielfältigen Textangebot, das es Lehrenden erlaubt, eine geeignete Auswahl zu treffen. Auszüge aus Jugendbüchern mit Bildmaterial, Sachtexte mit Informationen über Autoren und historische Kontexte, CDs, Arbeitsblättern und Hörsequenzen erleichtern die Vorbereitung. Sie fordern Imaginationskraft und Initiative heraus und vermittelt Anregungen durch produktionsorientier-

---

[67]   Dem Anspruch, die Bereiche des Faches Umgang mit Texten, Reflexion über Sprache, Sprechen und Schreiben zu integrieren, entsprechen einige Verlage durch eine Koordination von Lese- und Sprachbuch.

ten Aufgaben. Sie wecken Leselust, das wichtigste Kriterium für die Einschätzung eines Lesebuches. Will man jedoch ohne die Hilfe des Lesebuches unterrichten, besteht die Gefahr, die Lernenden durch eine Fülle von Zusatzmaterialien zu verwirren.

1.6 Schlussbemerkung

Das Nachdenken über den Umgang mit literarischen Texten, Sachtexten und Medien kreist um diejenigen, die den Umgang pflegen, die Lernenden. Von ihren Vorkenntnissen, literarischen Erfahrungen, Interessen, von ihren individuellen Lernfähigkeiten und -vorlieben muss als Erstes die Rede sein. Ihre vermuteten und ausgesprochenen Bedürfnisse sind zu berücksichtigen. Prozesse der Texterschließung sollten möglichst von ihnen ausgehen.

Das Nachdenken kreist um die Texte und Medien, mit denen umgegangen wird, und die Ziele, die sich mit ihrem Umgang verbinden, Ziele, die sich auf vielfältige fachdidaktische Überlegungen gründen und unterschiedliche Wege zu ihrer Erreichung nahe legen: Wege, die erfreuen, auf denen man Literatur genießen kann, aber auch Wege, die Arbeit machen, weil es auf ihnen um nachprüfbaren Kompetenz- und Wissenserwerb geht.

Das Nachdenken – und davon war bislang nur am Rande Rede – kreist auch um die Lehrperson, um ihre Art, mit Texten und Medien umzugehen, um ihre Schwierigkeiten, den wechselnden Vorgaben, Vorschriften und Einengungen zu folgen und ihnen zum Trotz Schülerinnen und Schüler dennoch für Literatur zu gewinnen.

Für diese Überlegungen bedürfte es freilich eines neuen Kapitels, in dem der Deutschlehrer / die Deutschlehrerin bedenken lernt, dass der variationsreiche Umgang mit Literatur auch für sie selbst ein Gewinn ist. Wenn ihre Lernenden das merken, wird der Unterricht gelingen – trotz aller einengenden Vorgaben, trotz großer Arbeitsbelastung!

2 Literatur in der Sekundarstufe II

MICHAEL KÄMPER-VAN DEN BOOGAART

2.1 Schlüsselfragen des Literaturunterrichts in der Sekundarstufe II

Einerseits ist der Unterricht auf der Sekundarstufe II durch die Ausrichtung auf das Abitur mit seinen länderübergreifenden Prämissen, den einheitlichen Prüfungsanforderungen und nun den Standards der KMK curricular verhältnismäßig klar ausgerichtet und mit den Erwartungen an Wissenschaftspropädeutik bzw. an die Studierfähigkeit der Absolventinnen und Absolventen relativ deutlich konturiert. Andererseits prägen auch die Oberstufe seit langem fachdidaktische Desiderata mit besonderer Hartnäckigkeit.

Den ersten Rang unter solch notorischen Fragen nimmt gewiss die nach der *Stofffülle* ein. Was dieses Lamento angeht, lassen sich in der Vergangenheit unterschiedliche Steine des Anstoßes unterscheiden: zum Beispiel das Lesepensum, das man während des 19. Jahrhunderts Junglesern deutscher Literatur abverlangen wollte; die Überfrachtung des Curriculums durch deutschkundliche Exkurse in die Geographie und Anthropologie in den 1920er- und 1930er-Jahren; die Überforderung durch die hehren Ansprüche eines szientifisch ausgerichteten Literaturunterrichts zwischen Methodenpluralismus und Ideologiekritik in den 1980er-Jahren. Heute wird unter dem Aspekt der Überfrachtung in der Oberstufe insbesondere der in den Curricula mehr oder weniger explizit geforderte literarhistorische Kursus mit seinen schematischen Einblicken in Epochen oder Epochenumbrüchen moniert. Zuweilen werden aber auch Kontextualisierungsvorgaben als ungebührende Ausdehnungen des Unterrichtsstoffs beklagt: zum Beispiel die Ausrichtung auf Intermedialität und Interkulturalität (vgl. FREDERKING u. a. 2013a). Nicht zu verkennen ist zudem, dass auch ein Widerstand gegen die Dominanz der schönen Literatur im Kanon der Oberstufe mit Tendenzen zu einer curricularen Erweiterung einhergeht, die den Unterricht überfordern dürften.

Ein anderer grundsätzlicher Konfliktpunkt besteht überdies in der Oberstufe, wenn es darum geht, ob wissenschaftspropädeutische, fachliche Unterrichtsziele dominieren oder letztlich erzieherische Anliegen federführend sein sollten. Bei letzten geht es, historisch betrachtet, in der Sache um recht unterschiedliche Postulate: um die Bildung deutscher Untertanen, die Erweckung von Patrioten, das Bewusstsein eines beglückten Deutschseins, um stabilen Antisemitismus, später dann um antifaschistische Haltungen, um die geschichtsphilosophische Gewissheit, auf der richtigen Seite der Menschheit zu stehen, im Westen eher um den ritterlichen Menschen, dann um emanzipatorische Skepsis und Ideologiekritik, um Toleranz und Weltoffenheit, um Empathie und Solidarität usw.

Verwoben mit dem Disput zwischen Akademismus und Erziehung ist eine weitere Frage, die für viele im *Zentrum literaturdidaktischer Lagerbildung* zu stehen scheint. Im Ausklang der 1970er-Jahre erschien eine Aufsatzsammlung der linken Literaturdidaktikerin und -wissenschaftlerin CHRISTA BÜRGER mit dem sprechenden Titel „Tradition und Subjektivität". Zugunsten einer letztlich kritischen Aneignung der Tradition, materialisiert im literarischen Kanon, führte BÜRGER hier eine Auseinandersetzung mit den nicht wenigen Stimmen, die die empirische Person des Schülers im Zentrum schulischer Literaturrezeption sehen wollten: seine Fantasien, seine Selbstbezüglichkeiten und Assoziationen. Dieses Primat des Subjektiven könnte dazu führen, dass poetischen Texten nur die Rolle von Stimuli in Selbstfindungs- und -behauptungsprozessen zugesprochen wurde. Diese Kontroverse der 1970er- und 1980er-Jahre muss hier nicht erneut hochgekocht werden, zumal unter anderen Vorzeichen die Dichotomie zwischen text- und subjektorientierten Vereinseitigungen die Diskussion des gymnasialen Literaturunterrichts seit jeher prägt. Seit dem 19. Jahrhundert hat es sich eingespielt, mit HIECKE – dem Doyen der Didaktik deutscher Literatur – einen Pol zu besetzen, der mit objektivierenden Zergliederungen poetischer Texte den Subjekten ihre eigenen Rezeptionserlebnisse versage, während mit WACKERNAGEL und RAUMER der antagonistische Pol besetzt wurde, an dem im Zweifel der Irrationalität affektiver Kontakte mit poetischen Texten das Wort bereitet werde. Was insbesondere im historischen Exkurs so akademisch tönen mag, prägt wohl bis heute Einstellungsunterschiede von Deutschlehrerinnen und -lehrern. Während die einen ganz darauf setzen, dass sich die Schülerinnen und Schüler in der Konfrontation mit den Impulsen des poetischen Textes möglichst vibrierend angesprochen fühlen (und zwar als die, die sie sind), akzentuieren die anderen die Differenz zwischen der Autorität des kanonischen Werks und den defizitären Möglichkeiten seiner Aneignung, solange nicht der Literaturunterricht als bildender zwischen Text und Subjekt tritt. Dass die Zeichnung solcher Oppositionslinien stark stilisierend verfährt, um Grundsätzliches pointiert diskutieren zu können, wird an Einzelfällen deutlich, zum Beispiel am fiktiven Kollegen, der sehr empfindlich reagiert, wenn seine poetische Domäne von den Lernenden wenig goutiert und dann auch noch unsachgemäß traktiert wird, der sich aber zumindest insgeheim delektiert, sobald ein von ihm selbst nur pflichtgemäß rezipiertes Werk des Kanons von denselben Lernenden rasch als anachronistisch verbucht wird.

Abgesehen von solchen Einzelfällen scheinen Theorien und normative Konzepte der Unterrichtenden von einem zentralen Widerspruch gekennzeichnet zu sein, der tief in der Genese des deutschen Literaturunterrichts verwurzelt ist. Einerseits geht es wie in jedem anderen Fachunterricht um den Erwerb deklarativen und prozeduralen Wissens, etwa um das Vermögen, sich in diachron angelegten Kontexten zu orientieren, methodenbewusst zu verfahren, intersubjektiv geteilte Kriterien für die Geltung von Wahrheitsansprüchen im Blick zu haben, kurz: um Fähigkeiten, die gemeinhin als kognitive gekennzeichnet werden. Andererseits will man in besonderer Weise, dass die Lernenden auch emotional oder volutional involviert sind, dass sie nämlich das Gelesene an sich heranlassen, sich von ihm begeistern oder irritieren lassen, dass sie als Leser Passionen und Stil entwickeln, neugierig sind, Geduld zeigen und mit Überzeugung Ambiguitäten tolerieren. Mit anderen Worten: Das zu Lesende soll sie als Personen, nicht nur als Lernende herausfordern, zum einen, weil man, wie auch anderswo, vermutet, dass die Schüler, intrinsisch motiviert, als persönlich Engagierte nachhaltiger lernen, zum anderen, weil sie nur als Individuen empfänglich sind für das, was, unter welchen Prämissen auch immer, als literarische Kommunikation gilt (z. B. FREDERKING 2013b, 458 ff.).

In Verbindung mit dieser Herausforderung des Literaturunterrichts stehen die klassischen Positionen der immer wieder in der Öffentlichkeit aufflackernden *Kanondebatten:* Muss jeder Abiturient Goethes „Faust" gelesen haben, auch wenn sich in der Lektüre das hinreichende Interesse nicht einstellen will? Ist es wichtiger, dass mit Passion individuell Ansprechendes gelesen wird, oder ziemt es der Schule, dass hier gelesen wird, was privat nicht gelesen werden will (vgl. FREDERKING 2013b, 453; PAEFGEN 2010)? Einwerfen mag man angesichts solcher Fragen, dass dies im Fall gelingenden Literaturunterrichts keine Alternativen sein müssen, da didaktisches Geschick schon dafür sorgt, dass das zunächst ungeliebte Buch zum geschätzten Objekt vitaler Auseinandersetzung wird. Eine hehre Erwartung, die in der Praxis so manche Lehrkraft an sich oder der Welt zweifeln lässt … Angesichts dieses Drucks nimmt es jedenfalls nicht wunder, dass in der didaktischen Publizistik wie in den informellen Kommunikationsnetzen der Praktiker stabile Thesen darüber kursieren, welche Lektüre bei Schülern „geht" und wo höchste Vorsicht angeraten ist. Dass die Indikatoren für besagte Akzeptanz („das geht") auf die sichtbare Aktivität der Lernenden zielen und mit dem Gefühl der Lehrkraft konvenieren, den Unterricht gut über die Bühne gebracht zu haben, ist verständlich genug. Gleichwohl wirft solche Konzentration auf das Gangbare eigene Probleme auf: Welche Aktivitäten nämlich künden vom Erfolg des Projekts? Nicht nur für Novizen des Unterrichtsgeschäfts zählt namentlich, dass die Schülerinnen und Schüler gut mitgemacht, sich am Unterrichtsgeschehen engagiert beteiligt haben. War das so, verlässt man jedenfalls mit einem zufriedenen Gefühl das Klassenzimmer. Fader mag derselbe Unterricht wirken, fragt man sich, was eigentlich mit all den Aktivitäten gelernt wurde. Sprach man über den Text, seinen Bauplan, seine Strategien, seine Position im kulturellen und politischen Diskurs der Zeit, mühte man sich um Interpretationen von Uneindeutigem oder entfaltete man alltagsethisch, was von den Ansichten des Protagonisten zu halten ist, wie seine Probleme wohl zu lösen wären? Zählten vielleicht die 45 Minuten, die man als gelungenen Unterricht schon zu verbuchen bereit war, zu dem, was die Schüler selbst mit einem gewissen Gefühl der Erleichterung als Quasselstunden titulieren?

Mit den *Bildungsstandards* der KMK wird letztlich die Erwartung befestigt, dass Abiturientinnen und Abiturienten einen literarhistorischen Kursus hinter sich gebracht haben, der sich mindestens vom 18. Jahrhundert bis zum 21. Jahrhundert unserer Tage erstreckt. Stellt man die Wochenstundenzahl des Deutschunterrichts, sonstige curriculare Verpflichtungen und namentlich die Erwartung in Rechnung, dass sich die im Kursus erworbenen Kenntnisse auch an der Auseinandersetzung mit der Primärliteratur ausbildeten, erkennt man, dass es sich bei diesem Input um ein, gelinde gesagt, sehr kompakt ausgelegtes Unternehmen handelt. Standards und Curricula hantieren bei der Beschreibung des zu erwartenden Wissens mit relativierenden Hinweisen wie denen, dass es auf Orientierung und Überblick („literaturgeschichtliches und poetologisches Überblickswissen") ankomme. Natürlich sind solche Dosierungsversuche nicht eben präzise, können dies auch kaum sein, solange nicht eine Vielzahl von Details vorgeschrieben werden soll. Nicht unwichtig scheint zudem der Zusammenhang von Intersubjektivität und Individualität zu sein, den eine Rede vom Orientierungswissen impliziert. Jener wird deutlich, wenn man sich vor Augen hält, wie man sich gemeinhin, etwa in einer Stadt, topographisch orientiert. Da gibt es einerseits Orientierungspunkte, die wegen ihrer Bedeutung intersubjektiv geteilt werden: Bahnhöfe, große Plätze, Häfen, Brücken, Zoos, Fernsehtürme usw. Ebenso orientieren wir uns aber auch an Orten, die für uns eine individuelle Bedeutung haben: das Haus, in dem die Verflossene lebte, die Bäckerei mit den leckersten Franzbrötchen, die Straßenbahnschienen, in die man mit dem Fahrrad geriet usw. Erfahrungsgemäß sind auch andere mentale Orientierungskarten durch derlei persönliche Anknüpfungspunkte strukturiert: Filme, die einen beeindruckten, Baudenkmäler, die sich einprägten, und nicht zuletzt Anekdoten oder andere Narrative, die man so schnell nicht loswird. Entsprechende Angebote zu persönlichen Anknüpfungspunkten sollte auch ein literarhistorisch ausgelegter Unterricht bieten, damit das offerierte Orientierungswissen individuell nachhaltig werden kann.

Verglichen mit anderen Fächern wie Biologie, Physik oder Geographie, in denen Definitionen und die Explikation einer sachangemessenen *Terminologie* eine große Rolle spielen, scheint insbesondere der Literaturunterricht selbst auf der gymnasialen Oberstufe trotz aller Betonung von Wissenschaftspropädeutik alltagssprachlich verfasst zu sein. Dass dies so ist, liegt einerseits an der Bedeutung, die den subjektiven Aneignungen fiktionaler Welten allgemein zugesprochen wird, und an der großen Rolle, die Gespräche über diese werthaltigen Welten gegenüber den poetischen Darbietungsformen einnehmen. Andererseits zeigen die aus literaturwissenschaftlicher Sicht mitunter erschütternden Versuche von Lehrbüchern, fachliches Begriffswissen anzubieten, dass es an didaktisch reflektierten Terminologieangeboten mangelt. Während bis heute Diskussionen über den Kanon zu lesender Werke anhalten und einen Teil der Fachdidaktik vital zu halten scheinen, sind Debatten über terminologische Kanones rar gesät und von geringer Durchschlagskraft.[1] Dies erklärt, dass Lehrbücher Schülern heute noch Begriffe der antiken Rhetorik anbieten, um damit poetische Texte zu beschreiben und – schlimmer noch – Annahmen über die poetisch-rhetorische Wirkungen bestimmter sprachlicher Formen unter die Leute zu bringen. Wie zuvor bereits KATTHAGE (2004) haben LESSING und WIESER (2013) in pointierter Form für die Explikation metaphorischer Strukturen gezeigt, wie nahezu abstrus führende Lehrwerke der Sekundarstufen ihre terminologischen Erklärungen gestalten. Ähnliche Befunde ergeben sich für die eklektische Rezeption narratologischer Terminologie in Lehrwerken, die nolens volens an den realen Sprachgebrauch des Deutschunterrichts anknüpfen, um aus Sicht der Praxis nicht als zu „abgehoben" oder zu „akademisch" zu gelten.

Dass es eine *Diskrepanz zwischen dem im Schulunterricht zirkulierenden Wissen und dem Wissenschaftswissen* gibt, sollte bei alledem nicht grundsätzlich beklagt werden (KÄMPER-VAN DEN BOOGAART 2007). Wer gewohnt ist, mit problematischem Wissen zu agieren, und darin geübt, Geltungsansprüche abzustecken, Erkenntnisinteressen in Position zu bringen, Perspektiven der Betrachtung zu beachten, blinde Flecke nicht zu kaschieren usw., ist geneigt, das im Literaturunterricht geltende Wissen als Reservoir von Halbwahrheiten und Stereotypen zurückzuweisen. In der Tat ist aus dem Auge des Wissenschaftlers vieles nachgerade falsch, was im Unterricht mühsam als richtig gelernt werde soll. Doch das allein heißt nicht viel. Was wird Kindern von Erwachsenen im Zeichen von Erziehung nicht alles erzählt und entpuppt sich im Laufe des Lebens als Ammenmärchen. Dies geschieht, weil die Erzieher kindgerecht erklären wollen und deswegen Komplexität radikal

---

[1]　KÄMPER-VAN DEN BOOGAART 2009b.

reduzieren oder anstelle schwieriger Analysen lieber Geschichten erzählen. Man wird die Älteren wegen dieser pädagogischen Halb- oder Unwahrheiten nicht grundsätzlich zeihen wollen. Nicht großzügig wird indes zu urteilen sein, wenn der Verdacht entsteht, dass nur aus Bequemlichkeit Falsches gelehrt wird. Mit wachsender Praxiserfahrung entwickeln Lehrkräfte ein Sensorium dafür, was ihren Schülern vermittelbar ist, oder dafür, was geht und was nicht geht. Diese Einschätzungen mögen schon wegen ihres kollektivierenden Charakters trügen, doch sind sie im Prinzip wichtiges Element der professionellen „Weisheit der Praxis" (SHULMAN). Richtig heikel wird es indes, wenn sich bei der didaktischen Reflexion curricularen Wissens (content) die Frage der Vermittelbarkeit von der nach der (wissenschaftlichen) Wahrheit abkoppelt. Ein klassisches Beispiel dafür ist etwa die notorische These, derzufolge die literaturgeschichtliche Epoche der Romantik entstanden sei, um auf eine Herrschaft des Gefühls zu zielen und sich von der trockenen Vernunftgläubigkeit der Aufklärung träumerisch abzusetzen. Diese Erklärung enthält im Kern eine schöne Geschichte (die fast jeder aus dem eigenen Leben kennen dürfte) und durch die Konstruktion waschechter Antagonisten stiftet sie auch einen kausal-chronologischen Zusammenhang, den man sich gut einprägen kann. Leider ist sie nicht nur falsch, sondern sie sorgt auch dafür, dass interessante Modernisierungsimpulse der Romantik zugunsten der Mär harmloser Tagträumer beiseite geräumt werden. Später wird es dann schwer, das dergestalt Gelernte zugunsten eines stärker an Wissenschaft anknüpfenden Wissens zu verlernen.[2]

2.2   Am Ende dann interpretieren ...

Im Zentrum der literarischen oder literaturkundlichen Kompetenzentwicklung steht noch immer die Interpretation, im Abitur namentlich in Form einer interpretierenden Abhandlung, die sich beschreibend, analysierend, einordnend, problematisierend und wertend auf einen vorgegebenen poetischen Text einlässt.[3] Bei der Bewältigung dieser Aufgabe sollen die Lernenden zeigen, dass sie in der Lage sind, nicht nur die von einem Text hervorgerufene Welt zu begreifen (was schwer genug sein kann), sondern dass sie es auch fertigbringen, den Text kritisch vor dem Horizont ihres domänespezifischen wie alltagsweltlichen Wissens zu reflektieren. Überdies sollen sie durch die Produktion eines Textes zeigen, dass sie sachangemessen zu schreiben verstehen.

---

[2]   Mehr zu diesen Zusammenhängen bei KÄMPER-VAN DEN BOOGAART 2010 und KÄMPER-VAN DEN BOOGAART/MARTUS/SPOERHASE 2011.
[3]   Vgl. STEINMETZ 2013.

■ *Im Unterschied zum spontan und „ereignishaft" (BIERE, 1989, 21) erfolgenden Verstehen ist die Interpretation eine willentliche Operation und eine bewusste Explikation der einem Text zugeschriebenen Bedeutungen und Sinnaussagen. Die interpretatorisch zugeschriebenen Bedeutungen stammen aus dem Vorwissen der Interpretinnen und Interpreten oder aus Wissenszusammenhängen, die sie zur Interpretation eigens heranziehen. Die interpretierende Einordnung des Textes in bestehende Wissenszusammenhänge bezeichnet man als Kontextualisierung. Das Interpretieren in schulischen Lern- und Leistungssituationen hat primär die Funktionen einer Explikation des Textverstehens, der Erklärung des Textsinns und der Demonstration von Interpretationskompetenz (ZABKA 2012b, 113).* ■

Hält man sich die Ansprüche vor Augen, die sich mit einer gelungenen und interessanten Interpretation verbinden, kann man auf Anhieb verstehen, dass seit der Einführung des obligatorischen deutschen Aufsatzes in der Reifeprüfung die Klagen über eine systematische Überforderung der Schüler oder – die andere Seite derselben Medaille – einer Verhöhnung der Kunst der Interpretation nicht verebben (KÄMPER-VAN DEN BOOGAART 2012).

Woran scheitern aber die Interpretationen der Lernenden in der Praxis? Und was lässt sich daraus für einen Unterricht lernen, der die Interpretationskompetenzen der Lernenden möglichst hoch entwickeln soll? Heuristisch lassen sich hier einige Fälle unterscheiden, die einen Aufschluss darüber erlauben, was von Lehrenden beachtet werden sollte, um Lernchancen zu erhöhen. Aufgeführt seien nur drei prototypische, die immer wieder auftreten.

Fall 1: Der Schülertext liest sich zunächst wie eine mehr oder weniger gelungene Paraphrase des Ausgangstexts. Dann folgen lebensphilosophische Spekulationen zum Thema des Textes, zum Beispiel zur Liebe, die schließlich in ein positives Urteil über den anregenden Text münden. Was sich kaum findet, ist eine erkennbare Auseinandersetzung mit der Poetizität des Ausgangstexts.

Fall 2 (insbesondere bei Lyrik): Nach einer kurzen literarhistorischen Verortung des Autornamens oder des Produktionsdatums folgt in der Textchronologie eine Auflistung identifizierter sprachlicher Mittel, worunter insbesondere Merkmale der Versifikation bzw. der Metrik verstanden werden. Dann erfolgt, mit dem Vorhergehenden unverbunden, eine semantische Lektüre, die darlegt, was die einzelnen Wendungen oder Verse eigentlich bedeuten (z. B. rot für Blut, Fenster für Sehnsucht, Auto für Technik usw.). Diese symbolischen Bedeutungen werden aus dem Kontext der Epoche (z. B. Stadtphobie im Expressionismus, Herzschmerz in der Romantik) oder der Autoreigenheiten (z. B. Brot bei Böll, Bildnis bei Frisch) abgeleitet und dienen in der Wertung gleichsam dazu, die Epochentypik des Textes zu loben.

Fall 3: Der Ausgangstext wird nur sehr kursorisch, fast beiläufig behandelt. Dann widmet sich der Aufsatz umfangreich den Epochenmerkmalen, wie etwa dem Vanitas-Thema im Barock. Hierbei zeigt sich, dass der Schüler über ein nennenswertes Wissen verfügt, nach dem aber eigentlich gar nicht gefragt war. Das Thema scheint gewissermaßen verfehlt zu werden.

Dass diese drei Fälle, freilich in Variationen, frappierend häufig vorkommen, dürfte auch mit Dispositionen zu tun haben, an deren Ausbildung der Deutschunterricht selbst stark beteiligt ist.

So könnte der *erste Fall* darauf zurückgehen, dass der poetische Text, den es für den Schüler zu interpretieren gilt, zunächst einmal nicht jene Verständnisprobleme aufwirft, die eine Interpretation im Sinn eines notwendigen Verständlich-Machens genuin erfordert (ZABKA 2010). Gibt es für den Schüler in dieser Hinsicht an Textarbeit allem Anschein nach nicht viel zu tun und muss doch etwas getan und hinterlassen werden, um Leistung zu zeigen, liegt es nahe, sich auf eine Bedeutungsproduktion zu kaprizieren, die in schulischen Interpretationen spätestens seit der identitätsorientierten Literaturdidaktik von Gewicht ist. Dabei geht es in letztlich pädagogischer Manier darum, dass der junge Interpret das Gedeutete oder Verstandene seiner Entwicklung entsprechend auf die eigene Lebenssituation appliziert (KÄMPER-VAN DEN BOOGAART 2006). Etwas zynisch wiedergegeben, lautet der heimliche Lehrplan: Der Schüler muss zeigen, dass ihm der Text etwas als Person sagt, ihn nach Möglichkeit dazu bewegt, einen neuen Blick auf die Welt einzunehmen, sein Leben zu ändern oder doch wenigstens darüber nachzudenken. Dieses selten explizit gemachte Ansinnen ist naheliegender Weise leichter zu bedienen, wenn die Primärtexte Themen bearbeiten, die zu einer moralischen und sozialen Bewertung einladen. (Naturlyrik erschwert hingegen entsprechende Einlassungen, sodass dann oft von ökologischen Risiken gesprochen und der eigene Umgang mit Ressourcen kritisch reflektiert werden muss.) Dass in dieser Hinsicht zuweilen auch durch kanonische Präferenzen ungünstige Impulse gesetzt werden, zeigen Erfahrungen mit dem Erfolgsroman „Der Vorleser" als zentrale Vorlage für Abiturinterpretationen. Zwar bot Schlinks Roman mit seinem Plot eine Fülle einschlägiger Themen, zu denen man Meinungen artikulieren kann (NS, Analphabeten, erotische Abhängigkeiten, Schuld und Sühne usw.), aber in diesen Artikulationen verschwand der eingängige Roman als poetisches Artefakt. Da ihr Einsatz nicht erforderlich war, konnten die Schüler nur schwer ihre Interpretationskompetenzen unter Beweis stellen.

Das Unbehagen, das Schülertexte hervorrufen, die sich nolens volens auf die Kommentierung lebensweltlicher Themen kaprizieren, bringt Diagnosen zum wissenschaftsfernen Status des Deutschunterrichts in Erinnerung, wie sie nach 1968 kritisch kursierten. Für eine damals junge Generation von Literaturwissenschaftlern schien ein mehr oder weniger auf die Darbietung pädagogischer „Lebenshilfe" ausgerichteter Deutschunterricht die Autorität einer philologischen Disziplin eingebüßt zu haben, so EBERHARD LÄMMERT 1970:

■ *Die Philologie kann allenfalls die Aussageintentionen aufklären, aufgrund deren in einem Text von Granit, von Wallensteins Tod, vom Tod überhaupt, von Leibeigenschaft oder von Auschwitz die Rede ist. Sie kann die informativen, illusionierenden oder appellierenden Komponenten der Text-*

form sondieren und deren Wirkung unter bestimmten historischen und sozialen Rezeptionsbedingungen analysieren. Sie kann jedoch nicht von sich aus, d. h. mit philologischen Mitteln, Wahrheiten über die behandelten Sachverhalte selbst feststellen" (LÄMMERT 1991, 79 f.). ■

Der *zweite Fall* ist teilweise ähnlich gelagert, obschon er im Ergebnis fast Gegenteiliges zu umfassen scheint, nämlich statt Un- Überinterpretiertes. Begünstigt durch wissensbasierte Schemata (etwa zur poetischen Metaphorik in lyrischen Texten) wird in diesem Fall die Karte der Interpretation gezogen. Anlass für das Hervortreten des Lesers als Interpreten kann hier gleichermaßen die Empfindung sein, dass der Primärtext an entscheidender Stelle Verständlichkeitskonventionen widerspricht oder dass er für einen poetischen Text zu verständlich gerät. Obschon konträr, führen beide Annahmen zu der Konsequenz, in der semantischen Lektüre den Text zu reparieren. Die dunkel gebliebene Stelle wird durch eine hellere und zumeist semantisch allgemeinere ersetzt. Zum Beispiel über die Verse „Es ist ein Weinen in der Welt,/Als ob der liebe Gott gestorben wär,/Und der bleierne Schatten, der niederfällt/Lastet grabesschwer" aus Lasker-Schülers Gedicht „Weltende": „Mit dem ‚bleiernen Schatten' (V.3) meint der Sprecher möglicherweise die baulichen Veränderungen, die die Industrialisierung in den Städten mit sich gebracht hat."[4] Was hier in den buchstäblich dunklen Text hineingelesen wird, ist intratextuell nicht im Geringsten motiviert, wohl aber extratextuell, sofern man für das Gedicht den Kontext der Urbanitätsdiskurse akzeptieren könnte (wofür allerdings eigentlich nichts spricht) und zum Beispiel imaginiert, dass bleigraue Mietshäuser Schatten werfen. Um zu einer Deutung zu gelangen, die so etwas wie einen kohärenten Sinn – „eine Aussage", wie es häufig heißt – des poetischen Textes umreißt, müssen vom Interpreten dann auch weitere „Stellen" mit eigentlichen Bedeutungen aufgefüllt werden, die zum urbanen Thema passen. Im Endeffekt kann so ein Text entstehen, der in hohem Maße eindeutig, meist zeitkritisch erscheint, aber kaum mehr im Kontakt mit den Formulierungen des Primärtextes steht. Derselbe Effekt kann auch auftreten, wenn im Primärtext keine erkennbar „dunklen Stellen" auftreten, eine entsprechend profane Semantik vom Interpreten aber wegen seiner Poetizitätsvermutungen für „nicht echt" gehalten wird. In diesem Fall wird zum Beispiel ein banaler Stadtgraben zum Symbol für den Strom des Lebens erklärt, der dem unschuldigen Betrachter das verfehlte eigene Leben vor Augen hält usw. (KÄMPER-VAN DEN BOOGAART 2010b, 129 ff.). Dass diese Transformationen in Tiefsinn auf der Basis eines Vorwissens zum Autor erfolgen, konnte HILLMANN bereits in den 1970er-

---

[4]   http://weltendelaskerschueler.blogspot.com (29. 12. 2013)

Jahren an Beispielen zeigen, in denen zu kommentierende Texte falschen Autoren zugeschrieben wurden.[5]

Der *dritte Fall* eines unglücklichen Interpretierens dürfte in seinem Ansatz auf Reaktionen basieren, die der ersten Variante des zweiten Falls entsprechen. Der Text, den es zu interpretieren gilt, erscheint als unzugänglich und im Kern zu unverständlich. Die Strategie, mit diesem – für Interpretationen normalen – Problem umzugehen, zielt nun aber nicht auf eine Reparatur des dunklen zu einem hellen Text mittels einer symbolisierenden Lektüre, sondern sie besteht in dem Versuch, das Verstehensproblem zu marginalisieren, indem stattdessen kommuniziert wird, was man gelernt hat und folglich weiß. Anders gesagt: Hier erfolgt ein Referat des (vermeintlichen) Kontextes für sich. Wenn man schon wenig mit dem Text anzufangen weiß und auch vor gewaltsamen Bedeutungszuschreibungen zurückschreckt, zeigt man wenigstens, dass man sich „eigentlich" auskennt.

Vermessen wäre es angesichts der hier aufgeworfenen Fälle, seitens der Literaturdidaktik Ratschläge zu formulieren, die den Anspruch erheben, derart unglückliches Interpretieren auszuschließen. Gleichwohl sollte man nicht verkennen, dass die unglücklichen Interpreten Richtigkeitsvorstellungen folgen, die den Deutschunterricht und die Erwartungen der Lehrkraft reflektieren. In einem Versuch, Kompetenzen der interpretierenden Textrezeption zu skizzieren, notiert ZABKA:

> ▨ *Die basale Kompetenz der Interpretation ist metakognitiv: Interpreten müssen durchschauen, ob und wie sie einen Text spontan verstanden haben und welches eigene Wissen sie dem Text dabei als dessen Bedeutung zugewiesen haben. Erfolgt diese Erkenntnis dialogisch, indem man sein Verstehen mit einer mündlich oder schriftlich präsentierten Interpretation anderer vergleicht, so ist die Fähigkeit erforderlich, auch die fremden Äußerungen als Bedeutungszuweisungen zu durchschauen und die Zuweisungen voneinander zu unterscheiden (ZABKA 2010, 79).* ▨

Viel spricht dafür, dass in den skizzierten Fällen die Frage solch basaler Kompetenzen virulent wird. Dies betrifft bereits die Reflexion spontanen Verstehens, wie es sich umfassend etwa im ersten Fall ereignet. Kennzeichnend war hier, dass mit dem ereigneten Verstehen der Text als Untersuchungsgegenstand obsolet zu sein schien. Ebendies verstellt die interessante Frage, was den Text für mich spontan verständlich macht, wie die Einverständnisse zwischen Textwelten und eigenem Vorwissen und Einstellungen so funktionieren, dass meine kognitiven Operationen mühelos aufgehen. Zu entsprechenden Metakognitionen kommt es explizit zum Beispiel oft im Gespräch, wenn ein Partner die Pointe eines Scherzes verfehlt, da er bestimmte Präsuppositionen nicht teilt. Was zum Beispiel wird stillschweigend unterstellt,

---

[5]   HILLMANN 1974, 219–237. Vgl. auch KÄMPER-VAN DEN BOOGAART 2008b.

wenn auf einer Internetseite zu lesen ist: „Was sind die vier härtesten Jahre eines Nazis? Antwort: 3. Klasse Grundschule"?

In Untersuchungen zu sogenannten Kollektivsymbolen liefert die Normalismus- bzw. Diskursforschung in der Tradition JÜRGEN LINKS Belege für eine entsprechend text- oder rezeptionsnahe Fortführung ideologiekritischer Lektüren, die sich auch leicht im Unterricht realisieren lassen und zur Steigerung metakognitiver Reflexion taugen.[6] Von normalen Kommunikationen weichen die in den anderen Fällen genannten Rezeptionserlebnisse ab, sofern hier spontan eben nicht verstanden wird (oder das Verstandene verdächtigt wird, nicht dem Gemeinten zu entspre- chen). In diesen Fällen sind die schulischen Interpreten immerhin so sozialisiert, dass sie situativ ein Verhalten an den Tag legen, das mit Begriffen wie hermeneuti- scher Billigkeit, *principle of charity* oder Kooperationsprinzip beschrieben wurde.[7] Sie artikulieren zumindest in der Schule nicht, dass der gelesene Text schlichtweg unverständlich und mithin schlecht geschrieben oder zu banal geraten sei. Vielmehr haben sie (wie bewusst auch immer) gelernt, dass eine solche Reaktion gegenüber poetischen Texten kulturell als inadäquat gilt. Ob sie nun ihre Kooperationsbereit- schaft auf der Basis habitualisierter Gratifikationserwartungen gegenüber Literatur einnehmen oder aus Respekt gegenüber dem System der Schule, macht zwar einen gewaltigen Unterschied aus, muss aber für die einzelne Interpretation nicht aus- schlaggebend sein. Entscheidend ist hier, wiederum die metakognitive Ebene berührend, wie sie mit dem Nichtverstehen produktiv umgehen. Sie unterstellen, dass sich der unverständliche oder zu banal anmutende Text qua Interpretation in einen kommunikablen und gehaltvollen übertragen lässt, der wiederum die intentio operis repräsentiere. Mit dieser Einstellung unterscheiden sie sich eigentlich nicht wesentlich von professionellen Interpreten. Im Unterschied zu denen tendieren sie aber zu einer weniger skrupulösen Praxis, die sich etwa in der Konfrontation mit ungewöhnlicher Metaphorik darin zeigt, dass sie stärker und rascher nach dem Schema ‚A meint B' substituieren, wobei die Hinweise auf B weniger aus einer Betrachtung von A (seinem Assoziationsraum, semantischen Implikationen) selbst resultieren, als einem als probat eingeschätzten Kontext bzw. Kontextwissen (Epo- che, Gattung, Autor) entnommen werden.

Auf metakognitiver Ebene käme es deswegen wiederum darauf an, spontanes, sich ereignendes Verstehen von einem Verstehen im Ergebnis angestrengter Inter- pretation zu unterscheiden. Wie beim spontanen wäre beim interpretativen Verste-

---

[6] Vgl. z. B. PARR 2003, 47–70.
[7] Vgl. SPOERHASE 2007, KÄMPER-VAN DEN BOOGAART i. Dr. (2014): „Plenarvortrag auf dem Germanistentag in Kiel 2013" zum Thema: Hermeneutische Billigkeit.

hen die Aufmerksamkeit auf Akte des Kontextualisierens zu richten, wobei zwischen intra- und extratextuellen Bezügen differenziert werden muss (bzw. zwischen Kotext und Kontext). In kritischer Analyse publizierter Interpretationen (z. B. im Rahmen von Rezensionen) kann im Unterricht die Bedeutung einer genauen, textnahen Lektüre in den Blick genommen werden (KÄMPER-VAN DEN BOOGAART 2013a): Diese zeigt sich in der Regel auch bei literarischen Gesprächen, wenn nachvollzogen werden soll, dass eine Interpretationsthese durch nachvollziehbare Lektüre motiviert ist (und nicht nur durch Idiosynkrasien, persönliche Assoziationen oder spekulative Vermutungen). Was in einem zweiten Schritt die Inspielnahme externer Kontexte angeht, sollten Interaktionsbeziehungen beachtet werden, wie sie in hermeneutischen Methodenlehren als Spirale oder Zirkel modelliert wurden. Wenn die oftmals recht brachial top-down angelegten Kontextualisierungen durch Lernende dazu tendieren, den Text als Produkt einer fixen Figuration (Epoche usw.) dieser anzupassen, wird der eigentlich triviale Umstand übersehen, dass Epochen- oder Autorbilder aus Lektüren von Texten resultieren, die Bilder des Ganzen mithin Produkte der Wahrnehmung des Konkreten sind. Und hier gilt natürlich, dass die Figurationen eben keine fixen sein können, sondern dynamische sein müssen. Während im Unterricht Aufgaben häufig darauf zu zielen scheinen, das Epochen- oder Autortypische eines poetischen Textes zu identifizieren (und damit zu erfassen, ob das Epochen- oder Autorwissen der Lernenden hinreichend präsent ist), käme es eigentlich auf Konträres an. Interessanter ist schließlich die Frage, inwieweit ein poetischer Text vom epochal Erwartbaren abweicht, um etwa seine spezifische Modernität oder seine Individualität zu erkennen und diskutieren zu können. Hier mag man einwenden, dass ein entsprechend eher relationaler Zugriff auf literahistorische Kontexte auch für die gymnasiale Oberstufe zu anspruchsvoll ist. Für diesen Einwand gibt es in der Tat empirische Belege. Zu fragen wäre indes, ob die Ansprüche nicht auch deswegen zu hoch sind, weil im Zuge eines literarhistorischen Kursus, der möglichst keine Epoche oder Strömung unerwähnt lassen will, die Zeit für eine eingehendere Beschäftigung schlichtweg fehlt: Relationale Wahrnehmungen innerhalb eines Zeitraums setzten schließlich trivialerweise Kenntnisse mehrere Werke voraus. Repräsentiert aber schlimmstenfalls nur eine Lektüre eine Epoche oder einen Autor, ist es schon von der Unterrichtsanlage so, dass diese Lektüre auf nichts als auf das allgemein Typische abzielt. Unter dem Aspekt, möglichst extensives Orientierungs- oder Überblickswissen zu gewinnen, mag dieser Reduktionismus vertretbar sein. Hochproblematisch sind dann allerdings die Konsequenzen für die Interpretationskompetenzen, die eben nicht als schematische Kontextualisierung, sondern als Fähigkeit, produktiv und variabel auf vorhandenes Wissen zurückzugreifen, beschrieben werden.

2.3 Das Elend mit der Literaturgeschichte

Betrachtet man die fachdidaktische Literatur zu einem literarhistorischen Curriculum in der Sekundarstufe II[8], wird man zunächst eine Diskrepanz zwischen den Verdikten in der Fachpublizistik und den curricularen Vorgaben der meisten Bundesländer registrieren. Während die staatlichen Curricula und Standards mehr oder weniger explizit einen historisch und gattungspoetologisch umfassenden Kursus implizieren bzw. zumindest als Outcome des Unterrichts entsprechende Kenntnisse erwarten, wird die nicht sonderlich interessiert anmutende Fachdidaktik der 1990er-Jahre von einem Skeptizismus bestimmt, der sich etwa auf Verkürzungen durch Epochenorientierungen richtet und sich zuweilen an postmoderne Slogans anlehnt.[9] Und in der Tat fällt es angesichts stereotyper Epochencharakterisierungen in vielen Unterrichtswerken bis heute leicht, den gymnasialen Literaturunterricht im Vergleich zum kultur- und literaturwissenschaftlichen Diskussionsstand als naiv und anachronistisch zu geißeln. Über die Häme der Fachleute hinaus hat diese Kritik allerdings wenig bewirkt, zumal die vorgeschlagenen Alternativen weder in der Unterrichtspraxis auf Resonanz stießen, noch sich halbwegs dauerhaft in einer Germanistik etablieren konnten, die ihrerseits zu einer Rückversicherung bei langlebigen Konzepten wie dem der Autorschaft gelangte. Curricularen Niederschlag fand insbesondere in NRW der Vorschlag, sich auf sogenannte Epochenumbrüche zu kaprizieren, da hier Entscheidendes zu lernen sei. Abgesehen davon, dass die Rede von einem Epochenumbruch die Vorstellung vom Ordnungscharakter der Epochen de facto stabilisiert, liegt curricular das Problem darin, dass Umbrüche nur dann interessante Lerngegenstände sein können, wenn ein Verständnis für das Umgebrochene bzw. Transformierte vorausgesetzt werden kann. In der Praxis der Lehrwerke, die sich nominell auf die Umbrüche konzentrieren, führt dieser Widerspruch zu auffallend langen Umbruchsperioden, womit sich auch die stoffökonomischen Vorteile weitgehend erledigen.

Eine sehr anregende Auseinandersetzung mit dem literaturdidaktischen Furor gegenüber einer epochenorientierten literarhistorischen Ausrichtung des Deutschunterricht findet sich in BRÜGGEMANNS großer Studie zu „Literarizität und

---

8   Vgl. namentlich WICHERT 2013.
9   Vgl. ABRAHAM/RAUCH 2011; ABRAHAM/KEPSER 2009, 39 ff.

Geschichte als literaturdidaktisches Problem" (BRÜGGEMANN 2008). In der gebotenen Subtilität stellt BRÜGGEMANN für die didaktische Kritik am Epochenwissen wiederkehrende Argumentationsmuster heraus, die in Variationen namentlich die Kluft zwischen Wissenschaftsentwicklung und Unterricht dramatisieren. Zudem weist er darauf hin, dass die Attacke auf die ungeliebten Epochen „Fehlanwendungen" skandalisiere, nicht aber grundsätzlich ein Epochenwissen:

■ *Dass Epochenwissen klischiert werden kann [...] heißt weder, dass es nicht in Anschlusshandlungen erweitert werden kann noch dass auf seinen Erwerb für die Entfaltung literarhistorischer Rezeptionskompetenz verzichtet werden muss (BRÜGGEMANN 2008, 445).* ■

Eine weitere Unschärfe der Kritik besteht darin, dass sie dem Lernziel Epochenwissen eine Affinität zu deduktiven Vermittlungsverfahren unterstellt, die ihrerseits mit dem Generalverdacht überzogen werden, unzeitgemäß und demotivierend zu sein. Abgesehen davon, dass er belegt, dass die unter dem Label „entdeckendes Lernen" zirkulierenden Arrangements ihrerseits auch stark instruktiv operieren, stellt BRÜGGEMANN diesen lang tradierten Verdacht infrage, indem er an die genderspezifischen Disparitäten unter den dominanten Mustern des Literaturunterrichts erinnert:

■ *Unter der Prämisse, dass der Textgebrauch des Geschichtsunterrichts geringere Motivations- und Leistungsunterschiede zeitigt als der Literaturunterricht, könnte ein stärker kulturhistorisch ausgerichteter Literaturunterricht nicht zuletzt männlichen Leseinteressen entgegenkommen. Gerade angesichts der seit PISA hinlänglich dokumentierten geschlechtsspezifischen Auswirkungen des Literaturunterrichts wäre im Rahmen einer empirischen Unterrichtsforschung zu prüfen, ob durch die Entfaltung historischer Topographien als Komponente literarischer Rezeptionskompetenz die geschlechtsspezifische Schlagseite des Literaturunterrichts ausgeglichen werden kann (BRÜGGEMANN 2008, 494).* ■

Diese angesichts der Forschungsdesiderata nur vorsichtig formulierte Perspektive verfolgt auch FINGERHUT, der seine Zielvorstellungen als „lebendiges Wissen, bezogen auf Literatur" ausweist (FINGERHUT 2010, 255) und dabei die Verschränkung von drei Aspekten postuliert:

■ *deklaratives Wissen um Autoren, Epochen, Werke,*

operatives Wissen um die Bedeutung der vom Autor gewählten Textsorte, Schreibweise, Erzählperspektive,

die Bereitschaft, die Mühen des genauen Lesens für wichtig zu halten und sich auch mit schwierigen Teilen der Werke auseinanderzusetzen (FINGERHUT 2010, 255). ■

Mit diesem durchaus hehren Anspruch wird eines der klassischen Schlüsselprobleme des Literaturunterrichts aufgegriffen. Einerseits zielt der Ansatz nämlich auf ein lebendiges Wissen und impliziert somit Fragen subjektiver Bedeutsamkeit, andererseits verlangt er den Aufbau intersubjektiven und terminologisch geordneten Wissens. FINGERHUT formuliert hier sehr deutlich:

▪ *Erinnerung braucht Orientierungswissen, um an die Stelle bloßer Betroffenheit Einsicht entstehen zu lassen (FINGERHUT 2010, 256).* ▪

Dabei gelte gleichwohl:

▪ *Das erworbene Wissen macht Sinn, wenn es Relevanz für Haltungen und Werteinstellungen gewinnt (FINGERHUT 2010, 257).* ▪

Beide Feststellungen dürften innerhalb der Literaturdidaktik in hohem Maße konsensuell sein. Die erste These thematisiert den gewünschten Umgang mit Alterität und kann im Kontext der Vorstellung begriffen werden, dass der Deutschunterricht durch seine diachrone Perspektive interkulturell angelegt sei – ein Verständnis, das auch die KMK-Standards für das Abitur aufgreifen. Während ein schieres Betroffenheitsurteil kulturell ferne Erfahrungen mit dem eigenen kulturellen Horizont kurzschließt, sie also, um GADAMER zu persiflieren, in den eigenen Horizont einschmilzt, weiß das wissensorientierte Urteil um die Diskrepanz historischer Semantiken und Codierungen und ist, so gesehen, auf den Umgang mit Alterität vorbereitet. Besagtes Wissen, so die zweite These, bliebe aber letztlich träge, gäbe es keine Interaktion zwischen der wissensgestützten Einsicht in die fremden Sprachen zurückliegender Wahrnehmungen und der eigenen, aktuellen Welt- und Selbstwahrnehmung des Rezipienten. Teil dieser Interaktion ist sicherlich, dass die historische Relativität eigener Bewertungen in den Blick gelangt, sei es zum Beispiel bei der Semantisierung von Gefühlen und Verhalten als ‚Liebe‘ oder ‚Weisheit‘.

Was FINGERHUTS Thesen pointiert in Verbindung bringen, kann getrost den Status von Bildungszielen des literahistorischen Unterrichts beanspruchen. Während auf dieser Ebene wahrscheinlich keine gravierenden Einwände zu erwarten sind und auch der Einklang mit staatlichen Curricula und Standards gesichert ist, wird es heikel, sobald es um Fragen der Operationalisierung und anderer Konsequenzen geht. FINGERHUT ist an dieser Stelle eindeutig parteibildend: Er insinuiert, dass es zwei didaktischen Alternativen gäbe, die konsensuellen Bildungsziele umzusetzen, wobei die erste eine etablierte Praxis sei, aber zum Erreichen der Ziele nicht beitrage und mithin zu überwinden sei, während die zweite Alternative einen innovativen Weg beschreite, der zum Erreichen der Ziele führe. Diese Form der Polarisierung ist in der fachdidaktischen Publizistik oft anzutreffen und muss wohl als rhetorische Routine toleriert werden, will man sich nicht den Blick für eine eigentlich interessante Diskussion verstellen. Die hartnäckig herrschende Praxis billige, so FINGERHUT, der Literaturgeschichte die Rolle einer unstrukturierten Ergänzung der Arbeit an „Ganzschriften" zu. Die Kritik dieser Praxis kulminiert in der hier schon oben beschriebenen Misere der Interpretation:

■ *[...] das literarische Werk entfaltet für den Interpreten jeweils die Bedeutung, die ihm der Rahmen, in dem von ihm im Unterricht zuvor „Gebrauch gemacht" wurde, zuschreibt. War dort der „Sturm-und-Drang" etwa als „Aufbegehren gegen den kalten Rationalismus der Aufklärung" definiert, so stützt dieses literaturgeschichtliche Wissen den Interpretationsaufsatz, der „Kabale und Liebe" als „Ruf nach Freiheit" deutet, während die Deutung des Stückes als Beleg bürgerlicher Kommunikationsdefizite ohne kontextuelle Stützung bleibt. Der literaturgeschichtliche Rahmen bildet also im Unterricht einen Deutungshorizont, der in der Interpretation des Einzeltextes affirmativ wiederkehrt (FINGERHUT 2010, 263).* ■

Dafür, dass dieser unglückliche Effekt eintritt, macht FINGERHUT nicht allein die Defizite der Epochenschemata für sich verantwortlich, sondern das hier ebenfalls bereits oben erwähnte Problem der Stofffülle. Wenn (a) der literarhistorische Kursus wegen des erwarteten Orientierungswissens umfassend sein soll und (b) die Lektüre aus poetologischen Gründen auf ungekürzte Primärtexte (Ganzschriften) bezogen sein soll, wächst die Wahrscheinlichkeit, dass einzelne Dramen und Romane als „exemplarisch" für eine Epoche aufgefasst werden und entsprechend unglückliche Werkinterpretationen erfolgen. Dieser Diagnose setzt er eine Tendenz entgegen, von der insbesondere Lehrwerke zeugten und die auf sehr unterschiedliche Motive zurückgeführt wird. Zwei seien herausgegriffen: Der sakrosankt anmutende Status der „Ganzschriftenlektüre" sei erstens im Zuge posthermeneutischer Rezeptionstheorien und mit den Erfahrungen eines produktionsorientierten Literaturunterrichts aufgehoben. Mit dem Ausfransen von Vorstellungen eines Werkganzen sei es legitimer geworden, poetische Texte thematisch fokussiert in Ausschnitten zu studieren. Zweitens hätten die Anregungen einer kulturwissenschaftlichen Öffnung der Disziplin die Tendenz zu einer thematisch-problemorientieren Integration von Lerngegenständen geführt. Im Zeichen dieser Innovation erfolge der Zugriff auf Texte durch den thematischen Fokus, und nicht mehr durch die Fragen, die der individuelle poetische Text aufwerfe. Nimmt man wahr, dass in der germanistischen Literaturwissenschaft die seinerzeit als postmodern oder poststrukturalistisch ausgewiesenen Theoreme ihrerseits ziemlich in die Defensive geraten sind, wird man hinsichtlich derartiger Begründungen auf der Ebene disziplinärer Grundsatzfragen lieber vorsichtig sein. Gleichwohl lässt sich unter pragmatischen Gesichtspunkten die Tendenz zu integrierenden Text- und Bildarrangements mit kulturhistorischem Fokus als eine ernsthafte Antwort auf die Aporien eines die Primärtextlektüren einschließenden literarhistorischen Kursus diskutieren. Angesichts der extrem starken Steuerung bei der Materialauswahl und -zusammenstellung sollte man indes mit BRÜGGEMANN sehr skeptisch sein, wenn hier von „neuen Formen des Lernens" oder gar von „forschendem Lernen" gesprochen wird. FINGERHUT selbst verfährt unter dem Strich der Innovationsrhetorik sehr viel ausgleichender: „Viele Informationen müssen vom Lehrer selbst nachgetragen werden" (FINGERHUT 2010, 267). Was dies angeht, ist ihm sogar daran gelegen, die Lehrererzählung wieder ins Recht zu setzen (vgl. SPINNER in diesem Band).

■ *Lehrer/innen müssen Geschichten aus der Literaturgeschichte „erzählen" können. Nicht nur GOETHES Poetik ist interessant und seine Idee der autonomen Persönlichkeit, sondern auch sein Verhältnis zu Christiane, zur Weimarer Hofgesellschaft und deren „Regeln". Biographische Hintergründe können spannend erzählt werden und Staunen erregen (FINGERHUT 2010, 268).* ■

In Ergänzung zu den Arrangements der von ihm adressierten Lehrwerke liefert FINGERHUT selbst eine mit Aufgaben versehene Textsammlung zu „Dragonfighters", Varianten der Heldenepik von der Antike bis zum kleinen Hobbit Tolkiens. An ihr sollen Lernende der Sekundarstufe I ein geschichtliches Wissen ausbilden, das namentlich um Konstanten des Motivs in sich wandelnden historischen Kontexten kreist.

Für die Sekundarstufe II sind strukturell vergleichbare Arrangements vorstellbar, die sich an diskursgeschichtliche Verfahren der Kulturwissenschaften anlehnen. Hierbei könnte zum Beispiel die kryptotheoretische Funktion fiktionaler Texte bearbeitet werden, etwa im vorgreifenden Kontakt zu Psychologie, Medizin und Kriminologie, wenn es zum Beispiel um die poetische Bearbeitung von Wahnsinn und Verbrechen geht. Bei allem Reiz, der solchen Beschäftigungen mit historischen und thematisch prekären Diskursen eigen ist und der möglicherweise gerade männlichen Leseinteressen zuspielt, so BRÜGGEMANNs Vermutung, ist indes zu fragen, ob Sequenzen so zusammengestellter Textarrangements tatsächlich das eher konventionelle, deklarative Wissen aufbauen helfen, das für FINGERHUTs Bildungsziele, aber auch in den Curricula eine prominente Rolle einnimmt. Hier stellt sich etwa die Frage, ob es mit einem thematischen Fokus vereinbar ist, wenn zum Beispiel die Gelegenheit der Wahnsinnsdarstellung bei Tieck genutzt wird, um intensiver auf die geheimnisvolle Reise nach Innen als Topos romantischer Autoren einzugehen. Gut vorstellbar, dass dieser auf literarhistorische Bildung zielende Betrachtung von Lernenden als digressiv eingestuft würde.

Mit genuin ästhetischen Diskursen stärker alliierte Themen dürften besser geeignet sein, Konstanten und Variablen literarischer Kommunikation zu kontextualisieren. Als Beispiel sei hierfür die Auseinandersetzung mit der Semantik des Spiels genannt, die mit der Weimarer Klassik eine Bedeutung erfährt, die auf den Begriff der ästhetischen Autonomie übergeht und sich für eine Rückversicherung über eigene Einstellungen zu Kunst und Fiktion anbietet. Ein hierzu denkbares Textarrangement sei skizziert:

Ausgehend von Kants pädagogischen Vorlesungen kann die Dichotomie von Spiel und Arbeit als historisches Erfahrungsmodell identifiziert werden, das in Schillers Gedicht „Der spielende Knabe" in einer Weise aufscheint, die das wehmütige Thema der schönen Kindheit bereits zu erkennen gibt. Poetologisch gewendet wird das Thema des unschuldigen Spiels in Schillers berühmten „Briefen", die eine Identifikation von Spiel und ästhetischem Schein andeuten, welche für das historische (klassische) Verständnis von ästhetischer Autonomie und Fiktionalität hilfreich ist. Die im Kern resignative Unterscheidungen von Spiel und Arbeitsleben, von politischem und ästhetischem Staat usw. setzen sich dann interessanterweise im 19. und 20. Jahrhundert fort, wenn es um die kulturkritische Diskriminierung des guten Spiels und des schlimmen (englischen) Sports geht. Jener Sport wird dann nicht allein bei Spengler mit dem Untergang des Abendlandes in Verbindung gebracht und bei Canetti massenpsychologisch gedeutet, sondern ist auch poetisches Thema, zum Beispiel bei Wolfgang Koeppen. Poetologische Rekurse, die die Rezeption als Form des Spiels denken, finden sich bei Iser und, in anderer Perspektive, bei Bourdieu in seinem Modell der illusio.

Zwar bietet eine solch lektürebasierte Auseinandersetzung die Gelegenheit, sich wissenserweiternd mit ästhetischen Grundfragen zu beschäftigen, die bis in unsere heutigen Alltagssemantiken reichen, sodass ihr Bildungswert wohl außer Zweifel steht. Moniert werden kann aber, dass auch aus ihr keine historische Topographie erwächst, die einem Epochenwissen strukturell entspricht. Rückt man deshalb stattdessen, vielen Curricula und den Standards folgend, das historische Orientierungswissen in den Vordergrund, steht man dann nicht zwangsläufig in der Gefahr, jene kategorialen Fehlanwendungen zu verbreiten, die den Furor gegen den Epochenunterricht nähren? Grundsätzlich gilt das wohl nicht. Wie immer wieder konstatiert wird, liegt ein höchst unwillkommener Effekt dieses Unterrichts darin, dass Epochen als separate Universen erscheinen bzw. das Wissen von ihnen partialen Charakters ist. Was diesen Effekt angeht, darf man vermuten, dass der Gedanke kumulativen Lernens zu wenig in die Planungen des Wissenserwerbs eingeht. Unter Vorzeichen, kumulierend zu unterrichten, wäre von den thematisch fokussierten Arrangements zu lernen, die lebensweltliche Konstellationen und Werte diskursgeschichtlich einzufangen suchen. Strukturell fokussieren sie nämlich ein konstantes Thema und dessen semantisch-poetische Transformation im historischen Kontext. Analog könnte auch der Zugriff auf die Ordnungseinheiten Epoche, Strömung oder Autor erfolgen. Hierfür bedürfte es der Identifikation von Themen, die stets eine

Rolle spielen, aber diachron möglichst signifikant neu ausgelegt werden. Ein entsprechend poetologisch fundamentales Thema könnte in diesem Verständnis die Auslegung von Mimesis sein, die einem höchst signifikanten Wandel unterworfen ist.[10] Das hört sich schon wegen des antiken Leitbegriffs sehr akademisch an, lässt sich aber durchaus in sehr konkreten Beobachtungen elementarisieren. Diese Elementarisierungen betreffen sowohl die historischen Publikumserwartungen, die (je nachdem) auf das Wiederkennen von Bekanntem, auf das Erkennen unbekannt Wirklichem, auf möglich sein Könnendes, auf den Regeln der Wahrscheinlichkeit folgende Erfindungen, auf Illusion oder gar auf naturwissenschaftliche Beobachtung usw. gerichtet sein können, als auch die Rolle des Autors zwischen Buchgelehrten und genialen Phantasten. Derartige Autorschaftskonzepte könnten ebenso Foci der diachronen Betrachtung sein. In den Blick gerieten dabei auch historische Konstruktionen wie die des Geistigen Eigentums, die in den aktuellen Copyright- und Plagiatsdebatten prekär anmuten.

Ob entsprechend über konstante Themen fokussierte Kurse chronologisch verfahren sollten, kann offen bleiben. Um der Partialisierung des Wissens entgegenzuwirken, bietet es sich in jedem Fall an, kontrastiv an zuvor situiertes Wissen anzuknüpfen. Wenn beispielsweise mit dem Ästhetizismus der Jahrhundertwende provokante Positionen zur Poetizität metaphorischer Sprache artikuliert werden (zum Beispiel von Hofmannsthal), sollte das genutzt werden, um das Gesagte mit der antiken Rhetorik und ihren (substitutionstheoretischen) Auffassungen zur Metapher zu vergleichen. Wird aus dem gleichen Milieu heraus die Modernität der Romantik als Nervenkunst wiederentdeckt, drängt es sich auf, die eigenen Vorstellungsbilder von einer romantischen Epoche zu überprüfen usw.

Was FINGERHUT für ein Comeback der Lehrererzählung an Begründungen anführt, gilt auch für solche Rückbesinnungen. Oft wird es die Lehrkraft sein müssen, die solche Verbindungen zunächst einmal herstellt. Auch hierfür noch ein Beispiel: Lasker-Schülers oben im Kontext unglücklicher Interpretationen zitiertes Gedicht „Weltende" beginnt mit den Versen: „Es ist ein Weinen in der Welt,/Als ob der liebe Gott gestorben wär". Man kann hier sicher die berüchtigte Todeserklärung bei Nietzsche assoziieren, der darauf aber kaum das Copyright besitzt, ignorierte dann jedoch die „Als ob ..."-Konstruktion mit dem Irrealis, die bei Lasker-Schüler nicht nur in „Weltende" zu finden ist. Diese Konstruktion sollte Eichendorff ins Gedächtnis rufen, ein Rekurs, der mit den Schlussversen „Es pocht eine Sehnsucht an die Welt,/An der wir sterben müssen" konvenierte. Natürlich kann man als Lehr-

---

[10]   Vgl. hierzu die instruktive Darstellung von PETERSEN 2000.

kraft hier nicht (scheinbar) offen agieren und auf einen Erinnerungsblitz der Lernenden setzen, sondern kann sie nur mit entsprechenden Texten Eichendorffs konfrontieren; ein Arrangement, dessen instruktionaler Charakter nicht zu übersehen ist. Hierbei käme es nicht darauf an, eine mögliche Intertextualität bloß zur Kenntnis zu nehmen (vgl. Buß 2006). Vielmehr lohnte sich der Aufwand nur, wenn durch Lasker-Schülers Aktualisierung des Eichendorff-Sounds dieser selbst neu gewürdigt und die Tendenz einer konjunktivischen Brechung von Sprechergewissheiten oder der unsicheren Lesbarkeit der Welt auf die Moderne bezogen würde. Im Zentrum stünde dabei die „,Als ob'-Figur, die bekanntlich erst in der Lyrik Eichendorffs endgültig als wichtige und kennzeichnende sprachliche Gebärde für die Lyrik des 19. Jahrhunderts gewonnen wurde" (FRÜHWALD 1984, 399).[11]

Natürlich lassen sich derartige Referenzen im Unterricht aus Gründen der gebotenen Konzentration nicht stets beleuchten. Hilfreich für einen vitalen Umgang mit literarhistorischem Wissen wäre es indes, immer wieder explizit werdende oder sich aufdrängende Bezüge zwischen Epochen herauszustellen. Geschieht dies nicht, kann es nicht verwundern, dass Lernende zu den bekannten Hypostasierungen tendieren, zum Beispiel die Erfahrungen der Urbanisierung und Industrialisierung originär den Expressionisten zusprechen usw.). Ein entsprechendes Unvermögen, sich in historischen Topographien halbwegs genau zu orientieren, findet in Interpretationsaufsätzen seinen sprachlichen Niederschlag in Kontrastierungen, die mit so vagen Begriffen wie „früher", „vorher" oder „traditionell" realisiert werden.

2.4   Textarbeit im Unterricht

In seinem Versuch, Zielsetzungen und Voraussetzungen literarhistorischer Bildung zu skizzieren, spricht FINGERHUT 2010 (s. o.) von notwendigen „Mühen des genauen Lesens". Im Abschnitt zu Interpretationen wurden in diesem Kapitel ähnliche Akzente gesetzt, als vor der Neigung zu raschen extratextuellen Bedeutungsgenerierungen in Top-down-Operationen gewarnt wurde. Grundsätzlich spricht in diesem Zusammenhang viel dafür, dass die Investition von Mühe auf intrinsische Motivationen angewiesen ist, die über den Augenblick hinausreichen, sondern sich in einem Rezeptionshabitus verfestigt haben. Dass ein solcher Habitus Lernenden nicht einfach zufällt, sondern sich nur ausbilden kann, wenn Praktiken genauen oder textnahen Lesens als gewinnbringend und interessant erfahren wurden, sich also mit Gratifikationserwartungen verbinden, liegt auf der Hand. Auch wenn das

---

[11]   FRÜHWALD 1984, 395–407.

Lesen ein stark individueller Vorgang ist, etwas, was man letztlich allein macht, sollte man als Lehrkraft nicht auf Appelle setzen, die ohne Hilfestellung daherkommen und nur auf eine vermehrte Anstrengung der Lernenden zielen. Aufforderungen wie „Schauen Sie doch mal genau hin" und „Lesen Sie doch mal, was da steht" oder Fragen wie „Was fällt Ihnen an diesem Text auf?" verkennen sehr häufig die kognitiven Herausforderungen der Lektüre. Darüber hinaus fundieren Sie eine unangenehm indirekte Kommunikationssituation, deren Asymmetrie nur flüchtig kaschiert ist. Schließlich wissen die Lernenden ziemlich genau, dass die appellierende Lehrkraft Genaueres im Sinn hat: Man soll nämlich eine bestimmte Information des Textes wiedergeben und eine ganz bestimmte Auffälligkeit registrieren. Die Offenheit des Unterrichtsgesprächs ist hier ganz und gar scheinhaft.

Ausgehend von Erfahrungen im Rahmen der DESI-Studie haben Didaktiker wie WILLENBERG (2007) dafür plädiert, dass Lehrkräfte immer mal wieder in die Rolle eines Meisterlesers schlüpfen und ihre eigenen kognitiven Operationen bei der Lektüre eines Textes im Duktus lauten Denkens den Lernenden vorstellen, zum Beispiel bei den intra- und extratextuellen Interferenzbildungen. Dies setzt zwar voraus, dass die Lehrkraft über ein einigermaßen elaboriertes mentales Modell des Textes verfügt, schließt aber keineswegs aus, dass auch für sie nicht alles aufgeht und dass ebendiese Unsicherheiten als Interpretationsprobleme thematisch werden. Bemerkenswert ist an WILLENBERGs Vorschlag, dass er – wie FINGERHUTs Plädoyer für das Comeback der Lehrererzählung – mit unterrichtsmethodischen Konventionen bricht, die noch vor wenigen Jahren als unumstößlicher Fortschritt gegenüber der Paukschule bewertet wurden und die instruktionale Rolle der Lehrkraft äußerst skeptisch einschätzten. Spricht manches dafür, dass sich die normativen Vorstellungen der Fachdidaktik vom gebotenen Lehrerhandeln derzeit ändern und in Richtung der von HATTIE beworbenen Perspektiven entwickeln (SPINNER in diesem Band), so gilt Analoges auch für Aufgabenformate, wie sie durch den Multiple Choice Test (MC) und vergleichbare geschlossene Formate bekannt sind. Hier hatte sich gerade angesichts der ersten PISA-Testungen literarischen Verstehens noch einmal nennenswerter Widerstand gezeigt, der monierte, dass das MC-Verfahren auf die Identifikation einer richtigen Textbedeutung ziele und somit die Polyvalenz poetischer Texte strukturell verfehle (z. B. KÄMPER-VAN DEN BOOGAART 2004, KÖSTER 2010). Seit diesen ersten skeptischen Reaktionen haben indessen die verstärkten Anstrengungen, die kognitiven Prozesse des Textverstehens besser zu verstehen, empirische Belege für Lesekompetenzen und textuelle Verstehensbarrieren und empirisch überprüfbare Kompetenzen zu modellieren, dazu geführt, dass sich die Aversionen gegenüber dem Procedere von MC-Aufgabenformaten milderten. So gilt beispielsweise die mit den vielen MC-Items verbundene Nähe zur Kleinschrittigkeit keineswegs mehr als sträflich. Lag das Augenmerk des gymnasialen Unterrichts sehr lange auf holistischen Reaktionsformen wie z. B. dem Interpretationsaufsatz mit dem schlichten Instruktor „Interpretieren Sie ...", so hat zum Beispiel die Rezeption von Arbeiten wie die von GRZESIK (2005) dazu geführt, sehr viel genauer auf die einzelnen Schritte zu achten, über die es zu einem mentalen Modell des Textes kommt. Die mit dieser Neubewertung der Textarbeit einhergehende Beachtung der Textdetails selbst konveniert mit einem Ansatz, der erstmals 1996 in der Fachdidaktik debattiert wurde und als „Textnahes Lesen" sowohl auf der Ebene der Unterrichtsziele als auch der Methodik Bedeutung beanspruchte (KÄMPER-VAN DEN BOOGAART 2013a), wo etwa die Verbindung von Schreiben und Lesen in Modellversuchen exploriert wurde (PAEFGEN 1996 und 1998). Nicht selten wurden in derart inspirierten didaktischen Analysen Relektüren schulklassischer Literatur betrieben und gängige Interpretationsklischees kritisiert (z. B. FINGERHUT 1997; KÄMPER-VAN DEN BOOGAART 2000a, 2000b und 2005). Durch die Arbeit an MC-Formaten im Zuge der nach PISA einsetzenden Tests zur Ermittlung von Textkompetenzen und zur empirischen Überprüfung von Kompetenzmodellen ergaben sich für die Literaturdidaktik weitere Anregungen (KÄMPER-VAN DEN BOOGAART 2013b) und eine durch Unterrichtsversuche abgesicherte Auffassung, dass sich MC-Formate sehr gut als Lernaufgaben eignen können, wenn es darum geht, herausfordernde Texte sehr genau lesen und Interferenzbildungen in besonderem Maße kontrollieren zu müssen (KÄMPER-VAN DEN BOOGAART 2006). Was die Qualität von MC-Aufgaben für gemeinsame Lernprozesse ausmacht, pointiert KÖSTER (2009):

▦ *Richtig-Falsch-Aufgaben haben in der Lernsituation einen wichtigen Platz. Denn erstens bieten Auswahlaufgaben Entscheidungsspielraum und damit ein Moment der Selbstbestimmung. Zweitens sind die getroffenen Entscheidungen für das Plenum interessant. Und drittens liefern sie eine ausgezeichnete Grundlage für das Gespräch im Plenum oder in der Kleingruppe, da jede Option für ein Angebot begründungspflichtig ist. Entsprechendes gilt für Multiple-Choice-Aufgaben (8).* ▦

Aufgegriffen werden solche Überlegungen auch in den Aufgabenbeispielen zum Kompetenzbereich „Sich mit Texten und Medien auseinandersetzen" der KMK-Abiturstandards, wie die Bearbeitungen von KAFKAS „Poseidon" oder von Eichendorffs „Zwielicht" sehr schön zu erkennen geben (KMK 2012, 166 ff.). In beiden Fällen sind die Aufgabenitems, MC-Formate und andere, was die Textbearbeitung angeht, eher kleinschrittig angelegt und insofern instruktiv, als sie Impulse für Entscheidungsfindungen geben. Umgesetzt wird hier auch die Erwartung der Standards, dass am Text identifiziert wird, wie Polyvalenz bzw. Mehrdeutigkeit hervorgerufen wird.

Ein geschlossenes Format (Ja/Nein-Items) zum KAFKA-Fragment lautet zum Beispiel:

Kreuzen Sie an, welche Aussagen dem Inhalt des Textes entsprechen. Diskutieren Sie Ihre Antworten in Ihrer Lerngruppe.

Poseidon führt sein Amt aus, weil ...

	richtig	falsch
a) es seinem Leben Sinn gibt.	☐	☐
b) er sich dazu verpflichtet fühlt.	☐	☐
c) er es für seine Berufung hält.	☐	☐
d) er sich keine andere Arbeit vorstellen kann.	☐	☐
e) sich keine andere Arbeit für ihn findet.	☐	☐

In der Konstruktion solcher Items kommt es insbesondere auch bei Lernaufgaben darauf an, dass die Distraktoren bzw. Antwortalternativen nicht gänzlich absurd, sondern durch den Text – den Aufgabenstamm – motiviert sind, um ernsthafte, den Wortlaut des Textes verfolgende Erwägungen zu motivieren. Während es bei Testitems darauf ankommt, dass die „richtige" Lösungsoption eindeutig feststeht, ist dies bei Lernaufgaben keineswegs zwingend, da die Lösungen immer noch der Plenardiskussion ausgesetzt werden, die durchaus für begründet befinden kann, dass etwas für mehrere Lösungen spricht oder auch für eine Lösung, die in den Items gar nicht berücksichtigt wurde.

Bei aller Beachtung kleinschrittiger Aufgaben darf nicht unbeachtet bleiben, dass von den Lernenden im Abitur erwartet wird, dass sie sich in eher holistisch ausgerichteten Aufsatzformen artikulieren, die Politik der kleinen Schritte also selbst verfolgen und die Entwicklung eines mentalen Textmodells in ein kohärent strukturiertes Schreibprodukt umsetzen. Wie schon im Abschnitt zu den Interpretationsfragen erwähnt, kommt es hierzu darauf an, die Erfahrungen, die mit kleinschrittigen Lernaufgaben gemacht werden, in Metabetrachtungen zu generalisieren. Hilfreich kann es auch sein, in gemeinsamer Anstrengung den Weg vom Prozess zum Produkt analytisch umzukehren und von einem positiv oder negativ beeindruckenden Interpretationstext auf die prozessualen Schritte, die zu ihm geführt haben könnten, rückzuschließen.

Dafür bietet sich die Auseinandersetzung mit Texten an, die die Bildungsstandards etwas unglücklich mit dem Begriff „pragmatisch" belegen, um sie von „literarischen" Texten abzusetzen. Die Aufgabenbeispiele der Standards sehen für die Analyse solcher Texte vorrangig Produkte vor, die sich mit Sprache und Sprachgebrauch beschäftigen, während literaturaffine Arbeiten eher im Kontext der Erörterung literarischer Texte auftauchen. Damit nimmt man sich zumindest im Unterricht eine wichtige Chance. Die Aufgabe, fremde Interpretationstexte zu analysieren, kann nämlich, wie angedeutet, einen erheblichen Effekt auf die Verbesserung der eigenen Interpretationskompetenz haben, wobei es keineswegs nur darum ginge, Musterhaftes zu erkennen und zu kopieren.

Dass es solcher Beschäftigung bedarf, kann angesichts der den deutschen Aufsatz begleitenden Überforderungsklagen ebenso bilanziert wie die Vorsicht gegenüber dem raschen literarischen Urteil festgehalten werden. Man muss nicht so allergisch wie Nietzsche auf derartige Praktiken reagieren (HAMELMANN/ KÄMPER-VAN DEN BOOGAART 2013), sollte sich aber wenigstens klarmachen, was man eigentlich intendiert, wenn man 16-Jährige ernsthaft dazu anhält, den Autor eines hochkanonischen Textes mit einem Werturteil zu bedenken. Dass hier in aller Regel stereotyp formulierte Kurzlaudationes zu lesen sind, kann, bei Lichte betrachtet, nicht ernsthaft verwundern.

3 Literale Sozialisation, Lesekompetenz und Leseförderung

CORNELIA ROSEBROCK

3.1 Lesesozialisation, literarische Sozialisation

Unter literaler Sozialisation versteht man den dialektischen Verlauf der Herausbildung des Einzelnen in der Auseinandersetzung mit Schriftmedien und den Prozess seines Hineinwachsens in die Schrift- bzw. die literarische Kultur. Dialektisch ist dieser Prozess insofern, als das Individuum einerseits beim Eintritt in Gesellschaft, Kultur und Geschichte u. a. von den vorgefundenen literalen Praktiken geprägt wird, es aber andererseits im Sinne der Selbstsozialisation Wahl- und Einflussmöglichkeiten auf diese Vorgänge hat. Die literale Kultur unterliegt ihrerseits historischen Wandlungsprozessen durch die Veränderung der Rezeptionspraktiken und der Medien. Mit dem Begriff literale Sozialisation ist ein Ausschnitt des gesamten Sozialisationsprozesses von Individuen und insbesondere ein Ausschnitt ihrer Mediensozialisation begrifflich gefasst.

Lesesozialisation (GROEBEN/HURRELMANN 2004) umfasst all die Prozesse, die auf individuell-biografischer Ebene zur Entwicklung von der Fähigkeit, der Motivation und der Praxis führen, geschriebene Sprache im Medienangebot zu rezipieren. Der Begriff der literarischen Sozialisation (zuletzt: PHILIPP 2011) ist dagegen zugleich enger und weiter gefasst als der der Lesesozialisation: Denn literarische Erfahrungen werden auch ohne individuelle Schriftlektüre gemacht, beispielsweise in (vorschulischen) Vorlesesituationen, bei der Rezeption von Hörspielen oder Filmen, im Theater usw. Andererseits betrifft der größte Teil der tatsächlichen Lesevorgänge bei Erwachsenen – anders als bei Heranwachsenden – nicht literarische Texte, sondern Sachtexte. Insbesondere im Blick auf das Lesen Erwachsener ist in dieser Logik Lesesozialisation der weitere Begriff. In Kindheit und Jugend ist der Lesesozialisationsprozess dagegen enger an literarische Medien gebunden.

Die Differenz zwischen den Begriffen Lesesozialisation und literarische Sozialisation zeigt sich deutlicher in den unterschiedlichen Zielorientierungen: Der Terminus *reading literacy*, Lesekompetenz, entstammt der angloamerikanischen Tradition und zielt auf schriftsprachliche Rezeptionsfähigkeit im weiten Sinn, etwa auf Verstehensleistungen bei der Lektüre verschiedener linearer Textsorten, aber auch bei Tabellen, Grafiken, Lexikon- oder Hypertexten usw. (LENHARD 2013). Horizont des

Begriffs der literarischen Sozialisation ist im Gegensatz dazu die Idee literarischer Bildung, also die Kenntnis der literarischen Traditionen und die entsprechende Rezeptions- und Genussfähigkeit, die in Zusammenhang mit der Persönlichkeitsbildung verstanden wurde und wird. Diese Zieldifferenz relativiert sich allerdings wieder im Blick auf die individuelle Entwicklung des Lesens: Die biografische Genese der verschiedenen Lesehaltungen und -praktiken geschieht auch in der Mediengesellschaft wesentlich über die Rezeption erzählender Kinderliteratur, mithin über ein literarisches Korpus, in dem die Trennung in literarische und in Sachtexte, in „autonome", unterhaltende bzw. belehrende Texte weit weniger vollzogen ist als in der Literatur für Erwachsene. Für die Prozesse des Erwerbs von Schriftsprachlichkeit ist – neben Schulbüchern – altersangemessene belletristische Literatur (auch als Hörbuch) faktisch auch in der gegenwärtigen Medienlandschaft das zentrale Medium.[1]

3.1.1   Bedingungen der literalen Sozialisation

Einflussfaktoren der literalen Sozialisation des Einzelnen sind neben dem kulturell und historisch verfügbaren Medienangebot und neben den individuellen kognitiven Fähigkeiten insbesondere die lebensweltlichen Bedingungen, unter denen sich Lektüre- bzw. Mediengewohnheiten insgesamt herstellen. Sie führen faktisch zur Auswahl von Medien, zu ihrer habituellen Nutzung und zum Erwerb spezifischer Rezeptionskompetenzen und -motivationslagen.

Wie überhaupt in Sozialisationsprozessen hat sich der *Faktor der sozialen Schicht* auch für die literale Sozialisation als die dominante Einflussgröße erwiesen: Bei den Bevölkerungsgruppen mit niedrigem sozioökonomischen Status gehört Lesen weit weniger zum kulturellen Repertoire als in den oberen Sozialschichten (FRANZMANN 2001, EHMKE/JUDE 2010). Dieser Befund gilt historisch für die gesamte bürgerliche Lesekultur und kulturübergreifend für moderne Gesellschaften (SCHÖN 1999).

Mediennutzungsmuster sind folglich sozialschichtspezifisch. Eine ausschließlich durch Fernsehen und Video bestimmte Mediensozialisation, wie sie tendenziell in den unteren Sozialschichten stattfindet, hat sich als ungünstige Bedingung für die Entwicklung zur Printmediennutzung erwiesen (ENNEMOSER 2003); das Fernsehen beherrscht hier den nichtinstitutionellen Mediengebrauch von Kindern wie von Erwachsenen (HURRELMANN et al. 1996). Zwar ist das Fernsehen auch in der Mittelschicht Leitmedium, aber gedruckte Medien werden in diesen Haushalten zusätz-

---

[1]   Überblicke über die deutschdidaktischen Studien zur literalen Sozialisation bieten u. a. GARBE et al. 2009 und PIEPER 2010.

lich in größerem Umfang genutzt. In der mittelschichtdominierten Gruppe der Vielleser unter den Grundschulkindern beanspruchte das Fernsehen in den 1990er Jahren etwa ebenso viel vom täglichen Zeitbudget wie die Lektüre, in der Unterschicht weit mehr. Kinder aus Haushalten mit gemischter Mediennutzung verfügen dabei über etwa gleiche Chancen, sich zu Leserinnen bzw. Lesern zu entwickeln wie Kinder aus dezidiert buchbezogenen Familien, in denen das Fernsehen stark eingeschränkt wird (HURRELMANN et al. 1993).

Allerdings ist das Fernsehen als Leitmedium der Mediensozialisation in den letzten beiden Jahrzehnten tendenziell in den Hintergrund getreten: Das Internet wird von etwa 90 % der Jugendlichen beiderlei Geschlechts (fast) täglich genutzt. Fernsehen, Film, Radio, CD und MP3 erreichen eine ähnlich hohe Nutzungszeit, während rund 54 % der Mädchen und 35 % der Jungen täglich bzw. mehrmals in der Woche in einem Buch lesen, wie die JIM-Studie für 2011 ausweist (MPFS 2011). Die einzelnen Medien gehen zudem zunehmend ineinander über – Internetnutzung kann Lesen, Spielen, Filme rezipieren, schriftliche oder mündliche Kommunikation und Mischformen von all dem bedeuten. Auch wegen der schnellen technischen Entwicklung der Medien gibt es kaum gesichertes Wissen über die Sozialschichtspezifik bei der Qualität der Nutzung; zweifellos sind hier Nutzungsmuster zu vermuten, die sich im Blick auf die Rezeption von Schriftsprache stark voneinander unterscheiden.[2]

Das gegenwärtige Schulsystem der BRD hat, was die Herstellung von Zugangsmöglichkeiten zu habituellem Lesen und zu einer lernförderlichen Mediennutzung auch für die unteren Sozialschichten anbelangt, zu wenig ausgleichende Funktionen; im Blick auf Lesekompetenz haben die PISA-Studien das immer wieder bestätigt. Der enge Zusammenhang zwischen sozioökonomischer Herkunft und Lesekompetenz hat sich zwar seit der Jahrhundertwende leicht verringert ist in Deutschland aber immer noch stärker als in vergleichbaren Staaten (EHMKE/JUDE 2010). In den muttersprachlichen Unterricht werden hierzulande die neuen Medien und damit auch deren literale Lernpotenziale weit weniger einbezogen, als es in anderen Ländern der Fall ist (FREDERKING/JONAS 2008).

Ein weiterer Bedingungsfaktor der literalen Sozialisation ist das *Geschlecht*: Mädchen weisen statistisch eine etwas höhere Lesekompetenz auf als Jungen, ein Phänomen, das sich für fast alle Industrienationen nachweisen lässt. Mädchen sind auch etwas höher motiviert und lesen statistisch etwas mehr und sind literarisch orientierter als Jungen – ein Umstand, der für Kinder am Ende der Grundschulzeit

---

[2]   Hinweise, die allerdings nicht sozialschichtspezifisch differenzieren, bei HERTEL et al. 2010, S. 261 f.

ebenso wie für Jugendliche und Erwachsene belegt ist (PHILIPP 2011). Diese Asymmetrie vertieft sich im Fortgang der Sozialisation. In qualitativer Hinsicht sind Mädchen schon am Ende der Grundschulzeit etwas mehr an belletristischen, insbesondere erzählenden Texten interessiert, an Genres also, die Erfahrungen psychischer und sozialer Befindlichkeiten eröffnen. Jungen sind tendenziell etwas mehr an Sachtexten interessiert. Die quantitativen wie qualitativen Differenzen im Leseverhalten der Geschlechter bauen sich im weiteren Lebensverlauf nicht mehr ab, sondern bleiben ziemlich konstant. Sie sind zudem, ebenso wie die Schichtabhängigkeit des Leseverhaltens, kulturübergreifend belegbar und darüber hinaus historisch „tief": Sie lassen sich für die gesamte bürgerliche Lesekultur seit etwa Mitte des 18. Jahrhunderts veranschlagen und finden sich vergleichbar in fast allen Industriestaaten (SCHÖN 1999; NAUMANN et al. 2010, 52 ff). Unangebracht sind allerdings die gängigen Rückschlüsse aus diesen zwar konstanten, aber doch kleinen Differenzen, zum Beispiel die populären Vorstellungen, dass Schöne Literatur die Jungen nicht erreiche oder dass Mädchen im Literaturunterricht per se privilegiert seien. Verglichen mit den schichtspezifischen Unterschieden sind die zwischen den Geschlechtern geradezu winzig; die individuellen Differenzen zwischen Kindern gleichen Geschlechts sind weit größer.

Schließlich ist der Faktor *ethnische Herkunft* zentral. Ein Drittel der Kinder in der BRD hat im Jahr 2013 einen Migrationshintergrund (CINAR et al. 2013), bei den Jugendlichen sind es mehr als ein Viertel. Auch die jüngste PISA-Studie bestätigt für Deutschland große migrationsspezifische Kompetenzunterschiede im Lesen, was auch daran liegt, dass Jugendliche fremdkultureller Herkunft in Familien mit deutlich unterdurchschnittlichem sozioökonomischen Status aufwachsen. Anders ausgedrückt: Der Faktor Schichtzugehörigkeit überschneidet sich mit dem des Migrationshintergrunds (EHMKE/JUDE 2010).

Bezüglich der literarischen Sozialisation von Kindern und Jugendlichen aus Migrationsfamilien bestehen Forschungsdefizite: Der Genese der Lesemotivation und -kompetenz dieser Kinder und Jugendlichen hat sich die leseautobiografisch vorgehende Forschung kaum zugewendet[3]. Diejenigen Jugendlichen, in deren Familien nicht Deutsch gesprochen wird, verfügen statistisch über deutlich schlechtere Lesekompetenz und niedrigere Schulbildung als ihre Altersgenossen. Wenn man allerdings diejenigen Jugendlichen erfasst, in deren Familien trotz Migrationsgeschichte Deutsch gesprochen wird, und wenn der sozioökonomische Status kontrolliert wird, dann sind fast keine Unterschiede in der Lesekompetenz zwischen Jugendlichen mit

---

[3]   Vgl. allerdings PIEPER et al. 2004, ARTELT et al. 2010, PHILIP 2011.

familiärer Mirgrationsgeschichte und solchen ohne auszumachen (STANAT et al. 2010). Faktisch verfügen aber etwa ein Viertel der Jugendlichen aus Migrantenfamilien als 15-Jährige nicht über ausreichende Lesekompetenzen, um der Beanspruchung in Alltag und Beruf zu genügen. Dabei hat der bei weitem größte Teil dieser Jugendlichen das bundesdeutsche Bildungssystem von Beginn an durchlaufen (ebd.).

Gleichwohl ist das im internationalen Vergleich schlechte Abschneiden schwacher Leser in der BRD im Blick auf Lesekompetenz nicht allein auf die Jugendlichen mit familiärer oder persönlicher Migrationsgeschichte zurückzuführen. Mehr als die Hälfte der von PISA so bezeichneten „Risikogruppe" ist familiengeschichtlich deutschsprachig. Der größere Anteil davon ist männlich, fast alle besuchen die Haupt- oder Sonderschule (STANAT et al. 2010).

3.1.2 Verlaufsformen der Lesesozialisation

Bei der Frage nach dem Verlauf des Literaturerwerbs kam seit den 1950er-Jahren das Konzept des *Lesealters* zum Tragen. Es geht auf die entwicklungspsychologisch argumentierende Lesepädagogik vom Beginn des 20. Jahrhunderts zurück, die mit dem Lesealtertheorem Stufen der literarischen Kompetenz postulierte: Demzufolge wird das „Struwwelpeteralter" (von 2–4) vom „Märchenalter" (von 4–7) abgelöst, es folgen das „Robinsonalter" (7–12), das „Dramen- und Balladenalter" (12–15) sowie das „lyrische und Romanalter" (15–20) (zuerst BÜHLER 1918).

Dieses Theorem ist aber trotz folgender Ausdifferenzierung spätestens seit den 1970er-Jahren aus mehreren Gründen obsolet geworden: Die spezifischen literarischen Verstehensmöglichkeiten der verschiedenen Altersstufen sind nicht als Produkt biologischer Reifung zu denken; abhängig sind sie vielmehr von der Art und Weise der sprachlichen Interaktionen, in die Heranwachsende alltäglich vor allem in Familie und Schule eingebunden sind, und insbesondere von den alltagspraktischen Funktionen literarischer Kommunikation. Hinzu kommt: Die Annahme, dass Entwicklungsstufen identifizierbar sind, die jeweils die Gesamtpersönlichkeit umfassen und jeweils eine Art psychologisches Niveau bilden, ist überholt: Sie ist zu wenig komplex, um die Ungleichzeitigkeiten und Differenzen in Entwicklungs- und Sozialisationsprozessen zu beschreiben. Die These, dass es ein Entsprechungsverhältnis zwischen dem Textinhalt und dem jeweils einer Altersstufe zugänglichen Erfahrungsbereich gibt, überzeugt zwar weiterhin im Grundsatz. Die Komplexität dieser Beziehung bleibt aber unerkannt, solange die biografischen, kommunikativen und affektiven Erfahrungen vernachlässigt werden, auf die im Leseprozess zurückgegriffen wird.[4] Ein weiterer Einspruch gegen Lesealtersstufen-Theoreme muss schließlich mit Blick auf die Bedeutung medialer Erfahrungen formuliert werden: Der kulturelle Wandel hat großen Einfluss auf das jeweilige Angebot an Medien, auf deren Themen und ihre rhetorischen Strukturen.

Gegenwärtig wird die Verlaufsform der literarischen Sozialisation insbesondere unter der interaktionstheoretischen Perspektive der empirischen Lesesozialisationsforschung betrachtet: Eine Kindheit, in der literarische Kommunikation zum Alltag gehört, ist die lebensgeschichtliche Basis für die Leseentwicklung. Lange vor Schuleintritt werden beim Vorlesen von (Bilder-)Büchern, Erzählen von Geschichten, beim spielerischen Umgang mit Reimen, Versen und Liedern usw. die musikalisch-poetischen Dimensionen der Sprache und die schrittweise Lösung der Kommunikation aus dem situativen Handlungsbezug eingeübt. In der neueren Forschung wird mit Blick auf die Situationen, in denen das Kind früh Literatur erfährt, der interaktive, kommunikative Charakter der literalen Enkulturation nachdrücklich betont: Es ist die Unterstützung durch einen kompetenten Anderen in einer dialogischen Situation, die es dem Kind erlaubt, sich beispielsweise bei Vorlesesituationen in seinen Verstehensbemühungen in der „Zone der nächsten Entwicklung" (VYGOTZKJ 2005) zu bewegen. Kommunikativ gestützt durch diesen Anderen, können schrittweise differenziertere und situationsabstraktere Vorstellungen aufgebaut werden. Vermutlich ist das der Grund, weshalb sich ausgeprägtes unbegleitetes Fernsehen in der Kindheit als nicht förderlich für den Literaturerwerb zeigt. Kinderliterarische Texte in solchen personalen Vermittlungssituationen provozieren dagegen die inneren Konstitution von „Übergangsräumen" zwischen individuellen Erfahrungen und sozial geteilten Wirklichkeitsdeutungen (BRUNER 1987, ABRAHAM 1998). Aus dieser ko-konstruktiven Perspektive auf den kindlichen Leseprozess kann der selbstsozialisatorische Anteil im späteren individuellen Lesen besser eingeschätzt werden: Auch im späteren eigenständigen Lesen kann, gegebenenfalls mit Unterstützung eines im Text angelegten kompetenten Partners – des Erzählers –, die Weiterentwicklung der Persönlichkeit und die Orientierung auf die nächste Entwicklungszone aktiv durch die Leser betrieben werden.

Faktisch zeigen sich Ausmaß und Intensität der literarischen Kommunikation im Vorschulalter als hochgradig vom kommunikativen Klima der Familie abhängig: Medial mündliche, aber konzeptuell schriftliche Kommunikationsformen werden mit Kindern in Familien der oberen Schichten weit umfangreicher und altersad-

---

[4]   Vgl. OERTER 1999. Ein entwicklungspsychologisch begründetes theoretisches Erwerbsmodell literaler Fähigkeiten im Heranwachsen bieten GARBE et al. 2006, eine didaktische Stufung der Leseentwicklung für die Altersspanne der Sek.I findet sich in ROSEBROCK/WIRTHWEIN 2014.

äquater praktiziert als mit Kindern der unteren Sozialschichten. Diese Kinder treten mit besseren sprachlichen Voraussetzungen und differenzierterer literarischer Kompetenz (beispielsweise Textsortenkenntnissen und Erzählfähigkeit) in die Schule ein. Das elterliche Vorbild und die Beteiligung der Erwachsenen an den literarischen Erfahrungen der Kinder sind zudem Grundlagen für die Motivation, sich einer Geschichte anzuvertrauen und sie als Muster imaginärer Wirklichkeitsüberschreitungen und Anregungsfaktor der Persönlichkeitsentwicklung wertzuschätzen. Die Stabilität der aus diesen Situationen erwachsenden intrinsischen Lesemotivation ist in der Folge der entscheidende Faktor für den Fortgang der literarischen Sozialisation. Hier scheint der Schlüssel für das Verständnis der nachhaltigen Schichtspezifik der Lesesozialisation und eine Erklärung für die relative Erfolglosigkeit schulischer Kompensationsbemühungen zu liegen.

Der Schriftspracherwerb zu Schulbeginn stellt insofern eine Krise der Lesesozialisation dar, als hier den relativ weit entwickelten literarischen Verstehens- und Genussfähigkeiten nur unzureichende lesetechnische Fähigkeiten gegenüberstehen. Beim Selbstlesen wird das Kind zunächst in seinen literalen Erfahrungsmöglichkeiten weit zurückgeworfen, zumindest dann, wenn die literarischen Interessen und Fähigkeiten nicht abgelöst vom Schreiben- und Lesenlernen weiterhin unterstützt werden (DEHN 2000).

Die folgende Phase der späten Kindheit bis zur Pubertät ist in lesesozialisatorischer Hinsicht für Mittelschichtkinder vom hohen Stellenwert des Bücherlesens in der Freizeit geprägt. Erhebungen zufolge liest mehr als die Hälfte aller Kinder dieses Alters gern und häufig; die Problemgruppe, die kaum Kontakt zu Kinderbüchern finden kann, ist mit etwa 13 % niedriger als in allen folgenden Altersstufen (HURRELMANN et al. 1993; HARMGARTH 1997). In der Regel wird von Mittelschichtkindern in der späten Kindheit gern und viel altersgemäße Unterhaltungsliteratur gelesen. Auch das Verhältnis zum Lesen in der Schule und zu den dort ggf. etwas höheren Ansprüchen an die literarische Qualität der Texte ist in der Regel unproblematisch. Kinder der unteren Sozialschichten durchleben allerdings selten eine solche Lesekindheit, PC-Spiele und Fernsehen bestimmen ihren Mediengebrauch in der späten Kindheit (PIEPER et al. 2004, RIECKMANN et al. 2013).

Auf diese Vielllesephase bei rund zwei Dritteln aller Kinder folgt in der Regel eine Motivationskrise in der sogenannten literarischen Pubertät, die in qualitativen Studien nachgewiesen wird und auch der pädagogischen Erfahrung entspricht: Etwa ab dem 12. Lebensjahr nehmen Lesebereitschaft, Lesefreude und auch das tatsächliche Lesen kontinuierlich ab. Mit etwa 14 Jahren, ab der 7. Klasse, ist ein deutlicher Abfall zu beobachten, der etwa bis zur 10. Klasse anhält. Im Ausmaß ist dieser

Rückgang im Verlauf der Sekundarstufe I wiederum differenzierbar nach den sozialen Gruppen und dem Geschlecht. Etwa zwei Drittel der Jugendlichen haben am Tiefpunkt dieser Entwicklung in der 8. bzw. 9. Klasse das Freizeitlesen annähernd ganz eingestellt. Nur eine Minderheit von ihnen nimmt es in der Adoleszenz wieder auf (HARMGARTH 1997, PHILIPP 2011). Allerdings sollte man in Rechnung stellen, dass die Lesemotivation statistisch generell im Laufe des Heranwachsens für alle Gruppen kontinuierlich abnimmt; das gilt für Kinder und Jugendliche aller Schularten, es gilt also für die drei großen Einflussfaktoren *class, race, gender* (RETELSDOF/ MÖLLER 2008).

In der biografischen Leseforschung sind die Hintergründe dieser Lesekrise bei Mittelschichtkindern erforscht und im Zusammenspiel entwicklungspsychologischer Veränderungen und mangelnder institutioneller Unterstützung verortet worden: Ab der Pubertät wird die Kindheitslektüre mit ihren spezifisch auf das psychische System des Kindes und seine Identifikationsbedürfnisse zugeschnittenen Gratifikationen zunehmend unbefriedigend. Dies gilt für die Themen, aber auch für Darstellungsweisen. Es muss ein Neuanfang in der Lesegeschichte erreicht werden, für den oft Anregungen von außen notwendig sind. Das Anregungszentrum bietet nun nicht mehr die Familie, sondern in der Regel die Gruppe der Gleichaltrigen oder – empirisch außerordentlich selten – der Deutschlehrer bzw. die Deutschlehrerin. Nach der Typologisierung von GRAF (2004) formieren sich in dieser Phase für dasjenige Drittel der Jugendlichen, für das die Lektüre belletristischer Texte eine Erfahrungsform auch außerhalb der Schule bleibt, dauerhafte Lesehaltungen: Im Modus des „intimen Lesens" wird die lustbetonte Leseweise der Kindheit im Spektrum der Unterhaltungsliteratur weitergeführt, also die lustvolle Versunkenheit des kindlichen Lesens wird gleichsam unterhalb des intellektuell erreichten Niveaus der Wirklichkeitswahrnehmung beibehalten. Solche Lektüre hat oft die – den Jugendlichen durchaus bewusste – Funktion, schlichte Tagträume imaginär zu erfüllen. Dem gegenüber modelliert GRAF einen Lesertypus, der nun mit der primären Funktion der Realisierung von Interessen liest, den „Konzeptleser". Dieser Typ hat im Zuge der Bewältigung der jugendlichen Lesekrise eine sekundäre Lesemotivation aufgebaut, seine Lesegewohnheiten folgen nun äußeren Zwecken. GRAF findet in seinen Daten, etwa 1 000 leseautobiografischen Texten von Studierenden, neben dem genannten „intimen Lesemodus" und dem „Konzeptlesen" weitere Lesehaltungen, insbesondere den ästhetischen Lesemodus, in dem reflektierte und zugleich affektiv tiefe und unmittelbare Erfahrungen realisiert werden; er ist weit seltener als die beiden oben genannten Typen (s. auch GRAF 2007).

Für den bedauerten Verlust der kindlichen Form „versunkener" Lektüre machen Jugendliche nicht selten retrospektiv den Literaturunterricht der Sekundarstufe mit seinem Zwang zu Distanz und Reflexion des Gelesenen verantwortlich. Freilich berücksichtigen sie dabei vermutlich nicht, dass die psychosexuelle Entwicklung beim Übergang vom Kind zum jungen Erwachsenen ihren Anteil hat am Verlust der kindlichen Unmittelbarkeit des literarischen Erlebens. Doch Fakt bleibt auch, dass der Literaturunterricht der Sekundarstufe 1 keinen anregenden, ins Freizeitlesen ausstrahlenden Effekt hat. In anderen Ländern ist der Aufbau einer fruchtbaren Verbindung von Literaturunterricht und Freizeitlesen ein wesentliches didaktisches Ziel; beispielsweise in den Niederlanden ist „personales Lesen" neben textanalytischer und literaturhistorischer Bildung der dritte curricular verankerte Bestandteil des Literaturunterrichts, die Reflexion der eigenen Lesesozialisation ist ein wesentlicher Bestandteil davon.[5]

Freilich hat GRAF diese Leseautobiografien bei Studierenden erhoben, die retrospektiv ihre Lesegeschichte aufgeschrieben haben; die Mehrheit der Heranwachsenden jenseits des Gymnasiums ist damit aus dem Blick gerückt. Aber auch sie lesen in der späten Kindheit mehr als in anderen Lebensphasen, häufig Zeitschriften und alltägliche Kurztexte. Das Lesen längerer Texte ist für sie allerdings stärker der Sphäre des Arbeitens und Lernens zugehörig, und Lektüre wird kaum als Medium der Persönlichkeitsbildung und des Genusses erschlossen (PIEPER et al. 2004, RIECKMANN et al. 2013).

3.2 Literarästhetische Rezeptionskompetenz als Ziel des Literaturunterrichts

Während der Verlauf der außerschulischen Lesesozialisation weitgehend der biografischen Kurve der Lesemotivation entspricht, ist der schulische Literaturunterricht insbesondere ab der Sekundarstufe wenig an der motivationalen Seite des Lesens und deutlich auf den Aufbau *literarästhetischer Rezeptionskompetenzen* hin orientiert.

Älteren didaktischen Entwürfen vom Entwicklungsverlauf literarästhetischer Rezeptionskompetenz zufolge wird nach dem technischen Leselehrgang in den ersten beiden Grundschuljahren zunächst durch ausgeprägte, mehrheitlich außerschulische Lektüre von Kinderliteratur die Fähigkeit zur Lektüre längerer Texte erworben, bis schließlich nach abgeschlossener Pubertät eigentliches literarisches Lesen

---

[5] WITTE et al. 2012, vgl. auch für einen solchen Schwerpunkt des Literaturunterrichts WROBEL 2009.

stattfinden kann. Diese Vorstellung geht auf KÄTE FRIEDLÄNDERS „Über Kinderbücher und ihre Funktion in Latenz und Vorpubertät" von 1941 zurück, eine der ersten Studien zum Thema spezifisch literarischer Kompetenz in der Erwerbsperspektive. Die psychoanalytisch orientierte Forscherin untersucht das Freizeitlesen von Kindern mit dem Ergebnis, dass sie bis in die Pubertät in ihrer freiwilligen Lektüre solche Themen aufsuchen, die ihnen die Darstellung ihrer Triebkonflikte erlauben. In der Vorpubertät habe Lesen also in erster Linie eine ökonomische Funktion für das Triebleben, so FRIEDLÄNDER, und macht dies anhand der beliebten kinderliterarischen Themen in dieser Altersstufe evident. Zu der Bereitschaft, literarisch zu lesen, gehöre die Überwindung der Triebkonflikte, so dass die fruchtbare Zeit für den Literaturunterricht erst nach dem 15. Lebensjahr beginne. Damit folgt FRIEDLÄNDER bezüglich der Leserseite der (von heute aus gesehen) zu naiven Vorstellung, dass die Triebbedürfnisse nach der Pubertät weitgehend erledigt seien. Bezüglich der Gegenstandsseite geht sie von einem autonomieästhetischen Literaturbegriff aus, der ästhetische Texte jenseits von Gebrauchssituationen stellt, insbesondere jenseits psychodynamisch motivierter Bedürfnisse. Das sind philologisch gleichsam „saubere", aber empirisch weitgehend wirklichkeitsferne Prämissen. Gleichwohl impliziert dieser veraltete Lektüre- und Literaturbegriff einen auch gegenwärtig schulisch einflussreichen Lesebegriff, demzufolge kindliches und jugendliches Lesen die Vorgeschichte des literarischen Lesens im Medium nichtautonomer Literatur darstelle. In Form der didaktischen Idee des „Hinauflesens" sind diese Vorstellungen auch gegenwärtig verbreitet (KÄMPER-VAN DEN BOOGAART 1992, DAWIDOWSKI 2009).

Aktuell wird in der akademischen Literaturdidaktik kindliche Literaturrezeption weniger unter dem Gesichtspunkt des Defizitären, sondern vielmehr mit Aufmerksamkeit für die jeweils bereits vorhandenen literarästhetischen Verstehensmöglichkeiten gesehen (ABRAHAM 1998, SPINNER 2001b, ROSEBROCK/WIRTHWEIN 2014). Motiviert ist diese Perspektive durch zwei Interessen. Einerseits möchte man die Fähigkeit, poetische Sprache zu erfahren, als elementares anthropologisches Vermögen darstellen können, eine Fähigkeit, die Kindern unter prinzipiell beschreibbaren Bedingungen früh zuzuwachsen beginnt. Andererseits gilt es, den hohen Stellenwert literarästhetischer Lesekompetenz im Deutschunterricht der weiterführenden Schulen gegen die zunehmende Orientierung an den Standards und an messbaren Kompetenzen zu verteidigen. Unter diesem Blickwinkel liegt ein stärkeres Gewicht auf dem Erwerb struktureller Verstehensfähigkeit poetischen Sprachgebrauchs im Verlauf der literarischen Sozialisation als auf dem Aufbau von literarhistorischem und textanalytischem Wissen. Daraus resultiert die Notwendigkeit eines Literaturbegriffs, der auch Texte einbezieht, die nicht durchweg poetische Strukturen aufweisen, sondern z. T. konventionellen Sprach- und Denkformen verhaftet sind – insbesondere Kinder-, Jugend- und Unterhaltungsliteratur. Solche Texte verwirklichen durchaus einzelne Stilmittel der Hochliteratur wie innere Monologe, Zeitsprünge, perspektivisches und nicht-lineares Erzählen, Wechsel der Erzählpositionen, Polysemie usw., wenn sie auch in anderen Bereichen konventionelle Stilmittel verwenden bzw. sich insgesamt nicht oder nur bedingt in das Konstrukt der Hochliteratur einbinden lassen.[6]

Lesekompetenz und literarische Verstehensfähigkeit werden unter dieser Perspektive nicht mehr als aufeinander aufbauende Entwicklungsstufen theoretisch modelliert, sondern entfalten sich neben- und miteinander. Die Frage nach den Schritten des Erwerbs literarischer Kompetenzen führt nun viel tiefer in die Kindheit als innerhalb der älteren Modelle. Schließlich folgt daraus eine relativierte Einschätzung der Möglichkeiten der institutionellen Steuerung von solchen Erwerbsprozessen: Da Involviertheit ein zentraler Faktor der Lesemotivation bei Heranwachsenden ist und weil Motivation und Kompetenz sich in enger Abhängigkeit voneinander lebensgeschichtlich entfalten, ist eine Textanalyse mit dem Ziel der Vermittlung philologischer Wissensbestände gleichsam die Arbeit an der Spitze des Eisbergs. Gerät dessen Basis, die literarische Erfahrung nämlich, im Unterrichtsgeschehen aus dem Blick, so stellen sich die nachhaltigen Entfremdungseffekte gegenüber literarischen Texten ein, die den Literaturunterricht als Instanz der Lesesozialisation so wenig erfolgreich sein lassen. Einem Literaturunterricht, dem vor allem im Zeitraum der Sekundarstufe I die Inszenierung ästhetischer Erfahrung ein zentrales Anliegen ist, sind aus dieser Perspektive die höheren Erfolgsaussichten zuzugestehen.

Reiz und Evidenz der veralteten Lesealtersstufen-Theoreme beruht(e) auf der offensichtlichen „Passung" entwicklungsspezifischer Lesebedürfnisse und jeweiligem kinderliterarischen Textangebot. Mit dem Konzept der „Entwicklungsaufgaben", also der Vorstellung, dass es kulturelle Anforderungen in bestimmten Lebensabschnitten gibt, die bewältigt werden müssen, könnte die Restitution einer didaktischen Lesealtertheorie unternommen werden. Ein solcher Versuch müsste um die Frage kreisen, durch welche Dimensionen des literarischen Textes welche Entwicklungsvoraussetzungen und -bedürfnisse beansprucht werden, und er müsste insofern neben thematischen Konvergenzen auch formale Textmerkmale und die moralischen Dimensionen berücksichtigen.

---

[6] Siehe die Beiträge von BARBARA SCHUBERT-FELMY im vorliegenden Band.

Die Erforschung dieses Feldes ist bisher kaum geleistet. Aber insbesondere die Schriften von SPINNER[7] verfolgen den beschriebenen Zusammenhang zwischen entwicklungspsychologischen Voraussetzungen und Textästhetik, um literarische Erfahrungen von Kindern und Jugendlichen besser zu verstehen. Mit kognitions-theoretischem Instrumentarium und Interesse an den imaginativ-kreativen Dimen-sionen der Aneignung ästhetischer Texte sowie unter Berücksichtigung entwick-lungspsychologischer Voraussetzungen skizziert er folgende Dimensionen literarischen Verstehens: die Fiktions-Wirklichkeits-Unterscheidung, das Abstra-hieren, der indirekte Sprachgebrauch, der Nachvollzug von Perspektiven und Gefühlen, das Moral- und das Komikverstehen (1993).

Das Schulfach Deutsch und insbesondere der Literaturunterricht sind die nach der Familie einflussreichste Instanz literarischer Sozialisation. Die verschiedenen Ziele des Literaturunterrichts sind bei aller Widersprüchlichkeit zueinander sämt-lich auch auf eine Stabilisierung literarischen Lesens als Gewohnheit ausgerichtet. Gemessen an diesen Zielen sind die Erfolge des schulischen Literaturunterrichts eindeutig nicht optimal: Während die Leseneigung gegenüber institutionell geforder-ten literarischen Texten bis etwa zur 6. Klasse mit der außerschulischen Leseak-tivität korrespondiert, verändert sich dieses Bild deutlich in den Klassen 7 bis 10. Das oben beschriebene Absacken der Lesemotivation, das im Freizeitbereich zu beobachten ist, findet sich in noch schärferer Konturierung beim Blick auf die Lese-motivation im Rahmen des Literaturunterrichts: Selbst Schüler und Schülerinnen mit ausgeprägter Freizeitlektüre vertreten Mitte der 90er-Jahre in dieser Altersstu-fe zu mehr als 50 % die Ansicht, in der Schule würden „nur langweilige Texte" gelesen (HARMGARTH 1997). Bei Gruppen mit generell niedrigerer Leseneigung steigt dieser Prozentsatz erwartungsgemäß nahe 100 %. Die Leseinteressen der Jugendlichen werden durch die Schullektüre in dieser Altersstufe offensichtlich nicht erreicht. Dem entspricht das Bild, das in den autobiografischen Dokumenten der lesebiografischen Forschung von der Schule gezeichnet wird: Erst in der Sekun-darstufe II tritt der Literaturunterricht bei literarisch interessierten Jugendlichen wieder als Anregungsfaktor in den Blick, während die Schullektüre in der Sekun-darstufe I in der Regel als entfremdend erinnert wird (GRAF 2007). Neben den genannten entwicklungspsychologischen Erklärungen für dieses Phänomen darf die Frage nach der Qualität von Unterricht nicht aus dem Blick geraten: Angestreng-te, im „fragend-entwickelnden Unterrichtsgespräch" stark formalisierte und abstra-hierende Vermittlungsprozesse von Interpretationswissen scheinen den Literatur-

---

[7] Vgl. SPINNER 1989c, 1993, 1995, 2001b, 2006; auch ABRAHAM 1998; ROSEBROCK 2001; ROSEBROCK/ WIRTHWEIN 2014.

unterricht nach der Grundschule noch immer zu dominieren. Für die literarische Sozialisation sind sie nachweislich weitgehend erfolglos. Nur zögernd erkennen Deutschlehrerinnen und Deutschlehrer der Sekundarstufe die Aufgabe an, die Freizeitlektüre ihrer Schülerschaft systematisch zu unterstützen (SCHERF 2013).

Auch in Reaktion auf diesen Umstand hat in den letzten fünf Jahrzehnten der Einbezug von Texten der Kinder- und Jugendliteratur in den schulischen Lektürekanon der Sekundarstufe I unter der Zielperspektive der Leseförderung stattgefunden; sie sind mittlerweile fester Bestandteil der Standards und Curricula. Zumindest in den letzten Jahrzehnten des vergangenen Jahrhunderts wurde die systematische Integration der KJL in das literarische Lernen allerdings kaum verwirklicht, denn es wurden fast ausschließlich problemorientierte realistische Jugendbücher der 1970er- und 1980er-Jahre zu sozialen Themen wie Nationalsozialismus, Drogen, Teenagerschwangerschaften, Umgang mit Behinderungen usw. gelesen, wie die wenigen älteren empirischen Studien zum Einsatz von KJL im Unterricht ausweisen (RUNGE 1997; OSKAMP 1996). Die Vermutung ist kaum von der Hand zu weisen, dass diese Texte inhaltsorientiert unter der Perspektive ihrer erzieherischen Funktionen eingesetzt wurden. Die anhaltende Konjunktur solcher Jugendliteratur könnte ein Indiz dafür sein, dass es auch heute bevorzugt die Jugendliteratur ist, die als „Themenlieferant" (ROSEBROCK 1997) für sozialkundliche Lernziele eingesetzt wird. In dem Fall konterkariert allerdings Art und Weise der Aufnahme von Jugendliteratur die lesefördernden Absichten. Dann kann sie nicht diejenigen Funktionen erfüllen, die ihr im Interesse einer erfolgreichen literarischen Sozialisation beizumessen sind:

- durch aktuelle Literatur mit tragfähigen Bezügen zur Lebenswelt genussreiche Leseerfahrungen ermöglichen,
- die tradierten schulischen Rituale des Umgangs mit Literatur aufbrechen,
- Lesemotivation aufbauen und sichern,
- die Vertrautheit mit literarischen Texten und die Fähigkeit zu ihrer bedürfnisgerechten Auswahl und Beschaffung steigern,
- literarisches Lernen im engeren Sinn befördern und
- das Freizeitlesen anregen.

In solcherart lesefördernden Lernkontexten könnte Kinder- und Jugendliteratur dann erfolgreicher auch zum Medium literarischer Bildung und Identitätsförderung im Sinne der Lernzielbestimmungen des Literaturunterrichts werden.

3.3 Leseförderung

Schenkt man den Leseautobiografien späterer Leser Glauben, so besteht die wirksamste schulische Leseförderung ab der Sekundarstufe in einem Deutschlehrer oder einer Deutschlehrerin, der oder die

- sich selbst als passionierter Leser bzw. Leserin zu erkennen gibt,
- sich für die Lesestoffe und -interessen der Lernenden auch jenseits des aktuellen Lehrstoffs interessiert,
- sich in der aktuellen (Kinder- und Jugend-)Literatur auskennt,
- anregende Anschlusskommunikation an Lektüren zu inszenieren weiß und
- passende Leseempfehlungen geben kann.

Wenn nämlich dem Literaturunterricht in der Sekundarstufe I in der Rückschau von späteren Leserinnen und Lesern überhaupt ein positiver Einfluss auf die eigene Lesesozialisation zugeschrieben wird, dann sind es einzelne Lehrpersonen, die als „Türöffner" in habituelles Literaturlesen enthusiastisch erinnert werden. Diese – seltene – positive Bewertung individueller Lehrpersonen ändert nichts an der fast durchweg abwertenden Einstellung zum Deutschunterricht als Institution. Freilich, so überzeugend diese Kontur der idealen Lehrperson auch ist: Charisma lässt sich schlecht als Verfahren empfehlen, wenn auch das Engagement für die außerschulische Lektüre der Jugendlichen wesentliches Anliegen jeder Deutschlehrerin, jedes Deutschlehrers ein erster wichtiger Schritt in diese Richtung sein muss.

Die häufigen Ressentiments späterer Leserinnen und Leser, der Deutschunterricht habe ihnen allen Spaß an der Literatur verdorben, sollten zwar ernst genommen, ihnen sollte aber doch nicht uneingeschränkt geglaubt werden: Denn die Lesekrise insbesondere in den letzten Jahren der Sekundarstufe I ist schwerlich allein eine Reaktion auf das unterrichtliche Geschehen, wie oben bereits ausgeführt. Die Kritik der Gymnasiasten am schulischen Umgang mit Literatur fungiert sicher auch als Stilelement retrospektiver literarisch-intellektueller Selbstdefinition. Darüber hinaus erinnern spätere Nicht-Leser vor allem der unteren Sozialschichten ihren Deutschunterricht nicht in dieser Weise: Insbesondere Hauptschülerinnen und -schüler verlassen gegenwärtig in der Regel das Schulsystem, ohne überhaupt auf literarische Erfahrung im Kontext des Deutschunterrichts zurückzublicken: Persönliche Beteiligung an der ohnehin seltenen Lektüre von jugendliterarischen Büchern in den letzten Hauptschuljahren ist in retrospektiven Interviews fast überhaupt nicht rekonstruierbar; zwischen Lektüre und Lebenswelt stellte sich im Kontext des Literaturunterrichts keine wie auch immer geartete Verbindung her (PIEPER et al. 2004). Die These BOURDIEUS (1970), dass im unteren Segment des Bildungssys-

tems der hochkulturelle Habitus „Literarisches Lesen" lediglich normativ vorge-
führt, zugleich aber als unerreichbar konturiert wird, hat einige empirische Evidenz.
Aus solchen Distinktionszirkeln „auszusteigen" und authentische literarische Erfahrung auch für schwache Leserinnen und Leser zu ermöglichen muss ein starkes
Anliegen von Literatur-Lehrkräften jenseits des Gymnasiums sein.

3.3.1 Dimensionen des Leseverstehens

Die internationalen Evaluationen der Bildungssysteme in den letzten Jahren (PISA)
sind zweifellos Ausdruck der beginnenden Globalisierung der Bildungsinstitutionen. Sie steuern die Reform der Bildungsziele des bundesdeutschen Schulsystems
und des Deutschunterrichts erheblich mit, insbesondere die vorherrschenden
Begriffe von Lesen und Lesekompetenz. Während die Perspektive auf Lese- und
literarische Sozialisation die literaturdidaktische Aufmerksamkeit seit den 1970er-
Jahren zunehmend stark bestimmte, ist die sozialwissenschaftlich inspirierte
fachdidaktische Sozialisationsforschung im Laufe des ersten Jahrzehnts des neuen
Jahrhunderts zunehmend durch eine kognitionspsychologisch inspirierte Kompe-
tenzforschung abgelöst worden.

Die Schulleistungsstudien überprüfen die Leseleistung unter Maßgaben eines
Lesebegriffs *(reading literacy)*, der dem angloamerikanischen Bildungssystem entstammt und sich nicht am Fächerkanon des deutschen Schulsystems, sondern an
lebenspraktischen literalen Anforderungen orientiert. Getestet werden breite Lese-
und Verstehensleistungen von Sachtexten, auch von nicht-linearen Texten wie
Tabellen und Grafiken. Spezifisch literarisches Verstehen spielt bei den PISA-Mes-
sungen eine marginale Rolle, nur wenige Erzähltexte sollen das Spektrum poetischer Literatur vertreten. Die Resultate der Studien geben allerdings keinen Anlass
zu der Vermutung, dass bei einer stärkeren Berücksichtigung von literarischen
Textsorten im Fragenkatalog der Befund für die BRD besser ausgefallen wäre: Denn
während das untere Leistungsfünftel elementare Verstehensprobleme bereits bei
der Identifikation von explizit gegebenen Informationen in den vorgelegten Texten
hat, zeigen die leistungsstärkeren Gruppen insbesondere im Bereich „Reflektieren
und Bewerten" vergleichsweise schwache Leistungen. Zudem liegen die Verstehensleistungen bei literarischen Texten in Deutschland insgesamt etwas niedriger
als bei Sachtexten oder Grafiken (ARTELT/SCHLAGMÜLLER 2004, 183) – trotz eines
Bildungssystems, in dem der Literaturunterricht eine vergleichsweise starke Position hat.

Überdeutlich wurde in den Studien und den folgenden einschlägigen Diskussionen, dass sich Leseförderkonzepte nicht weiterhin mit dem Ziel der Motivierung zum (literarischen) Lesen zufrieden geben dürfen. Die gängigen Formen der Leseförderung inszenieren die „Verlockung zum Buch" und orientieren sich damit auf Schüler, deren Lesefähigkeit lediglich im motivationalen Bereich gehemmt ist. Dabei wird übersehen, dass für einen erheblichen Teil der Heranwachsenden die mit diesen Maßnahmen verheißenen Genussversprechungen beim Lesen deshalb nicht wirksam werden können, weil andere Bereiche der Lesekompetenz zu wenig ausgebildet sind, vor allem die Leseflüssigkeit und die höheren Textverarbeitungsleistungen. Hinzu kommt, dass die Motivationsgewinne bei solchen Leseanimationen wie zum Beispiel Lesenächten usw. nicht von der nachhaltigen Wirkung zu sein scheinen, die man sich von ihnen erhofft: Ein Selbstkonzept als Leser oder Leserin bildet sich, wie oben dargestellt, in einem langen auch außerschulischen Sozialisationsprozess heraus und ist durch punktuelle Aktionen vermutlich kaum erreichbar.

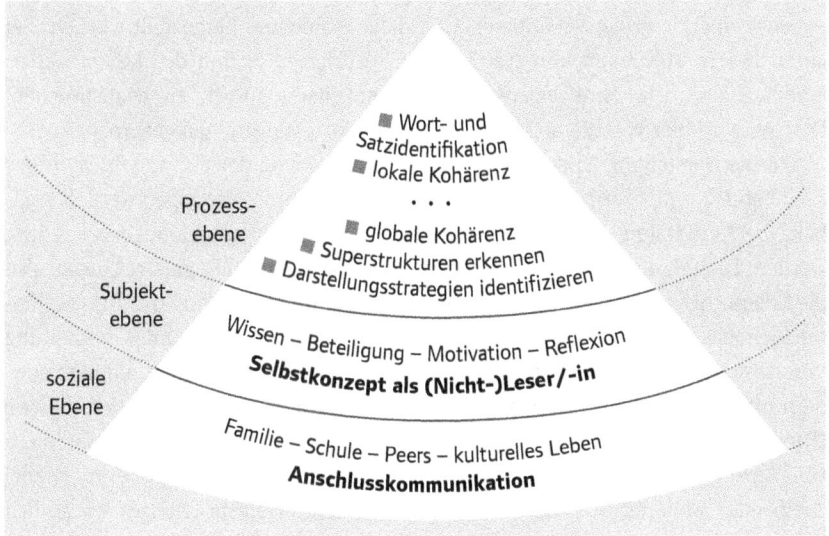

Mehrebenenmodell des Lesens (ROSEBROCK/NIX 2014, 15)

Ein didaktisch brauchbarer Begriff von Lesekompetenz, von dem sich Handlungsmöglichkeiten zur Leseförderung ableiten lassen, kann sich allerdings auch nicht allein mit der Ebene des Leseprozesses selbst bescheiden, also den mentalen Tätigkeiten, die die Schulleistungsstudien erhoben haben. Denn Lehrkräfte begegnen nicht kognitiven Apparaten, sondern Subjekten, die ihr Wissen, ihre Fähigkeit zur

Beteiligung, ihre Motivation und ihre Reflexionsfähigkeit in Leseprozesse einfließen lassen müssen, wenn sie fruchtbar sein sollen. Und schließlich finden Schule und Unterricht grundsätzlich in einem sozialen Raum mit ihren eigenen Konventionen und Regeln statt. Auf diesen drei Ebenen – der Prozessebene, der subjektiven Ebene und der sozialen Ebene – formieren sich Lesefähigkeit und -bereitschaft im Verlauf des Heranwachsens.

Deshalb müssen sich die Konzepte der Förderung auch auf diesen Ebenen ausweisen: Was wird jeweils wodurch gefördert? Um auf die jeweils spezifischen Leseprobleme der Lerner differenziert reagieren zu können, ist ein mehrschichtiges Modell von Lesekompetenz notwendig.

Die Grafik stellt die drei genannten Ebenen dar, auf denen sich Lesen verorten lässt: Der obere Teil des Kreisausschnitts beschreibt die Prozessebene, also die kognitiven Tätigkeiten während des isolierten aktuellen Leseprozesses, er beschreibt sozusagen den Moment des Entzifferns und Verstehens: Wörter und Sätze müssen identifiziert werden, weiter muss der Bezug der Sätze aufeinander realisiert werden, es muss eine kleinräumige Stimmigkeit (lokale Kohärenz) hergestellt werden. Bei guten Lesern vollziehen sich diese beiden niedrigsten Stufen des Leseprozesses automatisiert, d. h. ohne eigene Aufmerksamkeitsressourcen zu beanspruchen. Deshalb wird hier von hierarchieniedrigen Leseprozessleistungen gesprochen.

Für die Herstellung einer globalen Vorstellung, wovon der Text inhaltlich insgesamt handelt, müssen oft bereits bewusste mentale Schritte vollzogen werden, weshalb die Aktivitäten auf der Prozessebene ab hier als hierarchiehoch bezeichnet werden. Das gilt auch für die Konstitution von sogenannten Superstrukturen, also die Erkenntnis der Organisationsform des Textes, seiner formalen Struktur. Die hierarchiehöchste Anforderung bezieht sich auf die Wahrnehmung und Verarbeitung von Absichten, die nicht manifest auf der Textoberfläche ausgesagt werden, sondern indirekt aus der Art und Weise der Darstellung geschlossen werden müssen (RICHTER/CHRISTMANN 2002, ROSEBROCK/NIX 2014). Beim Lesen werden diese fünf Anforderungen an den Leser nicht nacheinander abgearbeitet, sondern parallel zueinander während des Akts des Lesens. Leseleistungstests erheben wesentlich diese Prozessleistungen.

Doch das Subjekt, das liest, ist in weit vielfältigerer Weise in seinen Leseakt „verstrickt": Es integriert sein Vorwissen auf unterschiedlichen Ebenen, es ist ggf. interessiert und emotional beteiligt am Geschehen, es ist dazu motiviert, die Textwelt innerlich zu errichten und zu prozessieren und schließlich reflektiert es auch, je nach Anforderungen und Engagement, die Textinhalte, bezieht sie beispielsweise auf die eigene Lebenswelt, bewertet sie moralisch usw. All das tut ein engagierter

Leser mental aktiv. Wer weniger oder gar kein „reading engagement" (JÖRGENS 2013) aufbringt, liest allerdings nur Wort für Wort und wird kaum mehr als ein paar Stichwörter zum Textgehalt sagen können. Insofern ist von der unmittelbaren Prozessebene die – hier in der Mitte platzierte – Subjektebene zu unterscheiden, auf der Persönlichkeitsmerkmale und Wissen zum Tragen kommen.

Schließlich ist es notwendig, auf einer dritten Ebene, der sozialen Ebene, die Eingebundenheit der Lektüre in lebensweltliche Zusammenhänge zu berücksichtigen: Die Situation, in der und für die gelesen wird, bestimmt den Modus der Lektüre mit, und zum Lesen gehört auch die Kommunikation über Gelesenes, sei sie vorgängig, nachträglich oder – wie oben für Vorschulkinder beschrieben – begleitend. Solche Anschlusskommunikationen sind die eigentlichen Chancen der Unterstützung auch bei selbständigem Lesen. Sie sind in ihrer Wichtigkeit für die Lesesozialisation und das Lernen kaum zu überschätzen: Man könnte die gesamte Schule als gesellschaftliche Institution beschreiben, die zum Zweck der Durchführung von Anschlusskommunikation an Leseprozesse eingerichtet wurde. Denn in den meisten Fächern ist das gesellschaftlich wesentliche Wissen und Können, dass erworben werden soll, in Texten konserviert, und Unterricht hat die Aufgabe, in anschlusskommunikativen Situationen die adäquate Übernahme der Wissens- und Könnensbestände sicherzustellen. Alle geforderten Kompetenzen in den Bildungsstandards beziehen sich auf die aktive Verarbeitung solcher Bestände, wie sie prototypisch durch Anschlusskommunikation geleistet wird.

Dieses Modell von Lesekompetenz ist gegenüber der gelesenen Textsorte zunächst relativ neutral: Es kann auf die Lektüre linearer und nicht-linearer, ästhetischer und pragmatischer, konventioneller und Hypertexte angewandt werden, auf einfach strukturierte wie auf komplexe Texte mit tief eingebetteten, nur indirekt erschließbaren Gehalten. Es ist für Diagnoseschritte brauchbar: Gelingt es überhaupt, so flüssig zu lesen, dass die Sätze richtig miteinander verbunden werden können? Können die Sequenzen richtig aufeinander bezogen werden? Ist die globale Thematik des Textes schon zu Beginn des Leseaktes zutreffend mental entworfen? Wird adäquates Vorwissen aktiviert und mit den Textinhalten verbunden? Wird die Organisationsform des Textes wahrgenommen? Werden Hinweise auf die Darstellungsintentionen erkannt und verarbeitet, beispielsweise uneigentliche Sprachverwendung? Mit Blick auf literarische Texte sollten literaturspezifische Modifikationen zum Tragen kommen: Die Polyvalenz- und die Ästhetikkonvention literarischer Kommunikation verlangen in der Regel größere Unsicherheitstoleranzen vom lesenden Subjekt als pragmatische Texte, mehr Sensibilität für noch nicht konventionalisierte Bedeutungen, höhere Fähigkeiten bei der Ausbalancierung von

Irritation und Verstehen in der Lektüre usw.; tendenziell kann vermutlich auch von einer intensiveren Anforderung an die Fähigkeit zur begleitenden Selbstreflexion ausgegangen werden (EGGERT 2002). Welche dieser Leistungen bringen die Schülerinnen und Schüler gegenüber einem konkreten Text tatsächlich auf?

3.3.2 Differenzierende und systematische Leseförderung

Auf der Basis eines solchen ausdifferenzierten Begriffs von Lesekompetenz wird deutlich, dass unterschiedliche Leseprobleme in den verschiedenen Jahrgängen und Schulformen vorliegen, die entsprechend entfaltete Verfahren der Förderung verlangen. Die von PISA so definierte „Risikogruppe" von aktuell knapp 20 % der bundesdeutschen Schülerschaft ist zum Beispiel allein durch Maßnahmen, die auf eine Erhöhung der Motivation zur Lektüre von (Jugend-)Literatur setzen, vermutlich kaum zu erreichen. Bunter „Lesezauber", der für das Lesen als genussreiche Freizeitaktivität wirbt, wird in der Sekundarstufe deshalb mehrheitlich an dieser Gruppe vorbeigehen, weil ihr zur Lektüre längerer auch einfach strukturierter literarischer Texte die Voraussetzungen fehlen.

Eine zentrale Voraussetzung ist Leseflüssigkeit. Vor allem die Schülerschaft von Haupt- und Förderschulen in großstädtischen Bereichen sind mehrheitlich in der Sekundarstufe noch nicht leseflüssig, was heißt:

- Ihre Worterkennung ist bei altersgemäßen Texten noch nicht voll automatisiert (sie müssen immer wieder Wörter erlesen, statt sie zu erkennen);
- die Dekodiergenauigkeit ist nicht ausreichend (sie verlesen sich sinnentstellend, ohne das zu bemerken und sich zu korrigieren);
- ihre Lesegeschwindigkeit reicht nicht aus, um längere Sätze lesend zu verstehen (etwa 80–100 Wörter pro Minute werden als notwendige „Mindestbetriebsgeschwindigkeit" des Lesens angesehen), und
- sie sequenzieren Sätze beim Lesen nicht adäquat (dies wird beim Vorlesen durch fehlende bzw. fehlerhafte Intonation sichtbar).

Wer auch einfache Texte nicht so flüssig lesen kann wie er spricht, hat noch gravierende Probleme im hierarchieniedrigen Bereich des Leseprozesses; ein eher negatives lesebezogenes Selbstkonzept und ein wenig förderliches Umfeld kommen für die Schülerschaft der „Risikogruppe" in der Regel erschwerend hinzu. Sie braucht vordringlich Verfahren, die die Leseflüssigkeit steigern. Sogenannte Lautleseverfahren haben sich dabei in vielen Studien vor allem im anglo-amerikanischen Sprachraum als erfolgreich und praktisch gut umsetzbar erwiesen. Dabei lesen Schülerpaare (oder ein Erwachsener mit einem Lerner) gemeinsam halbblaut Textpassagen im Chor, möglichst wiederholt; bei Fehlern setzen Verbesserungsroutinen ein.[8] Solche Verfahren sollten möglichst in allen Fächern Anwendung finden. Die rasche und deutliche Steigerung der Leseflüssigkeit wirkt sich positiv auf das lesebezogene Selbstkonzept der Schüler(innen) aus. Aber auch Verfahren, die auf eine Steigerung der Lesemenge setzen, sind hier angeraten, obwohl sie in empirischen Studien nicht die gleiche hohe Wirksamkeit aufweisen konnten wie die Lautleseverfahren. Denn sie eröffnen Vertrautheit mit längeren Texten und die Einbindung in eine Lesekultur. Bei solchen Vielleseverfahren werden Anreizsysteme für eigenständige Lektüre geschaffen – beispielsweise ein „Lesepass" –, Zeiten des selbstbestimmten stillen Lesens fest installiert und anregende, eher unterkomplexe, aber interessante Bücher oder Texte zur Verfügung gestellt, die individuell gelesen werden. Eine möglichst engschrittige individuelle Begleitung kann sicherstellen, dass das Engagement für das Textverstehen aufrecht erhalten wird. Es gibt empirisch begründbare Hinweise darauf, dass die Lesemenge einen Einfluss auf die Leseflüssigkeit und damit die Lesekompetenz aufweist, abgesehen von weiteren Wirkungen, die man sich von Lektüre erwarten darf.

Eine zweite große Gruppe bilden Schüler und Schülerinnen, die ausreichend flüssig lesen, was wahrnehmbar wird, wenn man sie bittet, einen kurzen Text vorzulesen, die aber nach der Lektüre kaum angeben können, welche Themen und Sachverhalte verhandelt wurden. Sie bringen zu wenig mentales Engagement im mittleren Bereich der Prozessleistungen auf. Gemessen an den guten Lesern und Leserinnen, die in die Sekundarstufe mit einer relativ stabilen intrinsischen Lesemotivation und umfangreichen Lektüreerfahrungen eintreten, liegen ihre Defizite auch, aber wiederum nicht nur im motivationalen Bereich. Wie die oben genannte Gruppe der noch nicht leseflüssigen Kinder und Jugendlichen befinden sie sich zudem wegen meist fehlender sprachlicher Differenziertheit, wegen eines offensichtlich nur unzulänglich kompensierenden Unterrichts im Bereich des weiterführenden Lesens in den letzten beiden Grundschuljahren und wegen eines insgesamt mehrjährigen Defizits sowohl an Lesemenge als auch an Leseerfahrungen in einer Misserfolgsspirale, die weitgehend verhindert, dass sie sich aktuell mit Engagement der Lektüre zuwenden und aus Texten tatsächlich lernen können. Stattdessen betreiben sie das schulisch geforderte „Durchlesen" von Texten als ein „Durchkommen" und können kaum mehr als Stichwörter des gelesenen Textes erinnern. Diese Gruppe muss sich in erster Linie den Einsatz von Lesestrategien aneignen, um die verschiedenen kognitiven Dimensionen des Leseprozesses in Angriff zu nehmen,

---

[8] Vgl. zur Wirksamkeit und zum Transfer auf Leseverstehen ROSEBROCK/NIX 2006, zur praktischen Durchführung ROSEBROCK et al. 2011.

um überhaupt adäquate mentale Korrelate während der Lektürevorgänge auszubilden und weiter zu prozessieren. Strategietrainings wirken gezielt auf die kognitive Weiterverarbeitung der unmittelbaren Textinformationen im lokalen Bereich hin zu einem globalen Textverstehen und zeigen gute Erfolge, wenn sie adäquat und möglichst fächerübergreifend nicht nur vermittelt, sondern praktiziert werden (zusammenfassend GOLD 2007). Die Schülerinnen und Schüler werden dabei zum bewussten Planen und Überwachen ihres Leseprozesses angeleitet.

Nachweislich wirkungsvoll und eher als lesedidaktisches Prinzip denn als begrenztes Programm einzusetzen ist das sogenannte „reziproke Lehren", das Formen des kooperativen Lernens für die Strategieaneignung nutzbar macht. Dafür wurden Routinen entwickelt, wie in Kleingruppen von den Schülern und Schülerinnen jeweils Lesestrategien angewendet und überprüft werden (vgl. DEMMRICH/ BRUNSTEIN 2004, für einen Überblick über Lesestrategie-Förderverfahren insgesamt ROSEBROCK/NIX 2014).

Das Einüben von Strategien und Metakognition beim Lesen ist nicht allein Aufgabe des Deutschunterrichts: Alle Fächer sind betroffen, wenn nicht eigenständig aus Texten gelernt werden kann. Denn gute Lesekompetenz, darauf macht die Forschung immer wieder aufmerksam, ist wegen der großen Bedeutung des Vorwissens mit zunehmender Textkomplexität zunehmend domänenspezifisch geprägt, was heißt: Wer einen Sachtext in Chemie gut versteht, kann erhebliche Textverstehensprobleme im Geschichtsunterricht haben usw. Im Literaturunterricht liegt, allein lesedidaktisch gesehen, neben der Förderung von Lesefreude der Schwerpunkt der Arbeit in der Vermittlung von Textsortenkenntnis und der Fähigkeit, auf der Basis subjektiven Engagements und literaturspezifischen Vorwissens über Texte zu reflektieren, was, leserseitig gewendet, bedeutet: Es werden insbesondere literaturspezifische Superstrukturen sowie die Kenntnis von poetischen Darstellungsweisen aufgebaut. Damit zielt der Literaturunterricht, lesedidaktisch gesehen, auf die Unterstützung der hierarchiehohen Ebenen des Leseprozesses. Was hier gelernt wird, ist aber nicht ohne weiteres zu übertragen auf Sachtexte aus den schulischen Fächern, deren Textsorten anders organisiert sind und die in anderer Weise auf Außertextuelles verweisen; die Fächer brauchen eigene Vermittlungspraktiken für die hierarchiehohen Bereiche des Textverstehens in ihrer Wissensdomäne.[9]

Schließlich fällt insbesondere in den Klassenstufen 7 bis 10 eine dritte Gruppe von Schülerinnen und Schülern auf, die oft auf eine reiche Lesegeschichte in der Kindheit zurückblicken und auch prinzipiell eigenständig lesen können, es aber

---

[9]   Zu den systematischen Schwierigkeiten, Leseförderung auch in den Fächern umzusetzen, vgl. SCHERF 2013, S. 424 f., 433 f.

aktuell nicht tun. Freizeitlesen kommt bei ihnen nicht mehr vor. Die Funktionen, die das selbstvergessene Lesen wunscherfüllender Kinderbücher bis zur Pubertät hatte, sind für sie mit Kinderliteratur jetzt nicht mehr einzuholen. Ihre lesebezogene Entwicklungsaufgabe besteht nun darin, differenzierte Lesehaltungen zu entwickeln und Lesen vielfältig einzusetzen, zum Beispiel zur Verfolgung von Interessen oder zur Persönlichkeitsentwicklung, ggf. auch in Opposition zum Literaturunterricht. Sie müssen sich insgesamt neue Lesepraktiken als eigenständige Modalitäten des In-der-Welt-Seins aneignen. Sie brauchen also Anregungen und Vorbilder, die zeigen, welche Funktionen Lesen in einem erwachsenen und selbstbestimmten Leben haben kann. In Bezug auf den Literaturunterricht kommen hier die bekannten Verfahren der Leseanimation zum Tragen – im Unterricht selbst zum Beispiel durch Vorlesen, Differenzierung mit Bücherkisten, durch Hörbücher und Filme, Buchvorstellungen und vielfältige Formen literarischer Geselligkeit und Projektarbeit, in der Schulkultur zum Beispiel durch Leseclubs, Ausstellungs-, Theater- oder Rezensionsprojekte und vor allem durch eine gute schulbibliothekarische Arbeit, schließlich in Kooperation mit außerschulischen Institutionen der Leseförderung wie Büchereien, durch den Besuch von Autorenlesungen, Messen, durch literarische Spaziergänge usw. (einen systematischen Überblick zu Verfahren der Leseförderung bietet Nix 2010).

Wenn solche Projekte nicht im punktuellen Aktionismus versanden sollen, müssen zum einen die Lesemedien zu den Entwicklungsbedürfnissen und Interessen der Jugendlichen passen – diese Aufgabe ist nicht zu unterschätzen, verlangt sie doch von den Lehrkräften Kenntnisse und Engagement im Blick auf aktuelle Jugendliteratur bzw. passende Texte der Erwachsenenliteratur und einen guten Kontakt zur Schülerschaft –, zum zweiten braucht es eine animierende und lebendige alltägliche schulische Lesekultur, in der die verschiedenen Gratifikationen des Lesen-Könnens sichtbar werden. Die Akteure müssen als Leser oder Leserinnen auch außerhalb ihrer institutionellen Rollen erfahrbar werden, und der Bezug auf Bücher und Texte muss allgegenwärtig, beiläufig, beständig, verbindlich und selbstverständlich sein, um einen Sozialisationsraum zu gestalten, der die Bedingungen erfolgreicher Lesesozialisation aus dem familiären Raum wirkungsvoll nachstellt. Es versteht sich von selbst, dass solche schulischen Lesekulturen nicht nur am Tiefpunkt der Motivationskurve in der Lesesozialisation von Mittelschicht-Jugendlichen unterstützend wirken, sondern dass alle Altersstufen und Schulformen davon profitieren einschließlich der Lehrkräfte, auf die ein hohes, aber bereicherndes Lesepensum auch im kinder- und jugendliterarischen Feld zukommt.

4 Literaturunterricht zwischen Instruktion und Individualisierung

Kaspar H. Spinner

4.1 Wiederkehr direkter Instruktion

Im Jahr 2009 hat der neuseeländische Erziehungswissenschaftler John Hattie eine Studie mit dem Titel „Visible Learnig" (deutsch Hattie 2013) vorgelegt, die als eine „einzigartige Leistung", als „Meilenstein" (Terhart 2011) und „epochales Werk" der Erziehungswissenschaft (Beywl/Zierer im Vorwort zu Hattie 2013, VIII) bezeichnet wird. Für diese groß angelegte Studie hat Hattie die empirische Forschung zu den Faktoren, die schulisches Lernen beeinflussen, ausgewertet; auf der Basis von zusammenfassenden Metanalysen gehen in seine Studie über 50 000 Einzeluntersuchungen ein. In einer weiteren Publikation hat Hattie die Erkenntnisse aus seiner Studie für Lehrer aufgearbeitet (Hattie 2012). Hatties viel gelobte Studie hat allerdings auch heftige Kritik erfahren (z. B. Lind 2013). Als wichtigstes Ergebnis stellt Hattie die Rolle der Lehrperson heraus. Unter dem Leitbegriff des *visible learning* versteht er ein Lehren und Lernen, das sichtbar und nachvollziehbar auf das Erreichen der angestrebten Ziele ausgerichtet ist. Das erfordere leidenschaftliches Engagement („passion") von Seiten der Lehrperson wie der Lernenden; die Lehrperson müsse sich als „evaluator and activator" (Hattie 2012, 21) und nicht bloß als Moderator verstehen und Lernprozesse aus der Sicht der Lernenden nachvollziehen („seeing learning through the eyes of students", ebd., 18). Grundsätzlich seien direkte Instruktion und damit gelenkter Unterricht effektiver als offene Lernarrangements, in denen die Lehrperson mehr als Lernbegleiter und -unterstützer fungiere. Ein solches Ergebnis der Auswertung empirischer Studien ist eine Herausforderung für manche Auffassungen von Unterricht, die die didaktische Diskussion in den letzten Jahrzehnten geprägt haben. Das gilt insbesondere für die Literaturdidaktik. Durch den Einfluss der Rezeptionsästhetik, die seit den späten 1970er-Jahren die literaturdidaktische Diskussion wesentlich geprägt hat, und die damit verbundene Einsicht in die Polyvalenz literarischer Texte hat sich der Literaturunterricht in besonderem Maße für die subjektiven Verstehensprozesse der Schülerinnen und Schüler und damit für einen individualisierenden Unterricht geöffnet, zum Beispiel mit handlungs- und produktionsorientierten Verfahren; ein Vorgehen, das auf eine einzig richtige Interpretation hinzielt, ist dadurch in Frage gestellt worden. Sollten uns die Ergebnisse von Hatties Studien heute zu einem neuerlichen Umdenken bringen?

Hatties Forderung nach einem *visible learning* bereitet für den Literaturunterricht auch deshalb Schwierigkeiten, weil die Wirkungsweise literarischer Erfahrung nur teilweise beobachtbar, also sichtbar, ist. Das gilt insbesondere für die imaginativen Aspekte beim Leseprozess, also für die Frage, ob Schülerinnen und Schüler beim Lesen lebendige Vorstellungen entwickeln. Auch die emotionalen Aspekte literarischer Erfahrung und die damit verbundene persönliche Involviertheit bilden eine Grenze für die Sichtbarkeit von Lernprozessen, die Hattie wichtig ist. Sein Ansatz ist dezidiert am outcome von Unterricht ausgerichtet, also an dem, was an Lernergebnis erreicht wird. Das entspricht der Kompetenzorientierung, die heute generell als Grundlage für Unterrichtsplanung und -evaluation gilt. Es ist aber die Frage, ob Literaturunterricht in einem solchen lern- und kompetenzorientierten Bildungskonzept ganz aufgehen kann.

Eine besondere Herausforderung für die Deutschdidaktik stellt auch Hatties Kritik an konstruktivistischen Auffassungen vom Lernen dar; er sieht in ihnen ein Gegenmodell zur direkten Instruktion, die er vertritt. Das wird in folgendem Zitat deutlich:

▉ *Es wird gesagt, dass die Rolle der konstruktivistischen Lehrperson vor allem darin liege, Gelegenheiten für einzelne Lernende zu schaffen, dass diese durch eigene Aktivität und durch Diskussion, Reflexion und Austausch von Einfällen mit anderen Lernenden Wissen erwerben und Bedeutung konstruieren können, und dass all dies mit minimaler korrigierender Intervention verbunden ist [...]. Solche Aussagen sind aber fast das genaue Gegenteil eines erfolgreichen Rezepts für Lehren und Lernen [...]" (Hattie 2013, 32).* ▉

Konstruktivistische Auffassungen vom Lernen spielen vor allem seit den neunziger Jahren des 20. Jahrhunderts in der Erziehungswissenschaft und in der Fachdidaktik eine große Rolle. Auf dem Symposion Deutschdidaktik 1994 in Zürich wurde diese Neuausrichtung als „kognitive Wende" (vgl. Spinner 2006c) programmatisch diskutiert. Selbsttätiges, eigenaktives Lernen war auf diesem Kongress ein zentrales Stichwort. Heute liest man in einem fachdidaktischen Beitrag dagegen von den „konstruktivistischen Abwegen der Deutschdidaktik" (Grimm 2008). Steht eine neue Wende an?

Um der Frage nach dem Verhältnis von Instruktion und offenen, individualisierenden Unterrichtsformen im Literaturunterricht genauer nachzugehen, beleuchte ich im Folgenden die wichtigsten Vorgehensweisen, die man als offen bezeichnen kann, im Hinblick auf Instruktion und Individualisierung; anschließend gehe ich kurz auf wenig beachtete Formen direkter Instruktion ein.

4.2 Freie Lesezeiten

Die Vorgehensweise, bei der am stärksten auf Lehrerinstruktion verzichtet wird, sind die freien Lesezeiten, während denen die Schülerinnen und Schüler nach eigener Wahl in einer Zeitschrift oder einem Buch lesen, ohne dass eine Besprechung im Unterricht folgt oder ein Arbeitsauftrag zu erledigen wäre. Die einzige Vorgabe ist, dass gelesen und nicht etwas anderes gemacht wird. Die konkrete zeitliche Gestaltung kann unterschiedlich sein, z. B. jeden Tag eine Viertelstunde oder einmal in der Woche eine Stunde, und zwar regelmäßig über einen bestimmten Zeitraum hin. Eingesetzt werden solche freien Lesezeiten vor allem in der Grundschule und den unteren Klassen der Sekundarstufe I. Sie werden zu den sogenannten leseanimierenden Verfahren gezählt, mit denen bei den Schülerinnen und Schülern Lust am Lesen gefördert werden soll. Lesekultur in der Schule oder die Maxime *Lesen lernt man durch Lesen* sind Stichworte, die man oft mit den leseanimierenden Verfahren verbindet. In der jüngeren lesedidaktischen Diskussion hat sich, nicht zuletzt durch empirische Forschungen, die Einschätzung solcher Verfahren allerdings etwas verändert. Sie zeigen in der Regel positive Effekte bei den lesestärkeren Schülerinnen und Schülern, kaum jedoch bei denjenigen, die noch Probleme mit der Leseflüssigkeit haben. Diese brauchen stärker strukturierte Leselernverfahren (vgl. ROSEBROCK u. a. 2011). Für sie gilt zweifellos, was in der HATTIE-Studie als erfolgversprechend herausgestellt wird: klare Zielsetzung, die für die Lernenden transparent ist, angeleitetes Üben, laufende Überprüfung des Lernprozesses durch die Lehrperson und die Lernenden selbst.

4.3 Gruppenarbeit mit unterschiedlichen Büchern

Es ist eine alte Forderung, dass die Schülerinnen und Schüler in die Lektüreauswahl einbezogen werden sollen. Aber nur selten votieren alle für das gleiche Buch. Deshalb gehen seit einiger Zeit manche Lehrerinnen und Lehrer auch so vor, dass mehrere Bücher gleichzeitig bearbeitet werden, indem sich diejenigen Schülerinnen und Schüler, die sich für ein bestimmtes Buch interessieren, zu einer Gruppe zusammentun. Über mehrere Stunden findet dann nur Gruppenarbeit statt. Auch hier tritt die Lehrperson deutlich zurück und begleitet die Arbeit moderierend und beratend, soweit das bei einzelnen Gruppen notwendig ist. Im Sinn von HATTIEs Ergebnissen ist allerdings eine klare Zielorientierung für die Gruppenarbeit wichtig, z. B. in Form von leitenden Fragen, die zu bearbeiten sind und die dann auch das Auswertungsgespräch im Plenum strukturieren können, oder durch den Auftrag, eine attraktive und einfallsreiche Buchpräsentation für die Klasse vorzubereiten. Ferner müsste die Lehrperson während der Gruppenarbeit Gespräche über den Zwischenstand der Arbeit führen im Sinne der von HATTIE immer wieder angeführten und als „Erfolgskriterien" bezeichneten Fragen „Wohin gehst du?", „Wie kommst du voran?" und „Wohin geht es danach" (HATTIE 2013, 281), umformuliert bei Gruppenarbeit in die zweite Person Plural. So gestaltet muss eine Gruppenarbeit mit verschiedenen Büchern nicht den Erkenntnissen von HATTIE widersprechen. Sein Plädoyer für direkte Instruktion ist nicht als Favorisierung von Frontalunterricht zu verstehen (vgl. ebd., 31). Es geht ihm vielmehr darum, dass die Lehrperson den Unterricht klar strukturiert, die Lernenden aktiviert und Feedback gibt. Ein „Jetzt schaut mal, was euch einfällt" als Auftrag für die Gruppen würde einem solchen Anspruch nicht gerecht werden.

4.4 Literarische Gespräche

Das literarische Gespräch ist in der Fachdidaktik als Gegenmodell zu einem Unterricht modelliert worden, in dem die Lehrperson, z. B. durch gezielte Fragen, eine bestimmte Interpretation erarbeiten will (HÄRLE/STEINBRENNER 2004). Es geht im literarischen Gespräch um einen Austausch subjektiver Leseerfahrungen, bei dem verschiedene Sichtweisen zueinander in Beziehung gesetzt werden. Dabei muss nicht eine einheitliche Deutung entwickelt werden, die der Deutungsoffenheit literarischer Texte widersprechen würde. Die Schülerinnen und Schüler sitzen möglichst im Kreis, in den sich auch die Lehrperson setzt; es handelt sich also nicht um Frontalunterricht. Bei größeren Lerngruppen wird ein Innenkreis und ein Außenkreis gebildet, wobei die Schülerinnen und Schüler im Außenkreis das Gespräch beobachtend verfolgen und evtl. auch in den Innenkreis wechseln können. Die Lehrperson nimmt als Gleichberechtigte(r) am Gespräch teil, erfüllt aber auch eine gesprächsmoderierende Funktion. Keinesfalls soll sie den Eindruck erwecken, dass sie ein bestimmtes Ergebnis durchsetzen will. Mit HATTIES Forderungen lässt sich, zumindest auf den ersten Blick, das literarische Gespräch nicht in Einklang bringen; es kann geradezu als Gegenposition zum Instruktionsunterricht gelten. Man kann aber doch unter zwei Aspekten den Anforderungen eines *visible learning* beim literarischen Gespräch gerecht werden:

1 Das literarische Gespräch ist nicht als ausschließliche Methode des Literaturunterrichts konzipiert. Analysierende, interpretierende und produktive Zugänge sollen nicht ausgeschlossen werden. Im Sinne von *visible learnig* wäre es wichtig, dass

den Schülerinnen und Schülern der Stellenwert des literarischen Gesprächs bewusst gemacht wird und sie darüber nachdenken, was ihnen ein solches Gespräch jeweils gebracht hat. Zu nennen wäre in diesem Zusammenhang, dass das literarische Gespräch den subjektiven Bezug zu einem Text unterstützen kann, dass durch das Gespräch Anregungen zum Textverständnis gewonnen werden können und dass der Aspektreichtum literarischer Texte erfahrbar wird. All dies kann für eine weiterführende Interpretation fruchtbar werden. Dazu sei aus einer empirischen Studie zum literarischen Gespräch eine Schülerstellungnahme zitiert:

■ *Durch die vielen Beiträge und Anregungen von Schülern für Schüler wird das Buch nicht nur interessanter, sondern die Schüler erfahren von anderen ‚Köpfen' andere Denkweisen, an die sie sich womöglich beim Lesen weiterer Bücher an bestimmten Stellen erinnern werden* (BRÄUER 2001, 258). ■

2 Das literarische Gespräch ist nicht nur eine Unterrichtsmethode, sondern auch eine zu erwerbende Kompetenz. Die Schülerinnen und Schüler eignen sich eine Kommunikationsform an, die dem Austausch über ästhetische Erfahrungen angemessen ist. Diese Kommunikationsform hat auch einen Stellenwert im kulturellen Alltag, z. B. wenn sich drei Filmbesucher nach dem Kino in einer Kneipe über den gesehenen Film unterhalten. Im Rückblick auf durchgeführte literarische Gespräche sollte im Unterricht deshalb auch evaluierend über den jeweiligen Ablauf nachgedacht werden, verbunden evtl. mit Vorschlägen, was man unternehmen könnte, damit ein nächstes literarisches Gespräch besser funktioniert. Auch dazu sei die Stellungnahme eines Schülers zitiert:

■ *Ich habe festgestellt, dass sich die Klasse/der Kurs sehr positiv entwickelt hat. [...] Jetzt ist die Klasse/der Kurs bereit und fähig geniale Deutungshypothesen aufzustellen und diese zu argumentieren* (ebd., 255). ■

Weil die Schülerinnen und Schüler eigene, unterschiedliche Deutungshypothesen einbringen, ergeben sich Anlässe zur argumentierenden Auseinandersetzung, für die die Bezugnahme auf den Text wichtig ist.

4.5　Handlungs- und produktionsorientierter Literaturunterricht

Seit den 1980er-Jahren haben handlungs- und produktionsorientierte Verfahren zunehmend Einzug in den Deutschunterricht und auch in Bildungsstandards und Lehrpläne gehalten. Sie sind vor allem als Gegenmodell zu einem Literaturunterricht entwickelt worden, der mithilfe des lehrergelenkten Unterrichtsgesprächs seinen

Schwerpunkt auf die Textanalyse und -interpretation legt. Im handlungs- und produktionsorientierten Unterricht schreiben die Schülerinnen und Schüler zu Texten, indem sie sich selbst literarischer Ausdrucksformen bedienen, sie interpretieren szenisch, erstellen Fotos, Filme, Zeichnungen zu Texten und setzen auch musikalische Mittel ein. Die Eigentätigkeit der Schülerinnen und Schüler steht also im Vordergrund. Ein solcher Unterricht wird auch kritisiert. Dies ist insofern verständlich, als die Verfahren dazu verleiten können, dass sie ohne genaue Reflexion der Textangemessenheit und der didaktischen Zielsetzung eingesetzt werden und man damit zufrieden ist, wenn alle Schüler und Schülerinnen irgendwie aktiv etwas getan haben. Allgemeine Urteile über den handlungs- und produktionsorientierten Literaturunterricht sind allerdings insofern problematisch, als das Angebot an entsprechenden Verfahren ausgesprochen vielfältig ist und von stark strukturiertem, zielgerichtetem bis zu sehr offenem Vorgehen reicht. Dies sei hier an ausgewählten Verfahren gezeigt.

Eine ganze Reihe produktiver Verfahren haben *operativen* Charakter, d.h. sie beziehen sich auf Einzelentscheidungen im Hinblick auf die Vervollständigung eines Textes. Das ist etwa der Fall, wenn Schülerinnen und Schüler für ein weggelassenes Wort aus drei Vorschlägen einen auswählen oder wenn sie sich selbst ein passendes Wort ausdenken sollen. Ein weiteres operatives Verfahren besteht darin, dass die auseinandergeschnittenen Teile eines Gedichtes oder Kurzprosatextes in eine sinnvolle Reihenfolge gebracht werden sollen. Solche Verfahren halten zu einem genauen Lesen an; wenn in der fachdidaktischen Diskussion gelegentlich textnahes Lesen als Gegensatz zum handlungs- und produktionsorientierten Literaturunterricht dargestellt wird, dann trifft das auf jeden Fall kaum auf solche produktiv-operativen Verfahren zu. Bezogen auf das Spannungsverhältnis von Instruktion und Individualisierung stellen sie eine Verbindung von beidem dar: Es wird eine klar umgrenzte Aufgabenstellung gegeben, die einen individuellen Entscheidungsspielraum eröffnet. Die Schülerinnen und Schüler entwickeln eigene Vorstellungen und vergleichen sie mit der Formulierung, die der Autor gewählt hat. Bei interessanten, das heißt: gut gestellten Aufgaben kommen dabei sowohl die lokale als auch die globale Bedeutung des Textes ins Spiel. Wenn z.B. bei einem Gedicht die Überschrift ausgedacht werden soll, können dadurch Interpretationsmöglichkeiten bei der Besprechung der Titelvorschläge zur Sprache kommen – vorausgesetzt allerdings, dass im Gedicht eine gewisse Mehrdeutigkeit angelegt ist, die zu verschiedenen Titelvorschlägen führt. Zur Beliebigkeit können die genannten produktiv-operativen Verfahren ausarten, wenn keine Reflexion auf die Formulierungsvorschläge erfolgt. Bei manchen Arbeitsblättern, die im Umlauf sind, müssen z.B. so viele Lücken ausgefüllt werden, dass ein Eingehen auf die Lösungsvorschläge gar nicht mehr möglich ist. Da kann die Bearbeitung schnell von den Schülerinnen und Schülern als sinnloses Tun empfunden werden.

Ein anderer Haupttyp produktiver Verfahren ist das *Verfremden von Texten*. In GÜNTER WALDMANNS viel beachtetem Band zum „Produktiven Umgang mit Lyrik" ist dies ein Grundprinzip (WALDMANN 1988). So lässt er zum Beispiel Verse in ein anderes Metrum umformen (z. B. vierhebige in fünfhebige Verse), um die Wirkung eines bestimmten Metrums durch den verfremdenden Kontrast erkennen zu können. Das Vorgehen von WALDMANN hat durchaus Lehrgangs- und Instruktionscharakter; man könnte von einem erweiterten und curricular strukturierten operativen Vorgehen sprechen, bei dem die Schülerinnen und Schüler durch angeleitetes Experimentieren zu analytischen Erkenntnissen gelangen.

Als einen weiteren Typ kann man die *imitativen Verfahren* nennen, bei denen nach vorgegebenen literarischen Texten eigene Texte geschrieben werden (vgl. STEMMER-RATHENBERG 2011). Dabei kann vor der produktiven Arbeit eine Analyse des vorgegebenen Textes erarbeitet werden, damit für die Schülerinnen und Schüler klar ist, worauf sie bei ihrem eigenen Text achten sollen. Der Arbeitsauftrag kann aber auch offener gehalten werden, etwa in der Form von „Schreibt in der Art von …", wobei keine Textanalyse vorgeschaltet ist. In diesem Fall kann man von „kreativ-imitativem Schreiben" im Gegensatz zum „analytisch-imitativen Schreiben" sprechen (ebd., 2011). Die entstehenden Schülertexte sind beim kreativ-imitativen Schreiben vielfältiger, mehr oder auch weniger eng am Vorlagetext ausgerichtet und eröffnen mehr individuelle Spielräume; die Imitation erfolgt eher intuitiv. Eine Beurteilung der Schülertexte nach dem Kriterium, wie weit die Merkmale des vorgegebenen Textes übernommen worden sind, ist bei solchem kreativ-imitativem Schreiben problematisch. Möglich und sinnvoll ist ein nicht wertender Vergleich von Schülertexten mit dem Vorlagetext unter der Fragestellung: Was ist übernommen worden, was ist anders (was nicht als Kritik verstanden werden soll). Der Ertrag des kreativ-imitativen Schreibens ist allerdings vor allem in der Schreibförderung zu sehen: Die Schülerinnen lernen Ausdrucksmöglichkeiten kennen, die sie für ihr eigenes Schreiben fruchtbar machen können. Insgesamt kann man das analytisch-imitative Schreiben eher dem Instruktionsunterricht, das kreativ-imitative eher dem individualisierenden Unterricht zuordnen.

Offen für individualisierende Ausgestaltung sind die Verfahren, bei denen *Gedanken und Gefühle von Figuren* imaginiert werden; dazu zählt das Verfassen von inneren Monologen, von Tagebuchaufzeichnungen, von Briefen und von Träumen, immer aus der Sicht einer Figur. Zwar wird auch hier ein interpretierender Textbezug erwartet, aber der für den handlungs- und produktionsorientierten Literaturunterricht wichtigen Grundannahme der Rezeptionsästhetik, dass der Leser in seiner Vorstellung Ungesagtes und Angedeutetes ausmalt, wird hier in besonderem Maße Rechnung getragen.

Ein ähnliches Wechselspiel von Textbezug und individueller Ausgestaltung findet man in den Verfahren der *szenischen Interpretation,* wobei es eine große Spannbreite zwischen starker Lenkung durch den Spielleiter und selbstständigem Arbeiten der Schülerinnen und Schüler gibt. Wenn in der deutschen Übersetzung von HATTIES „Visible learning" sein positiv besetzter Begriff der Lehrperson als „activator" mit „Regisseur" (HATTIE 2013, 31) übersetzt wird, denkt man dabei nicht zu Unrecht an das Theaterspiel: Ein Regisseur muss Ausstrahlung haben und muss diese einsetzen, um die Schauspieler bzw. die spielenden Schülerinnen und Schüler zu eigener Gestaltung zu führen und ihnen zu helfen, ihre persönlichen Potenziale zu entdecken und einzusetzen.

4.6 Projekte

Schülerorientierter Unterricht findet seine vielleicht deutlichste Ausprägung im Projektunterricht, bei dem die Schülerinnen und Schüler selber ein Vorhaben, das zu einem sichtbaren Ergebnis führt, planen, erarbeiten und realisieren. Bezogen auf Literaturunterricht kann das z. B. die Gestaltung einer Ausstellung zu einem Autor, die Einführung eines Lesecafés oder die Gestaltung eines literarischen Abends für die Eltern sein. Die Lehrperson soll dabei, wenn man der Theorie des Projektunterrichts folgt, die Rolle eines Moderators einnehmen – nach HATTIE also die Rolle, die nicht besonders lernwirksam ist. Für viele Schülerinnen und Schüler ist die Mitwirkung an einem Projekt zweifellos eine bleibende intensive Erfahrung mit vielfältigen Lerneffekten. Man muss sich allerdings fragen, ob das jeweils für alle Mitwirkenden gilt. Die Gefahr, bloßer Mitläufer in einem Projekt zu sein oder sogar an den Rand gedrängt zu werden, ist leicht gegeben. Für die Lehrperson ist es deshalb wichtig, dass sie bei einem Projekt nicht nur das sichtbare Resultat, also zum Beispiel die gelungene Aufführung, sondern auch den Lernprozess der einzelnen Schülerinnen und Schüler verfolgt. HATTIES Metapher des *visible learning* regt dazu an, die mögliche Gefahr beim Projektunterricht mit Brechts Schlussversen im Dreigroschenfilm zu veranschaulichen:

Und man siehet die im Lichte
Die im Dunkeln sieht man nicht.

4.7 Formen direkter Instruktion

Das vorherrschende Verfahren im Literaturunterricht ist der *fragend-entwickelnde Unterricht,* der durch starke Lenkung die Denkaktivität der Schülerinnen und Schüler anregen will. Aufgrund seiner Auswertung einschlägiger Studien kommt HATTIE zum Ergebnis, dass ein Unterricht, der sich vor allem auf Fragen stützt, die die Lehrperson stellt, wenig wirksam ist (HATTIE 2012, 83 f.). Das entspricht der Kritik, die in der Literaturdidaktik schon seit längerer Zeit an der Dominanz der fragend-entwickelnden Methode geübt wird. Ihr Hauptproblem besteht darin, dass sie dazu verführt, den Unterricht mit den besseren und willigen Schülerinnen und Schülern zu bestreiten, und dass kaum festgestellt werden kann, ob diejenigen, die sich nicht äußern, wirklich mitdenken und etwas lernen. Wenn HATTIES Plädoyer für mehr direkte Instruktion Rechnung getragen werden soll, dann kann dies nicht in einer neuerlichen Stärkung der fragend-entwickelnden Methode bestehen. Um welche Formen direkter Instruktion kann es dann gehen? Es gibt solche Formen, die allerdings eher ein Schattendasein führen und über die neu nachzudenken sich lohnen kann.

Dazu gehört das *Vorlesen* von literarischen Texten durch die Lehrperson. Im Unterricht der Grundschule ist dies inzwischen häufiger geworden. Es ist aber ebenso sinnvoll in der Sekundarstufe I und II; wenn nach HATTIE der Bezug, den die Lehrperson zur Sache hat, von großer Bedeutung ist – er spricht von der „Liebe zum Stoff" (HATTIE 2013, 29) –, dann kann dies gerade durch das Vorlesen für die Schülerinnen und Schüler erfahrbar werden. Das setzt natürlich voraus, dass die Lehrpersonen auch über eine entsprechende Vorlesefähigkeit verfügen. So wie vom Musiklehrer die Fähigkeit, ein Instrument spielen zu können, erwartet wird, und vom Kunstlehrer gestalterische Fähigkeit verlangt wird, sollte die Vorlesefähigkeit zum Beruf des Deutschlehrers gehören. Durch das Zuhören kann für die Schülerinnen und Schüler insbesondere auch die rhythmische und klangliche Qualität literarischer Sprache erfahrbar werden. Gewiss lässt sich dies auch durch Hörbücher erreichen; aber eine solche Delegation ans Medium lässt die Lehrperson als *activator* zurücktreten. Das Lernen der Schülerinnen und Schüler wird beim Vorlesen allerdings nicht sichtbar; eine Hauptrolle soll ihm im Unterricht deshalb nicht zukommen (früher gab es Lehrpersonen, die in Deutschstunden vor allem einfach nur Literatur vorlasen).

Eine weitere Form direkter Instruktion ist das *Erzählen und Darlegen* durch die Lehrperson. Das geschieht im Unterricht zwar durchaus häufig, aber oft begleitet von einem schlechten Gewissen. Die Schülerinnen und Schüler sollten doch selbst

aktiv sein; bei Evaluationen von Unterrichtsstilen der Lehrkräfte wird meist besonders darauf geachtet, dass die Zeit, in der die Lehrperson spricht, knapp bemessen
sein soll. Dabei wird unterschätzt, wie stark vor allem ein anschauliches Erzählen
– z. B. zur Biographie eines Autors oder zur Rezeptionsgeschichte eines Werkes –
die Imagination der Schülerinnen und Schüler anregen und bleibendes Wissen vermitteln kann. Gerade, wenn man offene Unterrichtsphasen einplant, in denen die
Schülerinnen und Schüler selbstständig arbeiten, ist ein Lehrervortrag eine sinnvolle Ergänzung; damit ist nicht ein Zurechtbiegen der Schülerergebnisse gemeint (was
die Gefahr einer Abwertung mit sich bringt), sondern ein klärendes Eingehen auf
offen gebliebene Fragen und eine Erweiterung des Fragehorizontes (z. B. Einbringen
einer sozialgeschichtlichen Interpretationsperspektive, auf die die Schülerinnen
und Schüler nicht gekommen sind). Damit kann man eine klar abgestimmte Verbindung von Lehrer- und Schüleraktivität erreichen, die nach HATTIE das Erfolgsrezept
für Unterricht ist.

Noch wenig eingeführt ist in deutschen Schulen die Methode des *lauten Denkens*
als Demonstration eines Zugangs zu einem Text. Propagiert wird das Vorgehen in
der Fachliteratur seit einiger Zeit im Rahmen der Vermittlung von Lesestrategien.
Auch interpretierendes Lesen literarischer Texte kann entsprechend vorgemacht
werden: Die Lehrperson formuliert, z. B. bei einem Gedicht, beginnend mit dem Titel
und dann weiter Wort für Wort oder Satz für Satz, was ihr durch den Kopf geht im
Hinblick auf das Bemühen um Textverständnis. Assoziationen, Rückgriffe auf Vorwissen, wiederholtes Lesen von Textstellen, Herstellen von Bezügen zwischen Textstellen und vieles andere kann hier ins Spiel kommen. Man mag einwenden, dass
einem solchen lauten Denken eine gewisse Künstlichkeit anhaftet, zumal es durch
die Verlangsamung und den Anspruch, etwas beim Lesen denken zu sollen, über das
hinausgeht, was normalerweise auch einem geschulten und aufmerksamen Leser
durch den Kopf geht. Aber Schülerinnen und Schüler können durch die Demonstration mit lautem Denken nachvollziehen, wie ein Verstehen im Kopf eines Lesers
entsteht – oft bleibt ihnen ja rätselhaft, wie die Lehrperson zu ihren Interpretationen kommt. Das laute Denken kann von den Schülerinnen und Schülern auch selbst
angewendet werden; nach der HATTIE-Studie ist es, praktiziert von den Schülerinnen und Schülern, sogar eine besonders wirksame Lernmethode.

Für HATTIE geht Instruktionsunterricht allerdings weit über die hier genannten
lehrerzentrierten Aktivitäten hinaus. Für ihn gehört die klare Strukturierung des
Unterrichts durch die Lehrperson, die Motivierung der Schülerinnen und Schüler
zur Eigentätigkeit und die ständige Rückmeldung zu Lernforschritten zur Instruktion.

4.8 Gegen Methodendogmatismus

Die hier vorgenommene Erörterung einzelner Unterrichtsmethoden darf nicht den Eindruck hinterlassen, dass der Unterrichtserfolg in erster Linie von ihnen abhänge. Nach HATTIE ist das Engagement der Lehrperson (vgl. HATTIE 2012, 23) zentral; es besteht u. a. darin, dass sich Lehrpersonen selbst als Lernende verstehen, dass sie ihr Tun ständig überprüfen im Hinblick darauf, ob es bei den Schülerinnen und Schülern Wirkung zeigt, und ggf. einen anderen methodischen Zugang ausprobieren. Im Literaturunterricht gibt es besonders viele Möglichkeiten der Beschäftigung mit Texten und damit kommt der ständigen Reflexion darüber, ob das Vorgehen für die jeweiligen Schülerinnen und Schüler lernförderlich ist, eine entsprechend große Bedeutung zu. Dabei ist es durchaus angebracht, wenn die Lehrpersonen auch über ihr eigenes Potenzial nachdenken; genau so wie nicht für jeden Schüler und jede Schülerin dieselbe Lernmethode geeignet ist, kann die eine Lehrkraft mit der einen, die andere mit einer anderen Lernmethode einen besonders wirksamen Unterricht gestalten. Neben dem Anspruch, dass sich Lehrende als selber Lernende verstehen, ist es nach den Ergebnissen der HATTIE-Studie ferner wichtig, dass die Schülerinnen und Schüler Lehrende ihrer selbst werden, dass sie also ihr Lernen reflektieren, planen und überprüfen. Lehrpersonen müssen dazu beitragen, dass die Schülerinnen und Schüler in diesem Sinne eine eigene Verantwortung für ihr Lernen übernehmen. Anzunehmen, HATTIEs Aufwertung der leitenden Funktion der Lehrperson würde die Eigenaktivität der Schülerinnen und Schüler kleinreden, wäre ein Missverständnis.

4.9 Als Beispiel: Raumanalyse als Interpretationswerkzeug

Eine eigene Verantwortung für ihr Lernen wahrzunehmen, fällt vielen Schülerinnen und Schülern im Literaturunterricht allerdings schwer, weil ihnen Interpretationen oft wie aus Intuition geboren erscheinen. Ein Interpretationswerkzeug, das zu mehr führt als nur zu inhaltlicher Paraphrase und punktueller Identifikation von rhetorischen Mitteln steht ihnen nur beschränkt zu Verfügung. Das ist unter anderem darin begründet, dass Lehrende oft mehr das Interpretationsergebnis als die Vermittlung von Interpretationskompetenz als Ziel des Unterrichts sehen. Dabei ist letztere nicht zuletzt als prozedurales Wissen für das Abitur wichtig, bei dem gemäß den „Bildungsstandards im Fach Deutsch für die allgemeine Hochschulreife" die „Grundlage für die Interpretation literarischer Texte [...] in der Regel solche Texte [sind], die nicht bereits im Unterricht behandelt wurden" (KMK 2012, 34).

Hier sei als Beispiel für einen möglichen interpretierenden Zugriff auf literarische Texte die Raumanalyse vorgestellt und gezeigt, wie sich Instruktion und Individualisierung mit ihr verbinden lassen. Die Begriffe Analyse und Interpretation sind im Folgenden so zu verstehen, dass textbezogene Analyse von Raumstrukturen übergeht in makrostrukturelle Deutung als Interpretation, in der der Raumaspekt mit anderen Aspekten verbunden wird. Nicht bei jedem Text ist die Raumanalyse in gleichem Maße ergiebig; Schülerinnen und Schüler müssen auch über andere Interpretationswerkzeuge verfügen und jeweils entscheiden, welche jeweils angebracht sind.

Hilfreich für die Raumanalyse ist die Unterscheidung von topographischer, topologischer und chronotopischer Raumanalyse. Die *topographische Analyse* bezieht sich auf die Beschreibung der verschiedenen Orte in einem literarischen Text. Was charakterisiert sie? Worin unterscheiden sie sich (vorausgesetzt es kommen mehrere Orte vor)? Dabei ist auch die Frage interessant, welche Figuren welchen Orten zugeordnet sind und was die Orte über die Figuren zum Ausdruck bringen. Die *topologische Analyse* fragt danach, wie die Räume einander zugeordnet sind. Dabei sind in der Regel Gegensatzstrukturen wichtig; es kann z. B. um innen/außen, oben/unten, vertikal/horizontal oder konkreter um Stadt/Natur, Heimat/Ferne, Erde/Himmel gehen. Auch Gegensätze wie realer Raum/phantastischer Raum oder erlebter Raum/erwünschter Raum können wichtig sein. Ein solches Herausarbeiten von Oppositionen steht in der Tradition der semiotischen Textanalyse. Die *chronotopische Analyse* bezieht sich darauf, dass es in literarischen Text bedeutsam ist, wie Figuren Raumgrenzen überschreiten. Damit kommt der Zeitaspekt ins Spiel. Im Grundmodell des Erzählens (beispielhaft in Märchen realisiert) ist der Held derjenige, der im Gegensatz zu den anderen Figuren nicht in dem im zunächst zugeordneten Raum verbleibt, sondern in andere Räume aufbricht. Unter chronotopischem Aspekt werden so die Raumgrenzen und Schwellen wichtig, z. B. Türen, Fenster, Tore, Mauern, natürliche Hindernisse, Brücken usw. Es kann sein, dass sich auch Orte und Räume selbst verändern – eine Burg wird geschleift, der Frühling verwandelt die Landschaft, eine Abenteuerwelt erweist sich als bloßer Traum.

Raumanalyse wird in der Literaturwissenschaft vorrangig bei erzählenden Texten vorgenommen. Sie ist aber meist auch bei dramatischen Texten ergiebig und manchmal auch bei Gedichten. Zu einem Beispiel aus je einer Gattung seien einige Hinweise zur Veranschaulichung gegeben. In „Sansibar oder der letzte Grund" von Alfred Andersch ist schon „Sansibar" im Titel als ersehnter Wunschraum für die Raumanalyse einschlägig. Der Hauptschauplatz des Romans ist jedoch Rerik, das als trostloser Ort geschildert wird, der aber zugleich der Ort am Meer, also am Offenen ist. Die

Figuren können aufgeteilt werden in Ortsansässige und Zugereiste. Ob sie den Ort verlassen können oder am Ort bleiben wollen oder müssen, ist der Hauptkonflikt, der für jede Figur unterschiedlich durchgespielt wird. Wichtig sind einzelne Orte innerhalb von Rerik, z. B. die Kirche; immer wieder werden auch die Türme der Stadt in einer Weise erwähnt, dass ihre Erscheinung eine symbolische Bedeutungserweiterung für bedrohliche Überwachung erfährt. Wichtig sind auch erinnerte Orte wie Tarasovka, wo Gregors innere Loslösung von der kommunistischen Partei beginnt. Schließlich hat auch das zentrale Motiv des lesenden Klosterschülers mit Raum, nämlich mit sitzen und fortgehen können, zu tun; er ist einer, „der lesen kann und dennoch aufstehen und fortgehen", wie es im Roman heißt. Für die Raumanalyse bietet es sich an, neben den übergreifenden Raumstrukturen auch einzelne ausgewählte Textstellen genauer zu untersuchen. Das eröffnet einen Spielraum für die Schülerinnen und Schüler, selbst eine oder mehrere Stellen zu suchen, mit denen sie etwas anfangen können.

Als Drama ist z. B. Schillers „Wilhelm Tell" für eine Raumanalyse ergiebig, weil die Szenen an sehr unterschiedlichen Orten spielen und eine aufschlussreiche Zuordnung der Figuren zu Räumen stattfindet. So ist Tell seinem Zuhause und den Bergen, in denen er als Jäger herumstreift, zugeordnet, auf dem Rütli erscheint er jedoch nicht.

Bei Gedichten mag die Raumanalyse weniger ergiebig sein; Gedichte wie Goethes „Wanderers Nachtlied (Über allen Gipfeln)" oder Eichendorffs „Mondnacht" zeigen allerdings, dass auch in der Lyrik der Raum eine wesentliche Rolle spielen kann.

Wenn Schülerinnen und Schüler über mehrere Interpretationswerkzeuge wie die Raumanalyse verfügen, können sie entscheiden, mit welchen sie vorrangig jeweils mit einem Text arbeiten wollen. Die Interpretationswerkzeuge müssen ihnen über Instruktion vermittelt werden, aber in der Anwendung soll ihnen ein Spielraum gegeben werden, auch im Abitur. Damit kann dem Ergebnis der empirischen Studie von MICHAEL STEINMETZ Rechnung getragen werden, der Abiturarbeiten zu literarischen Themen untersucht hat mit dem Ergebnis, dass es bei den Abiturienten verschiedene Untersuchungstypen gibt, die man in Gruppen zusammenfassen kann (STEINNMETZ 2013, 245 ff.). Es ist nicht sinnvoll, von allen alles zu erwarten; deshalb sollten das Interpretationswerkzeug, das den Schülerinnen und Schülern vermittelt wird, und die Aufgabenstellungen im Abitur unterschiedliche Zugänge ermöglichen. Die Werkzeugmetapher mag hier ihren besonderen Sinn haben: Wer sich für das Schreinerhandwerk ausbilden lässt, lernt verschiedene Werkzeuge wie Säge und Hobel anzuwenden. Damit stellt der eine Auszubildende ein Werkstück im Bauhausstil, ein anderer eines im Landhausstil her. Könnerschaft lässt sich in beiden

Fällen beweisen. Einem kompetenzorientierten Unterricht würde es entsprechen, wenn im Fach Deutsch nicht ein detailliert als Erwartungshorizont beschriebenes Resultat, sondern die Anwendung von Interpretationswerkzeugen beurteilt würde.

4.10 Schluss

HATTIES nachdrücklicher Hinweis, dass leidenschaftliche Lehrpersonen, die Schülerinnen und Schüler zu begeistern vermögen („passionate, inspired teacher", HATTIE 2012, 27), den größten Einfluss auf Lernerfolg haben, entspricht ziemlich genau dem, was deutsche Jugendliche als wichtigstes Kriterium bei der Schulbewertung nennen, nämlich „Kompetenz, Empathie und Ausstrahlung der Lehrerschaft" (CALMBACH u. a. 2012, 61); so jedenfalls lautet ein Ergebnis der SINUS-Jugendstudie von 2012. Man könnte sagen, dass das, was HATTIE als ein Hauptergebnis seiner Studie präsentiert und was die Jugendlichen laut SINUS-Studie von der Schule erwarten, eigentlich nicht überraschend sei; das habe man doch immer schon gewusst. Auch wenn das so sein mag: Manche Entwicklung im Bildungswesen der letzten Jahre hat bei den Lehrkräften eher den Eindruck hervorgerufen, dass sie immer mehr zu Befolgern von Vorschriften gemacht würden. Eine Besinnung auf das, was die Ausstrahlung einer Lehrperson ausmacht, ist angesichts solcher Entwicklungen deshalb dringend geboten.

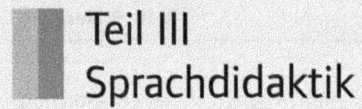

Teil III
Sprachdidaktik

1 Sprache und Sprachgebrauch untersuchen in der Sekundarstufe I

BEATE LÜTKE

1.1 Sprachbildung als Aufgabe des Deutschunterrichts

Mit der Einführung der Bildungsstandards für den Mittleren Schulabschluss und den Hauptschulabschluss im Fach Deutsch und damit verbundenen zentralen Prüfungen im 8., 9. und 10. Jahrgang (u. a. VERA, MSA) sind die sprachlichen Fähigkeiten und Leistungen von Schülerinnen und Schülern der Sekundarstufe I in den Blick der öffentlichen Aufmerksamkeit und der (inter-)disziplinären Fachdebatte gerückt. Im Fokus steht einerseits die Frage nach Einflussfaktoren, die sich auf den Sprachaneignungsprozess und die Entwicklung sprachlicher Teilkompetenzen auswirken (zum Beispiel sozio-ökonomischer Hintergrund, familialer Sprachgebrauch, Herkunftssprachen oder Qualität des Unterrichts), aber auch nach der Bedeutung von Sprachkompetenz als Grundlage erfolgreichen Lernens in allen Fächern. Aufschluss über das anteilige Zusammenwirken verschiedener Einflussfaktoren, zu den Besonderheiten sprachlicher Teilleistungen und über Stärken und Schwächen spezifischer Schülergruppen haben einschlägige Schulleistungsstudien wie die PISA- oder DESI-Studie gegeben (vgl. u. a. KLIEME u. a. 2010, SCHIEFELE/ARTELT/ STANAT/SCHNEIDER 2004, DESI-KONSORTIUM 2008). Mit dem empirisch abgesicherten Wissen über die Zusammensetzung einer besonders in Ballungsgebieten nicht nur sprachlich, sozial und ethnisch heterogenen Schülerschaft ist zudem deutlich geworden, dass der Aufgabenbereich des Deutschunterrichts, der bis vor kurzem traditionell mit dem Begriff ‚Muttersprachenunterricht' bezeichnet worden ist, neu bzw. vielfältiger konzipiert werden muss, um der angesprochenen Heterogenität Rechnung zu tragen.

Allerdings hat sich bisher kein Nachfolgeterminus etabliert, der diesen Bereich des Deutschunterrichts trennscharf bezeichnen würde. Der Begriff ‚Sprachunterricht' (vgl. z.B. BUDDE/RIEGLER/WIPRÄCHTIGER-GEPPERT 2011) als Pendant zu ‚Literaturunterricht' ist nur bedingt geeignet, denn er wird traditionell stärker mit dem Erlernen von Fremdsprachen verbunden. In der Fachliteratur wird weiterhin das Stichwort ‚Grammatikunterricht' verwendet, wenn es um den Kompetenzbereich „Sprache und Sprachgebrauch untersuchen" geht. Das im Kompetenzbereich beschriebene Themenfeld ist jedoch weiter gefasst und bezieht auch schon in der Sek. I variationslinguistische Inhalte ein (zum Beispiel zum Unterschied von Umgangs- und Standardsprache, älteren Varietäten und Gegenwartssprache); diese können Kontexte für die Untersuchung grammatischer und lexikalischer Phänomene bilden. Grammatikunterricht betrifft in diesem weiteren Rahmen also lediglich eine wichtige Teildimension sprachlichen Lernens (vgl. WIELAND 2010, 355); zudem drückt sich in dem Begriff eine gegenstands- und weniger lernerorientierte Sichtweise aus.

Eine begriffliche Alternative könnte der in der neueren Diskussion verwendete Begriff der ‚Sprachbildung' bieten:[1] Ursprünglich im Kontext des FörMig-Programms für die sprachliche Förderung von Kindern und Jugendlichen mit Deutsch-als-Zweitsprache-Hintergrund verwendet (vgl. z.B. GOGOLIN u.a. 2010), richtet sich der Begriff mittlerweile auf alle Schülerinnen und Schüler, die in ihren sprachlichen Leistungen hinter dem „für ihr Alter Erwartbaren" (EHLICH 2012, 14) zurückbleiben, sowohl mit deutscher als auch nichtdeutscher Erstsprache (vgl. z.B. EHLICH/VALTIN/LÜTKE 2012, 56). Sprachbildung wird in Hinblick auf diese Kinder und Jugendlichen stärker als Sprachförderung verstanden, die nicht nur als Aufgabe des Deutschunterrichts zu sehen ist, sondern durchaus fachübergreifend gedacht wird. Vor diesem Hintergrund ist zu klären, welche spezifischen Aufgaben dem Deutschunterricht zukommen, zumal sich sein Auftrag zur Sprachbildung natürlich nicht nur auf Schülerinnen und Schüler bezieht, die hinter den Leistungserwartungen zurückbleiben, sondern auch auf diejenigen, die sich sprachlich im mittleren und oberen Leistungsspektrum bewegen. Für die verschiedenen Leistungsstände ist die Entwicklung differenzierender Konzepte dringend vonnöten.

Die Fachdebatte befasst sich auf grundsätzlicher Ebene mit der Diskrepanz zwischen theoretischen und curricularen Postulaten, die wiederum einen unsystemati-

---

[1]   Der Sprachbildungsbegriff hat eine sprachphilosophische (vgl. HERDER 1772, HUMBOLDT 1795/96) und sprachdidaktische Tradition (vgl. SEIDEMANN 1927, WEISGERBER 1951). ‚Sprachlicher Bildung' wurde in diesen Kontexten eine identitäts- und gemeinschaftsbildende Funktion zugeschrieben. Heute bestünde eine Weiterentwicklung des Konzepts u.a. in der mittlerweile unumgänglichen Einbindung einer Mehrsprachigkeitsperspektive (vgl. OOMEN-WELKE in diesem Band). Außerdem betont der Begriff ‚Sprachbildung' im Vergleich zu den mit ‚sprachlicher Bildung' konnotierten Wisseninhalten eine prozessorientierte Perspektive (auf die zu bildende Lerner/in) und die methodische Relevanz des sprachbildenden Handelns.

schen und bisher empirisch kaum beschriebenen Niederschlag in der Unterricht-spraxis finden. Diese Kluft, die sich weniger zwischen Sprachwissenschaft und Sprachdidaktik zeigt, sondern stärker zwischen beiden Wissenschaften und der Praxis[2], könnte damit zusammenhängen, dass sich die Sprachdidaktik als Wissen-schaft noch in einer Legitimierungsphase befindet, in der nach einem schulrelevan-ten und sprachwissenschaftlich fundierten Theorierahmen für ihre Teilgebiete gesucht wird (vgl. hierzu EISENBERG 2013b, 12 f.) und Handlungsfelder, die in der Forschung identifiziert werden, erörtert werden müssen; eine Adaption und Über-prüfung dieser Vorschläge in der Unterrichtspraxis steht aber noch größtenteils aus. Im Spiegel dieses Spannungsfeldes sind Überlegungen und vor allem Untersuchun-gen zu den Fragen anzustellen, welches explizite (i.S. von thematisierbare) Wissen über Sprache Schülerinnen und Schüler benötigen und welche theoretische Fundie-rung letztendlich ihren Bedürfnissen angemessen ist.

Der vorliegende Beitrag verfolgt das Ziel, einen Überblick über Rahmenbedin-gungen und Konzepte sprachdidaktischer Entscheidungen zu verschaffen; zudem sollen Lerngegenstände beschrieben und problematisiert werden. Dafür werden zunächst die Grundlagen des sprachbildenden Unterrichts ausgehend von Angaben des Kompetenzbereichs „Sprache und Sprachgebrauch untersuchen" aus den Bil-dungsstandards für den Mittleren Schulabschluss (KMK 2003) beschrieben und kritisch hinterfragt (1.2).[3] Anhand der Begriffspaare (,Wissen' und ,Können', ,impli-zites' und ,explizites Wissen', ,Sprachsystem' und ,Sprachgebrauch') werden grund-legende Spannungsfelder skizziert und das darin implizierte Nebeneinander metho-discher Ansätze, gemeint sind integrierte, systematische und funktionale Sprachbetrachtung, diskutiert. Daran anschließend wird das Verhältnis von ,Sprach-bewusstheit', ,Sprachbewusstsein' und ,Sprachreflexion' beleuchtet (1.3) und unterrichtsbezogene Zielsetzungen (1.4), Kompetenzmodelle (1.5), Merkmale und Gegenstände der Sprachbetrachtung (1.6, 1.7) dargestellt. Die Relevanz diagnose-basierter Förderung wird in 1.8 bei der Beschreibung von Merkmalen sprachbezo-gener Lern- und Leistungsaufgaben aufgezeigt, bevor abschließend Leitlinien für die Unterrichtsplanung vorgeschlagen und konkretisiert werden (1.9).

---

[2]   Vgl. in diesem Band den Beitrag von KÄMPER-VAN DEN BOOGAART „Fachdidaktik als Wissenschaft".
[3]   Die Orientierung am Kompetenzbereich ist rein praktischen Erwägungen geschuldet. Er bietet die Möglich-keit, die Darlegungen aus schulspezifischer Perspektive anzugehen und theoretische, konzeptuelle und inhaltliche Erwägungen anzuschließen.

1.2 Der Kompetenzbereich „Sprache und Sprachgebrauch untersuchen"

1.2.1 Sprachliches Wissen und Können

Die Bildungsstandards formulieren als Aufgabe des Deutschunterrichts, sprachliches „Orientierungs- und Handlungswissen" zu vermitteln und „Verstehens- und Verständigungskompetenz" auszubilden (vgl. KMK 2003, 6). Die genannten Wissensformen bleiben zwar vage (vgl. hierzu kritisch z. B. KÜHN 2008, 198 f.), akzentuieren aber deutlich, dass die auszubildende Rezeptions- und Produktionskompetenz auf sprachlichen Wissensbeständen basieren muss, die es ermöglichen, sich innerhalb des Sprachsystems zu orientieren und Formen sprachlichen Handelns unterscheiden zu können.

Worin aber besteht der Unterschied zwischen sprachlichem Wissen, das zum Beispiel beim Sprechen oder Schreiben auf performativer Ebene in Erscheinung tritt, und dem Wissen über Sprache (sogenanntes metasprachliches Wissen)? Und in welchem Zusammenhang stehen sprachliches ‚Wissen' und die Fähigkeit zum sprachlichen ‚Handeln' bzw. ‚Können'? Beide Fragen sind bisher empirisch kaum geklärt. Theoretisch wird davon ausgegangen, dass zum Beispiel beim Schreiben und Sprechen – von BREDEL (2007) als primärsprachlicher Gebrauch im Gegensatz zum metasprachlichen bezeichnet – hauptsächlich implizites (unbewusstes) sprachliches Wissen zur Anwendung kommt. Dieses Wissen eignen sich Kinder und Jugendliche sowohl außerschulisch (u. a. in der Familie und mit Freunden) als auch in Schule und Unterricht an. Weiterhin verfügen sie über die Schuljahre zunehmend über erlerntes (explizites) Wissen, das sie dazu befähigt, sprachliche Phänomene bzw. das eigene sprachliche Handeln aus einer distanziert-analytischen Perspektive in seinen Erscheinungsformen und Funktionen zu beobachten, mithilfe von Metasprache zu beschreiben und unter Einbezug sprachlicher Alternativen kritisch zu beurteilen. Wie (und ob) explizites Wissen in implizites Wissen und Können übergeht und wie es sich entwickelt, ist bisher jedoch erst theoretisch modelliert (vgl. ELLIS 2009). Es zeigt sich aber, dass explizites Wissen mit zunehmendem Alter an Relevanz gewinnt und zum Beispiel im Kontext von Überarbeitungsprozessen, bei bewussten Formulierungsprozessen (vgl. AUGST/DEHN 2007, 18) oder bei der Beurteilung grammatischer Zweifelsfälle (vgl. z. B. KILIAN 2013) eine Rolle spielen kann.

1.2.2 Sprachsystem und Sprachgebrauch

Neben den schwer fassbaren, miteinander in Zusammenhang stehenden Relationen von ‚Wissen' und ‚Können' und ‚implizitem' und ‚explizitem' Wissen bildet auch der Zusammenhang von ‚Sprachsystem' und ‚Sprachgebrauch' eine unklare Größe im Bedingungsgefüge unterrichtlichen Handelns. Wie aus der Bezeichnung des Kompetenzbereichs „Sprache und Sprachgebrauch untersuchen" hervorgeht, richtet sich das unterrichtliche Untersuchungsinteresse auf diese beiden Komponenten (KMK 2003, 8, 16). Sie spiegeln jede für sich eine linguistische Tradition des Faches wider: einerseits die Orientierung an strukturalistischen Konzepten, die das System ‚Sprache' als transparente Struktur erschließen wollen, andererseits pragmatische Ansätze, die Sprache als Instrument kommunikativen Handelns begreifen (vgl. EICHLER/ HENZE 2003). In der Linguistik wird die Polarität von Sprachsystem und Sprachgebrauch seit CHOMSKY (1969) in der Opposition von „Kompetenz" und „Performanz" gefasst. Der ausschließlich sprachbezogene Kompetenzbegriff CHOMSKYs meint im Gegensatz zum handlungsbezogenen Kompetenzbegriff WEINERTs (2001, zit. nach KLIEME 2004) das Wissen eines idealen Sprechers/Hörers, der vom Prinzip her in der Lage wäre, jede sprachliche Handlung optimal zu realisieren. Unter Performanz wird dagegen der konkrete Sprachgebrauch verstanden, der von dem idealen Konstrukt aufgrund situativer Bedingungen naturgemäß abweichen muss.[4]

Am ehesten lässt sich das Sprachsystem anhand der theoretischen Teilgebiete der Linguistik beschreiben: Neben den aus antiken Konzepten übernommenen grammatischen Kategorien ‚Morphologie' und ‚Syntax' und dem lexikalisch-semantischen Teilgebiet (EHLICH/BREDEL/REICH 2008, 18) sind Phonologie, in den letzten Jahren auch Graphematik (als Referenzdomäne für Rechtschreibung) (vgl. z.B. BREDEL 2007, 18), Textlinguistik (vgl. HEINEMANN 2006) und im weiteren Sinne variationslinguistische Aspekte (vgl. z.B. NEULAND 2006) für den sprachbildenden Deutschunterricht relevant. Bildungsstandards und Lehrpläne nehmen demgegenüber eine kompetenzbezogene Perspektive ein. In den Kompetenzbereichen „Schreiben", „Sprechen und Zuhören" und „Lesen - mit Texten und Medien umgehen" spielen alle genannten linguistischen Teildimensionen im Kontext primärsprachlicher Verwendung eine Rolle. Ihren eigenen Platz als explizite Lerngegenstände haben sie im Kompetenzbereich „Sprache und Sprachgebrauch untersuchen".

---

4 BREDEL (2007) weist ergänzend darauf hin, dass „sprachliches Handeln" nicht, wie CHOMSKY annimmt, als schlichte Anwendung des Systems zu verstehen sei, sondern ein „System mit eigenen Gesetzmäßigkeiten" darstelle (BREDEL 2007, 96).

1.2.3   Kontexte sprachlichen Lernens

In der historischen Rückschau umfasste der Deutschunterricht der Primar- und Sekundarstufe die schon im 19. Jahrhundert in den Lehrplänen festgeschriebenen Bereiche ‚Sprechen', ‚Lesen', ‚Schreiben' sowie die ‚Sprach- und Rechtschreiblehre' (vgl. BUDDE/RIEGLER/WIPRÄCHTIGER-GEPPERT 2011, 39). Nachdem die einzelnen Arbeitsbereiche in den Rahmenrichtlinien der Bundesländer bis zur Einführung der Bildungsstandards für den Mittleren Schulabschluss im Fach Deutsch (KMK 2003) uneinheitlich dargestellt und gewichtet wurden, hat der Kompetenzbereich „Sprache und Sprachgebrauch untersuchen" im „Grundmodell" der Bildungsstandards eine zumindest vordergründig transparente Verortung und Aufwertung erfahren: so fungiert er zwar ‚nur' als Instrument für die Erarbeitung der drei anderen Kompetenzbereiche, gleichzeitig erhält er aber auch als Wissensdomäne eine gewisse Eigenständigkeit (KMK 2003, 7 f.). Die Untersuchung von ‚Sprache' als System besitzt hiernach einen eigenen Stellenwert, ist grundsätzlich aber an Gebrauchszusammenhängen (mündlich und/oder schriftlich, produktiv und/oder rezeptiv) auszurichten. Das „Grundmodell" ist seit seiner Einführung durch verschiedene sogenannte „analytische Modelle" (OSSNER 2006b, 41)[5] verfeinert worden, die neben einer differenzierteren Darstellung der Gegenstandsfelder die den Kompetenzen zugehörigen medialen Erscheinungsformen von Sprache ergänzten (mündlich-rezeptiv/Hören, mündlich-produktiv/Sprechen, schriftlich-rezeptiv/Lesen, schriftlich-produktiv/Schreiben). Ein schlüssiges Modell, das verschiedene vorangehende Vorschläge (z. B. OSSNER 2006b, 42) aufgreift und modifiziert, ist das „Analytische Modell der Gegenstandsfelder des Sprachunterrichts" von BUDDE/ RIEGLER/WIPRÄCHTIGER-GEPPERT (2011, 42), das in Abb. 2, einen Hinweis STEINHOFFS (2009) aufgreifend, um eine Wortschatzzeile ergänzt wird:

	Produktion	Rezeption	Reflexion
Mündlichkeit	Sprechen und Zuhören		Sprache und Sprachgebrauch reflektieren
Schriftlichkeit	Texte schreiben	Lesen	
	Richtig schreiben		
(ergänzt)	Wortschatz		

Abb. 1 Analytisches Modell der Gegenstandsfelder des Sprachunterrichts (BUDDE/ RIEGLER/WIPRÄCHTIGER-GEPPERT 2011, 42; erweitert um Wortschatz-Zeile in Anlehnung an STEINHOFF 2009)

---

[5]   Analytische Modelle" werden aus der Analyse des Gegenstands gewonnen. Sie werden als vorläufige Systematisierung verstanden, die der weiteren empirischen Erforschung bedürfen (vgl. OSSNER 2006, 41).

BUDDE/RIEGLER/WIPRÄCHTIGER-GEPPERT (2011) modifizieren die Vorläufer-Modelle, indem sie u. a. innerhalb des Aufgabenfeldes ‚Texte schreiben' den Bereich ‚Richtig schreiben' als eigenständigen ausweisen, womit der zunehmenden Relevanz und intensiven Fachdebatte in diesem Bereich Rechnung getragen wird (vgl. z. B. BREDEL/MÜLLER/HINNEY 2010). Ein weiterer Gegenstand, der u. a. in Nachfolge der DESI-Studie (vgl. DESI-KONSORTIUM 2008) zunehmend Aufmerksamkeit erfährt, ist das Teilgebiet ‚Wortschatz'. So schlägt u. a. STEINHOFF (2009) in Reaktion auf die neuere Wortschatz-Forschung (WILLENBERG 2011, KILIAN 2011) einen quer zu allen Kompetenzbereichen liegenden Wortschatz-Balken vor, der die Relevanz lexikalisch-semantischen Wissens als Grundlage aller Kompetenzbereiche akzentuiert (STEINHOFF 2009, 37).

1.2.4 Methodischer Rahmen: integriert – systematisch – funktional

Wie die Modelle zeigen, gewinnt der Kompetenzbereich „Sprache und Sprachgebrauch untersuchen" seine Anwendungsorientierung durch die Anbindung an die drei anderen Kompetenzbereiche. Damit werden auch unterrichtsmethodische Entscheidungen impliziert. So gibt Teilbereich (TB) 1 des Kompetenzbereichs durch seine Überschrift „Äußerungen/Texte in Verwendungszusammenhängen reflektieren und bewusst gestalten" vor, dass sprachliche Phänomene integriert betrachtet und metasprachlich und metakommunikativ[6] reflektiert werden sollen. Für die kontextintegrierte Sprachbetrachtung werden folgende Sprachebenen unterschieden:

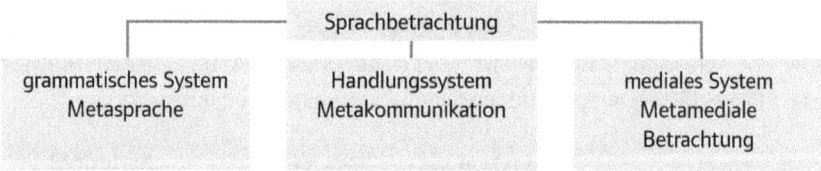

Abb. 2 Metasprache, Metakommunikation, Metamediale Betrachtung (BREDEL 2007, 88)[7]

Neben dem Integrationsprinzip wird weiterhin vorgegeben, dass die Schülerinnen und Schüler Sprachphänomene, zum Beispiel Satzstrukturen, „funktional verwenden" sollen (KMK 2003, 16). Dies impliziert, dass der Unterricht die Aufmerksam-

---

[6] ‚Metasprache' bezeichnet die Sprache, mit der über grammatische Strukturen gesprochen wird; dabei können metasprachliche Begriffe (z. B. ‚Subjekt' oder ‚Satzglied') Verwendung finden. Metakommunikation erfolgt bei der Betrachtung kommunikativer Strukturen (z. B. Sprecherwechsel oder Hörersteuerung) (BREDEL 2007, 64 f.).

[7] BREDEL ergänzt eine metamediale Sprachbetrachtung, die medienspezifische Merkmale (als Schrift- oder Lautsprache) und Handlungsformen (u. a. strategischer oder artikulatorischer Art) betrifft (2007, 88f.).

keit auf die Funktionen von Sprachphänomenen zu lenken hat. Grundlage für die integrierte und damit häufig auch funktionale Sprachbetrachtung bildet das in seiner Qualität nicht näher präzisierte ‚Kennen' sprachsystematischer Eigenschaften und Kategorien, also das Wissen über Sprache.[8]

Auch wenn der Hinweis auf die Notwendigkeit einer systematischen Sprachbetrachtung nicht explizit gegeben wird, so impliziert der inhaltliche Rahmen auch diese Perspektive, weil eine integrierte Betrachtung das Wissen über die Systematik des Gegenstands voraussetzt.[9] Sprachbetrachtung und -reflexion sollen also integriert, funktional und systematisch erfolgen. Damit sind drei grundlegende methodische Prinzipien des sprachbildenden Unterrichts durch den Kompetenzbereich vorgegeben. Wie die drei Perspektiven zu gewichten bzw. anzulegen sind und welche Phänomene für die funktionale Betrachtung mehr oder weniger geeignet sind, bleibt jedoch offen.

1.2.5   Exkurs: Das funktionale Prinzip und seine Grenzen

Wie vorab dargelegt, regt der Kompetenzbereich mit Formulierungen wie „Satzstrukturen kennen und funktional verwenden" oder „grammatische Kategorien und ihre Leistungen in situativen und funktionalen Zusammenhängen kennen und nutzen" (KMK 2003, 16) dazu an, im Unterricht Funktionen von Sprachphänomenen bewusst zu machen.[10] Problematisch ist, dass der Funktionsbegriff im Kompetenzbereich nicht näher erläutert und auch innerhalb der Sprachdidaktik unterschiedlich akzentuiert wird (vgl. zur Problematisierung PESCHEL 2006, NEULAND/PESCHEL 2013a, WIELAND 2010, EISENBERG 2013). Deshalb soll im Folgenden kurz skizziert werden, welche sprachdidaktischen Erkenntnisse und Hinweise als Orientierung herangezogen werden können.

Seit KÖLLER (1997) in den achtziger Jahren die Diskussion über Legitimation und Zielsetzungen eines funktionalen Grammatikunterrichts anstieß und die Relevanz des Wissens über Funktionen grammatischer Zeichen für die Textproduktion

---

[8]   Vgl. zur funktionalen Sprachbetrachtung die ausführliche Thematisierung von KLOTZ in diesem Band (Kap. 3, „Sprachwissen und Sprachbewusstsein in Funktion").

[9]   Zu Beispielen für eine Thematisierung von Eigenschaften des Sprachsystems und die daran geknüpfte metasprachliche Reflexion vgl. Kap. 2 (Über Sprache reflektieren in der Sekundarstufe II). ‚Systematisch' wird in diesem Beitrag in Anlehnung an EISENBERG/Menzel (1995, 5) in Abgrenzung zu einem ‚situativen Grammatikunterricht' verstanden; d. h. Teilgebiete der Sprache werden systematisch erarbeitet, womit gleichzeitig auch eine langfristig und spiralcurricular angelegte Planung verbunden ist.

[10]   Es ist jedoch zu berücksichtigen, dass sich nicht alle Sprachphänomene gleichermaßen für eine funktionale Sprachbetrachtung erschließen. So konstatiert BREDEL (2007), dass z. B. das Genus festgelegt sei und keine funktionalen Entscheidungen impliziere (2007, 252); Beispiele für eine funktional angelegte Genuswahl weist KÖPCKE (2012) im Kontext literarischer Texte nach.

und -rezeption betonte, hat das Konzept zunehmend an Bedeutung gewonnen. Die wenigen empirischen Ergebnisse (vgl. KLOTZ 1996, FUNKE 2005) zeigen, dass der Ansatz insbesondere an der Schnittstelle von schriftsprachlicher Textproduktion und Grammatik Wirksamkeit entfalten kann (vgl. KLOTZ 1996, 61). KLOTZ sieht durch seine Untersuchung bestätigt, dass eine Bewusstmachung textsortenspezifischer Mittel, d. h. solcher Mittel, die die Wirksamkeit bzw. Funktion eines Textes durch ihr häufiges Vorkommen und ihre besondere textinhärente Bedeutung maßgeblich unterstützen, die Entwicklung von „Textgestaltungskompetenz" fördern kann (KLOTZ 1996, 70).

Die Untersuchung FUNKEs erhellt den Zusammenhang zwischen explizitem Wissen über Sprache (zum Beispiel die Kenntnis von Wortarten) und zutage tretendem impliziten Wissen, wenn die Schülerinnen und Schüler Sätze schreiben und dabei zum Beispiel Wortarten realisieren. Eine wiederholte angemessene Verwendung im Kontext syntaktischer Strukturen zeige „grammatisches Wissen in Funktion" (FUNKE 2005, 307). Erst wenn dies gelinge, seien die Schülerinnen und Schüler im Allgemeinen auch in der Lage, explizites Wissen anzuwenden (zum Beispiel die Wortart korrekt zu bestimmen). FUNKE leitet daraus die Annahme ab, dass implizites Wissen die Voraussetzung bildet, um darauf bezogenes explizites Wissen abzurufen.

Entsprechend dieser bisher noch schmalen empirischen Basis gibt es erst wenige, wissenschaftlich reflektierte Vorschläge, die die Planung eines funktionalen Grammatikunterrichts unterstützen. HOFFMANNs (2006, 2013) „Konzept didaktischer Pfade" basiert auf der Idee, kommunikative Einheiten in ihre Teileelemente (zum Beispiel Nominalgruppen) zu zerlegen und diese in Form und Funktion zu beschreiben, bis schließlich die „Ebene der Wortarten und grundlegenden Prozeduren erreicht" sei (HOFFMANN 2013, 19). Damit leitet sich die unterrichtliche Progression aus der konkreten sprachlichen Handlung ab, deren kommunikativer Funktion und den daran geknüpften grammatischen und lexikalisch-semantischen Teileelementen mit ihren jeweils systeminhärenten Funktionen. Dieses interessante Konzept setzt auf Seiten der Lehrkraft umfassendes Wissen über das Sprachsystem und die Funktionen seiner Teilkomponenten voraus. Weiterhin gilt zu überlegen, wie sich das Konzept unterrichtspraktisch umsetzen lässt, ohne in eine stark lenkende, den didaktischen Pfad weisende Interaktion zu verfallen.

EISENBERG (2013a) legt dar, dass Funktionalität auf zwei Ebenen thematisiert werden kann, nämlich hinsichtlich der Funktion, die eine Struktur als Teil des Sprachsystems, zum Beispiel als Verbergänzung, innehat („sprachimmanente Funktion", EISENBERG 2013a, 6), und bezogen auf die Funktion, durch die sie sprachliche

Handlungen umsetzen hilft („sprachfunktional"). Unter „sprachfunktional" wird also eine über systeminterne Aufgaben hinausgehende kommunikative bzw. handlungsbezogene Funktion verstanden, die ein sprachliches Zeichen zusätzlich zur systemimmanenten haben kann, wenn es zum Beispiel (im Sinne des Organon-Modells) als Mittel dient, einen Appell an andere zu realisieren (EISENBERG 2013a, 9).[11] EISENBERG bringt das funktionale Prinzip in folgendem Zitat auf den Punkt und verdeutlicht dadurch gleichermaßen die Vorteile und Grenzen des Konzepts für die Unterrichtspraxis:

> ▨ *Unsere Grammatik soll die Form sprachlicher Einheiten so beschreiben, dass der Zusammenhang von Form und Funktion deutlich wird. Alle Formmerkmale, die funktional von Bedeutung sein können, soll die Grammatik erfassen. Das heißt aber nicht, dass alles Funktionale ein Formkorrelat hat, noch heißt es, dass jeder Formunterschied funktional relevant ist. Es interessiert der Zusammenhang, seine Explikation ist das Ziel einer funktionalen Grammatik* (EISENBERG 2013a, 11). ▨

Das Zitat macht deutlich, dass ein ausschließlich funktionaler Zugang für die Sprachthematisierung im Unterricht nicht ausreichend ist. Es impliziert die Notwendigkeit eines systematischen Grammatikunterrichts, der als Basis des integrativen und funktionalen Prinzips fungieren kann. Für die Umsetzung sind eine Differenzierung der Anwendungsfelder funktionaler Sprachbetrachtung und eine methodische Präzisierung vonnöten.

1.2.6   Problematisierung der thematischen Teilbereiche

Insgesamt umfasst der Kompetenzbereich vier Teilbereiche (TB): TB1 „Äußerungen/Texte in Verwendungszusammenhängen reflektieren und bewusst gestalten", TB2 „Textbeschaffenheit analysieren und reflektieren", TB3 „Leistungen von Sätzen und Wortarten kennen und für Sprechen, Schreiben und Textuntersuchung nutzen" und TB4 „Laut-Buchstaben-Beziehungen kennen und reflektieren". In den Teilbereichen wird beschrieben, welche sprachlichen Kompetenzen und Wissensinhalte Schülerinnen und Schüler in der Regel am Ende der Sekundarstufe I erworben haben sollten. Bei den Zielangaben handelt es sich lediglich um Annahmen, da der Erwerb der einzelnen Phänomene und Kompetenzen bisher erst ausschnitthaft erforscht ist. Die Fachkritik richtet sich gegen Offenheit, Unklarheit, Mehrdeutigkeit und teils Widersprüchlichkeit der Formulierungen, die dazu führten, dass „man fast alle Inhalte ‚unterbringen'" könne (KÜHN 2008, 199). Grundlegend problematisch seien die unklare Verwendung des Funktionsbegriffs (z. B. OSSNER 2006b, 17) oder das nicht geklärte Verhältnis von ‚Wissen' und ‚Können' bzw. der undifferen-

---

[11]   Zu weiteren Sprachfunktionalitätsmodellen vgl. EISENBERG (2013a, 8 f.).

zierte Wissensbegriff, der den Operatoren zugrunde liege; so bleibe unklar, ob mit dem „Kennen" von Wortarten ihre richtige Verwendung im Textzusammenhang oder ihre Benennung und Zuordnung gemeint sei (BREDEL 2007, 252).

Insbesondere der voraussetzungsreiche TB 1 zeichnet sich durch ein hohes Anforderungsniveau und inhaltliche Breite aus. Er benennt Sprachgebrauchskontexte, die als Thematisierungsrahmen für eine integrierte Sprachreflexion dienen können: u. a. die Unterscheidung von Varietäten („Sprache in der Sprache"), die Spezifikation pragmatischer Handlungsformen und sprachkontrastive Zielsetzungen. Die Vielfalt der genannten Gebrauchskontexte setzt neben grammatischem und lexikalisch-semantischem Wissen sozio- und variationslinguistisches Wissen auf Seite der Lehrkräfte voraus. Aus unterrichtspraktischer Perspektive müssen Entscheidungen zur Text- bzw. Kontextwahl, zum sprachlichen Schwerpunkt, seiner Anpassung an individuelle Lernvoraussetzungen, zur Progression und zur Methodenwahl getroffen werden. Darüber hinaus stellt sich die Frage nach dem Verhältnis von integrierter, funktionaler und systematischer Betrachtung. Insbesondere die letzte Frage ist bisher weder empirisch noch bezüglich des methodischen Vorgehens ausreichend beantwortet. Auch TB 2 setzt mit seinem textgrammatischen Fokus ein breites textlinguistisches Wissensspektrum voraus. Erst durch eine vertiefte Analyse des Kompetenzbereichs wird deutlich, dass TB 1 die Inhalte der TB 2 bis 4 voraussetzt.

Aus dem komplexen Anforderungsspektrum des Kompetenzbereichs lässt sich gegebenenfalls erklären, warum im Unterricht der Sekundarstufe I häufig ‚nur' schulgrammatische Themen (TB 3) oder Aspekte der Rechtschreibung (TB 4) eine Rolle spielen. Durch Komplexität und Breite der Inhalte, die nur implizit aufscheinenden methodischen Hinweise und eine die Progression der Themen kaum erhellende Darstellungsform bietet der Kompetenzbereich nur bedingt Hilfe für die Unterrichtsplanung.

1.3   Sprachbewusstheit, Sprachbewusstsein und Sprachreflexion

1.3.1   Sprachbewusstheit im Alltag und im Unterricht[12]

Interesse für sprachliche Phänomene entsteht häufig dann, wenn der zu erwartende Sprachgebrauch durch etwas Unerwartetes unterbrochen wird. STEINIG/HUNEKE (2011) sehen solche möglichen Erwartungsbrüche u. a. in „Versprechern, Sprachfehlern, Dialekten, Ausländerdeutsch, Übertreibungen, Ironie, Kalauern, Sprichwörtern oder kühnen Metaphern" (STEINIG/HUNEKE 2011, 163). Jedoch auch weniger auffallende Phänomene können Aufmerksamkeit erregen, denn der aufmerksame Umgang mit Sprache geht natürlicherweise mit dem Sprachaneignungsprozess einher. Insbesondere für Zweitsprachlernende stellen funktionale Sprachwechsel (zwischen Deutsch und Erstsprache) oder Wechsel von der Inhalts- auf die Formebene eine natürliche Gegebenheit des zweitsprachlichen Aneignungsprozesses dar (vgl. OOMEN-WELKE 2003). Der begründete Wechsel zwischen zwei Sprachen zeigt ebenso wie die grammatische, lexikalische oder semantische (Selbst-) Korrektur, dass metakommunikative oder auch metasprachliche Aufmerksamkeit vorhanden ist. Kommunikationsprobleme oder verwendungsbezogene Besonderheiten sind also natürliche Auslöser für das Nachdenken über Sprache.

Abweichend von den vorab genannten Ursachen alltäglicher Sprachaufmerksamkeit wird in den Rahmenrichtlinien das Nachdenken über Sprache insbesondere an grammatische Phänomene geknüpft, also an ein „Gebiet, das selten mit Interesse oder gar Spannung verbunden wird" (STEINIG/HUNEKE 2011, 163). Trotz dieser Schwierigkeit wird die Ausbildung von Sprachbewusstheit als „eigenständiges Lernziel und Selbstzweck" angesehen (BREMERICH-VOS/GROTJAHN 2007, 166).

1.3.2   Terminologische Abgrenzung: Sprachaufmerksamkeit, -bewusstheit und -bewusstsein

Eine konkrete Vorstellung, wie sich sprachliche Teilkompetenzen unter Ausbildung von Sprachbewusstheit konstituieren, wird durch disparate Begriffe erschwert (vgl. kritisch FUNKE 2008, BREMERICH-VOS/GROTJAHN 2007, ANDRESEN/FUNKE 2003). In der Fachliteratur wird neben den Begriffen ‚Sprachbewusstheit', ‚Sprachbewusstsein' und ‚Sprachaufmerksamkeit' auch von ‚metasprachlichen Fähigkeiten' und ‚metasprachlichem Wissen' gesprochen.[13] ‚Sprachreflexion' und ‚Sprachbe-

---

[12]   Vgl. KLOTZ in diesem Band.
[13]   Die dem vorliegenden Beitrag zugrunde liegende Hierarchisierung und Systematisierung der Begriffe basiert auf der Definition NEULANDS (2002).

trachtung' können als innere und äußerlich sichtbare Prozesse ablaufen. In gesprochener oder geschriebener Form geben sie Aufschluss darüber, dass Sprache Gegenstand der Aufmerksamkeit ist; außerdem lässt sich anhand solcher Produktionen diagnostizieren, auf welche sprachlichen Wissensbereiche zurückgegriffen wird. Die äußerlich sichtbaren Ausprägungen von Sprachbewusstheit geben Anhaltspunkte, die für den Unterrichtsverlauf richtungsweisend sein können. ‚Sprachbewusstsein', nach NEULAND die „zentrale Kategorie" (NEULAND/PESCHEL 2013, 126), bildet die Voraussetzung für alle sichtbaren und internen Erscheinungsformen von Sprachbewusstheit. Anzeichen für Sprachbewusstheit (u. a. Korrigieren, Erfragen, Diskutieren und Reflektieren sprachlicher Phänomen) beruhen demnach auf sprachlichen Wissensbeständen, die den Lernenden in impliziter (unbewusster) oder expliziter (mehr oder weniger thematisierbarer) Form zur Verfügung stehen können.

Es wird davon ausgegangen, dass Sprachbewusstheit in graduell schwächeren oder stärkeren Ausprägungen vorliegen kann. So gelten spontan umgesetzte, formbezogene Fehlerkorrekturen als graduell niedrige Erscheinungsformen (vgl. EICHLER 2007a, 152); metasprachliche Beschreibungen oder Reflexionen sind dagegen Indikatoren für eine hohe Ausprägung. Für den Unterricht in der Sekundarstufe I veranschaulicht das Sprachbewusstheitskonzept der DESI-Studie die verschiedenen, damit verbundenen Konnotationen:

▮ *Sprachbewusstheit wird als Fähigkeit verstanden, die sich [...] auf Grund der bewussten und aufmerksamen Auseinandersetzung mit Sprache entwickelt. Sie befähigt Lernende, sprachliche Regelungen kontrolliert anzuwenden und zu beurteilen sowie Verstöße zu korrigieren. Im Vordergrund des Interesses stehen dabei vor allem zwei Teilbereiche der Sprache: Grammatik und sprachliches Handeln. [...] Die Fähigkeit zur Sprachreflexion beruht dabei eher auf Wissen über Sprache (explizites/deklaratorisches/verbalisierbares Wissen), während die sprachliche Korrekturfähigkeit stärker vom Wissen des Sprachgebrauchs oder des Sprachgefühls (vorwiegend implizites und prozedurales Wissen) geleitet sein kann (EICHLER/Nold 2007, 63).* ▮

1.3.3 Sprachreflexion als Erscheinungsform von Sprachbewusstheit

„Sprachreflexionskompetenz" (KLOTZ 2004) kann sich, wie in 1.2.4 gezeigt, auf die Wort- und Satzebene („metasprachliche Reflexion"), auf sprachliche Handlungen („metakommunikative Reflexion"), auf das mediale System („metamediale Reflexion") richten (BREDEL 2007, 88 f.). In diesen Zusammenhängen gehe es um eine Bewusstmachung sprachlicher Normen, sozialer Rollen, kommunikativer Absichten und Situationen (IVO/NEULAND 1991, 442, zit. nach NEULAND/PESCHEL 2013, 36).

Das Konzept der Sprachreflexion hat sich in den 1970er-Jahren ursprünglich als ein „Reformansatz" (NEULAND/PESCHEL 2013, 124) in der Deutschdidaktik etabliert, mit dessen Hilfe der didaktische Nutzen eines zum „Selbstzweck" gewordenen, weniger durch Inhalte, sondern durch Terminologie dominierten und vom sozialen Kontext gelösten Grammatikunterrichts hinterfragt wurde (vgl. zur Debatte NEULAND/PESCHEL 2013, 124 ff.). Die Fähigkeit zur Sprachbetrachtung bildet die Grundlage für Sprachreflexion. Um über Strukturen, Bedeutungen, sprachsystematische Fragen und Konventionen von Sprache nachdenken und sprechen zu können, wird explizites Wissen grammatischer, lexikalisch-semantischer, pragmatischer und variationslinguistischer Art benötigt, weiterhin eine Terminologie zur Sprachbeschreibung.

Es wird angenommen, dass Sprachbetrachtung in einer Schrittfolge von ‚Deautomatisierung', ‚Dekontextualisierung' und ‚Distanzierung' verläuft (vgl. BREDEL 2007, 24 f.). Um ein Sprachphänomen einer genaueren Betrachtung zu unterziehen, muss die automatisierte Sprachverwendung unterbrochen und der Fokus von der Inhalts- auf die Formebene gerichtet werden (Deautomatisierung). Das Phänomen wird aus dem größeren Verwendungszusammenhang herausgelöst und zum Gegenstand der analytischen Betrachtung (Dekontextualisierung), wobei eine objektivierende Distanz zum Gegenstand hergestellt wird (Distanzierung). Diese Schrittfolge spiegelt zum Beispiel sich in dem Phasenmodell EINECKES (1999) zum induktiv angelegten integrierten Grammatikunterricht wider. Ein neuerer, problemorientierter grammatikdidaktischer Ansatz, der Sprachbetrachtung und -reflexion in einen stimmigen Zusammenhang setzt, zielt darauf ab, über „kritische Sprachbetrachtung" zunächst Einsicht in Unterschiede zwischen prototypischen Formen und atypischen Randphänomenen zu verschaffen, um langfristig die Fähigkeit zur Beurteilung grammatischer Angemessenheit auszubilden (vgl. zum problemorientierten Ansatz KILIAN 2013, KÖPCKE/NOACK 2011b, NEULAND/PESCHEL 2013, 152).

1.4 Zielsetzungen

1.4.1 Verbesserung sprachlicher Handlungsfähigkeit auf der Basis impliziten und expliziten Wissens

‚Sprachbewusstheit' als primäre und durchaus abstrakte Zielsetzung lässt sich nach BREDEL (2007) am besten unter Bezugnahme auf die sprachlichen Handlungen „Lesen, Schreiben, Sprechen und Hören" konkretisieren (BREDEL 2007, 14). Teilweise wird in der Fachdebatte der Fokus verengt und die Relevanz expliziten sprachlichen Wissens primär für den schriftsprachlichen Bereich betont (z. B. WIELAND 2010, 341, PEYER 2005, 75). Dass dies nicht allein durch eine – wenn auch kontextbezogene – Vermittlung expliziten Wissens über Kategorien und Termini zu erreichen ist, akzentuiert BREDEL (2011a, 57):

> ◼ *Im Grammatikunterricht geht es demnach nicht um Wissen, das den Schüler/innen ,beigebracht' werden muss, damit sie die entsprechenden Kategorien (ihrem „funktionalen und situativen Zusammenhang" entsprechend angemessen) ,kennen' und ,nutzen', sondern darum, dass sie in der Lage sind, die […] grammatische Strukturiertheit sprachlicher Konstruktionen bei der schriftsprachlichen Prozessierung (Lesen und Schreiben) mental zu aktivieren.* ◼

Das Zitat verdeutlicht, dass ein situativ abrufbares, anwendungsorientiertes Wissen angestrebt wird, das insbesondere beim Lesen und Schreiben, zum Beispiel für eine Textüberarbeitung, nutzbar gemacht werden kann.

1.4.2 Sprachbewusstheit im Kontext von Mehrsprachigkeit

Neben der vorab genannten Zielsetzung tritt vor dem Hintergrund der eingangs genannten Heterogenität ein weiteres Ziel in den Vordergrund. Schulleistungsstudien wie PISA, IGLU und DESI haben die Notwendigkeit aufgezeigt, sprachliche Hintergründe als Lern- und Leistungsvoraussetzung einzubeziehen. Wie das Potenzial von Mehrsprachigkeit im Deutschunterricht genutzt werden kann, ist jedoch noch eine weitgehend offene Frage und nur ausschnitthaft primär für den Primarbereich diskutiert (vgl. z. B. BELKE 2003). Neben der Möglichkeit, durch den Vergleich von Sprachen (Deutsch, Herkunftssprachen, Fremdsprachen) oder Varietäten (u. a. Fachsprachen, Dialekte, historische Varietäten, Jugend- oder Alltagssprachen) Sprachbewusstheit anzuregen (vgl. u. a. HOFFMANN/EKINCI-KOCKS 2010, OOMEN-WELKE 2010), wird dem Deutschunterricht weiterhin die Aufgabe zugewiesen, eine „Mehrsprachigkeitsperspektive" auszubilden, in der die eigene sprachliche Herkunft und deren Relativität Raum finde (OOMEN-WELKE 2008a, 481). Es ist zu erwarten, dass sich das neue Handlungsfeld nicht nur auf sprachkontrastive und interkulturelle Vorschläge beschränken wird. Aus sprachdidaktischer Perspektive erscheint es meines Erachtens besonders wichtig, Unterrichtssituationen, in denen inter- und intralinguale Ressourcen sichtbar werden, nutzbringend aufzugreifen, um davon ausgehend diagnosebasiert anzusetzen und sprachbildend zu handeln. Neben einer Wahrnehmungssensibilisierung benötigen Lehrkräfte (zweit)spracherwerbsspezifisches Wissen, um lernersprachliche Phänomene als Ressourcen zu erkennen. In diesem Zusammenhang muss die bestehende Feedback-Kultur überdacht werden.

1.4.3   Orientierung für die Spracharbeit in anderen Fächern

Die Bildungsstandards schreiben dem Deutschunterricht auch eine „orientierende Funktion" für die Spracharbeit in anderen Fächern zu. Dies wird damit begründet, dass im Deutschunterricht sprachliche Aspekte, die alle Unterrichtsfächer betreffen, ausführlich betrachtet und „Kenntnisse und Erfahrungen für die Arbeit in anderen Fächern genutzt werden können" (KMK 2003, 8). BECKER-MROTZEK/ SCHRAMM/THÜRMANN/VOLLMER (2013) sehen hierin einen Rahmen, in dem neben Grundlagen „der Sprach- und Kommunikationsfähigkeit" insbesondere Lese- und Textkompetenz gefördert werden können (BECKER-MROTZEK/SCHRAMM/ THÜRMANN/VOLLMER 2013, 7). Beispiele für solche im Deutschunterricht zu verortenden „Schnittstellen einer fächerübergreifenden Sprachförderung" liegen neben der Entwicklung von Textkompetenz u. a. in der Bewusstmachung von Sprechhandlungen und Diskursfunktionen, in Strategie- und -flüssigkeitstrainings im Schreiben und Lesen sowie in der Analyse fach- und bildungssprachlicher Strukturen (vgl. LÜTKE 2013, 104 ff.).

1.5   Kompetenzmodelle zur Messung von Sprachbewusstheit

Zur Diagnose und Messung sprachlicher (Teil-)Wissensbestände werden seit Einführung der Bildungsstandards Kompetenzmodelle entwickelt, mit deren Hilfe Einblick in schülerspezifische Wissensstände gewonnen werden soll. Ein erstes, analytisches Kompetenzmodell hat OSSNER (2006b) vorgestellt. In diesem benennt er sprachliche Inhalte und Teilkompetenzen für jeden der vier Kompetenzbereiche. Weiterhin ordnet er den Kompetenzbereichen vier von der Qualität her unterschiedlichen Wissenstypen zu.[14] In einer Matrix stellt er die Kompetenzbereiche nebeneinander und bildet in einer Abfolge die vier Wissenstypen auf jedem Kompetenzbereich ab. Lernende können in jedem Wissenstyp innerhalb des jeweiligen Kompetenzbereichs drei Niveaustufen erreichen. Zur Veranschaulichung werden die 4 Wissenstypen mit Inhaltsbeispielen für den Kompetenzbereich „Sprache und Sprachgebrauch untersuchen" in Abb. 3 (s. folg. Seite) dargestellt (vgl. OSSNER 2006b, 33):

---

[14]   Zur Klärung der Wissensformen, die für schulisches Lernen eine Rolle spielen, wird in der deutschdidaktischen Fachliteratur (vgl. z. B. OSSNER 2006a,b, BECKER-MROTZEK/SCHINDLER 2007) auf eine Systematik der pädagogischen Psychologie zurückgegriffen, die vier Wissenstypen benennt (vgl. MANDL/FRIEDRICH/HORN 1986): Deklaratives Wissen, Problemlösungswissen, Prozedurales Wissen, Metakognitives Wissen.

Deklaratives Wissen	„stoffliches Wissen" von Lehrkräften und Schülerinnen und Schüler (zum Beispiel grammatische Definitionen, Kennen von Rechtschreibregeln und Textsortenmerkmalen)	entsteht durch Faktenlernen
Problemlösungswissen	unterrichts- und fachmethodisches Wissen der Lehrkräfte, Wissen der Schülerinnen und Schüler u. a. zur Textinterpretation oder Klärung grammatischer Erscheinungen	Anwenden von Methoden zur Erkenntnisgewinnung
Prozedurales Wissen	auf Lehrkraftseite „Routinen und Verfahren der Unterrichtsgestaltung" und Wissensvermittlung; Wissen der Schülerinnen und Schüler, das bei der Sprachverwendung Anwendung findet („Beherrschung der Orthographie", Routinen der Textüberarbeitung	basiert auf Üben, zeigt sich im automatisierten Sprachgebrauch
Metakognitives Wissen	Kenntnis der eigenen „Fähigkeiten und Grenzen"; Kennen von Lehr- und Lernstrategien	durch Reflexion

Abb. 3 Wissenstypen und zugeordnete Inhalte (vgl. Ossner 2006b, 33)

Neben diesem analytischen Modell existiert mit dem Kompetenzmodell zur Sprachbewusstheit der DESI-Studie (vgl. Eichler 2008) eine empirisch entwickelte und kritisch diskutierte Konkretisierung. Das DESI-Modell legt den Schwerpunkt auf die Messung prozeduralen, also anwendungsbezogenen Wissens. Die drei anderen Wissenstypen werden darin integriert erfasst. Im Fokus stehen die sprachlichen Teilkompetenzen Semantik, Syntax und Morphologie und die Fähigkeit, sich über sprachliche Phänomene unter Anwendung von Metasprache zu äußern. Basis bilden empirisch geprüfte Aufgaben(-formate) auf fünf Schwierigkeitsniveaus, mit deren Hilfe das Erreichen der aufeinander aufbauenden Kompetenzstufen gemessen werden kann (zu den Aufgabenmerkmalen vgl. Eichler 2007a, 149).

Sowohl die Beschreibung der Niveaustufen als auch die Formulierung angemessener Aufgaben, die die Komplexität sprachlichen Wissens bzw. des Konstrukts ‚Sprachbewusstheit' messbar machen, erweisen sich auch zum jetzigen Zeitpunkt noch grundsätzlich als problematisch. Dies hängt einerseits mit mangelndem empirischem Wissen über die Entwicklung von Sprachbewusstheit und die daran geknüpften sprachlichen Teilkompetenzen und kognitiven Voraussetzungen zusammen, weiterhin mit den noch unzureichend modellierten und disparaten theoretischen Konzepten zur Entwicklung von implizitem und explizitem Sprachwissen und Sprachbewusstheit (vgl. Bremerich-Vos/Grotjahn 2007, 168f.). Auch wenn sich die Problematik der Modelle bei eigner Anwendung schnell zeigt, bieten sie für die Unterrichtsreflexion jedoch erste Orientierungsmöglichkeiten, wie eine Differenzierung nach Teilkompetenzen und Inhalten angelegt sein könnte.

1.6   Sprachwissen im Kontext von Sprachbetrachtung

BREDEL (2007) modelliert die vier vorab genannten Wissenstypen aus unterrichtlicher Perspektive. Dafür setzt sie Sprachwissenstypen und Sprachbetrachtungsaktivitäten in eine Beziehung (vgl. BREDEL 2007, 109 f.). Sie unterscheidet zwischen sprachlichem Wissen, das im Kontext von sprachlichen Handlungen zum Einsatz kommt („situationsgebunden"), und solchem, das losgelöst von Aufgaben und Problemlösungsprozessen abgerufen wird („situationsentbunden"):

Situationsgebundenes Wissen kann zur Lösung eines Problems, zum Beispiel bei der direkten Korrektur einer Äußerung, als sogenanntes „integriertes Prozesswissen" auftreten; als „integriertes Analysewissen" wird es aktiviert, wenn zum Beispiel beim Schreiben über die Groß- oder Kleinschreibung eines substantivierten Verbs nachgedacht und dabei Regelwissen aufgerufen wird.

Sprachliches Wissen kann im Unterricht außerdem *situationsentbunden* thematisiert werden. Als Beispiel für diese Wissensform wird zum Beispiel ein Umstellen von Satzgliedern angeführt, das losgelöst von Textarbeit erfolgt (BREDEL 2007, 110); als vierte Wissensform tritt „autonomes Analysewissen" bei der Benennung sprachlicher Phänomene in Erscheinung. Dieses deklarative Wissen dient der Unterstützung der anderen Wissensanwendungen; problematisch ist, wenn diese Wissensform als einzige im Unterricht angesprochen wird.

BREDELS Einteilung dient dazu, Sprachbetrachtungsaktivitäten im Unterricht nach der ihnen zugrunde liegenden Wissensqualität zu unterscheiden und innerhalb einer Progression zu verorten. Sie hilft, das Nebeneinander impliziter und expliziter Wissensformen in konkreten Unterrichtssituationen zu systematisieren und kann die Reflexion von Unterricht unterstützen.

1.7 Curriculare Gegenstände von Sprachbetrachtung und -reflexion

1.7.1 Schulgrammatik und ihre Terminologie

Die traditionelle ‚Schulgrammatik' der deutschen Sprache hat sich aus Konzepten des antiken und mittelalterlichen Griechisch- und Lateinunterrichts entwickelt und daraus – neben ihrer Terminologie – ihr Wort- und Satzkonzept gewonnen. Insbesondere das daran angelehnte Wortarten-Konzept steht in der Kritik, weil es entgegen der Struktur der deutschen Sprache den Eindruck vermittelt, dass jedes Wort genau einer Wortart zuzuordnen ist (vgl. kritisch z. B. BREDEL 2007, 252, GRANZOW-EMDEN 2013). Aktuelle Bestrebungen zielen dementsprechend auf eine theoretische Neumodellierung schulgrammatischer Inhalte und Termini. Dies geschieht zum Beispiel in Form neuerer, umfassender Grammatikdarstellungen, die sich an Studierende und Lehrkräfte richten (vgl. BOETTCHER 2009a,b,c, HOFFMANN 2013, als sprachdidaktischer Rahmen z. B. GRANZOW-EMDEN 2013); weiterhin werden schulgrammatische Termini neu definiert (vgl. www.grammatischeterminologie.de 2009).

a) Grammatikdarstellungen

BOETTCHER (2009) folgt in seinem umfassenden dreibändigen Werk der traditionellen Einteilung nach Wort- und Satzlehre und setzt weiterhin einen sprachgebrauchsbezogenen Fokus, der sich in synchroner Perspektive auf funktionale Aspekte der Schriftsprache konzentriert und diachrone Informationen einbezieht (BOETTCHER 2009b, XIV).

HOFFMANN (2013) akzentuiert unter Verwendung einer an der *Grammatik der deutschen Sprache* (HOFFMANN/STRECKER/ZIFONUN 2010) orientierten Terminologie die kommunikative Funktion grammatischer Zeichen (HOFFMANN 2013, 14). Dementsprechend tragen seine Kapitel sprachfunktionsbezogene Überschriften wie „Gedanken formulieren" oder „Der Ausbau von Gedanken" (HOFFMANN 2013, 7 f.). Er bindet auch einen Serviceteil „Zum Türkischen" ein, in dem typologische und sprachgebrauchsbezogene Merkmale der türkischen Sprache („Türkisch lesen und schreiben – in 10 Regeln") umrissen werden (HOFFMANN 2006, 2013, 561 ff.).

Die Darstellungen geben meines Erachtens wichtige sprachdidaktische Impulse, indem sie Traditionen benennen, sprachsystemorientiert hinterfragen, modifizieren und linguistische Referenzkonzepte beschreiben. Für die Unterrichtsplanung sind sie möglicherweise zu komplex angelegt (HOFFMANNs Werk durch das in der Schule in dieser Konsequenz häufig noch nicht präsente Funktionalitätsprinzip und seine neue Terminologie, BOETTCHERs Grammatik insbesondere durch ihren Umfang).

b) Schulgrammatische Termini

Mit den theoretischen Modellierungsversuchen zur Schulgrammatik geht außerdem eine kritische Auseinandersetzung und Überarbeitung der Liste „Verzeichnis Grundlegender Grammatischer Fachausdrücke" (KMK 1982) einher (vgl. www.grammatischeterminologie.de 2009). Das alte Verzeichnis, das als Vorlage für die im Grammatikunterricht zu verwendende Fachsprache gedacht war, wird bereits seit längerem u. a. deswegen kritisiert (vgl. Ossner 2012, 111), weil seine Termini teils irreführend und nicht definiert seien und den Anschluss an die neuere Sprachwissenschaft vermissen ließen (Kühn 2008, Granzow-Emden 2013, 9 f.). Theoretische Basis für die neue Terminologie bildet die Auffassung, dass Sprache in sprachtheoretischer und -didaktischer Perspektive grundsätzlich als Form-Funktions-Zusammenhang gesehen werden müsse (Ossner, 2012, 112). Im Unterschied zum KMK-Verzeichnis erscheinen Termini zum ‚Laut', ‚Wort', ‚Satz' und ‚Text' in der neuen Darstellung nicht kontextlos, sondern unter Beifügung von Definitionen, Erläuterungen, Beispielen, Kommentaren und Strategievorschlägen.[15] Erste Ergebnisse betreffen u. a. den „Satzbegriff", „Syntaktische Formen", „Syntaktische Funktionen", „Beziehungen im Satz" und die „Linearstruktur" des Satzes (vgl. Grammatische-Terminologie 2009).

1.7.2 Inhalte und Konzepte der Sprachbetrachtung

a) Wort und Wortgruppe

Der Kompetenzbereich thematisiert das ‚Wort' in verschiedenen Perspektiven: unter dem Fokus von Wortschreibung und -aussprache, als Teil des Wortschatzes, in seinen semantischen Besonderheiten, unter den verschiedenen Aspekten der Wortbildung und unter syntaktischen und textgrammatischen Gesichtspunkten. Was jedoch unter einem ‚Wort' zu verstehen ist, geht aus dem Kompetenzbereich nicht hervor und wird zudem in schulischen Grammatiken uneinheitlich definiert (vgl. Boettcher 2009a, 6 ff.). In der gesprochenen und geschriebenen Sprache tritt es als Lexem, als zusammengesetzte und flektierte Wortform und in seinen syntaktischen Rollen in Erscheinung. Je nach Perspektive wird es eher als lexikalisch-semantische, phonologische oder graphematische Form wahrgenommen und im Unterricht thematisiert. Bei der Textproduktion und -rezeption können alle Eigenschaften eines ‚Wortes' gleichzeitig in den Fokus treten. Dies kann zum Beispiel

---

[15] Die Liste soll in den nächsten Jahren stetig erweitert werden. Als Arbeitsgruppe fungiert seit 2009 der so genannte „Gießener Kreis", der sich aus Sprachwissenschaftlerinnen und -didaktikerinnen zusammensetzt (vgl. www.grammatischeterminologie.de). Der aktuelle Stand kann unter der angegebenen Internet-Adresse abgerufen werden.

dann der Fall sein, wenn Kinder sich im Schriftspracherwerb phonologischer, mor-
phologischer und syntaktischer Strukturmerkmale eines Wortes bewusst werden
(vgl. HINNEY 2011).

Da das Wortarten-Konzept im Fokus der Fachkritik steht, soll die diesbezügliche
Problematik kurz an einem Beispiel, der Wortart ‚Präposition', veranschaulicht werden. Das Ziel des Kompetenzbereichs richtet sich auf das Kennen und funktionale
Gebrauchen von Wortarten (KMK 2003, 16). Doch was ist unter einem funktionalen Gebrauch zu verstehen?

Die Wortart ‚Präposition' kann verschiedene syntaktische Funktionen inneha-
ben (vgl. EISENBERG 2013a, 183 f.): Als Präpositionalobjekt ist sie an das Verb
gebunden („Inge hofft auf bessere Zeiten"); weiterhin kann sie Relationen zwischen
zwei Komponenten präzisieren („Karl rastet auf dem Bismarckturm") oder als Prä-
positionalattribut fungieren („das Bild über der Tür") (EISENBERG 2013a, 184, 263).
Eher selten hat sie neben der syntaktischen auch eine lexikalische Funktion, zum
Beispiel in lokaler Verwendung. Die Beispiele EISENBERGs verdeutlichen, dass Präpositionen immer im Kontext der Nominalgruppe, in der sie stehen, betrachtet werden müssen, damit ihre Funktion überhaupt nachvollziehbar wird. Je nach syntaktischer Umgebung und seiner daran geknüpften Funktion kann ein ‚Wort' bzw.
Lexem unterschiedlichen Wortarten zugeordnet werden, womit die Notwendigkeit
eines syntaktischen Wortartenprinzips in den Vordergrund tritt (vgl. hierzu
GRANZOW-EMDEN 2013, 202). Ein diesbezügliches Problembewusstsein kann gut
darüber erzeugt werden, dass gleiche Wörter in unterschiedlichen Funktionen verglichen werden (vgl. FUNKE 2005, 326 zum Sinn von Strukturkontrasten) wie zum
Beispiel im folgenden Beispiel:

Während der Pause spielen die Jugendlichen Basketball. (als spezifizierende tempo-
rale Präposition)

Während die Jugendlichen Basketball spielten, brach der Feueralarm aus. (als tem-
porale Konjunktion)

Die Schüler gingen von einem Fehlalarm aus, während die Feuerwehr die Lage
durchaus ernst nahm und zunächst das Schulgebäude sicherte. (als adversative
Konjunktion)

Für die Unterrichtsvorbereitung ist das Wissen um funktionsbezogene Unterschiede einzelner Lexeme sicherlich von Bedeutung. Ob die Schülerinnen und Schüler
von einem solchermaßen differenzierten Wissen profitieren, wird zunächst einmal
nur angenommen. Wird dem Ansatz FUNKES (2005) gefolgt, dürfte eine explizite

Unterscheidung von Funktionen erst dann zu leisten sein, wenn die Strukturen auf impliziter Basis bereits verwendet werden können.

Es wird deutlich, dass das traditionelle Wortartenkonzept bei der Unterrichtsvorbereitung kritisch reflektiert werden muss, auch wegen der folgenden, von EISENBERG aufgeworfenen, Fragen:

> *Warum soll man beispielsweise Pronomina und Artikel als Wortarten unterscheiden, nicht aber Hilfsverben und Vollverben? Warum bilden die Konjunktionen eine Wortart, wo sich doch die nebenordnenden [...] so ganz anders verhalten als die unterordnenden [...] (EISENBERG 2004b, 35).*

Das Kategorisierungsdilemma erklärt schließlich, warum Schüler-Grammatiken für die Sekundarstufe I von einer unterschiedlichen Menge an Kategorien ausgehen (vgl. LÜBKE 2007 im Gegensatz zu HOMBERGER 2001).

b) Der Satz

In der Sekundarstufe I dreht sich die Arbeit am Phänomen ‚Satz' um Haupt- und Nebensätze, Gliedsätze, Satzverknüpfung, Satzglieder und Satzgliedteile (KMK 2003, 16). Wie das ‚Wort' wird auch der ‚Satz' in verschiedenen Grammatiken unterschiedlich gefasst. In der *Liste neuer grammatischer Termini* ist er als „hierarchisches [...] lineares Gebilde, das eine illokutive Bedeutung hat", definiert (www. grammatischeterminologie.de 2009). Das Attribut ‚hierarchisch' verweist in diesem Zusammenhang auf die zentrale Stellung des finiten Verbs, das bestimmt, welche Ergänzungen (zum Beispiel Satzglieder[16]) ein Satz enthält. Die Wortstellung ist linear, d. h. geprägt durch Wortgruppen, die bestimmten Stellungskriterien folgen; unter illokutiver Bedeutung wird verstanden, dass durch den Satz eine sprachliche Handlung vollzogen wird, also beispielsweise eine Aussage oder Frage erfolgt (ebd.). Die Definition impliziert, dass dem finiten Verb eine zentrale Bedeutung eingeräumt wird. Dementsprechend betont auch die sprachdidaktische Literatur eine vom finiten Verb ausgehende Systematik bei der Arbeit an Sätzen (vgl. zum Beispiel zum unterrichtlichen Nutzen der Dependenzgrammatik BOETTCHER 2009b).

Als Zugang wird an dieser Stelle kurz das topologische Feldermodell (vgl. ursprünglich Drach 1963) skizziert, das den Satz ausgehend von der Verbstellung systematisiert und in der sprachdidaktischen Literatur (auch in der spracherwerbsbezogenen) als Referenzkonzept herangezogen wird (z. B. BREDEL 2007, STEINIG/

---

[16] Außerhalb der Schule wird das Prädikat zumeist nicht als Satzglied geführt (vgl. BOETTCHER 2009b, 71, GRANZOW-EMDEN 2013), weil es im Gegensatz zu anderen Satzgliedern in seinen Stellungsvarianten eingeschränkt ist.

HUNEKE 2011, GRANZOW-EMDEN 2013).[17] Im Feldermodell wird der Satz in bis zu 6 Felder eingeteilt (vgl. EISENBERG 2013a, 376).[18]

Vorfeld	Linke Klammer (finites Verb)	Mittelfeld	Rechte Klammer	Nachfeld
Max	hat	gestern	gesehen	, wie Frido abgereist ist.

Abb. 4 Beispiel Feldermodell (BREDEL 2007, 264)

Das finite Verb steht in diesem Beispiel an zweiter Stelle, der infinite Prädikatsteil bildet die für das Deutsche typische Verbklammer. BREDEL macht davon ausgehend u. a. Vorschläge zur Systematisierung der Kommasetzung (Komma nach finitem Verb) oder zur Ermittlung von Satzbauplänen (vgl. BREDEL 2007, 263 ff.).

c) Rechtschreibung

Das Kennen und Anwenden wichtiger Regeln der Aussprache und Orthografie wird im Teilbereich 4 des Kompetenzbereichs „Laut-Buchstaben-Zuordnungen kennen und reflektieren" als Zielsetzung aufgeführt (KMK, 2003, 16). Konkretisierend werden im Abschnitt „Methoden und Arbeitstechniken" u. a. die Anwendung von Rechtschreibstrategien (zum Beispiel die Ableitung vom Wortstamm) und die Verwendung von Nachschlagewerken benannt. Dieser vom Umfang her recht knappe Hinweis auf den Teilbereich ‚Rechtschreibung' lässt sich einerseits daraus erklären, dass u. a. die Beherrschung der Grundregeln der Rechtschreibung und Zeichensetzung und das Erkennen individueller Fehlerschwerpunkte unter Anwendung rechtschreibstrategischen und grammatischen Wissens bereits als Zielsetzungen im Kompetenzbereich „Schreiben" im Abschnitt „richtig schreiben" aufgeführt werden (KMK 2003, 11). Problematisch ist jedoch, dass beide Kompetenzbereiche nicht weiter präzisieren, welches sprachsystematische bzw. grammatische Wissen und welches daran anknüpfende strategische Wissen im Einzelnen für eine prozessorientierte Aneignung von Rechtschreibkompetenz vonnöten sind.

Erste empirische Hinweise geben Anlass zu der Vermutung, dass schulische Lehrkräfte nur wenig über die graphematischen Merkmale der deutschen Sprache und deren Potenzial für einen grammatisch basierten Rechtschreibunterricht wissen (vgl. BERNASCONI/HLEBEC/REISSIG 2011, 504 f.). Außerdem existieren kaum forschungsbasierte Erkenntnisse zu Lernprozessen und Unterrichtsvorschlägen für

---

[17] Unterrichtsvorschläge zur syntaktischen Akzentuierung des Verbs finden sich in GRANZOW-EMDEN (2013, 34 ff., 80 ff.).
[18] Links vom Vorfeld wird teils noch ein Feld für nebenordnende Konjunktionen gesetzt.

den Rechtschreibbereich in der Sekundarstufe (AUGST/DEHN 2007, 269). Untersuchungen zu Rechtschreibleistungen zeigen, dass diese sich im Durchschnitt in den letzten Jahren nicht verschlechtert haben; beschrieben wird jedoch eine breite Diskrepanz zwischen sehr starken Schülerinnen und Schüler mit früher und stabiler Rechtschreibkompetenz und solchen, die schon in den ersten Schuljahren diagnostizierte Rückstände über die gesamte Schullaufbahn nicht aufholen können (HOFMANN 2011, 475). Diese Beobachtung wird durch die Ergebnisse der DESI-Studie zum Teilbereich ‚Rechtschreibung' bestätigt (EICHLER/THOMÉ 2008), deren Ergebnisse zeigten, dass „das Thema Rechtschreibung in der neunten Jahrgangsstufe keineswegs erledigt" ist, woraus nach EICHLER/THOMÉ Handlungsbedarf, insbesondere für berufsbildende Schulen, erwachse (EICHLER/THOMÉ 2008, 111).

Nachfolgend werden die vier Kompetenzniveaus des DESI-Kompetenzmodells „Rechtschreiben Deutsch" beschrieben, um davon ausgehend die Problembereiche am Ende der Sekundarstufe I zu veranschaulichen (EICHLER/THOMÉ 2008, 108):

- Auf der niedrigsten Niveaustufe A haben die Schülerinnen und Schüler Probleme, die korrekte Lautstruktur des Wortes schriftsprachlich wiederzugeben (zum Beispiel werden Grapheme ausgelassen oder hinzugefügt wie in *Geburstag für Geburtstag bzw. *artmen für atmen);
- auf Kompetenzniveau B wird zwar die Lautstruktur umgesetzt, jedoch nicht unter Anwendung weiterer orthografischer Regeln, die Wissen zu silbischen oder morphologischen Informationen betreffen: hierzu zählen Konsonantenverdoppelung (*fält für fällt), Dehnung-h (*faren für fahren), Auslautverhärtung (*Walt für Wald) oder Umlautung (*Ferkeuferin für Verkäuferin);
- Niveau C betrifft Anforderungen bei der Groß- und Kleinschreibung: Hierzu gehört die Großschreibung von klein zu schreibenden Wörtern (zum Beispiel das Schwimmen) bzw. die Kleinschreibung von groß zu schreibenden Wörtern (zum Beispiel kraft ihres Amtes);
- auf Niveau D sollte die Zeichensetzung (Kommasetzung, Punkt am Satzende, Anführungszeichen, Semikolon, Doppelpunkt) beherrscht werden. (Ebd.)

Nach den Ergebnissen der DESI-Studie können lediglich 22 % der Schülerinnen und Schüler am Ende der 9. Klassenstufe als „kompetente Rechtschreiber" gelten. Die Mehrheit (78 %) der ca. 10 500 untersuchten Schülerinnen und Schüler ist Kompetenzniveau B (oder darunter) zuzuordnen. Groß- und Kleinschreibung und Zeichensetzung werden damit als besondere Problemfelder der Sekundarstufe(n) identifiziert (ebd.); Fehlerschwerpunkte bilden weiterhin Phänomene wie Konsonantenverdoppelung nach Kurzvokal und fehlerhafte Längenmarkierung

(HINNEY 2011, 211). Obwohl syntaktische Aspekte der Rechtschreibung (Getrennt-Zusammenschreibung, Groß-Kleinschreibung und Interpunktion) durch die empirische Forschung als grammatische Problemfelder der Sekundarstufe aufgezeigt werden, finden sie in den Inhaltsbeschreibungen des Kompetenzbereichs „Sprache und Sprachgebrauch untersuchen" keine Erwähnung. Der Fokus liegt auf Wortschreibung, insbesondere auf Aspekten der Phonem-Graphem-Zuordnung und der Anwendung des Stammprinzips.

In der rechtschreibdidaktischen Fachdebatte wird davon ausgegangen, dass Rechtschreiberwerb nicht vom Einfachen zum Schwierigen, „sondern eher von einem einfachen zu einem stärker differenzierten Wissen über Laute, Morpheme, Sätze etc." (HINNEY 2011, 221, zur Methodik vgl. z. B. BREDEL 2011b) verlaufe. Da lautliche und silbische, morphologische, syntaktische und textgrammatische Informationen bei der Rechtschreibung zusammenwirken, wird eine generelle Zusammenführung von Orthografie und Grammatik empfohlen (vgl. EISENBERG 2004, 2011, Beiträge in BREDEL/REISSIG 2011), um daran anknüpfend einen an den Besonderheiten des Sprachsystems orientierten Rechtschreibunterricht zu konzipieren. Im Fokus steht grammatisches Wissen zur Wortschreibung (Kern und Peripherie)[19] (vgl. HINNEY 2011), zu Schreibungen, die durch die Stellung im Satz (Groß-Kleinschreibung, Getrennt-Zusammenschreibung) (vgl. Röber 2011, Mesch 2011) und durch die Struktur des Textes bedingt sind (zum Beispiel zur Interpunktion Esslinger 2011).

Lernende benötigten „demzufolge zunächst eine Einsicht in die schriftsystematischen Zusammenhänge, die in ihrer Funktion als Lesehilfe handlungsleitend zu erforschen" seien (HINNEY, 2011, 220). Damit wird ein primär forschender Zugang zu Phänomenen der Rechtschreibung empfohlen, der die unbewusst angeeigneten „Eigenregeln" bzw. das implizite Wissen der Schülerinnen und Schüler berücksichtigt und erst daran anknüpfend explizites (Regel-)Wissen vermittelt (vgl. AUGST/DEHN 2007, 44). Die Thematisierung von Rechtschreibung sei dabei grundsätzlich im Kontext des Textschreibens und -lesens zu verorten, um Bewusstheit über die Unterschiede gesprochener und geschriebener Sprache und zu den Funktionen der Rechtschreibung zu entwickeln (Ebd.). Implizites Wissen, das u. a. in Form von

---

[19]   Hierbei wird von der regelhaften Struktur des für das Deutsche prototypischen zweisilbigen Wortes ausgegangen, außerdem von der Unterscheidung nach betonten und unbetonten Silben (PAGEL/HINNEY 2007, 14). Um sich bei der Wortschreibung orientieren zu können, müssen lautliche und silbische sowie morphologische Informationen ermittelt werden. Die betonte erste Silbe enthält einen Vokal, Umlaut oder Diphtong. Vor und nach dem Vokal stehen zumeist bestimmte Konsonantenmuster. Diese werden als Anfangs- und Endrand bezeichnet. Vom Vorliegen des Endrands hängt ab, ob es sich um eine geschlossene Silbe (z. B. Kinder) oder eine offene Silbe (ho-len) handelt (Ebd.). Nach diesem „Silbenschnitt" richtet sich die Vokalquantität und damit die Schreibung (vgl. ausführlicher BREDEL/FUHRHOP/NOACK 2011).

abgespeicherten Schreibmustern (Wörter und Buchstabenmustern) vorliegt, bilde die Grundlage, um daran anknüpfend explizites Wissen zu vermitteln; dieses wird beim bewussten Formulieren, Erklären von Schreibungen oder beim Überarbeiten von Texten aktiviert (Ebd.).

d) Text und Diskurs
Ausgehend von einem erweiterten Textbegriff bilden mündliche (dialogisch, monologisch), schriftliche (linear, nicht-linear/fiktional, nicht-fiktional), auditive (zum Beispiel Hörspiele, Radiosendungen) und audio-visuelle Texte (Filme/Serien, Videos, Computer-Spiele) in analoger und digitaler Form Grundlage einer grundsätzlich textbezogenen, kommunikativ ausgerichteten Grammatikarbeit bzw. Anlässe zur Sprachreflexion (vgl. HEINEMANN 2006, ULRICH 2012, zur Notwendigkeit eines primär schriftsprachlich ausgerichteten Textbegriffs HAUEIS 2006). Der Kompetenzbereich „Sprache und Sprachgebrauch untersuchen" akzentuiert in den Teilbereichen 1 und 2 drei explizit darauf bezogene Zielsetzungen: Orientierung an Adressaten, Sprechsituationen und Verwendungskontextexten, die Fähigkeit zur Unterscheidung von Varietäten (und Sprachen) und die Bewusstmachung kohärenzbildender und kohäsiver Mittel im Textzusammenhang (vgl. KMK 2003, 16).

Möglichkeiten für eine sprachfokussierte Textarbeit eröffnen sich zum Beispiel über das mediale Spannungsfeld von konzeptioneller Mündlichkeit und Schriftlichkeit, deren Merkmale und Verwendungskontexte (u. a. face-to-face/dialogisch, entfernt/monologisch) und deren Medialität (gesprochene versus geschriebene Sprache), über andere variationslinguistische Zugänge wie zum Beispiel die Unterscheidung von Alltags- und Fachsprache (vgl. NEULAND/PESCHEL 2013, 212 ff.), hinsichtlich des Zusammenspiels von Textsorte und -funktion und die daran geknüpften Merkmale (vgl. z. B. FEILKE 2003, LÜTKE 2012). Weitere Arbeitsschwerpunkte ergeben sich hinsichtlich grammatischer (zum Beispiel Kohärenz, Kohäsion)[20], medienspezifischer (Mündlichkeit/Schriftlichkeit, Bildlichkeit, transitorisch/fixiert) oder pragmatischer (u. a. Intentionalität, Spontaneität, Geplantheit) Kriterien (vgl. ULRICH 2012). Die differenzierte Betrachtung von mündlichen Äußerungen, Sprechhandlungen (zum Beispiel Bitten oder Begründen) und Diskursformen (u. a. Erzählen, Beschreiben, Berichten, Argumentieren) hat in den letzten Jahren an sprachdidaktischer Relevanz gewonnen (NEULAND/PESCHEL 2013, 149). Dies ist auch in Hinblick auf die mündliche Prüfungskomponente im Mittleren Schulabschluss begrüßenswert. Für die Erarbeitung diskurs- und varietätsspezifi-

---

[20] Ein Anwendungsbeispiel findet sich in Kap. 2 (2.3.4).

scher Merkmale gewinnt die Einbindung von Transkripten mündlicher Daten an Bedeutung (vgl. zum Beispiel zur Veranschaulichung schulischer Kommunikation NEULAND/PESCHEL 2013, 249 ff.). Da Diskursformen in allen Fächern eine Rolle spielen, kann der Deutschunterricht durch Bewusstmachung von Mustern und sprachlichen Mittel einen Beitrag zur Spracharbeit in den anderen Fächern leisten (vgl. LÜTKE 2013).

e) Wortschatz

Durch den in internationalen Studien nachgewiesenen Zusammenhang von Wortschatzumfang und Leseverstehen (vgl. zusammenfassend PHILIPP 2011, 4) und aufgrund der Ergebnisse der DESI-Studie, die u. a. Wortschatz als Problemfeld insbesondere an Hauptschulen und Gesamtschulen identifizierte (vgl. WILLENBERG 2008), ist der Wortschatzbereich als empirisches Desiderat in den Fokus der Sprachdidaktik gerückt. Die aktuelle Situation ist einerseits durch einen lückenhaften Erkenntnisstand zum einsprachigen und mehrsprachigen Wortschatzerwerb (vgl. WILLENBERG 2011) und zur Wortschatzarbeit unter Heterogenitätsbedingungen gekennzeichnet (vgl. KILIAN 2011); weiterhin existieren kaum Erkenntnisse zur Qualität von domänenspezifischen Wortschätzen. In diesem Zusammenhang ist neben mangelndem forschungsbasierten Wissen über den schul- und bildungssprachlichen Wortschatz (vgl. FEILKE 2013) auch das Wissen über die Fachsprache des Deutschunterrichts und zu lexikalischen Anforderungen in Deutschbüchern zu nennen. Die aktuellen Bestrebungen weisen in Richtung einer systematischen, fachintegrierten und lernerbezogenen Wortschatzarbeit, die neben Inhaltswörtern wie Verben und Substantiven auch Funktionswörter (u. a. Artikel, Präpositionen, Pronomen, Konjunktionen) berücksichtigt (vgl. Beiträge in POHL/ULRICH 2011). Da Wörter polysem sind, in unterschiedlichen Verwendungskontexten auftreten und in Beziehung zu anderen Wörtern stehen, wird die Notwendigkeit einer kontextbasierten und semantische Relationen aufzeigenden Wortschatzarbeit betont (vgl. KILIAN 2011). Diese soll in der Sekundarstufe I nicht nur fachbezogen, sondern auch bildungssprachlich (zum Beispiel bezogen auf Kollokationen, Funktionsverbgefüge und Konnektoren) ausgerichtet sein.[21] Einen methodischen Schwerpunkt bildet bisher die Erarbeitung von Bedeutungsbeziehungen (Synonymie, Hyponymie, Oppositionen, Wortfelder). Weitere semantische Ansätze wie die systematische Arbeit mit Prototypen oder die gezielte Bewusstmachung (auch atypischer) semantischer Merkmale für die Wortschatzarbeit sollten einbezogen werden.

---

[21] Vgl. hierzu das Anwendungsbeispiel in Kap. 2 (2.3.4).

1.8   Lern- und Leistungsaufgaben

Für das sprachliche Lernen spielen Aufgaben, zum Beispiel in Lehrmaterialien, aber auch im Kontext von Prüfungen und Tests, eine wichtige Rolle. Unterschieden wird dementsprechend zwischen Lern- und Leistungsaufgaben (vgl. KÖSTER/LINDAUER 2008). Lernaufgaben dienen der Erkenntnisförderung und dem Einüben von Inhalten und Kompetenzen, Leistungsaufgaben der Überprüfung von Schülerleistungen im Unterricht und in zentralen Prüfungen wie dem Mittleren Schulabschluss oder in standardisierten Tests (BUDDE/RIEGLER/WIPRÄCHTIGER-GEPPERT 2011). Bei der Analyse und Konzeption von Aufgaben ist es wichtig, nach Formaten bzw. Aufgabenarten, der Schwierigkeit und Aufgabengüte zu unterscheiden (vgl. KÖSTER/LINDAUER 2008, 152 f.). Bei Formaten wird im Allgemeinen zwischen geschlossenen Aufgaben (zum Beispiel Multiple Choice, Zuordnungs- oder Umordnungsaufgaben und Richtig-Falsch-Items), halb-geschlossenen Aufgaben (Kurzantwort-Items, Lückentexte) und offenen Aufgabenformaten unterschieden, in denen zum Beispiel längere freie Texte produziert werden (KÖSTER/LINDAUER 2008, 153). Die Aufgabenschwierigkeit orientiert sich u. a. daran, wie stark das kognitive Anregungspotential einer Aufgabe ist, wie viel Entscheidungsspielraum den Schülerinnen und Schülern eingeräumt wird, wie viel Wissen, Inhalte bzw. Kompetenzen integriert werden und wie präzise eine Aufgabe auf inhaltlicher und methodisch-strategischer Ebene bewältigt werden muss (Ebd.). Eine Herausforderung, mit der sich alle deutschdidaktischen Teilgebiete befassen, betrifft die Konzipierung von domänenspezifischen Aufgaben, d. h. von Aufgaben, die spezifische Teilkompetenzen und Wissensdomänen nach den vorab genannten Aspekten messen und ausbilden (vgl. u. a. BREMERICH-VOS/GRANZER/KÖLLER 2008, zur Qualität von Lernaufgaben vgl. FEILKE/JOST i. Dr.). Insbesondere Leistungsaufgaben müssen unter Berücksichtigung von Gütekriterien (Validität, Reliabiltät und Objektivität) konzipiert werden, damit sie u. a. zuverlässig funktionieren und tatsächlich den anvisierten Gegenstand messen. Auch Lernaufgaben sollten valide den jeweiligen Lerngegenstand entwickeln. So sollte der linguistische Gegenstand klar eingegrenzt und beschreibbar sein, die Aufgabe über „sprachpragmatische Relevanz" verfügen und ausgehend von den Lernvoraussetzungen die nächste Entwicklungsstufe im Spracherwerb anvisieren (FEILKE/JOST i. Dr., 27). BUDDE/RIEGLER/WIPRÄCHTIGER-GEPPERT (2011) führen u. a. folgende Kriterien guter Lernaufgaben an: Sie …

- regen zur Sprachreflexion an, fördern das Interesse an Sprache und entwickeln Sprachaufmerksamkeit,
- fördern metakognitive Reflexion (über eigene Lösungswege, Materialien),

- sind kooperativ angelegt und auf Anschlusskommunikation ausgerichtet,
- zeigen eine Abstimmung zwischen Zielsetzung und fachdidaktischem Konzept
- weisen eine klare Zielorientierung auf,
- werden reflektiert als Erarbeitungs-, Übungs- oder Transferaufgaben eingesetzt,
- sind kognitiv aktivierend,
- ermöglichen Selbstkontrolle und Feedback durch andere,
- ermöglichen Entscheidungsfreiheit (thematische Wahlmöglichkeiten, unterschiedliche Zugangswege) und eigenaktives Handeln (vgl. BUDDE/RIEGLER/ WIPRÄCHTIGER-GEPPERT 2011, 202 ff.)

Ein Beispiel, das „einem auf Sprachbewusstheit zielenden Grammatikunterricht" entspreche und zudem versuche, „explizites Wissen nicht zu vernachlässigen", stellt die folgende Aufgabe zum Attribut dar (GORNIK/GRANZOW-EMDEN 2008, 133):

Ein Junge geht in ein Bekleidungsgeschäft und sagt: „Ich möchte gerne die Jeans im Schaufenster anprobieren!" Da sagt die Verkäuferin: „Du kannst auch gerne die Umkleidekabine benutzen!"

a) Was der Junge sagt, kann unterschiedlich verstanden werden.
   Schreibe das, was der Junge sagt, so auf, wie er es wahrscheinlich meint.
   Achtung: Deine Formulierung muss eindeutig sein!
b) Stell dir vor, der Junge wollte tatsächlich das machen, was die Verkäuferin versteht.
   Wie könnte er das auf eindeutige Weise fordern?
c) Erkläre, warum der Satz des Jungen zweideutig ist. Du kannst dabei grammatische Proben verwenden.
d) Wie kann man die zwei unterschiedlichen Bedeutungen mit grammatischen Fachausdrücken beschreiben? (ebd.)

In der Aufgabe werden verschiedene Wissenstypen angesprochen: prozedurales und metasprachliches Wissen zur Diskussion und Erprobung von Lösungen, metakognitives Wissen, um die verschiedenen Möglichkeiten zu reflektieren und deklaratives Wissen in den Aufgaben c) und d), wenn es um das Verstehen bzw. Nennen grammatischer Fachausdrücke geht. Die beiden syntaktischen Funktionen, die die Präposition als Attributteil oder als Satzgliedteil realisiert, sprechen implizite, aber auch explizite Wissensbestände an und motivieren zum kooperativen Austausch. Damit entspricht die Aufgabe nahezu allen der oben genannten Kriterien.

In Bezug auf die Konzipierung von Leistungsaufgaben äußern sich GORNIK/ GRANZOW-EMDEN (2008) kritisch darüber, dass Leistungsaufgaben zum Kompetenzbereich „Sprache und Sprachgebrauch untersuchen" häufig nur grammatische

Fehler korrigierten, grammatische Formen ergänzten oder Sprachbeispielen Begriffe zuordnen ließen (GORNIK/GRANZOW-EMDEN 2008, 133). Negativ bewertet wird zum Beispiel eine Aufgabe der DESI-Untersuchung, in der Konjunktivformen gebildet werden müssen, die mündlich kaum noch im Gebrauch seien (Ebd.). „Gute Aufgaben" sind nach KÜHN (2008)

- „kommunikativ und text(sorten)bezogen" (auch unter Einbindung authentischer Schülertexte),
- „lernerorientiert, konstruktiv und kreativ ausgerichtet" (einschließlich des Umgangs mit grammatischen Kategorien) und
- unterscheiden nach textbezogener produktiver und rezeptiver Grammatikarbeit (KÜHN 2008, 206).

1.9 Checkliste zur Unterrichtsvorbereitung

1.9.1 Traditioneller Grammatikunterricht als Negativfolie

Eine ebenso lange Tradition wie die theoriebezogene Debatte zur Schulgrammatik hat das „Ringen um die richtige Form des Sprachunterrichts" (BREDEL 2007, 204). Die Vermittlung von Schulgrammatik wird häufig mit dem Konzept des „traditionellen" Grammatikunterrichts (vgl. BREDEL 2007, 227) assoziiert, der stark lehrerzentriert und rezeptiv die Beschreibung und Benennung formaler Aspekte verfolgt. BREDEL (2007) versieht einen solchen Unterricht mit den Attributen „handlungsentlastet, überwiegend präskriptiv, deklarativ, autonom und deduktiv" (2007, 227). Durch einen ausschließlich deduktiven Zugang werden Schülerinnen und Schüler nicht dazu angeregt, sich dem Phänomen eigenaktiv zu nähern und es zu ergründen. Thema, Regel und Termini werden vorgegeben. KÖPCKE/NOACK (2011b) ergänzen außerdem die Attribute „entfremdet" und „defensiv", weil ein solcher Unterricht nicht am authentischen Sprachmaterial (zum Beispiel in Form von Lernerdaten oder Texten) arbeite und kaum den „Spaß an der Erkenntnis" noch das Entdecken des „Grammatischen" (2011b, 4) fördere. Die wenigen, aus den 1990er-Jahren stammenden empirischen Einblicke in Grammatikstunden (vgl. STAHNS/BREMERICH-VOS 2013) folgen 1:1 dem traditionellen Prinzip eines fragend-entwickelnden Grammatikunterrichts und bestätigen die Vorurteile. Es ist davon auszugehen, dass die genannten Aspekte zum schlechten Image und zu den häufig negativen Einstellungen von Lehrkräften und Schülerinnen und Schülern in puncto Grammatikunterricht beigetragen haben.

1.9.2 Kriterien und Leitfragen

Aus Sichtung verschiedener sprachdidaktischer Empfehlungen (u. a. BREDEL 2007, BUDDE/RIEGLER/WIPRÄCHTIGER-GEPPERT 2011, FUNKE 2005, GRANZOW-EMDEN 2013, KILIAN 2013) wird folgende Checkliste für die Unterrichtsvorbereitung abgeleitet:

Theoretische Verortung des eigenen Unterrichts		
Schlagwörter	funktional, sprachreflexiv und -kritisch	
Leitfragen	■ Welche („sprachimmanente") Funktion hat eine Struktur innerhalb einer Wortgruppe/eines Satzes bzw. Textes? ■ Wie trägt sie zur Umsetzung der Textfunktion/pragmatischen bzw. diskursspezifischen Funktion bei?	*Funktionaler Ansatz*
	■ Ist die Ausbildung von Sprachreflexionskompetenz langfristiges Ziel? ■ Werden die Schülerinnen und Schüler langfristig zur sprachkritischen Auseinandersetzung angeleitet?	*Problemorientierter bzw. sprachkritischer Ansatz*
Sachbezogene Vertiefung		
Schlagwörter	linguistisch fundiert, am Sprachsystem orientiert, sprachgebrauchsbezogen	
Leitfragen	■ Wodurch ist das Sprachphänomen aus Sicht wissenschaftlicher Grammatiken/Lehrwerke gekennzeichnet? ■ In welchen Gebrauchskontexten tritt es typischerweise auf? ■ Welche prototypischen und atypischen Fälle gibt es? ■ Welche Spezifika/Eigenschaften zeigt es innerhalb einer Kategorie (zum Beispiel als Wortart)? ■ Welche Relationen zu anderen Teilgebieten sind bedeutsam (zum Beispiel hinsichtlich des Zusammenhangs von Syntax und Semantik)? ■ Welche differenzierten Funktionen hat es?	
Sprachdidaktische Erwägungen		
Schlagwörter	■ diagnosebasiert, kognitiv und reflexiv anregend, systematische Progression der Inhalte, erwerbs-, ziel- und kompetenzorientiert ■ Welche Einstellungen haben die Schülerinnen und Schüler zu Grammatikunterricht? Wie ist ihr Selbstkonzept hinsichtlich der eigenen Sprachkompetenz? Welche Präkonzepte von Sprache haben sie?	

Leitfragen	■ Sind sprachliche Anforderungen und lernerseitige Voraussetzungen (primär- und metasprachliches Vorwissen) aufeinander abgestimmt?
	■ Sind Inhalte, Zielsetzung und angestrebte Kompetenzentwicklung aufeinander abgestimmt?
	■ Welche Teilprozesse der Sprachbetrachtung werden bewusst gemacht, welche Ebenen der Sprachreflexion thematisiert? In welchem Verhältnis stehen Sprachbeschreibung und -reflexion?
	■ Sind die angesprochenen Wissensformen in angemessener Relation (situationsgebundene und -entbundene Formen) im Unterricht vertreten?
	■ Verfolgt der Unterricht eine systematische Progression (langfristig, spiralcurricular)?

Methodische Erwägungen

Schlagwörter	■ motivierend, kognitiv, sensuell und visuell anregend, kooperativ, anschaulich, gebrauchsbasiert/integriert/funktionsbezogen, datenbasiert, authentische oder didaktisch modifizierte Textgrundlage, sprachentfaltendes Feedback
Leitfragen	■ Wie motiviere ich die Schülerinnen und Schüler in Hinblick auf das Sprachthema? Wie erzeuge ich Neugier auf das Phänomen (zum Beispiel durch grammatische Zweifelsfälle, Strukturkontraste)?
	■ Wie kann der Zugang kognitiv anregend gestaltet werden (induktiv)?
	■ Wie mache ich die Zielsetzung transparent, die Relevanz für die Schülerinnen und Schüler deutlich?
	■ Wie kann die Schüleraktivität (Beschäftigung mit dem Phänomen) gesteigert werden? Gibt es breite Möglichkeiten zum kooperativen Austausch und Forschen?
	■ Nutze ich authentisches Textmaterial, das Bezug auf die Lebenswelt der Schülerinnen und Schüler nimmt (Schülertexte, Aufnahmen, Korpusdaten, interessante Sachtexte)?
	■ Wie modifiziere ich Texte, um auf das im Fokus stehende Phänomen aufmerksam zu machen (hohe Frequenz des Phänomens, Farb-/Kursiv-/Fettdruck, Auslassungen)?
	■ Welche Rolle spielt Medialität im Unterricht (alte und neue Medien)?
	■ Wie setze ich ein lernförderliches und sprachentfaltendes Feedback um?

Selbstreflexion

- Habe ich eine positive oder eher negative Einstellung zu sprachbildendem Unterricht, insbesondere zu Grammatikunterricht?
- Wie motiviert bin ich, Sprachbildung langfristig und systematisch anzulegen und diagnostisch zu begleiten?
- Wie schätze ich mein fachliches und sprachdidaktisches Wissen in diesem Bereich ein?
- Evaluiere ich meinen Unterricht (zum Beispiel mithilfe von Protokollen, Supervision) hinsichtlich meiner Impulse, des Feedbacks, der Strukturierung, der Schüleraktivität?

1.9.3 Sprachbetrachtung im Unterricht – eine Schrittfolge

Abschließend wird folgendes Vorgehen für die sprachbezogene Auseinandersetzung im Unterricht vorgeschlagen:

- auf ein Phänomen/sprachliches Problem/einen „grammatischen Zweifelsfall" (KILIAN 2013, 64) aufmerksam werden,
- sich darin verhaken, damit auseinandersetzen / es beschreiben und darüber nachdenken: in der Abfolge von Deautomatisierung, Dekontextualisierung und Distanzierung (vgl. BREDEL 2007, 24 ff.),
- regelhafte Zusammenhänge ableiten, innerhalb von sprachlichen Zusammenhängen/Gebrauchskontexten reflektieren (Regelhaftigkeit oder Abweichung erkennen, Form-Funktionszusammenhänge beschreiben).
- In leistungsstärkeren Lerngruppen: über die vergleichende, kontextübergreifende Reflexion ein begründetes Urteil zur funktionalen Angemessenheit grammatischer Zeichen entwickeln (i. S. der „kritischen Sprachbetrachtung" nach KILIAN 2013, 78 ff.).

2 Über Sprache und Sprachgebrauch reflektieren in der Sekundarstufe II[1]

BEATE LÜTKE

2.1 Grammatik am Übergang der Sekundarstufen

In der Prüfung zum Mittleren Schulabschluss im Fach Deutsch werden neben Lese- und Schreibkompetenz auch Inhalte des Kompetenzbereichs ‚Sprache und Sprachgebrauch untersuchen' abgefragt. Damit gewinnen grammatische und lexikalisch-semantische Fragen am Übergang in die Sekundarstufe II noch einmal an besonderer Bedeutung. Die Prüfungsitems beziehen sich auf nahezu alle Teilbereiche des Kompetenzbereichs. Zu den Inhalten zählen zum Beispiel syntaktische Aspekte (Zuordnung von Sätzen zu Satzschemata, Bestimmung von Satzgliedern), semantisch reflektierte Phänomene der Wortschreibung (zum Beispiel Erklärung der Schreibungen *Widerwillen* vs. *wider Willen*), Fragen zur Modusrealisierung, Unterscheidung von Varietäten (zum Beispiel Umwandlung von umgangssprachlicher Lexik in standardsprachliche), Fragen nach lexikalisch-semantischen Aspekten (Synonyme benennen, Bedeutungen zuordnen) oder nach Funktionen erzählerischer Mittel (vgl. Mittlerer Schulabschluss Berlin/Brandenburg 2013, 2012/13 251 ff.). Je nach Schulform bzw. sprachlichen Voraussetzungen der jeweiligen Lerngruppe kann die Prüfungsperspektive im ungünstigsten Fall zu drillhaften Wiederholungssequenzen *(teaching to the test)* im ersten Halbjahr der 10. Klasse führen. Unabhängig von dieser bisher kaum diskutierten Problematik[2] schließen die Standards für die Allgemeine Hochschulreife im Fach Deutsch mit dem Kompetenzbereich ‚Sprache und Sprachgebrauch reflektieren' inhaltlich schlüssig an die prüfungsbedingte explizite Thematisierung sprachlicher Phänomene an.

Um einen Überblick zu den für die Sekundarstufe II vorgeschlagenen Inhalten mit den daran geknüpften Teilkompetenzen zu ermöglichen, wird zunächst der Kompetenzbereich als Ausgangspunkt für die weiteren Ausführungen gewählt.

---

[1] Der vorliegende Beitrag baut auf Kapitel 1 auf. Insbesondere die theoretischen Erwägungen in 1.2 und 1.3 informieren zu Grundlagen der Sprachreflexion, die auch für die Sekundarstufe II relevant sind. Sie werden in diesem Beitrag als bekannt vorausgesetzt.
[2] Vgl. als Ausnahme GORNIK, die vor dem Hintergrund solcher Prüfungsformate ein Erstarken des negativ konnotierten traditionellen Grammatikunterrichts befürchtet (2011).

Daran anschließend werden Schwerpunkte und Kontexte von Sprachreflexion präzisiert und methodische Vorschläge erörtert.

2.2 Sprachreflexion in der Sekundarstufe II

Der Kompetenzbereich ‚Sprache und Sprachgebrauch reflektieren' ist in den Bildungsstandards für die Allgemeine Hochschulreife im Fach Deutsch (KMK 2012) neu modelliert worden. Die Bildungsstandards reagieren damit auch auf die im Fachkontext schon seit längerem geäußerte Kritik, dass ‚Sprache' als expliziter Lerngegenstand in der Sekundarstufe II praktisch kaum eine Rolle spiele (vgl. zum Beispiel DÜRSCHEID 2007, SCHERNER 2013, 101). Die Kompetenzbereiche ‚Sprache und Sprachgebrauch reflektieren' und ‚Sich mit Texten und Medien auseinandersetzen' werden in den Bildungsstandards als gleichwertige Wissensdomänen akzentuiert, in deren Kontext prozessbezogene Sprachkompetenzen wie „Sprechen und Zuhören", „Lesen" und „Schreiben" „verbindlich konkretisiert" werden sollen (KMK 2012, 11).

Im Vergleich zum Kompetenzbereich der Sek. I, der in seinem „instrumentellen Charakter" (Ebd.) als Behelf für die Ausbildung der anderen Kompetenzen fungiert, wird der Kompetenzbereich in der Sekundarstufe II in seiner Relevanz aufgewertet. Dies ist nicht nur hinsichtlich der in den Schulleistungsstudien nachgewiesenen heterogenen Leistungen im Bereich ‚Deutsch' begrüßenswert, sondern auch wegen der Bedeutung, die der kompetente und bewusste Umgang mit Sprache für die persönliche Entwicklung und die an Schule anschließende berufliche bzw. wissenschaftliche Ausbildung hat. Um eine solchermaßen propädeutische Orientierung umzusetzen, wird in der Fachpräambel der Bildungsstandards die verstärkte „Selbständigkeit und Reflektiertheit" bei Anwendung der in der Sekundarstufe I erworbenen, nun in „Komplexität und Voraussetzungsreichtum" weiter zunehmenden produktiven und rezeptiven Kompetenzen als übergreifendes Ziel benannt (ebd.). Darunter fallen nicht nur die primärsprachlichen Kompetenzen, Sprechen, Zuhören, Lesen und Schreiben, sondern auch methodische Fähigkeiten wie die Nutzung von Texterschließungsverfahren[3] und Arbeitstechniken (KMK 2012, 13).

Der Kompetenzbereich fokussiert zwei Dimensionen: Die Auseinandersetzung mit dem System ‚Sprache' und mit Sprache als „historisch gewordenem Kommunikationsmedium" (KMK 2012, 12). Es fällt zunächst auf, dass die Kritik, die in der Fachliteratur über Gestaltungsschwächen des Kompetenzbereichs der Sekundarstu-

---

[3]   Vgl. z. B. die Ausführungen zur Linguistischen Textanalyse (BRINKER 2010) in Abschnitt 2.3.4.

fe I geäußert wurde, bei der Modellierung des Kompetenzbereichs für die Sekundarstufe II aufgegriffen worden ist. Im Vergleich zu teils vagen Operatoren wie zum Beispiel „kennen" oder „erfassen" (vgl. KMK 2003, 16) werden im Kompetenzbereich der Sek. II besser operationalisierbare Verben wie „identifizieren", „beschreiben", „formulieren", „erläutern" oder „bewerten" verwendet (KMK 2012, 25).[4] Ein unklarer Funktionsbegriff, der (wie in Kap. 1 aufgezeigt) im Kompetenzbereich der Sek. I Verwendung findet, wird vermieden. Der Begriff „Funktion" bezieht sich nun nachvollziehbarer auf Funktionen von Varietäten („Strukturen und Funktionen von Varietäten beschreiben") oder auf kommunikative Funktionen von Sprache (KMK 2012, 26). Außerdem wird keine Aufteilung in unterschiedlich komplexe inhaltliche Teilgebiete umgesetzt, wodurch Teilkompetenzen und Inhalte als Einzelitems, aber auch in ihren Zusammenhängen reflektiert und miteinander in Beziehung gesetzt werden müssen.

2.2.1 Inhaltliche Schwerpunkte

Teilkompetenzen und Inhalte sind einem ‚grundlegenden' und einem ‚erhöhten' Niveau zugeordnet, die sich an der jeweiligen Wochenstundenzumessung (Grund- bzw. Leistungskurs) orientieren (vgl. KMK 2012, 25). Auf beiden Niveaus wird von einer grundsätzlichen Kommunikations- und Textbezogenheit ausgegangen, womit textlinguistisch und pragmatisch motivierte Forderungen aufgegriffen werden (vgl. zum Beispiel BECKER-MROTZEK 2004, HEINEMANN 2006) und die Ausbildung sprachlicher Handlungsfähigkeit in den Fokus des Unterrichts gerückt wird.[5] Die angegebenen Inhalte sind auf unterschiedlichen Ebenen verortet: auf der Ebene von Lexik und Grammatik und auf Äußerungs-, Text- und Varietätsebene. Die Untersuchung von Sprachphänomenen soll im methodisch reflektierten Wechselspiel von dekontextualisierter und sprachgebrauchsbezogener bzw. integrierter Analyse verortet werden, wofür Äußerungen, Texte, Varietäten und Sprachen den Rahmen bilden. Die losgelöste (dekontextualisierte) Analyse von Sprachphänomenen wird vor dem Hintergrund der jeweiligen Gebrauchskontexte gesehen und impliziert immer eine, wenn auch zeitlich versetzte, Rückbindung an den sprachlichen Handlungszusammenhang. Der propädeutische Akzent des Kompetenzbereichs zeigt sich in der Forderung nach Theoriebezug, insbesondere auf dem ‚erhöhten' Niveau.

---

[4]   Natürlich besteht auch bei diesen Operatoren weiterhin das Problem, dass die daran geknüpften Teilkompetenzen teils nicht eindeutig feststehen und häufig empirisch nicht untermauert sind.

[5]   In der Sek. II wie in der Sek. I wird von einem weiten Textbegriff ausgegangen, der schriftliche und mündliche Text und – im weitesten, semiotischen Sinne – auch Bilder und Filme umfasst (KMK 2012, 11 f.).

Der folgende Überblick zu konkreten Inhalten und Teilkompetenzen dient als Orientierung für die Reflexionsbeispiele, die im weiteren Verlauf des vorliegenden Beitrags diskutiert werden. Er folgt einer Systematisierung von FEILKE/JOST (i. D.), die aus den Angaben des Kompetenzbereichs zentrale „Ebenen des Reflektierens" ableiten und diesen die jeweiligen Inhalte und Teilkompetenzen zuordnen (FEILKE/JOST i. D., 3 ff.):

Ebene der Sprache („metasprachliche Reflexion")[6]:
„Die Schülerinnen und Schüler können …
- *sprachliche Äußerungen kriterienorientiert analysieren und ihre Einsichten in der Auseinandersetzung mit Texten und Sachverhalten dokumentieren,*
- *sprachliche Strukturen und Bedeutungen auf der Basis eines gesicherten Grammatikwissens und semantischer Kategorien erläutern,*
- *Strukturen und Funktionen von Sprachvarietäten beschreiben und*
- *auf der Grundlage sprachkritischer Texte Entwicklungstendenzen der Gegenwartssprache beschreiben und bewerten" (FEILKE/JOST i. D., 3).*

Ebene des sprachlichen Handelns („metakommunikative Reflexion"):
„Die Schülerinnen und Schüler können …
- *ein grundlegendes Verständnis der kognitiven und kommunikativen Funktion von Sprache formulieren,*
- *Bedingungen gelingender Kommunikation analysieren, auch auf der Basis theoretischer Modelle,*
- *verbale, paraverbale[7] und nonverbale Gestaltungsmittel in unterschiedlichen kommunikativen Zusammenhängen analysieren, ihre Funktion beschreiben und ihre Angemessenheit bewerten,*
- *verbale, paraverbale und nonverbale Signale für Macht- und Dominanzverhältnisse identifizieren und*
- *sprachliche Handlungen kriterienorientiert in authentischen und fiktiven Kommunikationssituationen [erhöhtes Niveau: theoriegestützt] bewerten" (FEILKE/JOST i.D. 3 f.).*

Sprache in ihrer medialen Erscheinungsform („metamediale Reflexion"):
„Die Schülerinnen und Schüler können …
- *Strukturen und Funktionen von Sprachvarietäten beschreiben,*
- *verbale, paraverbale und nonverbale Gestaltungsmittel in unterschiedliche kommunikativen Zusammenhängen analysieren, ihre Funktion beschreiben und ihre Angemessenheit bewerten und*
- *persuasive und manipulative Strategien in öffentlichen Bereichen analysieren und kritisch bewerten" (FEILKE/JOST i.D., 4 f.).*

2.2.2 Anwendungsbeispiele: Konzepte und Zugänge

Auch wenn die Bildungsstandards dem Kompetenzbereich „Über Sprache reflektieren" einen gleichberechtigten Stellenwert einräumen, richtet sich der Fokus im

---

[6]   Vgl. zu den Bezeichnungen BREDEL (2007, 88).
[7]   Prosodische und intonatorische Signale

Deutschunterricht der Sekundarstufe II häufig hauptsächlich auf literarisches Lernen, verstehendes Lesen und die Vermittlung von Aufsatztechniken. Neben diesen traditionell etablierten Lerninhalten, über deren thematische Bandbreite Oberstufenlehrwerke und -materialien einen guten Eindruck vermitteln, befinden sich Themen für den sprachbildenden Unterricht, insbesondere in Hinblick auf eine systematische metasprachliche Reflexion, noch in der Entwicklungsphase. Sprachreflexion betrifft zumeist sprachgeschichtliche oder sprachphilosophische Themen, Spezifika von Varietäten des Gegenwartsdeutschen (insbesondere zu Soziolekten oder Dialekten) oder Kommunikationstheorien (vgl. zum Beispiel Deutsch. Das Oberstufenbuch, 200 ff.).

Die neuere sprachdidaktische Fachliteratur fokussiert auch und insbesondere für die Sekundarstufe II die Analyse und Reflexion grammatischer (weniger lexikalischer) Phänomene. Es geht darum, Sprache zwar grundsätzlich im Textkontext zu reflektieren; gefordert werden aber auch Unterrichtsphasen, in denen Strukturen zeitweise losgelöst vom Kontext Gegenstand der Untersuchung werden (vgl. DÜRSCHEID 2007, 53). Darüber hinaus wird die Möglichkeit diskutiert, theoretische Bezüge herzustellen, zum Beispiel in der Form, dass sprachliches Wissen theoretisch fundiert wird oder theoretische Modelle selbst zum Gegenstand der Reflexion gemacht werden (vgl. EISENBERG 2013b). Nachdem DÜRSCHEID (2007) bemängelt hat, dass in der fachdidaktischen Debatte kaum Beiträge zur systematischen Reflexion grammatischer Phänomene zu finden seien (2007, 54 f.), hat sich die Situation in den letzten Jahren, wenn zwar weniger in der Unterrichtspraxis, jedoch zumindest hinsichtlich der sprachdidaktischen Fachliteratur, deutlich verbessert. Doch sei insbesondere hinsichtlich theoretischer und sprachwissenschaftlicher Bezüge zu prüfen, ob wissenschaftliche Gegenstände sich als wirklich „'schulrelevant'" erwiesen bzw. „ihr Status als aus praktischen Anforderungen geborener wissenschaftlicher Gegenstand nicht riskiert" werde (EISENBERG 2013b, 13).[8]

Überlegungen, welche Formen grammatischer und lexikalisch-semantischer Reflexion in der Praxis umgesetzt werden könnten, müssen an der der Frage ansetzen, welche Themen sich Lehrkräften und – möglichst auch den Schülerinnen und Schülern – als solche mit hoher Relevanz erschließen. Relevanz ist automatisch dann gegeben, wenn der Nutzen für Textproduktion und -rezeption offensichtlich ist. Inwieweit sprachliches Wissen und Können theoretisch fundiert wird oder Theorien zum Sprachsystem Unterrichtsthema werden können, muss ausgehend von den Lernvoraussetzungen der jeweiligen Schülergruppen entschieden werden.

---

[8]   Er verweist z. B. auf die Diskussion zur Relevanz der Graphematik für den Unterricht.

Denn auch in der vielfältigen Oberstufe, gemeint ist das Nebeneinander von Oberstufenzentren, Gesamtschulen mit Sek. II und Gymnasien, sind heterogene Lernvoraussetzungen zu berücksichtigen; erst daran orientiert, eröffnen sich die Möglichkeiten des Theoriebezugs.

2.3 Varietäten als Kontexte von Sprachreflexion

In den folgenden Abschnitten werden Kontexte und Beispiele für Sprachbeschreibung, -analyse und -reflexion vorgestellt und diskutiert. Die Hinweise (Abschnitte 2.3.1, 2.3.2) greifen zunächst Vorschläge der Fachliteratur auf; daran anschließend wird ein konkretes Beispiel entwickelt (2.3.3), in dem anhand eines Lehrbuchtextes (Instruktionstext) mit einem bildungs- und fachsprachlichen Register ein methodischer Zugang veranschaulicht werden soll.

Texte bilden den Rahmen, aus dem sprachliche Strukturen herausgelöst und analytisch betrachtet werden können. Abb. 1 gibt eine Übersicht zu Varietäten, die als Kontexte für Sprachreflexion Anwendung finden können:

Mediale	schriftlich, mündlich, als filmischer oder bildlicher Text, im Kontext neuer Medien
Soziale	Sprachen sozialer Gruppen
Regionale und überregionale	Dialekte, standardsprachliche Varietäten, Sprachen
Historische	Sprachwandelbedingte Erscheinungen, ältere Sprachformen, Gegenwartssprache
Weitere	formelle und informelle Register, Stile[9]

Abb. 1 Varietäten als Anwendungsfelder der Sprachreflexion, in Orientierung an den Ausführungen BUSSMANNS (2008, 772) mit eigenen Ergänzungen

Neben ihrer medialen Erscheinungsform zeichnen sich Texte durch spezifische Verwendungsbedingungen bzw. Kontexte aus, in denen sie entstehen und rezipiert werden. Das Erkennen und Unterscheiden formeller und informeller Register (Schreiben eines freundschaftlichen Grußes oder einer Abiturklausur), ritualisierter Gesprächsformen (Eröffnung einer Ratssitzung) oder eines poetischen bzw. prosai-

---

9 Bei einem Register handelt es sich um eine „für einen bestimmten Kommunikationsbereich (Institution) charakteristische Sprech- oder Schreibweise" (BUSSMANN 2008, 577). Demgegenüber orientiert sich der Stilbegriff stärker an der durch individuelle Auswahl sprachlicher Mittel geprägten Beschaffenheit eines Textes; dieser kann durch vorgeprägte und abgewandelte Stilmuster charakterisiert sein (2008, 684).

schen Stils bilden die Voraussetzung für kompetentes Rezipieren und Produzieren von Texten. Die Reflexion solcher Register und Stile bietet eine Möglichkeit, systematische Sprachreflexion situativ funktional zu verankern, nämlich da, wo Schwierigkeiten bei der Umsetzung eines angemessenen Registers zu beobachten sind oder stilistische Nuancen entwickelt werden können.

Weitere Perspektiven richten sich auf das Vorkommen von Varietäten in sozialen Gruppen (sog. Soziolekte), zum Beispiel nach Alter (Jugendsprachen), Geschlecht (genderspezifische Spracherscheinungen) oder Berufsgruppen (Fachsprachen) differenziert. Im sprachdidaktischen Fokus (vgl. NEULAND 2006) stehen weiterhin Unterschiede zwischen Dialekten, Dialekten und standardsprachlichen Varietäten (NEULAND/HOCHHOLZER 2006), Unterschiede zwischen Sprachen/Sprachfamilien (vgl. zum kontrastiven Sprachvergleich OOMEN-WELKE in diesem Band) und historische Erscheinungsformen von Sprache.

Sicherlich neu für die Praxis ist die explizite und vor allem systematische Thematisierung grammatischer und lexikalisch-semantischer Phänomene in der Sekundarstufe II und deren kategoriale Verortung im Kontext von Paradigmen und anderen Systemen. Die Analyse solcher Phänomene findet in der Praxis häufig situativ statt, d. h. unregelmäßig und ohne geplante Progression. Sicherlich am häufigsten werden sprachliche Phänomene beim Umgang mit Literatur[10] oder komplexen nicht-literarischen Texte reflektiert, außerdem beim Schreiben, zum Beispiel beim Verfassen einer textgebundenen Erörterung oder einer Facharbeit. Lese- und Schreibfähigkeit profitieren von implizitem und explizitem sprachlichen Wissen und einem darauf basierenden Register- und Stildifferenzbewusstsein, das die Beurteilung angemessener und weniger angemessener Formulierungen ermöglicht (vgl. KILIAN 2013, KÖPCKE 2011).

Stildifferenzbewusstsein, das Einschätzen akzeptabler und weniger angemessener Formulierungen, das Kennen von Routinen und die gekonnte Anwendung oder Abweichung von Mustern basieren auf implizitem und explizitem Sprachwissen. Die weiteren Ausführungen sollen sprachdidaktische Zugänge veranschaulichen, die die Ausbildung dieser Fähigkeiten zum Ziel haben.

---

[10]   Sprachreflexion im Kontext von Literaturrezeption wird im vorliegenden Band in dem Beitrag von PETER KLOTZ beleuchtet. Weitere Erwägungen zur Reflexion von Metaphern in literarischen und Sachtexten finden sich in KÖPCKE/SPIESS (2013) oder in Form von unterrichtsbezogenen Hinweisen zur Reflexion von Genuskongruenz in erzählenden Texten in KÖPCKE (2012).

Spraddidaktische Zugänge:

2.3.1 Sprachliche Zweifelsfälle

DÜRSCHEID (2007) wies in Weiterführung eines ursprünglich sprachwissenschaftlichen Ansatzes auf das Potenzial irregulärer Sprachphänomene für den Grammatikunterricht der Sekundarstufe II hin (vgl. DÜRSCHEID 2011, 159). Solche Phänomene, die zwar von der Norm abwichen, dennoch aber gängigen Sprachgebrauchsmustern der Gegenwartssprache entsprächen, könnten in der Sekundarstufe II einerseits zur Wiederholung und kritischen Betrachtung des Beschreibungsinventars (Fachtermini, Methoden der Satzglied- und Wortartenanalyse) anregen; weiterhin werde das Gespräch über Regularitäten und die Kontexte von Abweichungen ermöglicht (DÜRSCHEID 2007, 60 f.).[11] Mittlerweile werden „sprachliche Zweifelsfälle" (DÜRSCHEID 2011, 155) von verschiedenen Autorinnen und Autoren als besonders geeignete Lerngegenstände für die Sekundarstufe I und II empfohlen (z. B. PESCHEL 2009, KÖPCKE/NOACK 2011b, KILIAN 2013).

Vorschläge, wie Zweifelsfälle im Unterricht thematisiert werden können, sind jedoch bisher eher selten. In der Fachliteratur werden zwar geeignete Phänomene benannt und diskutiert,[12] jedoch noch wenige Hinweise gegeben, wie im Unterricht vorzugehen ist. DÜRSCHEID skizziert zwei Herangehensweisen: Als übergeordneter Rahmen könne die Beschäftigung mit der ‚Gegenwartssprache' fungieren, aus der heraus Phänomene identifiziert und losgelöst betrachtet werden könnten; außerdem ließen sich ausgewählte Strukturen unter synchroner und diachroner Perspektive beleuchten (DÜRSCHEID 2011, 170).

2.3.2 Sprachkritische Urteilsfähigkeit

Ein ähnliches, aber etwas anders akzentuiertes Konzept will die sprachkritische Didaktik umsetzen, deren Ziel darin besteht, „Sprachkritikkompetenz" auszubilden (vgl. KILIAN 2013 unter Verweis auf KILIAN/NIEHR/SCHIEWE 2010). Das Konzept greift einen Ansatz der 1970er-Jahre auf, der darauf abzielte, dass Schülerinnen und Schüler „nicht allein über Sprache nachdenken (reflektieren) sollten, sondern zur Einnahme einer sprachkritischen Position herausgefordert wurden" (KILIAN 2013, 61).

---

[11] Für solche irregulären Strukturen, die aber in mündlicher Sprache durchaus präsent sind, führt DÜRSCHEID u. a. folgende Beispiele an: „Wir haben gefeiert an seinem Geburtstag", „Ich kenne den Student" oder „Bin gleich wieder da" (DÜRSCHEID 2007, 60).

[12] Zur Veranschaulichung nennt sie weitere Beispiele für sprachliche Zweifelsfälle (DÜRSCHEID 2011, 168, zit. VAN LOO/FREYTAG 2009, 34): z. B. „Übergang weniger gebräuchlicher starker Verben in die schwache Konjugation (z. B. „saugte" statt „sog"), Konjunktivumschreibung mit „würde" oder Ersatz des Konjunktivs durch den Indikativ, Zunahme des analytischen Genitivs „von", Pluralbildung mit -s bei Kurz- und Fremdwörtern („AKWs", „Hotels", „Demos")".

Im Rahmen des neuen Ansatzes wird vorgeschlagen, über „kritische Sprachbetrachtung" „Laienwissen" in „Expertenwissen" zu überführen, um auf dieser Grundlage kritisches Urteilsvermögen zu Fragen sprachlicher Angemessenheit auszubilden (2013, 68, 70). Für die Umsetzung des Konzepts beschreibt KILIAN (2013, 78f., zit. nach KILIAN/NIEHR/SCHIEWE 2010, 126) eine Schrittfolge, die im Folgenden zitiert und anschließend kurz erläutert wird:

> 1. *Abgabe einer spontanen Stellungnahme zu den wahrgenommenen oder zur Wahrnehmung gebrachten Unterschieden, Konflikten, Störungen auf der Grundlage impliziten Sprachwissens bzw. des Sprachgefühls.*
>
> 2. *Versuch der Begründung einer spontanen Stellungnahme ohne Hilfsmittel (im Plenum oder in Gruppen).*
>
> 3. *Überprüfung der Begründung der spontanen Stellungnahme auf der Grundlage von Korpora sowie durch konkreten Vergleich mit historischen Erscheinungsformen des betrachteten sprachlichen Zeichens (sprachhistorische Perspektive) und mit ähnlichen Strukturen, Inhalten und Funktionen anderer sprachlicher Zeichen in anderen Varietäten des Deutschen und ggf. in anderen Sprachen (Perspektive der inneren und äußeren Mehrsprachigkeit).*
>
> 4. *Benennung des sprachlichen Phänomens und Beschreibung der Unterschiede, Konflikte, Störungen mithilfe von Referenzwerken zur deutschen Sprache (Grammatiken, Wörterbüchern u.a.; in Gruppen- oder Einzelarbeit; Perspektive der [standard]sprachlichen Normen)*
>
> 5. *Formulierung einer linguistisch begründeten sprachkritischen Beurteilung des Unterschieds, des Konflikts, der Störung auf der Grundlage des Vergleichs mit einer Sprachnorm oder einer Regularität des Sprachsystems (KILIAN/NIEHR/SCHIEWE 2010, 126).*

Der 1. Schritt aktiviert vorhandenes implizites Wissen (Sprachgefühl), ermöglicht aber auch auf explizitem Wissen basierende Kommentare. Die Aufmerksamkeit kann in diesem Zusammenhang gezielt auf das jeweilige Sprachphänomen gelenkt werden; ein situativer Grammatikexkurs, der an eine spontane Irritation anknüpft, ist aber ebenfalls möglich. Der Vorschlag geht vom lernerspezifischen Vorwissen aus und initiiert kooperative Klärungsversuche (Schritt 2). Die vorgeschlagene Verwendung authentischer Daten, die aus Korpora gewonnen werden sollen, ist in der Praxis sicherlich noch nicht allzu verbreitet (Schritt 3), zumal lebensweltbezogene Datenbeispiele – zumindest zu mündlichen Texten – kaum breit verfügbar sind. Der vorgeschlagene synchrone und/oder diachrone Vergleich mit anderen Varietäten und auch die kontrastive Gegenüberstellung derselben Struktur in zwei Sprachen unterstützen wahrscheinlich die Ausbildung strukturbezogener Sprachbewusstheit und müssten langfristig auch Differenzbewusstsein für variationslinguistische Unterschiede fördern. Die Schrittfolge ist für beide Sekundarstufen vorgesehen, lediglich die Komplexität der Inhalte wird sekundarstufenbezogen differenziert. Allerdings ist vorstellbar, dass insbesondere der 5. Schritt in der Sekundarstufe I in sprachlich schwächeren Lerngruppen nicht einfach umzusetzen ist, wohingegen insbesondere dieser Schritt für den Unterricht in der Sekundarstufe II interessante Möglichkeiten eröffnet.

Der Ansatz, grammatische Zweifelsfälle bzw. Irregularitäten als Anlässe metasprachlicher Reflexion zu nutzen, setzt auf Lehrkraftseite zunächst Wissen über Varietäten und Texte voraus, aus denen vergleichbare Strukturen herangezogen werden können. Er basiert weiterhin auf vertieftem, kritischem Wissen über Normen und gebräuchliche Abweichungen. Der Transfer dieser nicht nur fachwissenschaftlich, sondern auch sprachdidaktisch voraussetzungsreichen Vorschläge in die Praxis müsste in Zukunft mithilfe ausführlicher unterrichtspraktischer Materialbeispiele weiter veranschaulicht und konkretisiert werden.

2.3.3 Textgrammatik und Sprachregister: ein Anwendungsbeispiel

Geht es um einen angemessenen Registergebrauch, wird in der interdisziplinären fachdidaktischen Debatte immer wieder die Spezifik von Schul- und Bildungssprache problematisiert. Zudem hat die DESI-Studie (vgl. DESI-Konsortium 2008) aufgezeigt, dass eine große Gruppe von Schülerinnen und Schülern Probleme bei der Umsetzung eines angemessenen schriftsprachlichen Registers hat (vgl. NEUMANN/LEHMANN 2008, 101 f.). Mit der besonderen Bedeutung bildungssprachlicher Mittel im Kontext schulischer Wissensvermittlung und -aneignung (AHRENHOLZ 2013)[13] wird das Thema ‚Registergebrauch' zum relevanten Lerngegenstand. Solche Schülerinnen und Schüler, die teilweise wegen ihres sozialen oder familial-sprachlichen Hintergrunds über weniger differenzierte bildungssprachliche Mittel (Wortschatz, komplexe Grammatik) verfügen, können durch die Bewusstmachung von Registern und Stilen beim Lernen in den anderen Fächern unterstützt werden (vgl. LÜTKE 2013). Schülerinnen und Schüler, die mit dem Verstehen und Produzieren von Fach- und Bildungssprache keine Probleme haben, profitieren unter der eingangs genannten wissenschaftspropädeutischen Zielsetzung von Klärung und Bewusstmachung fachspezifischer Strukturen. All dies ist vor dem Hintergrund zu sehen, dass die „Entwicklung einer angemessenen fachbasierten Diskursfähigkeit in allen Fächern und über alle Fächer hinweg" als „eines der übergeordneten Ziele schulischen Lernens" angesehen wird (BECKER-MROTZEK/SCHRAMM/THÜRMANN/VOLLMER 2013, 8).

---

[13] Der Begriff Bildungssprache geht über die facheigene Sprache hinaus. Er umfasst sprachliche Mittel, die in der „Gemeinsprache" auch vorkommen, dort aber weniger häufig und teils mit anderer Bedeutung und Funktion: Dazu zählen u. a. häufiger „Passivgebrauch, die Verwendung unpersönlicher Konstruktionen, komplexere Attribute [...], seltenere Konjunktionen wie zudem oder je...desto" (AHRENHOLZ 2013, 87).

Der Fokus der folgenden Ausführungen richtet sich auf die grammatische und lexikalische Ebene der Textarbeit. Darüber hinaus sind natürlich weitere unterrichtsbezogene Zielsetzungen denkbar: Diese könnten darin bestehen, über Funktion und Spezifik der Fachsprache des Deutschunterrichts nachzudenken; ebenso ließe sich überlegen, ob literarische Sprache analog zur naturwissenschaftlichen Formel als Fachsprache des Deutschunterrichts verstanden werden kann oder ob literarische und nicht-literarische Texte auf sprachlicher Ebene überhaupt trennscharf voneinander abgrenzbar sind. Weiterhin könnte mit einem allgemeinen Fokus die Rolle von Fachsprache im Erkenntnisprozess, im Rahmen kommunikativer Situationen oder in ihrer gesellschaftlichen Bedeutung reflektiert werden (vgl. hierzu Hoberg 1998).

Der folgende Abschnitt will anhand einer Analyse des Registergebrauchs eines Lehrbuchtextes des Deutschunterrichts einen Zugang zu den Varietäten ‚Fachsprache' und ‚Bildungssprache' eröffnen. Vorausgeschickt sei, dass es zwar eine wissenschaftliche Auseinandersetzung mit den Fachsprachen der Sprach- und Literaturwissenschaft gibt (vgl. GARDT 1998, WOLSKI 1998), diese sich aber auf den Kontext ‚Universität' beschränkt. Erkenntnisse zu fachsprachlichen Aspekten des Deutschunterrichts liegen erst ansatzweise vor (vgl. als Ausnahme FEILKE 2013).

a) Linguistische Textanalyse
Eine Thematisierung grammatischer und lexikalisch-semantischer Phänomene kann mithilfe einer Methode der Textlinguistik, der „Linguistischen Textanalyse" (vgl. BRINKER 2010), systematisch umgesetzt werden. In der Textlinguistik sind Texte sowohl sprachliche als auch kommunikative „Einheiten", die sich durch eine „grammatisch und thematisch zusammenhängende (kohärente) Folge von sprachlichen Zeichen" zusammensetzen; aus dieser Folge ergebe sich letztendlich die kommunikative Funktion eines Textes (BRINKER 2010, 20). Die Analyse von grammatischen Strukturen und Lexemen spielt in diesem Zusammenhang automatisch eine Rolle, weil sie einen Text kohärent machen und damit die jeweilige Textfunktion umsetzen.

Eine unterrichtliche Erarbeitung kann sich an der Schrittfolge der für den vorliegenden Beitrag fachsprachlichen und im Ablauf reduzierten Linguistischen Textanalyse orientieren (vgl. BRINKER 2010, 138, 139 ff.):[14]

---

[14] Das Verfahren ist an dieser Stelle stark verkürzt dargestellt und wird durch einfache Leitfragen ergänzt. Zur ausführlichen Darstellung vgl. BRINKER (2010).
[15] Vgl. zu den Begriffen FEILKE/JOST (i. D.) bzw. ursprünglich BREDEL (2007,88).

1. „Analyse des Kontextes" (2010, 139)

Mögliche Leitfragen: In welchem Kontext entsteht der Text bzw. wird er rezipiert? Welche mediale Beschaffenheit hat er (mündlich, schriftlich, filmisch usw.)? Wie beeinflusst der Kontext die sprachliche Beschaffenheit und thematische Ausrichtung des Textes?	metamediale Reflexion[15]

2. „Analyse der Textfunktion" bzw. der verschiedenen kommunikativen Funktionen (ebd.)

Mögliche Leitfragen: Welche kommunikative(n) Funktion(en) hat der Text (zum Beispiel informativ oder appellativ)? Weist er eine für diese Funktion typische Struktur auf?	Reflexion kommunikativer Funktionen und der Textstruktur

3. „Analyse der thematischen (...) Textstruktur" (2010, 140)

Mögliche Leitfragen: Welches Thema/welche Unterthemen hat der Text? An welche Adressaten richtet er sich? Welche strukturelle Grundform hat er (beschreibend, erzählend, erklärend, argumentierend)? Wie wird er realisiert (sachbetont, meinungsbetont, begründend, bewertend)?	Reflexion kommunikativer Funktionen und der Textstruktur

4. Analyse der grammatischen Textstruktur (Ebd.)[16]

Welche Formen der Wiederaufnahme werden umgesetzt (Wiederholungen von Schlüsselwörtern, Einsatz von Stellvertreter-Formen, Vor- und Rückverweise durch Artikelwörter oder Adverbien, Verknüpfung durch Konjunktionen)?	metasprachliche Reflexion

BRINKER (2010) bietet mit der „Linguistischen Textanalyse" eine Methode, mit der kohärenz- und kohäsionsbildende Mittel systematisch und funktionsbezogen analysiert werden können, wobei der Zusammenhang von Inhalt und Form automatisch hergestellt wird.

Auf der „grammatischen Beschreibungsebene" werden die für den Textzusammenhang relevanten syntaktisch-semantischen Beziehungen analysiert. Wichtigstes Element der Kohärenzbildung ist das „Prinzip der Wiederaufnahme". Unter Wiederaufnahme wird ein Bezug auf eine außersprachliche Person, Handlung,

---

[16]   BRINKER (2010, 140) fasst die Stufen 3 und 4 zusammen, weil die grammatische Ebene die Basis für die Themenentfaltung bildet und deshalb als mit ihr verzahnt vorgestellt werden muss. Zu besserer Übersicht werden die Ebenen in diesem Beitrag getrennt dargestellt.

einen Sachverhalt oder Gegenstand, den sogenannten „Referenzträger", verstanden, der wiederholt hergestellt wird (zum Beispiel durch unterschiedliche Wörter/ Wortgruppen, die als Stellvertreter fungieren).[17] In dieser Funktion wird zum Beispiel ein Substantiv mehrmals wiederholt oder durch ein semantisch nahestehendes Substantiv (zum Beispiel *Fahrzeug* für *Auto*) oder durch ein Personalpronomen als Stellvertreter ersetzt (*er* für *Mann*) (vgl. BRINKER 2010, 27). Die Identifikation solcher Stellvertreter-Formen bzw. „Pro-Formen" macht transparent, wie der Text auf lexikalisch-semantischer Ebene zusammenhängt. Eine weitere Möglichkeit, die Inhaltsebene sprachlich abzubilden, ist die Visualisierung von Bedeutungsbeziehungen (zum Beispiel in Form von Sachfeldern).

Weiterhin unterstützen sogenannte „performative Formeln" die kommunikative Funktion eines Textes (vgl. BRINKER 2010, 91 ff.). Werde zum Beispiel in einem Brief zur Auftragsbestätigung die Formel „wir sichern Ihnen verbindlich zu" verwendet, drücke sich darin eine Verpflichtung aus („Obligationsfunktion"), in der der Absender rechtlich bindend die Erledigung einer bestimmten Arbeit zusagt. Performative Formeln finden sich notwendigerweise in informierenden und appellierenden Texten, aber zum Beispiel auch in Texten, die einen persönlichen Kontakt herstellen oder eine Feststellung machen. Sie verwenden spezifische Verben (für die appellative Funktion zum Beispiel *auffordern, befehlen, anordnen* o.Ä.), weisen bestimmten Satzmuster auf (in der Appellfunktion als Imperativsatz oder durch Verwendung von Infinitivkonstruktionen), treten in spezifischen Textsorten auf und folgen bestimmten Entfaltungsmustern (vgl. BRINKER 2010, 102). Neben lexikalischen Mitteln der Kohärenzbildung tragen außerdem syntaktische Mittel zur Realisierung des Textinhalts bei. Zu den dafür wichtigen Mitteln zählen Konjunktionen, Artikelformen oder spezifische Adverbien (BRINKER 2010, 38 ff.), die im Folgenden präzisiert werden.

b) Beispielanalyse eines Lehrbuchtextes

Zur Veranschaulichung sollen Sprachphänomene und Schrittfolge an dem folgenden Textbeispiel aus einem Oberstufenlehrwerk (Deutsch. Das Oberstufenbuch, 102) illustriert werden:

---

[17] Formen der expliziten und impliziten Wiederaufnahme können in BRINKER (2010, 33 ff.) ausführlich nachvollzogen werden.

Zeitmanagement bei Klausuren

Wichtig für das Schreiben von Klausuren ist eine sinnvolle Einteilung der zur Verfügung stehenden Zeit. Wie viel Zeit Sie jeweils für die einzelnen Phasen des Schreibprozesses einplanen, müssen Sie aus Ihrer Erfahrung heraus ermitteln: Sind Sie ein schneller oder eher langsamer Schreiber? Erfassen Sie schnell den Sinn eines Textes oder brauchen Sie mehr Zeit zum Überlegen? Planen Sie Ihren Aufsatz lieber schriftlich in Stichpunkten oder gedanklich im Kopf? Haben Sie Schwierigkeiten im sprachlichen Ausdruck oder tendieren Sie zu Flüchtigkeitsfehlern in der Rechtschreibung und brauchen deshalb besonders viel Zeit für die Überarbeitung?

Üben Sie das Schreiben von Aufsätzen in der im Abitur dafür vorgesehenen Zeit und prüfen Sie, wie Sie sich die Zeit am besten einteilen. Achten Sie in jedem Fall darauf, dass Ihnen am Ende noch genügend Zeit für die Überarbeitung zur Verfügung steht. Hilfreich ist es, sich bei der Gliederung Zeitpunkte für die Ausformulierung der einzelnen Abschnitte zu setzen, zum Beispiel „Schluss/Fazit: 11 Uhr". (Duden Deutsch, 102)

1. **Kontext:** Oberstufenlehrwerk, Kapitel „Abituraufgaben lösen", richtet sich an Oberstufenschülerinnen vor dem Abitur
2. **Textfunktion:** informativ-appellativ, direkte, persönliche Ansprache
3. **Thematische Textstruktur:**
   Thema: Zeiteinteilung in Klausuren
   Teilthemen: Schreibvorgang, Schreiber/in
   Themenentfaltung: erklärend, fachbetont

Sprachliche Mittel der Themenentfaltung:

a) **Lexikalisch-semantische Wiederaufnahmen:**
   Performative Formeln: müssen … ermitteln, üben Sie, achten Sie (syntaktisches Muster: Imperativsatz)
   Personale Referenz (Bezug auf Schreiber/in): Wiederholung des Anredepronomens „Sie/Ihnen", Reflexivpronomen „sich" Stellvertreter-Form: „Sind Sie" … ‚Schreiber'
   Referenz auf Schreibvorgang: Wörter aus dem Sachfeld „Schreiben": Schreiben, Klausuren, Schreibprozess, Text, Aufsatz, schriftlich, Stichpunkte, sprachlich, Ausdruck, Flüchtigkeitsfehler, Rechtschreibung, Überarbeitung, Gliederung, Ausformulierung

b) **Syntaktische Wiederaufnahme/ Verknüpfung:**
   Inversionen, Imperative, Konjunktionen, Verweise mit Pronominaladverbien (dafür, darauf)

Die Analyse der sprachlichen Mittel, die zur Themenentfaltung beitragen, aktiviert auf breiter Ebene grammatisches und lexikalisches Wissen der Schülerinnen und Schüler. Der mediale Reflexionsfokus richtet sich in doppeltem Sinne auf Schriftsprache (auf den vorliegenden Lehrbuchtext, auf ‚Schreiben' als Thema des Textes). Die metakommunikative Reflexionsebene (Textfunktionen, Adressaten, Register: fachbetonter Lehrbuchtext) steht in enger Verbindung mit der eingebetteten metasprachlichen Reflexionsebene.

Nach der Analyse kann überlegt werden, wie stark der Text ein bildungssprachliches bzw. fachsprachliches Register umsetzt. In fachsprachlicher Hinsicht ist das Sachfeld aussagekräftig, weil es facheigene Begriffe (u. a. Ausdruck, Flüchtigkeitsfehler, Rechtschreibung) aufweist, die im Kontext des Faches eine spezifische Bedeutung haben. Merkmale von Bildungssprache zeigen sich u. a. im Nominalstil, in komplexen Genitiv- bzw. Partizipialattributen (zum Beispiel *der zur Verfügung stehenden Zeit)* oder in der Verwendung von Pro-Formen.

Erarbeitung, Bewusstmachung und kontextbezogene Reflexion fach- und bildungssprachlicher Lexik und Grammatik führen möglicherweise zum kompetenteren Umgang mit Fachtexten und einem erhöhten Registerbewusstsein. Analog zu dem sprachlich relativ einfachen Textbeispiel können natürlich auch historische bzw. literaturgeschichtliche Texte Gegenstände der linguistischen Textanalyse sein. Damit wird eine gleichermaßen fachbasierte, aber auch fächerübergreifende und propädeutische Zielsetzung umgesetzt.

2.4 Ableitungen theoretischer Bezüge

Theoriebezüge lassen sich aus den verschiedenen Reflexionsschwerpunkten ableiten, die in 2.3 genannt werden:

Theoretische Bezüge in die Textlinguistik zur Fundierung grammatischer oder lexikalisch-semantischer Schwerpunkte:
zum Beispiel Pro-Formen werden nach Kategorien geordnet und sprachimmanent und sprachfunktional verglichen. Über syntagmatische Proben könnte die Funktion des Stellvertreter-Prinzips veranschaulicht werden. Die kohärenzbildende Funktion lässt sich mithilfe von Pfeilen verdeutlichen, die Bezugswörter und Pro-Formen visuell verbinden. Hierbei ließe sich die Arbeit mit (wissenschaftlichen) Grammatiken einbinden.

Theoretische Bezüge in die Semantik:
Hier könnte die Beschreibung von Bedeutungsbeziehungen oder ein Exkurs in die Merkmalssemantik erfolgen. Zum Beispiel semantische Bedeutungsbeziehungen werden für einzelne Referenzbereiche (Personen, Ort, Zeit, Sachverhalt usw.) bestimmt. Das Sachfeld ‚Schreiben‘ (2.4.3) könnte Anlass bieten, um Merkmalsunterschiede zu den Lexemen ‚Text‘, ‚Aufsatz‘ und ‚Klausur‘ zu bestimmen. Damit würde textsortenspezifisches Wissen rekapituliert. Außerdem könnten semantische Hierarchien gebildet werden (‚Text‘ als Hyperonym zu ‚Aufsatz‘ und ‚Klausur‘ o. Ä.), wodurch Kategorienbildung gefördert wird.

Kommunikationstheoretische Bezüge:
Im Anschluss an die Bestimmung kommunikativer Funktionen bieten sich verschiedene Rahmenthemen an, zum Beispiel die Sprechakt-Theorie (vgl. SEARLE 1982) oder ein Verweis auf Kommunikationsmodelle (vgl. BÜHLER 1982, SCHULZ VON THUN 2010, WATZLAWICK/BEAVIN/JACKSON 1969).

Weitere Bezüge:
Modelle zur textmusterorientierten Themenentfaltung (zum Beispiel zur narrativen Themenentfaltung GÜLICH/HAUSENDORF 2000, zur argumentativen TOULMIN 1958, musterübergreifend das Quaestio-Modell von STUTTERHEIM 1994).

Die skizzierten Vorschläge zeigen, dass theoretische Bezüge in graduell abgestufter Komplexität herstellbar sind. Es bleibt abzuwarten, welche sprachtheoretischen Bezüge sich letztendlich so „‘schulrelevant‘“ (EISENBERG 2013b) erweisen, dass sie nachhaltig in der Praxis Bestand haben.

3 Schulisches Schreiben

JÜRGEN BAURMANN

3.1 Schulisches Schreiben und die Entwicklung der Schreibdidaktik

OTTO LUDWIGS umfassende Geschichte des deutschen Schulaufsatzes (1988) von seiner „Vorgeschichte" bis zum „sprachgestaltenden Aufsatz" der Nachkriegszeit (bis 1970) hilft nach wie vor, die Entwicklung des Schreibens in der Schule zu verstehen, vor diesem Hintergrund viele, bis heute wirkende, didaktische Entscheidungen und auch aktuelle Entwicklungen angemessen einzuschätzen. Nach Phasen, die vornehmlich durch Ansätze der Rhetorik und die Etablierung der deutschen Sprache (im Unterricht) geprägt waren, entwickelte sich ab Ende des 18. Jahrhunderts allmählich die Theorie und Praxis des Aufsatzunterrichts. Grundfunktionen des Schreibens (etwa Ausdruck und Gestaltung), die Ausrichtung auf bestimmte Aufsatzformen, auch die Entscheidung zwischen gebundenem, gestaltendem und freiem Schreiben bestimmten jahrzehntelang die fachdidaktische Diskussion und die konkrete Praxis. Nach 1970 setzten sich dann „kommunikative Konzeptionen" durch (vgl. HAUEIS 1996, 1252), die ‚Schulaufsätze' als „Texte für Leser" verstanden (BOETTCHER u. a. 1973). Mit steigender Bedeutung der Schreibforschung seit den 1980er-Jahren wurden die erwähnten schreibdidaktischen Konzepte teilweise differenzierter entfaltet (beispielsweise hinsichtlich der Funktionen des Schreibens) oder relativiert (etwa hinsichtlich der vertrauten Aufsatzformen), vor allem jedoch neu ausgerichtet hin auf eine prozessorientierte Sicht sowie eine differenziertere Beschreibung der Schreibentwicklung (siehe 3.2.3). Dass die konkrete Praxis des schulischen Schreibens die Entwicklung ab 1980 allerdings oftmals zurückhaltend oder lediglich begrenzt rezipiert und umgesetzt hat, belegt die „empirische Analyse" von MERZ-GRÖTSCH (2001). Der folgende Beitrag versucht deshalb, wichtige Impulse der Schreibforschung und Schreibdidaktik vorzustellen.

3.2 Schulisches Schreiben und Schreibforschung

3.2.1 Teilprozesse und Prozessmerkmale

Es ist das Verdienst der Schreibforschung, die um 1980 einsetzte, dass die Schreibprozesse nachdrücklich Beachtung fanden. Im Mittelpunkt der didaktischen Reflexion und der Schreibdidaktik stand nun der komplexe Prozess und dessen Teilprozesse, also Vorgänge des konzeptionellen Planens, des Formulierens und des Ausführens/Inskribierens sowie des Überprüfens/Überarbeitens (so bei WROBEL 1995). Die Teilprozesse folgen dabei nicht streng sukzessiv aufeinander, sondern pendeln von Fall zu Fall zwischen den genannten Teilhandlungen hin und her. Sie sind *interaktiv,* auch jederzeit wiederholbar (also *iterativ;* vgl. dazu LUDWIG 1983). Letzteres zeigt konkret etwa das Zusammenspiel des Schreibens mit dem Überarbeiten. So beziehen sich Modi des Überarbeitens auf verschiedene Teilprozesse: *Nachträge* auf Ausführungshandlungen, *Korrekturen* und *Verbesserungen* aufs Formulieren, wohingegen *Umsetzungen* und *Neufassungen* bis ins Planen, ‚tief' in den Schreibprozess eingreifen (vgl. BAURMANN/LUDWIG 1985).

3.2.2 Schreibstrategien als Vorgehensweisen bei Textproduktionen

Schreibprozesse bis zu einem vorzeigbaren Text zu meistern stellt beträchtliche Anforderungen an alle Schreiberinnen und Schreiber. Wer Schreibstrategien als „erprobte und bewährte Verfahren (zur, *ergänzt durch den Verf.*) Bewältigung spezifischer Schreibanlässe und potentieller Schreibschwierigkeiten in spezifischen Situationen" zu nutzen weiß (ORTNER 2000, insbesondere 351 f.), wird Schreibziele rascher und angemessener erreichen. Welche Strategien kommen nun für die Schreibpraxis in Frage? ORTNER (2000) unterscheidet nach den Selbstzeugnissen professioneller Schreiber insgesamt zehn Vorgehensweisen. Um die Vielfalt der Möglichkeiten anzudeuten, die auch in einem „schreiber-differenzierten Unterricht" (vgl. BAURMANN/MÜLLER 1998) genutzt werden kann, seien die Strategien kurz vorgestellt und jeweils an Beispielen für die Sekundarstufe I und II veranschaulicht:

Schreibstrategie	Beispiel
1 Schreiben in einem Zug	spontanes Schreiben auf ein Reizwort, ein Bild oder eine Klangfolge hin
2 (nur) einen Text zu einer vorgegebenen Idee verfassen	schriftliches Erzählen zu einer Bilderfolge
3 Schreiben von Textversionen zu einer Idee	Verfassen verschiedener Textanfänge, um sich dann für einen Textbeginn zu entscheiden

Schreibstrategie	Beispiel
4 Entwickeln von Texten über die redaktionelle Arbeit daran	Weiterführungen von Texten, etwa nach Verfahren wie Textlawine, Textlupe und Schreibkonferenz (vgl. 3.4.2)
5 planendes Schreiben	Verfassen von Texten auf der Grundlage einer Gliederung, Stichwortsammlung, Skizze des Aufbaus
6 Einfälle ,von außen' aufnehmen und anschließend schriftlich verarbeiten	Argumente und Gegenargumente zu einer Streitfrage gedanklich verarbeiten und anschließend schriftlich darstellen
7 schrittweises Vorgehen, Schritt-für-Schritt-Schreiben	allmählich aufbauendes Schreiben über Textteile bei umfangreichen Schreibvorhaben (Projekte, Facharbeiten)
8 synkretistisch-schrittweises, also vermischt-uneinheitliches Schreiben	uneinheitliches Vorgehen durch Vermischen von Teilprozessen oder einzelnen Textelementen (Anlegen von Skizzen und Teilentwürfen, Ergänzen von Stichwortlisten, Ausformulieren von Aufgesetztem)
9 moderat zerlegendes Schreiben von Produktsegmenten oder Textteilen	Formen des kooperativen arbeitsteiligen Schreibens
10 extrem produktzerlegendes Schreiben nach dem Puzzle- Prinzip	Textbausteine verfassen und diese dann zu einer Endfassung verbinden

Den Strategien 9 und 10, die ORTNER (2000, 540 ff.) als „produktzerlegend" bezeichnet, stehen deutlich prozessorientierte Vorgehensweisen gegenüber. ORTNER (2000, 379 ff.) fasst die Strategien 2 bis 8 infolgedessen unter der Bezeichnung „aktivitätszerlegendes" Schreiben zusammen. Das Schreiben in einem Zug (= Strategie 1) fällt hingegen aus der Zweiteilung heraus, da es weder im Blick auf den Schreibprozess noch hinsichtlich des jeweils entstehenden Schreibprodukts zerlegt wird (nach ORTNER 2000, 356).

Welche Schreibstrategien wählen nun Kinder und Jugendliche von sich aus beim schulischen Schreiben? Häufig werden Schülerinnen und Schüler wohl planend vorgehen (= Schreibstrategie 5); jüngere Schreiber werden hingegen Schreibstrategie 1 bevorzugen (= Schreiben in einem Zug). Relativierend ist allerdings zu bedenken, dass die Wahl einer Schreibstrategie auch durch die jeweilige Schreibaufgabe mehr oder minder bestimmt sein kann oder dass die institutionellen Bedingungen in der Schule (Fixierung des Schreibens auf die zu benotenden Klassenaufsätze unter thematischen und zeitlichen Vorgaben) gar keine Wahl zulassen.

Insgesamt regt ORTNERS Ansatz an, das Repertoire an denkbaren Schreibstrategien beim schulischen Schreiben umfassender zu nutzen. Dies kann zum einen durch Schreibaufgaben oder -arrangements gefördert werden, für die bestimmte Vorgehensweisen naheliegen. (Beispiele: schrittweises Vorgehen beim Verfassen einer Facharbeit, extrem zerlegendes Schreiben beim kooperativen Schreiben am PC; Schreibstrategie 7 bzw. 10.) Da Schreibstrategien als Vorgehensweisen allerdings nicht nur *aufgabengebunden,* sondern auch *schreiberspezifisch* sind, werden von Fall zu Fall differenzierte Entscheidungen hilfreich sein. Bereits vorhandene Erfahrungen der Schreiber, Unterrichtsgespräche über Vorgehensweisen sowie die Beratung durch Lehrkräfte begünstigen die Wahl einer geeigneten Schreibstrategie im konkreten Fall. Darüber hinaus schärfen Gespräche und das Nachdenken über Schreibstrategien stets auf nachhaltige Weise das Sprachbewusstsein der Beteiligten.

3.2.3 Zur Schreibentwicklung

Aktuelle Ansätze zur Schreibforschung und -didaktik gehen davon aus, dass Kinder und Jugendliche das Verfassen von Texten lernen und Lehrende sie dabei unterstützen können. Sind Lehrkräfte mit der Diskussion über die Schreibentwicklung von Heranwachsenden vertraut, dann wirken Anregungen und Hilfen im Unterricht besonders nachhaltig. Bei der Erforschung der Schreibentwicklung steht am Anfang der Ansatz von BEREITER (1980), der die Fähigkeit, Texte zu verfassen von sechs Teilsystemen ausgehend beschreibt. Im Zuge der Schreibentwicklung erwerben Schreiber durch die Koordination einzelner Teilfähigkeiten zunehmend komplexere Schreibmodi (Schreibweisen). Die folgende Übersicht veranschaulicht dieses Konzept (hier nach BAURMANN [4]2013, S. 32).

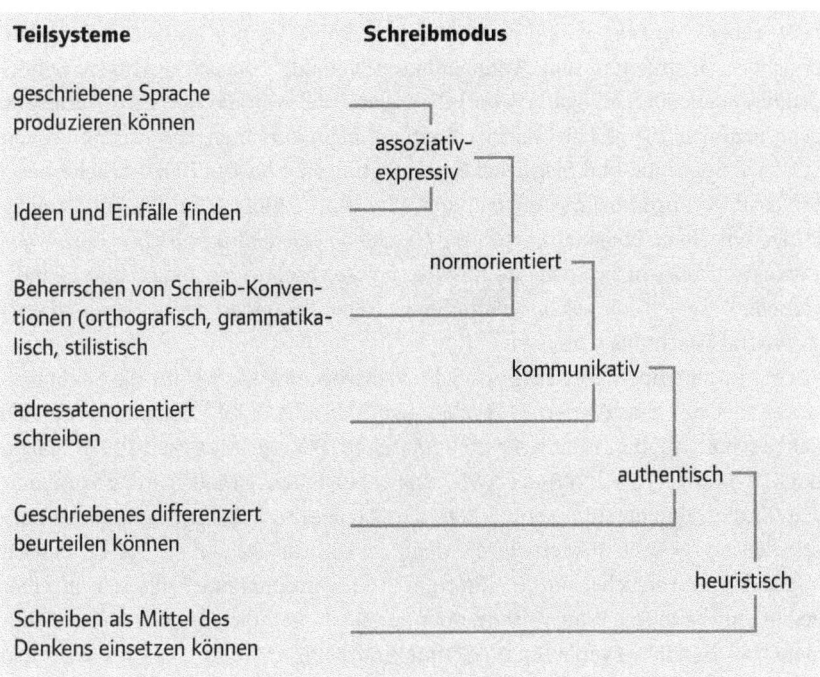

Teilsysteme	Schreibmodus

Der Modus des kommunikativen Schreibens – häufig zu Beginn der Sekundarstufe I – lässt sich nach BEREITER dann als die Verknüpfung des gesicherten „normorientierten Schreibens" mit der Teilfähigkeit „adressatenorientiert schreiben" begreifen. BEREITERs Vorschlag legt in Anlehnung an PIAGET die *gestufte* Verknüpfung von immer mehr Teilfähigkeiten zu komplexer werdenden Schreibmodi nahe. An solchen Stufentheorien hat sich nun in den letzten Jahren Kritik entzündet. Mit BREMERICH-VOS (1996b) lassen sich diese Bedenken so zusammenfassen: Die Annahme von Stufen der (Schreib-)Entwicklung zwängt den insgesamt dynamischen Prozess des Verfassens von Texten in ein starres Gerüst, das den individuellen Entwicklungsverläufen kaum gerecht wird. Sprünge, Rückschritte oder Stillstand in der Schreibentwicklung können auf dieser Grundlage nicht hinreichend erklärt werden. Dass mit solchen Phänomenen zu rechnen ist, hat POHL (2008) mit Rückgriff auf Ergebnisse einer Longitudinalstudie belegt und damit zu einer differenzierteren Sicht beigetragen – insbesondere hinsichtlich der (frühen) Entwicklung der „Textsortenkompetenz". Die Analyse von Texten, die 39 Schülerinnnen und Schüler zu den gleichen Schreibaufgaben jeweils im zweiten, dritten und vierten Schuljahr verfasst haben, verweist darauf, wie die Entwicklung beim schriftlichen Erzählen, Berichten, Instruieren und Argumentieren verläuft. Danach verfügen bereits Grundschüler über „obligatorische Inhaltselemente" wie die narrative Auflösung beim Erzählen, die globale Sinnzuschreibung beim Berichten, das Ausführen von Spielziel, Spielende und Sieger bei Spielanleitungen oder das Herausarbeiten von Schlussfolgerungen beim Argumentieren (vgl. POHL 2008, 102). Die Entwicklung in den einzelnen Domänen (*Erzählen, Berichten, Anleiten, Beschreiben* und *Argumentieren*) vollzieht sich dabei keineswegs im Gleichschritt; es sind erhebliche individuelle Unterschiede festzustellen, die bis in die Sekundarstufe wirken und entsprechend Beachtung verdienen.

Gibt es nun einen Vorschlag zur Schreibentwicklung *speziell* für die Sekundarstufen, der mit den referierten Ergebnissen (bei POHL 2008) kompatibel ist? Ich denke schon. Auf der Grundlage von Vorarbeiten (BECKER-MROTZEK 1997a) haben BECKER-MROTZEK/BÖTTCHER (2006) eine entsprechende Modellierung vornehmlich für die Sekundarstufen entwickelt, die sich gegenwärtig für einen kompetenzorientierten (Schreib-)Unterricht als tragfähig erweist (siehe dazu 3.4.1). Danach folgen Schreibversuchen in der „Startphase" Textproduktionen, die sich in einer ersten „Ausbauphase I" an Mustern orientieren – hinsichtlich des Wissens an Schemata, bei Handlungsverläufen an Scripts und beim „Aufbau einer Textwelt" (so verschiedentlich FEILKE) an Textsorten. In der „Ausbauphase II" (zumeist Sekundarstufe I) berücksichtigen Schreiber und Schreiberinnen dann zunehmend mitzuteilende Sachverhalte, auch vorstellbare Leser. So werden *Erzähltes, Beschreibungen* oder *Instruktionen* deutlich auf die jeweiligen Rezipienten bezogen. Ab der Adoleszenz ist dann im Sinne einer „literalen Orientierung" (= Ausbauphase III) eine zunehmende Sicherheit im Umgang mit der Schriftlichkeit zu beobachten: Texte werden nun als kohärente Gebilde konstituiert, dabei auch unterschiedliche Leserperspektiven berücksichtigt.

3.3 Schulisches Schreiben und Bildungsstandards

Die referierten Ergebnisse zur Schreibforschung und Schreibentwicklung (siehe 3.2) legen die Frage nahe, ob und wie sich diese Ergebnisse in den bundesweit verbindlichen Bildungsstandards für den Mittleren Schulabschluss und für die „Allgemeine Hochschulreife" im Fach Deutsch niederschlagen.

Die Bildungsstandards für den Mittleren Schulabschluss (STÄNDIGE KONFERENZ DER KULTUSMINISTER 2003) vereinen beim Kompetenzbereich *Schreiben* folgende

Teilbereiche: „Schreibfertigkeiten", das Rechtschreiben, das „eigenverantwortliche Gestalten eines Schreibprozesses" sowie „Methoden und Arbeitstechniken". Hinweise auf die „vielfältigen Möglichkeiten des Schreibens" orientieren sich am Bühler'schen Organonmodell. Die „Erläuterungen" verweisen dann insbesondere auf „zentrale Schreibformen". Unter expliziten Hinweisen zum normgerechten Schreiben wird – lediglich – „gegebenenfalls" ein Überarbeiten der Texte für angebracht gehalten; und an den Stellen, wo das eigenverantwortliche Gestalten des Schreibprozesses erläutert wird, dominiert einseitig das Merkmal des Sukzessiven (Ständige Konferenz der Kultusminister 2003, 9 bzw. 12). Teilprozesse des Schreibens werden auf diese Weise (allzu) schlicht mit weithin praktizierten Vorgehensweisen im Unterricht gleichgesetzt. Die Konkretisierungen zu einzelnen Phasen verstärken den Eindruck einer solchen Engführung (Beispiele: „Stoffsammlung erstellen" beim „Texte planen", „Texte mithilfe neuer Medien verfassen" beim „Texte schreiben" oder „Aufbau, Inhalt und Formulierungen eigener Texte [...] überprüfen" beim „Texte überarbeiten"). Es fällt zudem auf, dass die Zusammenstellung und Zuordnung einiger Vorschläge und Hinweise recht zufällig wirkt – eine Einschätzung, die sich beim Blick auf „Methoden und Arbeitstechniken" verstärkt: Es ist nicht nachzuvollziehen, dass „Thesen formulieren" unter „Texte schreiben", „Fragen und Arbeitshypothesen formulieren" unter „Methoden und Arbeitstechniken" aufgelistet wird. (Hier zeigt sich übrigens der in der gesamten deutschdidaktischen Diskussion gegenwärtig reichlich unreflektierte Gebrauch des ‚Methodischen' als Kategorie; vgl. dazu Baurmann 2014). Insgesamt problematisch ist es schließlich, dass die Bildungsstandards für den Mittleren Schulabschluss unter den Schreibstrategien, die ja aufgaben- und schreiberspezifisch bedingt sind (siehe 3.2.2), über Gebühr das „planende Schreiben" favorisieren (Ständige Konferenz der Kultusminister 2005, 9 bzw. 13).

Näher an der aktuellen schreibdidaktischen Diskussion bewegen sich die Ausführungen zum Schreiben „im Fach Deutsch" zur „Allgemeinen Hochschulreife" (siehe Ständige Konferenz der Kultusminister 2012). Dieser engere Bezug mag dabei schon aus der zeitlichen Differenz resultieren, die zwischen der Entstehung beider Dokumente besteht.

Unter den insgesamt fünf „Kompetenzbereichen" stellt das Schreiben einen der drei „prozessbezogenen" Bereiche dar, dem schon im Blick auf die „schriftliche Abiturprüfung" sowie der Verflechtung mit den beiden „domänenspezifischen Kompetenzbereichen" besondere Bedeutung zukommt (Ständige Konferenz der Kultusminister 2012, S. 11 f. bzw. S. 30). Wie wird nun das Schreiben als „prozessbezogener Kompetenzbereich" fundiert und strukturiert?

„Die Schülerinnen und Schüler verfassen inhaltlich angemessene kohärente Texte, die sie aufgabenadäquat, konzeptgeleitet, adressaten- und zielorientiert, normgerecht, sprachlich variabel und stilistisch stimmig gestalten." (STÄNDIGE KONFERENZ DER KULTUSMINISTER 2012, S. 16). Von dieser Grundlage aus werden drei Teilkompetenzen entwickelt, wobei die Ausführungen zu „2.2.1 Schreibstrategien anwenden" assoziativ bis beliebig wirken und kaum dem gegenwärtigen Verständnis von Schreibstrategien entsprechen (siehe oben 3.2.2), wohingegen der Bereich „In unterschiedlichen Textformen (sic) schreiben" (2.2.2) vor allem mit den „fachspezifischen Hinweisen" für die „schriftliche Prüfungsaufgabe im Fach Deutsch" korrespondiert (STÄNDIGE KONFERENZ DER KULTUSMINISTER 2012, S. 30 ff.). Ausdifferenziert in „textbezogenes" und „materialgestütztes Schreiben" werden „sechs Aufgabenarten" entwickelt, die Standards zum „erklärenden und argumentierenden" sowie „informierenden Schreiben" ansprechen und die Wahl unterschiedlicher Textsorten ermöglichen. Insgesamt überzeugt dieser Ansatz in mehrfacher Hinsicht: Die in den letzten Jahren intensiv geführte Diskussion über Schreibaufgaben (vgl. dazu 3.4.1) wird hier aufgenommen. Die klare Gliederung und die Vielfalt denkbarer schülerangemessener Aufgaben eröffnet für Schülerinnen und Schüler attraktive Möglichkeiten zur Textproduktion. Und nicht zuletzt zeigt sich an dieser Stelle eine Entwicklung, die auch in anderen deutschsprachigen Ländern zu beobachten ist – etwa in Österreich (vgl. ABRAHAM/SAXALBER 2012, BUNDESINSTITUT FÜR BILDUNGSFORSCHUNG, INNOVATION & ENTWICKLUNG DES ÖSTERREICHISCHEN SCHULWESENS (BIFIE), hg. 2013a und 2013b, INTERNATIONALE ARBEITSGRUPPE SCHRIFTLICHE STANDARDISIERTE KOMPETENZORIENTIERTE REIFE- UND DIPLOMPRÜFUNG 2013).

Im Ganzen deutet sich hier übrigens eine Veränderung des schulischen Schreibens in der Sekundarstufe I und II an, die vor Jahren kaum vorherzusehen war: Der vertraute Klassenaufsatz (bis hin zum Abituraufsatz) wird im Rahmen des kompetenzorientierten Unterrichts durch Schreibaufgaben abgelöst, die – möglichst empirisch überprüfbar – Aussagen zulassen, in welchem Maße relevante Bildungsstandards erfüllt werden.

3.4 Schreiben in der Sekundarstufe I und II: produkt- und prozessorientiert

Die bisherigen Ausführungen zeigen deutlich, dass Schreiben in der Sekundarstufe I und II dann als zeitgemäß einzuschätzen ist, wenn es produkt- und prozessorientiert angelegt ist. Welche Auswirkungen dies auf die konkrete Praxis haben kann, soll im Folgenden an einigen wichtigen Aspekten schulischen Schreibens ausgeführt werden.

3.4.1 Schreibaufgaben und kompetenzorientierter Unterricht

Wenn schulisches Schreiben als produkt- und prozessorientiert aufgefasst wird, ergeben sich daraus Konsequenzen. Im Deutschunterricht reicht es dann nicht aus, lediglich ein Thema vorzugeben (Beispiel: Kinder haben Rechte). Erheblich erfolgversprechender ist es, wenn beim Nachdenken über geeignete Schreibaufgaben das gesamte Umfeld mitgedacht wird und aus solchen Überlegungen konkrete Schreibaufträge entwickelt werden. Aufbauend auf PORTMANN (1991, S. 488 ff.) und die Verschränkung von Produkt- und Prozessorientierung berücksichtigend (siehe oben) kann der Gesamtzusammenhang so dargestellt werden (vgl. dazu auch BAURMANN/POHL 2009, 98 ff.):

Ziel
- Lernaufgabe
- Leistungsaufgabe

Schreibbedingungen
- Einzel-, Partner, Gruppenarbeit
- Ort (zu Hause, in der Schule)
- Zeitpunkt des Schreibens
- Umfang des Schreibens

Schreibaufgabe/Schreibauftrag

Material/Impulsgeber
- Bilder, Wörter
- Texte, Textteile

Adressat
- für sich schreiben
- für andere schreiben
- (Gleichaltrige, Jüngere/ Ältere; Institutionen)

Schreibziel
- Realisieren einer Textfunktion
- Erfüllen eines Schreibanlasses
- Realisieren einer Textsorte

Status
- Sammlung von Formulierungen, von Textsorten-Merkmalen
- Gliederung, Konzept
- Entwurf, Skizze
- Endfassung
- Überarbeitung

Wissensquelle
- vorhandenes Wissen
- noch anzueignendes Wissen (über externe Wissensspeicher, über eigene Einfälle und Reflexion)

Das oben genannte Thema *(Kinder haben Rechte)* lässt sich vor dem Hintergrund dieser Übersicht dann wie folgt spezifizieren und konkretisieren: In einem Schreibwettbewerb, den eine Projektgruppe der Bergischen Universität Wuppertal gemeinsam mit der in der Stadt ansässigen UNICEF-Gruppe durchgeführt hat, konnten Kinder und Jugendliche unter drei Themen unter anderem das folgende auswählen: *Kinder haben Rechte. Denke über diesen Satz nach. Schreibe dazu dann das auf, was du für wichtig hältst.*

Die Schreibaufgabe stellt hier zweifelsohne eine *Leistungsaufgabe* dar, da ja jeder Teilnehmer in einem Wettbewerb versuchen wird, eine möglichst gute Leistung zu erbringen (ZIEL). Da nach den Teilnahmebedingungen *Einzelarbeiten* gefordert wurden (hier ausgedrückt durch die Anredeform), jedoch – abgesehen vom *Zeitpunkt* (maximal bis zum Einsendeschluss) – Ort sowie der *Textumfang* frei zu wählen waren, sind SCHREIBBEDINGUNGEN klar. Der STATUS ist ebenso vorab geklärt. Erwartet wird eine *Endfassung;* ob dieser gut lesbaren ‚Reinschrift' eine Sammlung von Formulierungen, eine Gliederung oder ein Erstentwurf vorausgeht, entscheidet der jeweilige Schreiber selbst – möglicherweise intuitiv, auf der Grundlage bereits vorhandener Schreiberfahrungen oder erfolgter Ratschläge. Der Zugriff auf Vorwissen (WISSENSQUELLE) wird bei den am Wettbewerb Beteiligten individuell unterschiedlich sein: Jüngere Schreiberinnen und Schreiber werden sich weitgehend auf ihr bereits vorhandenes *Wissen* stützen, ältere und weiter fortgeschrittene können sich zusätzlich weiteres Wissen aneignen und reflektiert verarbeiten.

Innerhalb dieses knapp skizzierten Rahmens wird dann die Schreibaufgabe/der Schreibauftrag deutlich. ADRESSAT ist in diesem Fall eine *Jury* (demnach folglich Schreiben *für andere*), das SCHREIBZIEL resultiert aus einem besonderen *Anlass* (Schreibwettbewerb), als IMPULSGEBER fungiert das Motto von UNICEF („Kinder haben Rechte") und die nähere Erläuterung des Schreibauftrags. Übrigens – bei der Konkretisierung sollte nicht unberücksichtigt bleiben, dass die Erläuterungen zumindest einige Alltagserfahrungen mit *Wettbewerben* voraussetzen. Sind diese nicht gegeben, werden Lehrkräfte vorab im Unterricht am besten näher darauf eingehen.

Bleibt schließlich noch die Frage, ob Aufgaben wie die hier kommentierte bestimmte Schreibfähigkeiten auf motivierende Weise fördern können. Eine Antwort lässt sich ableiten aus dem Ansatz, den BACHMANN/BECKER-MROTZEK (2010, 194 ff.) unter dem Label „Aufgaben mit Profil" entwickelt und teilweise empirisch überprüft haben. „Aufgaben mit Profil" sind solche, die folgende vier Bedingungen erfüllen:

1 Schülerinnen und Schüler erkennen, welche *Funktion* ihr Schreiben erfüllt und welches *kommunikative Problem* dadurch gelöst werden kann.

2 Schreiberinnen und Schreiber brauchen das für die Schreibaufgabe konkret erforderliche *Weltwissen* und *sprachliche Wissen*.

3 Insbesondere für jüngere Schreiberinnen und Schreiber sollte der Text in „eine *soziale Situation*" eingebettet werden.

4 Die aus der Schreibproduktion resultierenden Vorschläge zur (weiteren) Überarbeitung sind abschließend mit einer Reflexion über den Schreibprozess und die Erörterung erwünschter Qualitätsmerkmale des Textes zu verbinden.

Bis zu einem bestimmten Grad kann die hier vorgestellte Schreibaufgabe als eine „Aufgabe mit Profil" angesehen werden. Diejenigen, die sich am Wettbewerb beteiligen, schreiben für eine Jury. Dabei werden jene Schreiberinnen und Schreiber für einen Preis in Frage kommen, die – ihrem Alter angemessen – darlegen, dass Kinder Rechte haben (1). Erfahrungen mit dem Schreibwettbewerb (s. o.) haben gezeigt, dass die Kinder und Jugendlichen, die sich beteiligen, über hinreichendes Weltwissen verfügten (durch Berichte über UNICEF in den Medien, Lektüre von Broschüren dieser UN-Organisation, durch Besuche von UNICEF-Mitarbeitern in Schulen u. dgl.). Erhebliche Unterschiede wird es hinsichtlich des sprachlichen Wissens geben. Schreiber und Schreiberinnen werden schon auf unterschiedliche Weise die Anforderungen im Rechtschreiben, bei Wortwahl und Satzbau meistern; hinzu kommt der Anspruch, einen argumentierenden Text zu verfassen (2). Schreibwettbewerbe laufen in der Regel darauf hinaus, dass es eine Preisverleihung mit einem Begleitprogramm gibt. (Im vorliegenden Fall lasen Schauspieler der Wuppertaler Bühnen die ausgezeichneten Texte vor, deren Autoren wurden zudem von der Leiterin der UNICEF-Gruppe zu ihren Texten befragt). Ein solcher Rahmen würdigt angemessen die Leistungen der Gewinner und ermöglicht weiteren Mitbewerbern den Vergleich mit dem eigenen Text sowie dem jeweils gewählten Vorgehen bei der Textproduktion. Dass beim Austausch über den Schreibwettbewerb oder einer etwaigen Befragung der Sieger über die Qualitätsmerkmale einzelner Texte oder Formulierungen gesprochen wird, ist zu erwarten, wohingegen eine ausgiebigere Reflexion über das gesamte Vorhaben wohl eher die Ausnahme darstellt (3 und 4).

Schreibaufgaben sind in der Schule nicht isoliert zu sehen, sie stehen vielmehr in curricularen Zusammenhängen, wofür gegenwärtig der *kompetenzorientierte Unterricht* die Leitlinie darstellt. Dies gilt selbst angesichts der Beobachtung, dass es bislang lediglich voneinander abweichende Versuche gibt, aus der weithin anerkannten *Kompetenz*-Definition von WEINERT ([2]2002, 27 f.) Schreibkompetenz als ein

Konstrukt zu etablieren, das in der Schreibdidaktik anerkannt wird (vgl. dazu etwa OSSNER 2006a, ABRAHAM u. a. 2007, BAURMANN/POHL 2009). Dieser vorläufige Stand der didaktischen Diskussion sollte allerdings nicht Bemühungen im Wege stehen, bisher unverbundene Lernepisoden zum schulischen Schreiben curricular zu verknüpfen und einen umfassenden, nachhaltigen Ertrag beim Verfassen von Texten anzustreben. Vor dem Hintergrund einer Modellierung, die hinsichtlich der Schreibkompetenz produkt- und prozessorientierte Aspekte verbindet (siehe oben S. 251 f.), könnte ein Rahmen für einen schreibkompetenzorientierten Unterricht als Grundraster für die Unterrichtsplanung so aussehen:

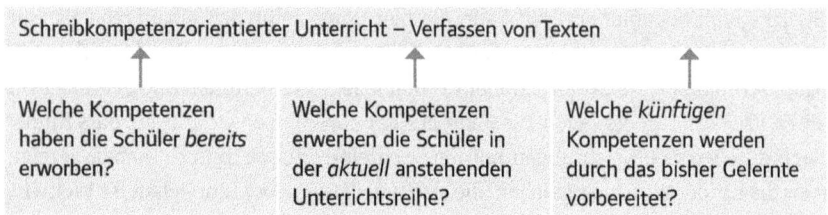

Schreibkompetenzorientierter Unterricht – Verfassen von Texten

| Welche Kompetenzen haben die Schüler *bereits* erworben? | Welche Kompetenzen erwerben die Schüler in der *aktuell* anstehenden Unterrichtsreihe? | Welche *künftigen* Kompetenzen werden durch das bisher Gelernte vorbereitet? |

Mögliche Antworten auf diese Fragen könnten sich dann an den Größen *Schreibprozesse,* und *Strategien, Schreibprodukt* und *Schreibaufgabe* orientieren.

3.4.2 Schreiben und Überarbeiten

Überarbeitungen sind vielfältig mit den übrigen Teilprozessen der Textproduktion verwoben. Das belegen unsere eigenen Schreiberfahrungen ebenso wie die Modellierungen, die in der Schreibforschung entwickelt worden sind (siehe 3.2). In der Sekundarstufe I und II werden vornehmlich Überarbeitungen dann gelingen, wenn Vorgehensweisen wie *Textlupe, kooperative Überarbeitung im Dialog* (vgl. etwa JANTZEN 2012b, 239 ff.) oder *Schreibkonferenzen* umsichtig eingeführt, wiederholt praktiziert und reflektiert werden (vgl. BAURMANN [4]2013, 100 ff.). Schreiberinnen und Schreiber eignen sich auf diese Weise ein Maß an „Überarbeitungskompetenz" an (JANTZEN 2012a, 343 ff.) , das für anspruchsvollere Vorhaben (bis hin zu Facharbeiten) nützlich und hilfreich ist. „Beurteilungskompetenz", „Diagnosefähigkeit" und das Nutzen von „Formulierungsalternativen" als Teilfähigkeiten der Überarbeitungskompetenz setzen allerdings eine „Überarbeitungshaltung" voraus, also ein „Bewusstsein" für „Überarbeitungsmöglichkeiten" sowie eine anhaltende Bereitschaft, sich diesem Teilprozess der Textproduktion zu stellen.

Auf die Überarbeitung von Texten richten sich seit Jahren vielfältige Forschungs-bemühungen. Aus der Fülle der Befunde sollen in diesem Beitrag zwei praxisrele-vante Fragen erörtert werden: Wer vermag vor allem ungeübteren und weniger leistungsfähigen Schreiberinnen und Schreibern beim Überarbeiten zu helfen? Und: Können Schülerinnen und Schüler mit Aussicht auf Erfolg angeleitet werden, ziel-strebig und reflektiert Überarbeitungen vorzunehmen?

Zur Beantwortung der ersten Frage ist davon auszugehen, dass Schreiberinnen und Schreiber zunächst eigene Texte noch nicht hinreichend überarbeiten können (FITZGERALD 1987, 489 ff.). Wenn überhaupt Revisionen vorgenommen werden, dann handelt es sich zunächst um Details auf der Textoberfläche (Orthografie, Grammatik), seltener um Auffälligkeiten, die ‚tiefer' in den gesamten Text hinein-reichen und mögliche Revisionen an weiteren Passagen erfordern. Da es bei dieser Sachlage (und darüber hinaus) Schreiberinnen und Schreibern schwer fällt, zwi-schen der Rolle des Autors und der des distanzierten Lesers zu wechseln, haben sich Anregungen und Vorschläge von erfahrenen Erwachsenen und Gleichaltrigen 'von außen' in vielen Fällen bewährt.

Sucht man nach Antworten auf die (zweite) Frage, ob Schülerinnen und Schüler lernen können, durchdacht und gezielt Texte zu überarbeiten, dann liegt es nach wie vor nahe, auf eine Untersuchung hinzuweisen, bei der eigens entwickelte Materia-lien zu einem gelenkten Überarbeiten eingesetzt worden sind (BEREITER/ SCARDAMALIA 1987, 265 ff.). In einem ersten Schritt wurden Viert-, Sechst- und Achtklässlern *elf Behauptungen* an die Hand gegeben, wonach in eigenen Texten Satz für Satz Auffälligkeiten identifiziert werden sollten. An diese Prüfung schlos-sen sich dann *sechs Vorschläge* als Anweisung zur Überarbeitung an. Diese sechs Statements wurden einmal *während*, im anderen Fall *nach* der Textproduktion ein-gesetzt. Bei den Achtklässlern (und nur bei ihnen!) konnte beobachtet werden, dass sie bei dieser Art der Verknüpfung beider Teilprozesse (Schreiben und Überarbei-ten) mehr zusätzlichen Text produzierten. Einige Schreiberinnen und Schreiber gin-gen allerdings den Anforderungen zum präzisen Überarbeiten aus dem Weg; sie verfassten stattdessen im Sinne des Entdeckens und Neuschreibens (nach FLOWER u. a. 1986) einen neuen Text – übrigens eine zwar bequeme, doch selten erfolgrei-che Entscheidung beim Verfassen von Texten.

In anschließenden Interviews stellten 47 % der Befragten heraus, dass sie die Vorgaben schon als Erleichterung und Hilfe beim Schreiben und Überarbeiten emp-fanden. 12 % der Jugendlichen sahen allerdings in der Auseinandersetzung mit den Vorgaben eine zusätzliche Belastung. Insgesamt gab es bei allen Schreiberinnen und Schreibern dank der Vorgaben mehr Revisionen. Nennenswerte qualitativ positive

Änderungen gingen mit diesem Anstieg der Überarbeitungen allerdings nicht automatisch einher. Angesichts dieses nicht vollends überzeugenden Ergebnisses ergänzte Brett (in einer Erweiterung des Beitrags von BEREITER/SCARDAMALIA 1987, 289 ff.) das Setting durch Diagnosekarten (vgl. dazu auch Fix 2000 und 2006). Insbesondere Zwölftklässler profitierten schon nach kurzer Einarbeitung deutlich vom Einsatz solcher Hilfen. Lehrkräfte können demnach darauf vertrauen, dass vor allem ältere und schreiberfahrenere Schülerinnen und Schüler beim Überarbeiten ihrer Texte von zusätzlichen Materialien profitieren. Nicht zuletzt verstärken diese Ergebnisse den Schluss, im Rahmen des schulischen Schreibens das Überarbeiten explizit und beständig zu berücksichtigen – unter anderem auch als eigenständige Schreibaufgabe einzusetzen, die dann sogar als Klassenaufsatz eingeplant werden kann.

3.4.3 Schreiben und Beurteilen

Eine kontinuierliche Entwicklung und Förderung der Schreibkompetenzen wird angeregt und gefördert, wenn Kinder und Jugendliche zunehmend ihre eigenen Texte selbst beurteilen. Dieses Ziel erreichen Kinder und Jugendliche zunächst dank konstruktiver Fremdbeurteilungen (durch kompetente Lehrkräfte, ergänzt durch schreiberfahrene Mitschülerinnen und Mitschüler), die allmählich zu reflektierten Selbstbeurteilungen führen können. Attraktive Vorschläge und vielfältige Anregungen lassen sich aktuell dazu aus dem Beitrag „Schriftliches Beurteilen lernen" bzw. aus dem Projekt „Individuelle Beratung und Begleitung von Schreibprojekten" ableiten (vgl. JOST/LEHNEN/REZAT/SCHINDLER 2011 bzw. MERTLITSCH/DOLESCHAL 2010).

Werden Aufsätze benotet, dann sollten sie sich an den Gütekriterien orientieren, die allgemein für Leistungsvergleiche (insbesondere Tests) gelten. Für die relevanten Kriterien, nämlich *Objektivität*, *Reliabilität* und *Validität*, haben GRZESIK/FISCHER (1985) über die testtheoretisch evidente Begründung auch bedenkenswerte pädagogisch-didaktische Argumente angeführt. Danach sollten Bewertungen von Schülertexten möglichst *objektiv* sein, weil Schülerinnen und Schüler erwarten, dass verschiedene Beurteiler bei ein und derselben Leistung zu einer annähernd gleichen Bewertung kommen. Des Weiteren möchten Schreiber darauf vertrauen, dass ihre Lehrerin/ihr Lehrer im Fach Deutsch über einen längeren Zeitraum stabil (also *reliabel*) bewertet und außerdem beim Verfassen von Aufsätzen ausschließlich die schriftsprachlichen Leistungen beurteilt und nicht die Einstellung ihrer Lehrkräfte – beispielsweise zum Piercing (= Frage der *Validität*).

Was gefährdet nun die objektive, reliable und valide Beurteilung von Schülertexten? Ergebnisse der empirischen Forschung zeigen, dass kürzere Texte häufig schlechter bewertet werden als vergleichbare, jedoch längere; und dass sich formale Merkmale wie schludrige *Handschrift*, schwache *Orthografie* und fehlerhafte *Grammatik* über Gebühr negativ auf Beurteilungen auswirken. Darüber hinaus kann es bei der Beurteilung vieler Aufsätze (für Lehrkräfte eine vertraute Situation) zu sachfremden Effekten kommen: Aufsätze, die am Ende eines umfänglichen Beurteilungsverfahrens bewertet werden, können oftmals mit mehr Milde rechnen als die zunächst durchgesehenen; positiv eingeschätzte Arbeiten können bewirken, dass nachfolgende schwächere Aufsätze übertrieben streng beurteilt werden. Im ersten Fall liegt ein Reihenfolge-Effekt vor, bei der letzteren Konstellation wird von einem Kontrast-Effekt gesprochen, der in beide Richtungen ausschlagen kann – also auch, dass nach einigen schwächeren Schülertexten ein zwar besserer, jedoch keineswegs überragender Aufsatz übermäßig positiv eingeschätzt wird.

Gibt es angesichts dieser Probleme empirisch gesicherte Vorgehensweisen, die den erwähnten Schwächen entgegenwirken? Zumindest die Werte für *Objektivität* und *Reliabilität* können durch „die Mehrfachbeurteilung nach globalem Ersteindruck" verbessert werden. Bei diesem Verfahren geben etwa vier Beurteiler nach kurzer Durchsicht eines Aufsatzes unabhängig voneinander eine Bewertung (in Ziffern) ab, die dann im Team gemittelt wird. In den Fällen, in denen Lehrkräfte bei der Festsetzung einer Note unsicher sind, oder zur gelegentlichen Überprüfung der Beurteilungsmaßstäbe ist dieses Verfahren auch in der Praxis denkbar. Darüber hinaus hat sich die Arbeit mit Kriterienkatalogen bewährt (mit etwa 15 bis 20 möglichst gleichgewichtigen Einzelkriterien, die etwa aus Teilkompetenzen abgeleitet werden (Näheres dazu vgl. BAURMANN [4]2013, 125 ff.).

Die bisher mitgeteilten Ergebnisse aus der Beurteilungsforschung gelten für bereits vorliegende Texte. Nachdem in diesem Beitrag dargelegt wurde, welche Bedeutung bis in die Bildungsstandards auch den Teilprozessen zugeschrieben wird, stellt sich die Frage, ob das seit langem vertraute produktorientierte durch ein prozessorientiertes Beurteilen ergänzt werden kann. Insgesamt liegen dazu bisher einige Versuche und Ansätze vor, wobei sich „vier Modi prozessorientierten Beurteilens" unterscheiden lassen (BAURMANN 2005, 48 ff.).

1   Ansätze *prozessorientierten Beurteilens* werden bereits dort praktiziert, wo neben der Endfassung auch die ggf. enthaltenen Überarbeitungen bei der Bewertung berücksichtigt werden.

2   Ebenfalls prozessorientiert ist das *summative Beurteilen* einzuschätzen. Die vertraute Beurteilung schriftsprachlicher Leistungen stützt sich in diesem Fall nicht

auf eine einzige Schreibleistung wie den Klassenaufsatz, sondern auf mehrere Aufsätze über einen längeren Zeitraum hin (innerhalb eines Schulhalbjahrs, Schuljahrs).

3 Neuland wird dort betreten, wo *entwicklungsorientierte Beurteilungen* vergeben werden. Die Aufmerksamkeit der Beurteiler (und auch deren explizite Bewertung) richtet sich in diesem Fall darauf, ob und wie sich schriftsprachliche Leistungen einzelner Kinder und Jugendlicher beim Schreiben entwickelt haben. Umfangreichere Schreibprojekte und Portfolios, die neben Endfassungen auch Notate, Planungsskizzen, erste Entwürfe und Überarbeitungen enthalten, erfüllen am ehesten solche Erwartungen.

4 Ein *explizites Beurteilen von Schreibprozessen* ist zwar nicht generell auszuschließen, jedoch von Fall zu Fall zu realisieren. Drei Möglichkeiten, die sich zumindest gelegentlich im Unterricht anbieten, sollen an dieser Stelle exemplarisch knapp vorgestellt werden.

In Partnerarbeit ist es möglich, beim Verfassen von Texten die *Schreibpausen* festzuhalten und anschließend darüber zu sprechen. Während ein Schüler, eine Schülerin schreibt, protokolliert der Banknachbar, die Banknachbarin die auftretenden Pausen (Es gibt keine Textproduktion *ohne* Unterbrechungen). Dabei werden die einzelnen Wörter lediglich durch waagerechte Striche fixiert, die Pausen an den entsprechenden Stellen (zwischen den Wörtern, innerhalb der Wörter, vor oder nach Satzzeichen) durch einen senkrechten Strich vermerkt. Neben den mittellangen Pausen (mehr als drei, weniger als zehn Sekunden) sind es vor allem die längeren Unterbrechungen (ab 10 Sekunden), die auf komplexe gedankliche Aktivitäten, auch auf Schwierigkeiten während der Produktion verweisen. KESELING (1995) hat in diesem Sinn den Zusammenhang zwischen Pausen und sprachlicher Planung an „schriftlichen Wegebeschreibungen" nachgewiesen – an einem Beispiel, das für das schulische Schreiben in der Sekundarstufe I relevant ist.

In Einzelfällen ist es – zweitens – mit dem Einverständnis versierter Schreiberinnen und Schreiber möglich, *lautes Denken* beim Verfassen einzelner Textteile digitalisiert zu sichern und anschließend im Unterricht auszuwerten. KUPFER-SCHREINER (2005, 37 f.) bündelt solche Ansätze, indem sie einen „Schreibbegleiter" als „Hilfskonstruktion" einführt, der abschließend die ermittelten und besprochenen Schreibvorgänge kommentierend charakterisiert.

Aufschlussreiche Anhaltspunkte ergeben sich – drittens – dann, wenn Schüler und Schülerinnen beim Verfassen von Langtexten bis hin zur Facharbeit ihren Schreibprozess durch einen *schriftlichen Kommentar* begleiten. Resümierend kann auf diese Weise festgehalten werden, was Schülerinnen und Schülern beim Verfassen ihres Textes aufgefallen ist. Wie differenziert ein solcher Kommentar gelingen kann, zeigt abschließend die Aussage der 16-jährigen Melanie, die innerhalb eines Schreibprojekts einen Liebesroman verfasst hat (insgesamt neun Kapitel, bestehend aus Rahmen und Binnenerzählung):

„Mein Roman, der das Thema Drogen aufgreift, entstand eigentlich erst nach mehreren Versuchen. Da ich lieber über aktuelle Themen schreibe als über irgendeine belanglose ‚Beziehungskiste‘, kam ich schließlich zu den Drogen […]. Der Grundriss meines Romans war mir eigentlich sofort klar, nämlich dass ein Junge durch den Druck und Ärger zu Hause zu den Drogen greift […]. Bisher hat mir das Schreiben großen Spaß gemacht, vor allen Dingen weil einem immer neue Ideen einfallen, die man gut einbringen kann. Mein Roman ist aus der Sicht der Freundin geschrieben […]. Es wird nicht stur der Verlauf erzählt, sondern (es werden, J. B.) auch Hintergründe, Fragen undsoweiter aufgegriffen" (zuletzt in BAURMANN [4]2013, 11).

4 Sprechen und Zuhören, Mündlichkeit

GISELA BESTE

4.1 Konzeptualisierung von Gesprächskompetenz

Gesprächskompetenz und mündliche Kommunikation werden häufig synonym verwendet. Ihre Besonderheit besteht darin, dass Sprecher und Hörer einen gemeinsamen Sprechzeit-Raum[1] teilen, in dem sie einander auch gestisch, mimisch und akustisch wahrnehmen können, wobei Prosodie und Intonation bedeutungsverstärkend ins Spiel kommen.

Seit der sogenannten kommunikativen Wende in der Sprachdidaktik der 1970er-Jahre hat die mündliche Kommunikation eine umfassende psychologische und linguistische Fundierung erfahren und gilt als Schlüsselqualifikation. Für die Beschreibung von Kommunikation wurden verschiedene Modelle entwickelt. Im psychologischen Bereich hat v. a. Paul WATZLAWICK eine breite Rezeption bis in die Lehrwerke hinein erfahren.[2] Bei der Analyse mündlicher Kommunikation ging er von bestimmten Axiomen, aus, wobei die Differenzierung zwischen *Inhalts-* und *Beziehungsaspekt* zentral ist.[3] Jede Kommunikation enthält danach neben einer sachlichen Information immer auch eine Aussage über die Beziehung zwischen Sprecher und Zuhörer. In jedem Fall gilt: „Man kann nicht nicht kommunizieren" (WATZLAWICK 1969, 53). Missverständnisse entstehen WATZLAWICK zufolge dadurch, dass z. B. der Zuhörer statt des sachlichen Gehalts einer Äußerung vielmehr die Beziehungsebene fokussiert. Eine einfache Aussage wie „Da vorne musst du rechts abbiegen" kann je nach Intonation und Mimik als Sachinformation oder persönlicher Angriff aufgefasst werden. Erweitert wurde WATZLAWICKs Ansatz durch SCHULZ VON THUN. Ihm zufolge lassen sich die unterschiedlichen „Botschaften" einer „Nachricht"[4] nach vier Seiten unterscheiden: *Sachinhalt, Selbstoffenbarung, Appell* und *Beziehung.* Was BÜHLER in seinem Organon-Modell allgemein als Funktionen der Sprache (Darstellung, Appell, Ausdruck) beschrieben hatte, um ein Instrumentarium für die Unterscheidung von literarischen und Gebrauchstexten zu haben, wird hier verkürzt auf einzelne sprachliche Äußerungen übertragen.

---

[1]   Vgl. BECKER-MROTZEK (2008, 56 f.).
[2]   Vgl. z. B. Texte, Themen und Strukturen (1999, 93 f.).
[3]   Vgl. WATZLAWICK (1969, 53 ff.).
[4]   Vgl. SCHULZ VON THUN (1981).

Entscheidend neu gegenüber dem klassischen kybernetischen Modell, das von der Übertragung einer kodierten Nachricht von einem Sender an einen Empfänger ausging, ist die Betonung der nonverbalen Aspekte wie Gestik und Mimik sowie von Intonation und Modulation in der mündlichen Kommunikation. Damit gerät auch die Rolle des Zuhörenden stärker in den Blick, der z. B. durch Körperhaltung, Blickkontakt, Schweigen und Interjektionen wie „hm", „oh" u. Ä. aktiv auf den Kommunikationsprozess Einfluss nimmt. Da die verschriftlichten Formen mündlicher Kommunikation in der Regel jedoch diese nonverbalen Aspekte nicht oder nur unvollständig abbilden, ist es schwierig, mit diesen Kommunikationsmodellen im Unterricht zu arbeiten. Ernsthaft untersucht werden kann nur das Gespräch in seiner mündlichen Form. Die Übertragung auf Dialoge in literarischen Texten gelingt meistens nicht, obgleich sie in Lehrbüchern vorgeschlagen wird.

Gegen die Kommunikationsmodelle, die von der Übermittlung von Nachrichten ausgehen, hat die funktionale Pragmatik den Begriff der *Sprechhandlung* eingeführt.[5] Diese besteht aus *Lokution* (Äußerung), *Proposition* (Inhalt der Äußerung) und *Illokution* (Handlungsqualität). Kommunikation wird als gemeinsame Tätigkeit von Sprecher und Hörer begriffen. Themen werden kommunikativ konstituiert und nicht als vorgegeben aufgefasst. Inhalt und kommunikative Funktion der Äußerungen stehen in einem Wechselverhältnis: Die Lehrerfrage enthält nicht nur eine inhaltliche Dimension, auf die inhaltlich reagiert werden soll, sondern fordert auch als Handlung die Schülerantwort. Andere Handlungsmuster sind z. B. Ankündigen, Begründen, Erklären, Beschreiben.[6] Formen mündlicher Kommunikation können also nach Handlungszwecken unterschieden werden, für die bestimmte Mittel eingesetzt werden. Damit lassen sich Kriterien gewinnen, die für die Gesprächsanalyse einsetzbar sind. Sie geben Spekulationen weniger Raum als die psychologischen Modelle von WATZLAWICK und SCHULZ VON THUN, schließen aber wie diese sowohl verbale als auch nonverbale Mittel sowie Intonation und Modulation als relevante Faktoren der Kommunikation ein.

Am sprachpragmatischen Ansatz von EHLICH knüpft das Kompetenzmodell „Sprechen und Zuhören" von BECKER-MROTZEK[7] an. Folgende Faktoren werden unterschieden:

---

[5] Vgl. EHLICH (2000). Zur Kritik an den „Nachrichtenmodellen" vgl. auch GRAEFEN (1999, 386 ff.).

[6] GRAEFEN (1999, 391 ff.) entwickelt ausgehend von diesen Handlungsmustern Vorschläge für die Unterrichtsarbeit im Bereich der mündlichen Kommunikation.

[7] Die folgenden Ausführungen greifen auf, was BECKER-MROTZEK (2008, 52–77) unter pragmatischen Aspekten im Kapitel „Gesprächskompetenz vermitteln und ermitteln" darlegt. s. auch BECKER-MROTZEK (2012, 66–83) über mündliche Kommunikationskompetenz.

- basale Fähigkeiten wie vor allem die phonische Qualifikation (Fähigkeit, Laute zu produzieren und zu verstehen), morphosyntaktische und semantische Fähigkeiten zur Bildung von Sätzen und Zuordnung von Vorstellungen zu sprachlichen Ausdrücken;
- pragmatisch-diskursive Fähigkeiten wie das Erkennen und Formulieren von Sprachhandlungszielen sowie die Verwendung von kommunikativen Mustern und Strategien.

Steigende Anforderungen an die Gesprächskompetenz werden konstituiert durch folgende Komponenten:

- Thema (ist es z. B. bekannt/unbekannt; komplex/einfach?),
- beteiligte Sprecher (Anzahl und Vertrautheitsgrad),
- Komplexität der Gesprächsstrukturen, die sich aus der Funktion eines Gesprächs ergibt (Planbarkeit eines Gesprächs, mögliche Zielkonflikte, Nutzbarkeit persönlicher Handlungsspielräume),
- Dauer (kurz/lang).

In den Bildungsstandards liegt der Schwerpunkt auf überprüfbaren Kompetenzen: sich adressatenorientiert und situationsangemessen im Gespräch konstruktiv zu äußern, Wissen weiterzugeben, Aussagen anderer zu verstehen sowie Möglichkeiten der prosodischen Gestaltung sprachlicher Äußerungen spielerisch-ästhetisch zu nutzen.

Wie BECKER-MROTZEK festgestellt hat, werden dabei allerdings zentrale Aspekte mündlicher Kommunikation vernachlässigt: z. B. das konstruktive Moment der Konstitution von Gesprächen durch die Aktanten selbst. Hier ergibt sich ein Problem der exakten Messung, dem durch Gesprächsaufzeichnungen mittels Video- oder Audiorekorder sowie Transkriptanalysen zwar begegnet werden kann – jedoch ergibt sich für die Unterrichtspraxis in jedem Fall ein recht hoher Aufwand.

4.2 Mündliche Kommunikation im Unterrichtsgespräch

Im Unterricht dominieren vor allem Gesprächsformen der Weitergabe von Wissen sowie der Verständigung über Vorhaben, Arbeitsergebnisse, Meinungen. Häufig ist der Unterricht nach wie vor durch das lehrerzentrierte Gespräch in *fragend-entwickelnder* bzw. *gelenkter* Form bestimmt, die einem lernzielorientierten Unterrichtsstil entspricht. Sie fordert, dass alle Schüler in ihren Denkbewegungen dem Fragemuster des Lehrers folgen. Das Spektrum der Fragen reicht von eher weit und offen bis eng und gelenkt. Positiv sanktioniert werden in der Regel Antworten, die die Lehrenden als funktionalen Beitrag für ihr Unterrichtsskript erwarten.[8] Als problematisch wurde u. a. kritisiert, dass die Form des lehrerzentrierten Unterrichtsgesprächs außerhalb der Schule kaum praxisrelevant sei.[9]

Eine alternative Form des Gesprächs bieten offene Formen des Unterrichts wie sie z. B. im Konzept des *selbstorganisierten Lernens* (SOL) angelegt sind.[10] Hier kommunizieren Schüler phasenweise als Experten für ein bestimmtes Sachgebiet und treten als Vermittler gegenüber ihren Mitschülern auf, die ihrerseits Expertenfunktionen für andere Sachgebiete übernehmen. Zugrunde liegt diesen Konzepten die kognitionspsychologisch begründete Annahme, dass Schüler intensiver lernen, wenn sie ihre Erfahrung in eigener Regie ordnen und mit Vorwissen sowie Emotionen verbinden können.[11] Der Vorteil für die Unterrichtskommunikation liegt darin, dass die Schüler ihre kommunikative Kompetenz erweitern können, indem sie Handlungsmuster einüben wie z. B. Informieren, Erklären, Fragen. Außerdem bieten sich diese veränderten Arrangements für eine kritische Reflexion von Unterrichtskommunikation an, von der alle Beteiligten profitieren, insofern sie durch den Rollen- und Perspektivenwechsel ein vertieftes Verständnis füreinander entwickeln.

Als eine besondere Form des Unterrichtsgesprächs kann das *literarische Gespräch* gelten. Am Ausgangspunkt der Debatte darüber stand die Kritik, dass die Unterrichtskommunikation über literarische Texte die subjektive Bedeutungskonstitution durch die Lernenden unterlaufe, da letztlich die Beiträge der Schüler an schulischen Normen gemessen und bewertet würden.[12] Dagegen schlägt MERKELBACH eine offene Gesprächsform vor, bei der der Lehrer auf eigene „interpretative Beiträge" (MERKELBACH 1998, 80) zugunsten der Moderation verzichtet und es den Schülern überlässt, ihre subjektiven Lesarten am Text und im Gespräch untereinander zu überprüfen. Dieser Ansatz zielt darauf, die Lücke zwischen privater und schulischer Lektüre zu schließen und Lernenden Gesprächsanlässe für die Auseinandersetzung mit Literatur zu bieten, die an ihre unmittelbaren Leseerfahrungen anknüpfen. Dagegen ist eingewendet worden, derartige Gespräche verliefen willkürlich, und offen bliebe die Frage, wie solche literarischen Gespräche „in längerfristige Lernpro-

---

[8]   Vgl. STEINIG/HUNEKE (2002, 61 ff.).
[9]   Vgl. GRÜNWALDT (1998, 67).
[10] Zu SOL vgl. HEROLD/LANDHERR (2001) sowie NECKER-ZEIHER (2007).
[11] Dazu u. a. GLASERSFELD (1997, 7).
[12] Vgl. WIELER (1989).

zesse integriert werden können, die auf Kompetenzerweiterung im literarischen Verstehen zielen" (NUTZ 1997, 87).[13]

4.3 Mündliche Kommunikation als Unterrichtsgegenstand

Die Aufwertung der Gesprächskompetenz in den KMK-Bildungsstandards (2003) spiegelt sich in vielen neueren Rahmenlehrplänen[14] wider. Dem Sprechen ist zusammen mit dem Zuhören ein eigener Bereich zugewiesen worden; die frühere Kombination mit dem Schreiben wurde aufgegeben. Unter Zuhören wird dabei mehr verstanden als stilles Zuhören – vielmehr sind damit aktive Fähigkeiten verknüpft wie: Feedback über Verstandenes bzw. Nicht-Verstandenes geben; Wiedergeben dessen, was ein anderer gesagt hat; Aufmerksamkeit zeigen durch Interjektionen wie „hm", „ja" u. Ä.; dem Gegenüber bewusst spiegeln, wie man seine sprachlichen Äußerungen rezipiert.[15]

Vor dem Hintergrund des pragmatischen Ansatzes ist ein Unterricht dann als besonders wirksam einzustufen, wenn mündliche Kommunikation als gemeinsames Handeln von Sprecher und Zuhörer aufgefasst wird und Schüler dazu befähigt werden, verschiedene Formen und Funktionen des Sprechens situationsbezogen und flexibel einzusetzen sowie Wirkungen auf Adressaten kritisch einzuschätzen. Wichtig ist also ein handlungspraktisches Wissen über die Besonderheiten mündlicher Kommunikation sowie die Fähigkeit, es für das Verstehen von Aufgaben und Redebeiträgen in allen Fächern zu nutzen. Verschiedene Forschungsprojekte konnten belegen, wie wichtig es ist, dass die Lernenden aktiv mündlich miteinander kommunizieren und dabei in der Verwendung bildungssprachlicher Redemittel und Begriffe im Sinne des Scaffoldings unterstützt werden.[16]

4.3.1 Gesprächsformen[17]

Zentrale Gesprächsformen sind das *Kreis-, Streit-* oder *Konfliktgespräch,* die *Debatte* und *Diskussion* (auch *Podiumsdiskussion*) sowie das *Bewerbungs-* und *Prüfungsgespräch.*[18] Um sinnvolle Gesprächsanlässe zu finden, bieten sich die Kooperation

---

[13] Zur methodischen Umsetzung s. BESTE (2007, 39). Eine Methodenübersicht gibt POLZ (2012, 223–250).
[14] Vgl. z. B. die Rahmenlehrpläne Sek. I für Berlin (2006) und Brandenburg (2008).
[15] BERTHOLD (2000, 57 ff.) schlägt dazu einige Übungen vor, deren Spektrum sowohl verbales (z. B. Hörverstehen artikulieren, ermuntern) als auch nonverbales Verhalten (z. B. Körperhaltung, Blickkontakt) umfasst.
[16] Vgl. z. B. GOGOLIN/LANGE (2010), S. 31/32.
[17] Vgl. BESTE (2007, 141–153).
[18] BERTHOLD (2000, 251 ff.) geht darüber hinaus, wenn er Vorschläge zum Thema „Gesprächstaktiken" macht. Dabei geht es u. a. um die Fähigkeit, sich in ein Gespräch zu drängen, am Wort zu bleiben und Ähnliches.

mit anderen Fächern und das Aufgreifen von Situationen aus dem Erfahrungshorizont der Schüler an. Auch Verbindungen zu literarischen Texten sind in diesem Zusammenhang denkbar, so beispielsweise die Erfindung eines Konfliktgesprächs als Erweiterung einer Kurzgeschichte oder eines Dramas.

Beim *Kreisgespräch*, dessen Name auf die Sitzordnung verweist, geht es um das Sammeln von Informationen, um Meinungsbildung sowie Problemlösungen.[19] Die Gesprächsleitung übernimmt entweder die Lehrkraft oder ein Schüler. Entscheidend ist, dass Äußerungen nicht bewertet werden. Verlauf und Ergebnis des Gesprächs werden von den Teilnehmern bestimmt. Am Ende des Gesprächs folgt eine Zusammenfassung und evtl. eine Reflexion des Gesprächsverlaufs. Kommunikative Kompetenz wird insofern gefördert, als sich die gemeinsame Konstitution und Differenzierung des Gesprächsthemas im Wechsel von Sprechen und Zuhören beobachten lassen.

Streit- und *Konfliktgespräche* lassen sich ähnlich gut wie das Kreisgespräch mit konkreten Erfahrungen der Schüler verknüpfen. Viele methodische Vorschläge basieren auf der psychologischen Literatur und zielen darauf, diese Gespräche konstruktiv verlaufen zu lassen: z.B. durch Reformulierung der Äußerungen des Gesprächspartners, direkte Verbalisierung eigener Gedanken und Gefühle ("Ich-Botschaften"), Aufforderung an den anderen, sich aktiv an der Entwicklung von Lösungsvorschlägen zu beteiligen, Differenzierung zwischen Sachbezug und Personenbezug.[20] Unter Bezugnahme auf die Handlungsqualität einer Äußerung kann die Grundlage für eine Problemlösung geschaffen werden, wenn es gelingt, ein Gespräch über Handlungsmotive ("warum?") und -ziele ("wozu?") zu führen und nach Übereinstimmungen zu suchen.

Besondere Formen des Gesprächs sind *Bewerbungs-* und *Prüfungsgespräche*. Beide Gesprächsformen sind v.a. durch das Muster "Frage – Antwort" bestimmt. Ein erfolgreicher Verlauf hängt davon ab, wie es dem Prüfling bzw. Bewerber gelingt, die Erwartungen der Fragenden zu antizipieren und darauf einzugehen bzw. sie umzustrukturieren. In jedem Fall geht es darum, die eigenen Stärken überzeugend zu präsentieren. Über Einzelheiten informieren Schulbücher und Ratgeber.[21]

---

[19]   Vgl. BERTHOLD (2000, 20), der sich allgemein auf Klassengespräche bezieht. Bei KLIPPERT (1999, 143) wird eine Variante des Kreisgesprächs beschrieben, bei der es allein darauf ankommt, bestimmte „Kommunikationsregeln" einzuüben. Auf didaktische Zusammenhänge wird nicht eingegangen.

[20]   Vgl. dazu die Vorschläge von BERTHOLD 2000, 151 ff. Die Terminologie von Sach- und Personenbezug wird von BARTSCH/MARQUART (1999, 25) in Anlehnung an BÜHLER vorgeschlagen.

[21]   Vgl. *Deutschbuch*. Orientierungswissen. Erw. Ausg. 5.–10. Jg., Berlin 2001 oder Deutsch in der Oberstufe. Braunschweig 1998.

Im Vergleich zu den genannten Gesprächsformen formaler strukturiert und stärker durch die rhetorische Tradition bestimmt sind *Diskussion* und *Debatte*. Bei beiden stehen in der Regel Streitfragen im Zentrum, die in argumentativer Weise ausgetragen werden.[22] Eine Diskussion kann allerdings auch in Form der Zusammentragung möglichst vieler Themenaspekte durchgeführt werden. Während Diskussionen offen bleiben, führt die Debatte zu einer Abstimmung, nachdem Pro- und Kontra-Argumente vorgestellt wurden. Entscheidend ist dabei die Fähigkeit, im Sinne der eigenen Handlungsziele ein umfassendes Wissen verständlich zu präsentieren sowie flexibel und strategisch auf die Äußerungen anderer reagieren zu können.

4.3.2 Gesprächsanalyse

Die Analyse von Gesprächen steht vor dem Problem, einen hohen Anteil an *Nonverbalem* berücksichtigen zu müssen. Arbeitsgrundlage im Unterricht können Transkripte sein, die diesen Anteil ausweisen.[23] Indem man Dialoge spricht, lassen sich Wirkungen des Nonverbalen auf Sprecher- wie Zuhörerseite erproben.[24] Mögliche Untersuchungsaspekte für die Analyse mündlicher Kommunikation hat SCHOENTHAL vorgeschlagen: Sie nennt die „Relevanz des Hörerverhaltens" z. B. durch Blickkontakt oder Vermeidung von Blickkontakt; „Macht/Dominanz/Gewalt/Manipulation", erkennbar z. B. am Ablauf des Sprecherwechsels, in der Verteilung von Frage und Antwort, am Reden und Schweigen; die Bedeutung des situativen Kontextes in der Unterscheidung zwischen öffentlich und privat, Nähe und Distanz u. Ä.; die Rolle von Normen etwa bei der Anrede oder bei Normverstößen (z. B. Unhöflichkeit).[25]

Um insbesondere den *Gesprächsverlauf* zu untersuchen, haben STEINIG/HUNEKE einen Fragenkatalog formuliert, der auf folgende Aspekte eingeht: die Gesprächsorganisation (u. a. Sprecherwechsel, Struktur, Regeln), die Themenbearbeitung (u. a. Verhältnis von Zielen und Sprechhandlungen, Entwicklung einer gemeinsamen Wissensbasis, thematische Bezugnahme aufeinander) und die Beziehungsgestaltung (u. a. Umgang mit Störungen, Herstellen und Aufrechterhalten einer Beziehung).[26]

Untersuchungskategorien, die sich auf die *Geschlechtsspezifik* von Kommunikation beziehen, hat die Linguistin DEBORAH TANNEN entwickelt. Auch wenn das Thema in der öffentlichen Diskussion mittlerweile weniger präsent ist, hat es doch

---

[22] Zu methodischen Realisierungsmöglichkeiten von Diskussion und Debatte finden sich Anregungen in diversen Schulbüchern.
[23] Materialien finden sich z. B. bei BECKER-MROTZEK/BRÜNNER 1997.
[24] Auf die Deutungsprobleme bei mündlicher Kommunikation weist SCHOENTHAL (1995, 26) hin.
[25] Ebd.
[26] Vgl. STEINIG/HUNEKE (2002, 75 f.).

nicht unbedingt an Relevanz eingebüßt. TANNEN hat Männern und Frauen unterschiedliche Gesprächsstile zugeordnet. Diese sind ihr zufolge jeweils durch bestimmte Rahmen gekennzeichnet. Rahmen sind Meta-Mitteilungen, die v.a. durch nonverbale Mittel konstituiert werden. Sie geben Auskunft über die Handlungsziele des Sprechenden: z.B. Informationen geben, eine Verhandlung beginnen.[27] Männern lässt sich TANNEN zufolge eher ein Stil zuordnen, dem es um sachliches Berichten geht, Frauen zielten dagegen eher auf das Herstellen von Beziehungen.[28]

Gesprächsanalyse unter geschlechtsspezifischem Aspekt steht vor der Herausforderung, Stereotype nicht weiter zu festigen und stattdessen einen bewussten und flexiblen Umgang mit Handlungsmustern zu fördern. Auf der Grundlage von Gesprächsanalysen lassen sich entsprechende Regeln und Strategien mit den Lernenden erarbeiten.

4.3.3 Redeformen

Lange Zeit wurde Rhetorik im Unterricht v.a. theoretisch als Kunst der wirkungsvollen *Rede* behandelt. In Reden wurde zumeist die Verwendung rhetorischer Mittel untersucht und man deckte Strategien sprachlicher Manipulation auf. Darüber hinaus sollten die Schüler verschiedene Typen von Rede kennenlernen (wie Fest- und Feierrede, Gerichtsrede, politische Rede), außerdem die fünf Schritte zur Vorbereitung und Durchführung einer Rede *(inventio, dispositio, elocutio, memoria, actio)*. Eigene Redeversuche sollten den Lernenden dazu verhelfen, Sicherheit im freien Sprechen vor einer Gruppe zu gewinnen. Kritisiert wurde daran vor allem, dass die Redeanlässe stark konstruiert und realitätsfern waren.[29]

Methodische Vorschläge zur Überwindung von Redeangst, Formulierung eines Redebeitrages in Form des Fünfsatzes, Entwicklung einer Gliederung sowie zum Umgang mit nonverbalen Mitteln finden sich bei KLIPPERT (1999, 160 ff.), allerdings ohne didaktische Einbindung.

Eine größere Rolle als die Rede selbst spielen heute eher unterrichtsbezogene Artikulationsformen wie Referat, Statement und Präsentation. Damit rücken andere Kompetenzen in den Vordergrund.

Eine konkrete Situation, die grundsätzlich Redefähigkeit erfordert, ist das Halten eines *Referats*. Anders als bei der Rede dominiert der Informationszweck. Entspre-

---

[27] Vgl. TANNEN (1992, 97 ff.).
[28] Vgl. TANNEN (1991, 78 ff.). SCHRAMM (1981) ist eine immer noch anregende Darstellung zum Thema Frauen- und Männersprache aus den 1980er-Jahren, die Materialien sowohl zu Sozialisationsbedingungen wie zum Gesprächsverhalten bietet.
[29] Zur Kritik an der Rhetorik als Modell für die Entwicklung von Kommunikationskompetenz vgl. GRAEFEN (1999, 379 ff.).

chend hat der Referent auf das Vorwissen seiner Zuhörer zu reagieren und Wege anzubieten, wie die neuen Informationen in bestehendes Wissen integriert werden können.

Eine kürzere Form, redend zu informieren, ist die *Präsentation*. Sie vermittelt die Ergebnisse einer längeren Arbeit unter Verwendung von Schaubildern, Tabellen und Statistiken auf Overhead-Folien, Plakaten, Metaplanmaterialien oder auch Folien einer Powerpoint-Präsentation. Auch hier ist entscheidend, dass gesprochener Text und Visualisierungen rezipientenorientiert aufeinander bezogen sind. Präsentationen haben im Unterricht inzwischen eine so große Bedeutung erlangt, dass sie sogar in einigen Bundesländern als Prüfungsleistung am Ende der 10. Klasse oder im Abitur gewertet werden. Reagiert wurde damit auf Anforderungen der Arbeits- und Berufswelt.

4.3.4 Vorlesen, Rezitation und mündliches Erzählen

Sprache in ihrer *akustisch-ästhetischen Qualität* gehört nicht in den klassischen Bereich der Kommunikationswissenschaft. Kommunikationsrelevant wird sie im Hinblick auf die Bedeutung der nonverbalen Mittel sowie der Intonation und Modulation für die Realisierung des Handlungsziels. Beim *Vorlesen* wird ein Text nicht einfach nur wiedergegeben, sondern der Vortrag zielt auf eine bestimmte Wirkung beim Hörer. Dabei kann man spannende oder komische Unterhaltung bieten und darüber hinaus den Hörer in seinem Textverstehen beeinflussen. Voraussetzungen sind gute Textkenntnis und die Fähigkeit, Stimmführung, Pausen und Blickkontakt zuhörerbezogen einzusetzen.[30] Auf die besondere lernpsychologische Bedeutung des Vorlesens für die Lesefähigkeitsentwicklung hat die PISA-Studie hingewiesen.[31] Vorleseanlässe im Unterricht lassen sich in Form einer Lesekonferenz arrangieren, bei der die Schüler in Kleingruppen selbst ausgewählte Stellen aus literarischen Texten vorlesen.

Im Unterschied zum Vorlesen wird bei der *Rezitation* der Text frei (d. h. ohne Vorlage) vorgetragen. Auch hier kann die wirkungsvolle Präsentation unter Einbeziehung nonverbaler Mittel eine bestimmte Interpretation vermitteln. Unterstützt wird die Rezitation durch Gestik, Mimik und ggf. Requisiten.

Gegenüber den reproduktiven Kommunikationsformen wie Vorlesen und Rezitation lässt sich das *Erzählen* eher als mündliche Textproduktion auffassen, an der die Zuhörer durch ihre Reaktion (Nachfragen, Kommentare, Bestätigung) aktiv

---

[30]　BEISBART (1998, 231) macht darauf aufmerksam, dass sowohl sinnunterstützend als auch sinnhintertreibend vorgelesen werden kann.
[31]　Deutsches PISA-Konsortium (2001, 77).

beteiligt sind.[32] Erzählanlässe im Unterricht bieten Reizwortreihen oder Erlebtes (auch Gelesenes und Gesehenes). Gezielt kann auch das Erzählen von Witzen geübt werden, um die gelungene Platzierung einer Pointe zu trainieren.

In all diesen Fällen sollte es im Unterricht darum gehen, dass die Schülerinnen und Schüler verbale und nonverbale Mittel im Verhältnis zum Handlungsziel einzuschätzen und einzusetzen lernen.

4.3.5 Hörverstehen im Unterricht

In Testformaten wie der Lernstandserhebung 9 in NRW (2005) und VERA 8 (seit 2009) werden Hörverstehensleistungen der Schülerinnen und Schüler überprüft. Wie vor allem BECKER-MROTZEK (2008, 74) betont, liegt dabei die besondere Schwierigkeit darin, durch Aufgaben die Spezifität von Mündlichkeit unabhängig von schriftsprachlichen Kompetenzen zu erfassen. In der Lernstandserhebung NRW wurde z. B. das Hörverstehen in enger Analogie zum Leseverstehen und zum Schreiben erfasst: Zum Inhalt eines Hörtextes, der als Radiobeitrag präsentiert wurde, waren Fragen schriftlich zu beantworten, die auf das Textverständnis abzielten. Dazu konnten die Schüler Notizen zu Hilfe nehmen. Ein Aufgabenbeispiel, das stärker auf Mündlichkeit abhebt, ist BECKER-MROTZEK (2008, 74 ff.) zufolge z. B. die Aufgabe, Widersprüche in einer gehörten Geschichte zu entdecken und sich in der Gruppe über relevante Beobachtungen zu einigen. Als weitere Aufgabenbeispiele werden genannt: die kommunikativen Absichten in Gesprächen zu identifizieren, Argumente und Argumentationshandlungen zu bewerten. Kompetenzaufbau erfolgt dadurch, dass Teilfertigkeiten geübt, Hilfestellungen (wie Dialogelemente) sukzessive zugunsten der Lernerautonomie abgebaut werden und Metawissen (über Faktoren gelingender oder scheiternder Kommunikation) entwickelt wird.

4.4 Mündliche Kommunikation im Unterricht bewerten

Das Problem der Bewertung resultiert im Wesentlichen aus der Tatsache, dass mündliche Kommunikation flüchtig ist. Gleichwohl ist für die „mündliche Mitarbeit" eine Note zu erteilen, ebenso sind Lern- und Leistungsfortschritte im Bereich der kommunikativen Kompetenz als Unterrichtsgegenstand zu bewerten und zu benoten. Auf die Schwierigkeiten, die dabei entstehen, hat FIEHLER (1998, 53 ff.) hingewiesen. Normative Setzungen wie „Im-ganzen-Satz-Sprechen" und „Unter-

---

[32] Vgl. STEINIG/HUNEKE (2002, 66).

brechungen vermeiden" können in bestimmten Gesprächssituationen dysfunktional sein, wenn es darum geht, möglichst schnell zu agieren oder wenn die Gesprächsteilnehmer keine entsprechenden Erwartungen haben.

Daher ist es sinnvoll, mit Schülern gemeinsam zu besprechen, welche Ziele durch die Wahl einer bestimmten Gesprächs- oder Redeform erreicht werden sollen und welche Mittel diese Funktion jeweils am besten erfüllen. Daraus lassen sich Kriterien ableiten, die dann als Bewertungsgrundlage dienen können. Um der Flüchtigkeit der mündlichen Kommunikation zu begegnen, können Transkripte analysiert und daran Maßstäbe für praktische Übungen entwickelt werden. Auch die Bewertung der „mündlichen Mitarbeit" im Unterricht lässt sich auf diese Weise transparent machen.[33] Um Gesprächsverhalten allgemein mit Schülern zu untersuchen, hat KLIPPERT einen Vorschlag gemacht, der u. a. Themenbezug, Eingehen auf Vorredner, Knappheit und Präzision des Ausdrucks nennt und auf einer Skala eine Gewichtung ermöglicht.[34] Empfehlenswert ist, Gesprächsverhalten im Unterrichtsgespräch immer wieder einmal zum Gegenstand der gemeinsamen Reflexion im Unterricht zu machen, um zu überprüfen, welche Ziele erreicht bzw. (noch) nicht erreicht wurden, und die jeweiligen Gründe dafür zu erörtern.

Grundsätzlich eignen sich Verfahren der Beobachtung zur Feststellung der sprachlichen Entwicklung. Sie können die Ausdifferenzierung des Wortschatzes und der Redemittel als grundlegende Kriterien nutzen. Auch die Realisierung pragmatischer Zwecke kann als Kriterium gelten, zumal die mündliche Kommunikation prinzipiell viel weniger normativ geregelt ist als die schriftliche und eigenen Gesetzmäßigkeiten folgt: zum Beispiel in ihrer situativen Gebundenheit und Varianz.[35] Im Bereich des Hörverstehens sind mit den VERA-Aufgaben für die 8. Jahrgangsstufe inzwischen standardisierte Aufgaben verfügbar, die Kompetenzniveaus einschätzen lassen.

Insgesamt ist festzustellen, dass gerade die Doppelseitigkeit von mündlicher Kommunikation in Form des Unterrichtsgesprächs und als Unterrichtsgegenstand vielfältige Anlässe bietet, die Funktionalität von Sprechhandlungen zu beobachten und die Entwicklung handlungspraktischen Wissens bei den Schülern zu fördern. Kommunikationskompetenz bedeutet dann, dass sich die Schüler selbst Kommunikationsziele setzen können und über die passenden sprachlichen und nichtsprachlichen Mittel aktiv verfügen.

---

[33] Vgl. dazu auch BOHL (22004).
[34] Vgl. KLIPPERT (1999, 153).
[35] Vgl. FIEHLER (2012, 42f).

Teil IV
Unterricht vorbereiten

1 Unterrichtsplanung

MICHAEL KÄMPER-VAN DEN BOOGAART

Über Techniken und Rezepte der Unterrichtsvorbereitung gibt es eine Menge Bücher. Am verbreitetsten ist wahrscheinlich der „Leitfaden zur Unterrichtsvorbereitung" von HILBERT MEYER, der 1980 zum ersten Mal erschien, bis zum Jahr 2000 eine Auflage von fast 200 000 Exemplaren erreichte und 2007 in einer verschlankten Neubearbeitung vorgelegt wurde. Was in diesem und auch anderen – zumeist trockeneren – Hilfswerken aufgeführt ist, muss hier nicht wiederholt werden. Konzentrieren wir uns stattdessen auf die jüngere Diskussion, in der die Bedeutung vorausschauender Unterrichtsplanungen relativiert wird, und auf Aspekte, die besonders für den Deutschunterricht relevant sein dürften.

1.1 „Feiertagsdidaktik" vs. situative Unterrichtsplanung

1.1.1 Kritik großdidaktischer Planungsmodelle

Was man in der Literatur zu Methoden der Unterrichtsplanung findet, ist zu einem großen Teil Resultat didaktischer Theorien. Für diese Theorien hat HILBERT MEYER (1993), mit Blick auf die Alltagspraxis, den polemischen Begriff *Feiertagsdidaktiken* geprägt. MEYERS durchaus fair operierende Polemik setzt aus einer empirischen Perspektive an. An den Modellen zur Unterrichtsvorbereitung, wie sie vor allem von der bildungstheoretischen (auch: kritisch-konstruktiven) Didaktik, der lerntheoretischen Didaktik (auch: Berliner bzw. Hamburger Modell), der informationstheoretischen und lernzielorientierten (auch: curricularen) Didaktik vorgelegt wurden, kritisiert er namentlich dreierlei. *Erstens* moniert er, dass sich diese didaktischen Theorien an der empirischen Arbeitsplatzstruktur von Lehrern desinteressiert zeigen. *Zweitens* konstatiert er ein unreflektiertes Wissenschaftsdefizit dieser Theorien. Trotz erhabener Ansprüche seien die jeweiligen Kernprämissen weder falsifizierbar noch verifizierbar. *Drittens* fokussierten die Theorien einseitig den Lehrer als Akteur. Die Schüler würden nur als Objekte des Unterrichts wahrgenommen oder gar zu einer seiner Voraussetzungen degradiert. Bedenkenswert ist ebenfalls, was MEYER als sekundären Effekt solcher Theorien für die Praxis betrachtet. Lehrer, die während ihrer Ausbildung auf die aufwändigen Planungsverfahren dieser Didaktiken verpflichtet worden sind, müssten ihre spätere Praxis als defizitär empfinden. Eingebunden in einen sie vielfach fordernden Berufsalltag, kämen sie bei weitem nicht zu so umfangreicher Planungsarbeit. Gelte diese aber als Voraussetzung gelingenden Unterrichts, sei ein notorisch schlechtes Gewissen vorprogrammiert.

Über MEYERS Kritik ist viel geschrieben worden. Dasselbe gilt für seine Apologie der Kurzvorbereitung und sein Verständnis für eine *Türklinkendidaktik* – Positionen, die die Stellungnahme von 1980 fortschreiben (MEYER 2001). Die große Zeit der Feiertagstheorien ist indes verstrichen, auch die Unterrichtsdidaktik hat mit Beginn der 1990er-Jahre ihre *„Alltagswende"* eingeleitet. Seit empirische Arbeiten aus der Unterrichtsforschung den Schluss zulassen, dass das Unterrichtsgeschehen weit weniger planbar ist, als dies die Theorien früherer Jahre glauben machten, bildet die Planungskompetenz nicht mehr unangefochten die Spitze der an eine Lehrkraft herangetragenen „Qualitätserwartungen". Zudem hat sich in diesem Punkt die Blickrichtung verändert: Tendierte man auf der Folie der „Feiertagsdidaktiken" dazu, den Ort der pädagogischen Planungsaktivitäten am häuslichen Schreibtisch zu sehen, rückt heute stärker in den Blick, dass ein flexibler Unterricht auch Ad-hoc-Planungen im Klassenzimmer erfordert. Man spricht von *situativer Unterrichtsplanung* [1] und unterscheidet unter diesem Aspekt zwischen der *vorausschauenden Planung* und der *Stegreif-Planung*. Letztere wird als die probate Reaktion der Lehrperson angesehen, wenn die Unterrichtssituation sich anders als vorausgeplant entwickelt und Modifikationen der ursprünglichen Planung erforderlich werden.[2] Dieses Planungsverhalten entwickelt sich also im Prozess des Unterrichtens, wird aber durch eine Vorplanung begünstigt, die sich nicht rigide auf einen Unterrichtsverlauf fixiert, sondern Abweichungsoptionen antizipiert und sich eine gewisse Offenheit erhält. Dies heißt, dass die Planungskompetenz durch eine *Handlungskompetenz* zur praktischen Geltung gebracht werden muss. Schlichter gesagt: Der am Schreibtisch entstandene Plan muss auch situationsgerecht ausgeführt werden. Dies geschieht beispielsweise nicht, wenn ein Lehrer seinerseits alle geplanten Schritte umsetzt, jedoch ignoriert, dass die Schüler einem ganz anderen Plan folgen bzw. die Situation abweichend beurteilen. Um dies zu verhindern, bedarf es offen-

---

[1]   Vgl. MÜHLHAUSEN 1994.
[2]   Zur Unterrichtsplanung vgl. auch den Beitrag von BEATE LÜTKE in diesem Band.

kundig einer *Wahrnehmungskompetenz*. Gefragt ist hier nicht zuletzt die Fähigkeit zur raschen Interpretation des Schülerverhaltens. Unzureichend wäre eine Wahrnehmung, die lediglich konstatiert, dass die Lernenden scheinbar nicht so wollen wie der Plan, und die hieraus folgert, die Schüler zu ihrem „Glück", nämlich zu plangemäßem (Re-)Agieren zwingen zu müssen. Wir kennen solche Interpretationen und entsprechendes Lehrerverhalten aus dem parodistischen Resümee: *Der Plan war gut, aber die Schüler waren schlecht.*

Die gegen den technokratischen Aberwitz entwickelten und um Differenzierung bemühten Hinweise zum realen Planungsverhalten basieren auf der Beobachtung alltäglichen Unterrichts. Sie sind bemüht, ein realistischeres Bild dessen zu entwickeln, was Professionalität im Lehrerberuf heißt. Damit öffnen sie aber auch den Blick auf eine Schwierigkeit. Überlegt man sich, wie Professionalisierung abläuft und durch Ausbildung gefördert werden kann, stößt man unweigerlich auf das Problem, genauer zu formulieren, was eigentlich die Kompetenzen eines situativ angemessenen Professionshandelns ausmacht. Im Lehrerzimmer würde man sicher Antworten hören wie: *Das ist halt die Erfahrung.* Oder, noch unangenehmer für die Ohren von Ausbildern: *Das ist eine Frage des Talents.*

1.1.2 Pedagogical Content Knowledge

In der Unterrichtsforschung werden zur Kennzeichnung des Lehrervermögens kognitionspsychologische Wissensmodelle in Anschlag gebracht. So wird, ausgehend von US-amerikanischen Forschungen, von *pedagogical content knowledge* (PCK) gesprochen (SHULMAN 2004, 187 ff.).[3] Das Konstrukt beschreibt ein professionelles Erfahrungswissen und setzt dieses in Beziehung zu Fachwissen *(content knowledge)*, curricularem Wissen *(curricular knowledge)* und anderen Wissenskonstrukten, wobei PCK ein spezielles Amalgam aus Fachlichem und Pädagogischem darstellen soll (SHULMAN 2004, 227).[4] Als Fachwissen gilt hierbei nicht nur ein Wissen, das die Inhalte und Strukturen der Disziplin integriert, sondern auch ein syntaktisch genanntes Wissen, das analog einer Grammatik beschrieben wird, die die Spielregeln fachlichen Handelns umfasst. Als curriculares Wissen werden nicht allein Lehrplankenntnisse verstanden, sondern auch eine Versiertheit, was den Einsatz von Unterrichtsmaterialien betrifft.

In der Forschung wird PCK als eine kasuistische Wissensform beschrieben, also als solche, die bereits erfahrene Handlungsfälle in Form von Geschichten konser-

---

[3]   SHULMAN 2004 versammelt eine größere Anzahl von Aufsätzen, die SHULMAN in den zurückliegenden Jahren vorgelegt hat.
[4]   Vgl. BROMME 1995, 205–216.

viert, welche in einer neuen Handlungssituation als Interpretations- und Aktions-
hilfe abgerufen werden können. Mit Blick auf die hohe Wertschätzung von didaktischen Planungen gibt SHULMAN zu bedenken:

▨ *But design is less than half the story. Teachers learn quickly that the heart of teaching is deve-
loping the capacity to respond to the unpredictable. Teaching begins in design, but unfolds through
chance. And cases – as the narrative manifestations of chance – offer teachers the opportunities to
contemplate the variety of ways in which the unpredictable happens (SHULMAN 2004, 187 ff.).* ▨

Die Schlussfolgerungen, die aus solchen Betrachtungen gezogen werden, betreffen
Forschung, Lehrerausbildung und Schulorganisation. In den als Verbindungsstück
(conduits) von Theorie und Praxis angelegten Fallstudien spielen Lehrende nicht nur
die Rolle von Forschungsobjekten, sondern sollen als Forschende in die Arbeit einbezogen werden. Sammlungen von Fallstudien und die Auseinandersetzung mit
ihnen wird erhebliche Bedeutung für die Ausbildung zugesprochen. Regelmäßige
Fallkonferenzen schließlich sollen die Kooperation innerhalb der Kollegien intensivieren und zur Reflexion von individuellen und kollektiven Handlungsroutinen
führen. Bislang vorliegende Ergebnisse machen übrigens deutlich, dass für PCK
Fachkompetenzen eine erhebliche Rolle spielen. Vergleichende Untersuchungen
von fachlich und fachfremd erteiltem Unterricht zeigen, dass die Lehrperson, die
über fachliche Expertise verfügt, in der Lage ist, spontan weit mehr veranschauli-
chende Beispiele für die Schüler zu generieren als fachfremd Unterrichtende.[5] Auch
auf die Adaption von Unterrichtsmethoden hat das Fachwissen erheblichen Einfluss, wie ein interessanter Befund verdeutlicht. Nachdem in den 1970er-Jahren
eine Studie an der Stanford-Universität ergab, dass bei anspruchsvollen Lehrerfra-
gen eine längere Reaktionszeit für die Schüler zu einer Steigerung des Antwortni-
veaus führt, organisierte man allerorts Workshops, in denen Lehrpersonen entsprechend trainiert wurden. Diese Maßnahme schien zunächst Erfolg zu haben. Dann
aber zeigte sich, dass die Workshop-Teilnehmer, zurück in ihrer Praxis, wieder die
alte Gewohnheit eines nur kurzen Abwartens aufnahmen. Natürlich wollten die
Forscher herausfinden, was die Lehrpersonen dazu motivierte, in diese erwiesenermaßen suboptimale Routine zurückzufallen. Dabei stießen sie nicht nur auf das
Phänomen, dass Schweigen im Klassenzimmer für alle Beteiligten etwas Unbehag-
liches zu haben scheint. Sie fanden auch heraus, dass die betreffenden Lehrpersonen mit dem höheren Niveau der Schülerantworten fachlich nicht fertig wurden
(SHULMAN 2004, 507 f.). Für sie war die gesteigerte Komplexität in der Unterrichtskommunikation ein „kritischer Moment":

---

[5]   Vgl. allerdings die konträren Befunde im Projekt MARKUS (HELMKE 2003, 59). Vgl. auch MEYER 2004, 65 f.

■ *We will consider three categories of critical moment. The first occurs when a teacher asks the class a question he or she knows everyone can answer – and no one can! The second occurs when the teacher asks the class a question he or she is confident no one can answer – and many do! In each case the planned lesson or lesson segment has been disrupted because the expected understanding (or ignorance) has not been demonstrated. The third kind of critical moment is the most discomfiting of all. Here the teacher asks a question with a range of expectable answers [...]. Instead, someone produces a response that falls beyond the pale, an idea or invention that simply doesn't fit with the teacher's expectations and is not immediately discernable as right or wrong. This kind of unpredictability produced some of the most painful critical moments of all. It placed the greatest strain on the subject-matter competence of the teacher [...]. Teachers and students can probably learn to engage in more complex forms of discourse involving longer wait-times and more complex and unpredictable student responses. But more careful preparation of teachers and of their classes may be needed to support such an effort. For one, a teacher may well have to develop deeper content knowledge and pedagogical content knowledge to respond adequately to higher frequencies of less predictable student contributions. (*SHULMAN 2004, 263 f.) ■

1.1.3 Was dennoch für Feiertagsplanungen spricht

Wie auch MEYER einräumt, wird die Auseinandersetzung mit den besagten Feiertagsdidaktiken durch die Erkenntnisse und Vermutungen zum „tatsächlichen" Handlungswissen von Lehrern selbst dann nicht obsolet, wenn es stimmt, dass sich empirisch kaum Anhaltspunkte dafür finden lassen, dass „wirkliche" Lehrer bei ihren Unterrichtsplanungen in Kategorien didaktischer Theorien denken.[6] Ein Grund hierfür liegt darin, dass es schwerlich plausibel ist, Aussagen über erforderliche Lehrerkompetenzen zu machen, ohne sich – in Form von Theorien – darüber zu verständigen, was guter Unterricht oder sinnvolles Lernen heißen soll. Unter diesem Aspekt besitzen verschriftlichte Unterrichtsplanungen, wie sie in der Regel in der zweiten Phase der Lehrerausbildung oder während der Praktika an der Universität verlangt werden, eine Funktion: Sie verbinden allgemeine Zielvorstellungen mit konkreten Bildern fachlichen Unterrichtens und versuchen sich daran, hier stringente Beziehungen oder Ableitungen herzustellen.[7] In diesem Sinne sind sie Modelle für eine Auseinandersetzung über Qualitätsfragen, die für eine intersubjektive Reflexion der Praxis hilfreich sein dürften.[8] Nicht zu verkennen ist jedoch, dass die Konzentration auf schriftliche Stundenentwürfe auch falsche Signale setzen kann, sofern die dramaturgische Konzentration auf exzellent phrasierte 45 Minuten die weit umfassenderen Prozesse des Kompetenzerwerbs in den Hintergrund treten lässt.[9] Dass sich solche Effekte ergeben können, liegt auch an Usancen

---

[6] Vgl. BROMME 1992. Zu berücksichtigen sind aber auch die Relativierungen dieses Befundes durch die empirischen Untersuchungen von Tebrügge 2001.

[7] So auch MÜHLHAUSEN 1994, 76 f.

[8] Vgl. auch die Argumentation in PETERSSEN 2000, 296 ff.

[9] Mit Blick auf das Referendariat vgl. HOPPE 2013, 799.

der berufspraktischen Ausbildung in der ersten und zweiten Phase, wobei den Erwartungen des Vorbereitungsdienstes oft in den studienbegleitenden Unterrichtspraktika vorgegriffen wird. Was im Vorbereitungsdienst zu den Formalia der Stundenentwürfe geregelt wird, reflektiert zwar sicher Annahmen über eine adäquate Unterrichtsplanung, dient aber zu einem gravierenden Teil auch als Instrument der Leistungsbeurteilung. Entsprechend kodifizieren Ordnungen, was im pädagogischen Alltag eher unreglementiert notiert wird. Zum Beispiel legen die „Durchführungsbestimmungen zur APVO-Lehr Niedersachsen 2010" penibel fest:

■ *10. Der Entwurf zum Prüfungsunterricht soll einen hinreichenden Einblick in die Vorüberlegungen, die Ziele mit den zu erwerbenden Kompetenzen und die Verlaufsplanung geben; aus ihm sollen die Einordnung des Prüfungsunterrichts in den vorangegangenen Unterricht dieses Fachs sowie die didaktischen und methodischen Überlegungen und Entscheidungen auf der Grundlage einer kurzen Sachanalyse hervorgehen. Er soll nicht mehr als sechs Textseiten (1,5-zeilig, Schriftart Arial und Schriftgröße 11) umfassen.* ■

Wieso die in der Verordnung erwartungsgemäß erwähnte Sachanalyse in der Planung des Unterrichts ein voraussetzungsreiches Unterfangen darstellt, soll im folgenden Abschnitt skizziert werden.

1.2 Sachanalyse – Didaktische Analyse

Das Verhältnis von Sachanalyse und didaktischer Analyse ist ein notorischer Streitpunkt in allgemeindidaktischen Modellen zur Unterrichtsplanung. Die dazu ausgetragenen Kontroversen müssen hier nicht noch einmal aufgerollt werden, da sie in den einschlägigen Leitfäden und Handbüchern zur Unterrichtsplanung nachzulesen sind.[10] Zudem: Die Auffassung, dass es in der Unterrichtsvorbereitung eine reine Analyse der Sache geben könne, wird heute kaum mehr vertreten. Stattdessen spricht man von Wechselwirkungen u. Ä. Auch wird der Begriff der Analyse vielfach zugunsten einer unverfänglicheren Bezeichnung wie „Überlegungen zur Sache" (MEYER 2007, 114) u. a. zurückgenommen.

Gleichwohl ist es so, dass viele der schriftlichen Vorbereitungen von Unterrichtsstunden oder -reihen zunächst Ausführungen zum Thema enthalten, die sich eher fachwissenschaftlich geben, um dann didaktische Anmerkungen anzufügen. Dass es auf dem Papier zu einer solchen Abfolge kommt, ist darstellungslogisch erklärbar. Anzunehmen ist, dass in Wirklichkeit vernetzter geplant wird (MEYER 2007, 199), dies aber nur schwer in die Form von Unterrichtsentwürfen zu übertragen ist. Fol-

---

[10] Zum Beispiel: PETERSSEN 2000, 21 ff. und MEYER 2007, 197 ff.

genreicher für den Unterricht dürfte im Übrigen ein anderes Problem solch ausgearbeiteter Entwürfe sein. Viel spricht nämlich dafür, dass die Entwurfsmuster mit ihrer Sequenz der zwei „Analysen" dazu verführen, wichtige Teile des Unterrichtsgeschehens in der Vorbereitung zu vernachlässigen. In der Regel ist es so, dass die Sache oder der Inhalt als das *Thema* des Unterrichts verstanden wird. In einfachen Fällen wird das Unterrichtsthema mit dem Titel eines literarischen Textes oder – vor allem für eine einzelne Stunde – bestimmter Aspekte dieses Textes ausgedrückt. Zum Beispiel: *Der Schimmelreiter.* Oder: *Rahmenstruktur in der Novelle „Der Schimmelreiter".* Die Ausführungen zur Sache tragen dann zusammen, was sich literaturwissenschaftlich über den Text oder seine Aspekte sagen lässt und was so auch in *Kindlers Literatur Lexikon* stehen könnte (oder steht). Die didaktischen Reflexionen erörtern ihrerseits vornehmlich, weshalb der soeben erklärte Text für die Kompetenzentwicklung der Lerngruppe bedeutsam ist, was sich an ihm im Einklang mit dem Lehrplan lernen lässt und welche zuvor beschriebenen Aspekte hierfür elementarisiert werden müssen. Falls diese nicht in die didaktischen Überlegungen integriert sind, folgen unterrichtsmethodische Erwägungen, die den geplanten Unterricht in seiner Schrittfolge skizzieren und plausibel machen sollen, weshalb die ausgewählten Unterrichtsschritte den richtigen Weg zum avisierten Unterrichtsziel darstellen. Das alles wirkt konsequent durchdacht (und das soll es ja auch). Ist man aber mit solcher Stundenplanung auch auf den Unterricht vorbereitet?

Eine Tücke erwähnte ich bereits: Im Unterschied zum wirklichen Unterricht suggeriert der Plan, dass es nur eine Sache gäbe, um die man sich in der Vorbereitung zu kümmern hätte. Realiter wird die geplante Stunde aber eine Reihe von Gegenständen enthalten, die Lehr- und Lernanforderungen darstellen, ohne im Stundenthema explizit genannt zu werden. So mag beispielsweise auf der Ebene der didaktisch-methodischen Reflexionen geplant werden, das Verständnis der Novelle Storms über das Verfassen einer Inhaltsangabe zu sichern. Mit diesem Schritt steht neben der Textsorte Novelle eine weitere zur Disposition: eben die Inhaltsangabe.[11] Da die Schüler eine solche schreiben und vortragen müssen (nicht aber eine Novelle), wird die ‚Sache' Inhaltsangabe für sie keine unwichtige sein, und der weniger erfahrene Lehrer wäre gut beraten, sich darauf einzustellen. Genau diese Vorbereitung erfolgt aber häufig nicht, ein Umstand, der unangenehme Folgen haben kann. Dies gilt besonders, wenn auch das Studium eine Beschäftigung mit der unter Didaktikern kontroversen Textsorte[12] nicht vorsah und wenn das Lehrbuch nur eine unzureichende Erklärung über das Prozedere von Inhaltsangaben bietet. Dass die

---

[11] Zur Problematik der Inhaltsangabe vgl. den Beitrag von Barbara SCHUBERT-FELMY.
[12] Vgl. ABRAHAM 1994; FIX/Melenk 2000, ZABKA 2004, ZABKA 2010.

Schüler das Schreiben von Inhaltsangaben schon beherrschten, weil diese als Thema in einer früheren Klasse „dran" war, ist im Übrigen eine Annahme, auf deren Zutreffen man sich lieber nicht verlassen sollte. Konsequenz: Wenn man am Grundmodell festhält, wären für eine Stundenplanung gleich mehrere Sachanalysen und didaktische Analysen anzuraten.

Unterhält man sich ganz allgemein über den Literaturunterricht, erfährt man viel Zustimmung, sobald man sagt, die Idee der einen richtigen Interpretation sei längst hinfällig. In der Tendenz widersprechen aber viele didaktische Analysen diesem Votum. Sie tun dies, weil sich zum Beispiel der Verfasser einer Unterrichtsplanung zu *Der Schimmelreiter* durch die ihm aufgetragene Orientierung an KLAFKI bzw. MEYER (2007, 200 f.) bemüßigt sieht, den Gegenwartsbezug einer Lektüre der Novelle herauszustreichen. Fündig wird er hier bei einem Thema wie: *Naturbedrohungen sind Erfahrungen, die den Aberglauben vieler Menschen stützen.* In der Konsequenz wird der Planende seinen Unterricht so einrichten, dass diese thematische Schicht der Novelle besonders akzentuiert und entsprechend (miss-?)verstanden wird. Dies muss nicht mit dem Credo von der einzig richtigen Interpretation einhergehen – die Vorentscheidung führt aber zu Festlegungen. Hiervon abweichende Textverständnisse und Interessen der Schüler werden vom Lehrenden dann schnell und unbeschadet ihrer Plausibilität als Störungen aufgefasst.

Gerade Lehrkräfte, die glauben, mit poetischen Texten pädagogische Ziele erreichen zu müssen und sich hier in der Planung festlegen, tun sich schwer mit einem offenen Spiel im Umgang mit polyvalenten Texten.[13] Ein solches Spiel setzte eine didaktische Analyse voraus, die weniger auf ein Zentrum – ein zentrales Verstehensziel – hin angelegt ist, sondern stattdessen unterschiedliche Verstehensmöglichkeiten antizipiert und mit den Verstehensmöglichkeiten[14] der Schüler in Verbindung bringt (s. u.). Sieht man indes keine Chance, dem „pädagogischen Wahn" zu entkommen,[15] sollte man wenigstens ehrlich sein und den Schülern im Interesse einer didaktischen Klarheit[16] vorab mitteilen, auf welche thematischen Aspekte man hinauswill.[17]

Was folgt aus solchen Hinweisen auf unerwünschte Nebenwirkungen konsekutiv aufgebauter Stundenentwürfe für die Unterrichtsvorbereitung? Zunächst einmal nimmt die Kritik auf, was zuvor über die Bedeutung situativer Planungen und

---

[13] Vgl. KÄMPER-VAN DEN BOOGAART 2000a, ABRAHAM/KEPSER 2009, 231 ff., ZABKA 2010, KÄMPER-VAN DEN BOOGAART 2010b sowie 2013a
[14] Vgl. SPINNER 1995, 81–96.
[15] Vgl. FINGERHUT 1987, 3–19.
[16] Vgl. HELMKE 2003, 60; MEYER 2004, 55 ff.
[17] Dies geht natürlich auch in einer gemeinsamen Verständigung und kooperativen Planung.

professioneller Kompetenzen gesagt wurde. Die tatsächliche Unterrichtssituation ist höchst selten auf *einen* Unterrichtsinhalt konzentriert. Wird der Anspruch schülerorientierten Unterrichtens halbwegs umgesetzt, kommt es hingegen immer wieder zu Überraschungen oder kritischen Punkten. Diese gehen sehr häufig von Sachverständnissen aus, die der Unterrichtende für selbstverständlich gegeben oder für gesichert hält. Dies kann Vorstellungen wie die über die Inhaltsangabe betreffen sowie scheinbar alltägliche Tätigkeiten wie das Beschreiben oder Analysieren berühren. Und natürlich evoziert auch ein Text wie *Der Schimmelreiter* so manche Frage, die dem Autor einer didaktischen Analyse als nicht gerade zentral erschien.

Um gegen solche Irritationen vorausschauender Planungen gewappnet zu sein, rät MÜHLHAUSEN zum Aufbau eines *Überraschungsarchivs*. Dabei handelt es sich gewissermaßen um mentale Karteikarten für die Lösung einschlägiger Fälle.[18] Offensichtlich ist allerdings zum Aufbau solcher Archive bereits eine Reihe von Erfahrungen nötig. Für den Berufsanfänger mag eine praktikablere Alternative darin bestehen, sich während der Phase der Schreibtischplanung über die zentrale „Sache" hinaus genauer mit all dem zu beschäftigen, was von den Schülern als Aktivität erwartet wird.[19] Hier nämlich kann man in erster Linie mit Nachfragen rechnen: Wie geht denn das?

Mit kritischen Punkten ist bei aller Planung natürlich nicht nur im Literaturunterricht zu rechnen. Ein kritischer Punkt kann beispielsweise auch in einer Unterrichtsstunde eintreten, wenn ein Lerner bei der Bestimmung von Wortarten darauf insistiert, dass ‚verloren' in dem Satzsegment „das hoch verlorene Pokalendspiel" ein Adjektiv sei, da ‚verloren' hier klar auf die passende Wie-Frage antworte: „Wie ist das Spiel? Verloren." Mag sein, dass hier die Lehrperson mit einer Antwort noch zögert, während eine andere Schülerin den Ball aufnimmt und erklärt, dass ‚verloren' als Verb einzustufen sei, und zwar in der Form des Partizips II. Hat man sich als Lehrender vorab nie für Partizipien in der Funktion von Adjektiven interessiert, wird man diese Diskussion vermutlich zu unterdrücken suchen. Ist man hingegen schon zuvor in die Nähe der passenden linguistischen Fachdebatte geraten und weiß immerhin, dass hier für beide Voten Argumente stark gemacht worden sind, wird aus dem kritischen Punkt leicht ein höchst weiterführender, wenn auch ungeplanter: Auch in der 5. oder 6. Klasse kann sich nämlich ein Blick hinter die linguistischen Kulissen lohnen.[20] Dass solche situativen Exkurse fachliche Flexibilität

---

18 Vgl. MÜHLHAUSEN 1994, 204 ff.
19 Dies schließt als Minimalanforderung ein, sich in der Planung an allen von den Schülern im Unterricht erwarteten Arbeiten zunächst einmal selbst zu versuchen.
20 Vgl. hierzu auch den Beitrag von BEATE LÜTKE in diesem Band.

voraussetzen, wir deutlich, wenn wir das Beispiel weiterspinnen. Nicht unwahrscheinlich ist nämlich, dass Lernende auf die in Unterrichtswerken verbreitete Diskriminierungshilfe zurückgreifen, wonach man Adjektive dadurch erkenne, dass man sie (zumeist) steigern könne. Nun kann man hier ausschließen, dass das „verlorenere Pokalspiel" den Lernenden als akzeptabel erscheint. Aber wie verhalten sich Intuitionen und Erklärungen, wenn jemand mit dem Satz aufwartet: „Er war der verlorenste Mensch seiner Zeit"? Oder: „Verlorener fühlte ich mich nie" …

Das linguistische Beispiel hält übrigens noch einen allgemeinen Hinweis für die fachliche Vorbereitung versteckt: Auch in anderen Domänen des Deutschunterrichts sind Begriffe oft nur relational zu entfalten. Soll heißen: Die Lehrperson, die das naturalistische Drama als Innovation ausgibt und von einem traditionellen Drama absetzt, sollte (sich) nicht nur erklären können, was sie unter „Sekundenstil" versteht, sondern auch, was „traditionell" heißen soll. Wer von einem „Motiv" spricht, sollte darauf gefasst sein, das Gemeinte von „Stoff" oder auch „Thema" abgrenzen zu können. In solchen Situationen merkt man übrigens, dass viele Begriffe der Germanistik leider reichlich unscharf sind. Unterrichtswerke und -hilfen weisen darauf selten hin, da sie darauf zielen, mit ihren Erklärungen das Gefühl von Sicherheit, nicht aber von Unsicherheit zu vermitteln. Das ist verständlich, lässt diese Werke aber zu einem riskanten Medium der Unterrichtsvorbereitung werden.

1.3 Kompetenzorientierung

Viel zwingender, als sich spekulativ über den Bildungswert des Unterrichtsgegenstands auszulassen, ist es, sich vorab zu verdeutlichen, welche kognitiven und psychischen Operationen eigentlich im avisierten Verstehensprozess erwartet werden. Hierzu ist es zunächst einmal unerlässlich, dass die Lehrperson selbst ein gründliches Verständnis aufbaut. Was heißt das? Für mein Beispiel *Der Schimmelreiter* heißt das nicht, sich mit möglichst viel Sekundärliteratur zu wappnen. Das sollte zwar nie schaden; doch wird es darauf ankommen, in der Auseinandersetzung mit Storms Novelle ein mentales Modell aufzubauen, das auf reflektierten Operationen am Text basiert. GRZESIK nennt eine solche Klärung der Textverstehensanforderungen die *operative Analyse* eines Textes und führt das Gemeinte am Beispiel eines Brecht-Gedichts aus: Von der Identifikation der Buchstaben und Buchstabenkombination bis hin zur literarhistorischen Kontextualisierung führt er aus, welche Teilkompetenzen das Verstehen des Gedichts voraussetzt (GRZESIK 2005, 134 ff.). Deutlich wird in solchen Analysen zum Beispiel, in welchem Maße Welt- und domänespezifisches Wissen zum Einsatz gebracht werden müssen, wo lokale Inferenzbildungen ambig bleiben und wie markiert Ironien und andere Indirektheiten (ZABKA 2006) sind. Eine Textverstehensanalyse kann anders als eine Textanalyse durch die Benennung der textverstehenden Operationen auch Anhaltspunkte dafür bieten, an welcher Stelle sich im Unterricht metakognitive Überlegungen anbieten. Solche Überlegungen sollen anschlussfähig ins Bewusstsein heben, was man über das bloße Entziffern hinaus tut, wenn man einen Text wie *Der Schimmelreiter* zu verstehen sucht. Hierbei kann es auch darum gehen, alternative Operationen in den Blick zu nehmen: Zum Beispiel kann man *Der Schimmelreiter* mannigfaltig kontextualisieren, während andere Operationen alternativlos bleiben.

Konsequenzen sollten operative Analysen auch für die im Unterricht erfolgenden Aufgabenstellungen haben. Während klassische Eröffnungsfragen wie „Was fällt euch auf?" dazu tendieren, ein eher diffus verlaufendes Ratespiel zu initiieren, sollte es auf der Basis einer Textverstehensanalyse möglich sein, Fragen zu formulieren, die es der Lehrperson

■ *ermöglichen, den Leseprozess für alle Schüler/innen explizit zu machen, damit auch die schwachen Leser/innen nachvollziehen können, was es heißt, sich kompetent zu einem elaborierten Mentalen Modell hochlesen zu können (GAILBERGER 2007, 36).[21]* ■

Statt von operativen Analysen spricht MEYER von einer Lernstrukturanalyse, fasst damit in allgemeiner Perspektive Ähnliches:

■ *Die Lernstrukturanalyse ist etwas anderes als die Klärung der Sachstruktur. Es geht darum, präzis und konkret zu durchdenken, welche Art von Handlungen (Operationen) der Schüler vollziehen muss, um zum Ziel zu kommen (MEYER 2007, 55).* ■

Konfrontiert wird in der Planung eine solche Analyse mit einer zweiten, die nun den Lernstand der Schüler betrifft. Dabei handelt es sich in der Regel eher um Einschätzungen, die empirisch zum Teil kräftig danebenliegen (HELMKE 2003, 84 ff.). Denkbar ist es aber auch, etwa vor Kursbeginn eine eigene Lernstandserhebung durchzuführen, um passgenauer unterrichten zu können. Für die Studieneingangsphase haben Huber und STÜCKRATH (2007) mit entsprechenden Tests erfolgreich experimentiert.

Im Abgleich von Lernstruktur- und Lernstandsanalyse sollte deutlich werden, über welche der zum Erreichen des Unterrichtsziels erforderlichen Teilkompetenzen die Lernenden bereits verfügen dürften und wo mit Barrieren zu rechnen ist. Selbstverständlich wird solch ein Abgleich die Lerngruppe differenzieren und dabei hel-

---

21 Vgl. z. B. ZABKA 2006; KÄMPER-VAN DEN BOOGAART 2006; ZABKA 2007 und KÄMPER-VAN DEN BOOGAART/ PIEPER 2008.

fen, den Unterricht an der passenden Stelle methodisch auf Differenzierung und Förderung einzustellen. Das hört sich komplizierter an, als es im routinierten Unterrichten ist, wenn die Lehrperson sich sehr wohl vorstellen kann, wer von ihren Lernenden beispielsweise kaum über das nötige Kontextwissen verfügen wird, um die Dämmungsprojekte Hauke Haiens textverstehend zu überblicken. Gleichwohl kann es sinnvoll sein, derartige Einschätzungen immer wieder einmal explizit zu überprüfen, um nicht den klassischen Tendenzen zu Diagnosefehlern zu erliegen (HELMKE 2003, 98 f.). Eine solche explorative Überprüfung kann in einem Test erfolgen, der Aufgaben enthält, die die unterschiedlichen Kompetenzstufen[22] ansprechen. Bastelanregungen für solche Tests liefern Beispielaufgaben, wie sie im Kontext zentraler Leistungsmessungen (PISA, DESI, IGLU usw.) veröffentlicht wurden oder in zentralen Aufgabenpools erhältlich sind. Traditionelle Klassen- oder Kursarbeiten sind für Diagnosezwecke hingegen ziemlich problematisch, da sie in der Regel holistisch angelegt sind, sodass in der Evaluation gerade schwächerer Arbeiten nur indirekt darauf geschlossen werden kann, welche rangniedrigeren Kompetenzstufen nicht erreicht werden.

Eine weitere Konsequenz der Umstellung auf Kompetenzorientierung für die Stundenverlaufsplanung macht SPINNER klar, indem er darauf hinweist, dass es – zumal bei grundlegenden Kompetenzen – illusionär sei „zu meinen, man könne innerhalb einer Unterrichtslektion etwas vermitteln, was dann am Ende der 45 Minuten gesichert sein kann" (SPINNER 2004, 137).[23] Meines Erachtens war diese Fixierung auf die finale Ergebnissicherung übrigens noch nie völlig durchdacht und in ihrer Form oft nur eine Pseudoleistung. Dieselben Lehrenden, die Wert darauf legen, dass das offene Ende von Erzählungen zum Weiterdenken anstoße, mutieren nicht selten zu Fanatikern der geschlossenen Form, wenn es um didaktische Stundenarchitektonik geht. Ein Deutschlehrer muss nicht immer, darf aber doch wohl gelegentlich auch etwas aus der Wirkungsästhetik seiner Gegenstände auf sein eigenes Tun übertragen.

Zusammen hing die dramatische Finalisierung einer Unterrichtsstunde natürlich mit Usancen der Unterrichtsplanung, die von der Ausrichtung auf differenzierte

---

[22] Hierbei handelt es sich notwendig um Konstrukte. Dass in der Fachdidaktik kein Konsens über gestufte Kompetenzmodelle vorliegt, sollte kein Hindernis sein, sich für seine Ziele etwas passend Anmutendes zu basteln. Stellt sich nachher heraus, dass die hierarchiehoch eingestuften Kompetenzstufen von mehr Schülern erreicht wurden als die hierarchieniedriger eingestuften, ist das auch eine wichtige Information, die produktive Umdenkprozesse einleiten kann. Zum Basteln vgl. MEYER 2007, 146 ff.

[23] Auch fachspezifische (Groß-)Phasenmodelle, wie sie insbesondere für den Literaturunterricht entwickelt wurden (KREFT 1977, WALDMANN 1998), können unter dem Primat der Kompetenzorientierung, der Forderung nach Differenzierung und Förderung und angesichts des Gütekriteriums Methodenvielfalt kaum mehr überzeugende Lösungen bieten, obschon sich aus ihren Begründungen sicher immer noch Anregungen entnehmen lassen. Für einen Überblick vgl. ABRAHAM/KEPSER 2009, 210 ff.

Lernziele motiviert wurden. Gelegentlich wird heute der Eindruck erweckt, Lernziel- und Kompetenzorientierung seien sich ausschließende Gegensätze. Für eine solche Einschätzung gibt es wenig gute, allerdings rhetorische Gründe, soll doch unbedingt von einem Paradigmenwechsel, von einer grundlegend neuen Kultur des Lehrens und Lernens die Rede sein. Folgt man der Argumentation HELMKES (HELMKE 2003, 24) und negiert die vorübergehende Neigung, sogenannte Schlüsselkompetenzen zu priorisieren, sind die kompetenzorientierten Unterrichtsziele stärker als die klassischen Taxonomien von Lernzielen (v. a. von BLOOM u. a.) auf die Strukturen der Unterrichtsfächer abzustimmen. Indes, es bleibt dabei: Der Unterricht folgt Zielen, größeren und kleineren …

1.4 Reihen- oder Sequenzbildung

Waren früher umfassendere Themen des Deutschunterrichts zumeist stofflich ausgewiesen und lauteten zum Beispiel „Die Novelle" oder „Der Konjunktiv", hat sich nicht zuletzt durch die normierende Rolle der Lehrwerke der Sekundarstufe I eine andere Praxis eingebürgert. Mit FINGERHUT 2008 lassen sich die neueren Sequenzbildungen als integrierte Unterrichtseinheiten bezeichnen. Für dieses Sequenzierungsprinzip führt FINGERHUT fünf Merkmale an:

1 ein thematischer Fokus, der in der realen Lebenswelt der Lernenden verankert sein soll;

2 ein modularer Aufbau, durch den das Thema in unterschiedlichen Textsorten und Erschließungsmethoden traktiert wird;

3 eine Berücksichtigung verschiedener Lernbereiche in diesen Modulen (Sprachreflexion, Schreiben, Lesetraining usw.);

4 die Zugrundelegung eines weiten, medienübergreifenden Textbegriffs;

5 im Fall der Lehrwerkseinheiten eine Verknüpfung durch graphische Hilfen und integrative Aufgabenstellungen (FINGERHUT 2008, 10).

Beispiele für solche Einheiten finden sich in einschlägigen Lehrwerken unter Kapiteltiteln wie „Freundschaft", „Wunschwelten" oder „Tiere als Freunde". Für diesen Modus, den Deutschunterricht zu sequentialisieren, sind verschiedene Motive geltend gemacht worden; die Kompetenzorientierung gehörte originär wohl nicht dazu, auch wenn FINGERHUTS Kritik dies zu insinuieren scheint. Stattdessen waren Konsequenzen aus der Schülerorientierung federführend, die spätestens in den 1980er-Jahren groß geschrieben wurde. Vermutet wurde zum Beispiel, dass die themengestützte Integration Motivationsvorzüge besitzt, dass Lebensnähe und

Relevanz einhergehen und die Funktionalität der zu lernenden Verfahren erfahrbar werden. Skeptiker der damaligen Innovationen wiesen hingegen darauf hin, dass die thematischen Verkuppelungen unsystematisch seien – und zwar gleichermaßen im Hinblick auf die Struktur des Domänewissens und die Struktur des Wissenserwerbs. Vorwerfen kann man zumindest verschiedenen Vorschlägen zu integrierten Sequenzen, dass mit den lebensweltlichen Oberthemen die Lernenden zu Operationen motiviert werden, die de facto nur die Rolle eines Aufhängers spielen. FINGERHUTS Kritik setzt an einer zweiten Welle der integrierten Sequenzen an, die mittlerweile auch noch auf die Präparation von Vergleichsarbeiten ausgerichtet sind. Beklagt wird von ihm eine Instrumentalisierung poetischer Texte, die zum Teil verstümmelt und brachial an den thematischen Kontext angepasst werden.

Neben dieser wichtigen Kritik ist noch ein anderer Punkt zu bedenken: Die weit verbreitete Tendenz, von potentiell schülergängigen Themen auszugehen und hier die Priorität bei der Text- und Stoffauswahl zu setzen, steht oft genug einem konsequent kompetenzorientierten Deutschunterricht entgegen. Die Themen, um die es insbesondere in den integrierten Reihen der Sekundarstufe I geht, sind gegenüber den domänespezifischen Kompetenzen weitgehend indifferent (was nicht systematisch die Möglichkeit ausschließt, in Auseinandersetzung mit solchen Themen jene Kompetenzen zu entwickeln). Werden Texte unter dem Aspekt der thematischen Passung und dann auch noch der medialen Variabilität gruppiert, sind kompetenzrelevante Fragen der Lernprogression gar hintangestellt. Setzte man hier die Priorität, käme es zum Beispiel eher darauf an, Texte mit vergleichbaren Strukturen, das heißt: Texte, die ähnliche kognitive Operationen erfordern, mit steigendem Schwierigkeitsniveau zu gruppieren.

Einzuräumen ist, dass angesichts der Desiderata bei der Modellierung gestufter Teilkompetenzen eine entsprechend konsequent kompetenzorientierte Reihenplanung für die einzelne Lehrkraft eine knifflige Aufgabe darstellte. Gleichwohl sollte man sich nicht mit einer Praxis zufriedengeben, die gerade Novizen des Lehrberufs dazu verführt, die eigentlich zentrale Frage nach dem, was (wozu) gelernt werden soll, zugunsten thematischer und methodischer Attraktionen hintanzustellen.

Literaturverzeichnis

ABRAHAM, ULF (1994): Lesarten – Schreibarten. Formen der Wiedergabe und Besprechung literarischer Texte. Stuttgart.

ABRAHAM, ULF (1998): Übergänge: Literatur, Sozialisation und Literarisches Lernen. Opladen/Wiesbaden.

ABRAHAM, ULF, u. a. (Hrsg.) (1998, 2000): Praxis des Deutschunterrichts. Arbeitsfelder, Tätigkeiten, Methoden, Donauwörth.

ABRAHAM, ULF / KEPSER, MATTHIS (2006): Literaturdidaktik Deutsch. Eine Einführung. Berlin.

ABRAHAM, ULF / KEPSER, MATTHIS (2009): Literaturdidaktik Deutsch. Eine Einführung. 3., neu bearb. u. erw. Aufl. Berlin.

ABRAHAM, ULF / RAUCH, MARJA (2011): Eine eigene Kompetenz für Literaturgeschichte als Vermittlungsauftrag des Deutschunterrichts? In: Didaktik Deutsch 30/2011, 57–73.

ABRAHAM, ULF / SAXALBER, ANNEMARIE (2012): Typen sprachlichen Handelns („Operatoren") in der neuen standardisierten Reifeprüfung Deutsch. In: ide. Heft 1, 36–40.

AHRENHOLZ, BERNT (2007) (Hrsg.): Deutsch als Zweitsprache. Voraussetzungen und Konzepte für die Förderung von Kindern und Jugendlichen mit Migrationshintergrund. Freiburg.

AHRENHOLZ, BERNT (Hrsg.) (2010): Fachunterricht und Deutsch als Zweitsprache. Tübingen.

AHRENHOLZ, BERNT (2013): Sprache im Fachunterricht untersuchen. In: RÖHNER, C. / HÖVELBRINKS, B. (Hrsg.): Fachbezogene Sprachförderung in Deutsch als Zweitsprache. Theoretische Konzepte und empirische Befunde zum Erwerb bildungssprachlicher Kompetenzen. Weinheim/Basel, 87–98.

AHRENHOLZ, BERNT / OOMEN-WELKE, INGELORE (Hrsg.) (³2014): Deutsch als Zweitsprache. DTP Bd. 9. Baltmannsweiler.

ANDRESEN, HELGA / FUNKE, REINHOLD (2003): Entwicklung sprachlichen Wissens und sprachlicher Bewusstheit. In: BREDEL, U. u. a. (Hrsg.): Didaktik der deutschen Sprache. Band 1. Paderborn u. a., 423–437.

ANDRESEN, UTE (²1993): Versteh mich nicht so schnell! Weinheim.

ARENDT, DIETER (1974): Literaturdidaktik und Fachwissenschaft. In: BRACKERT, H. / RAITZ, W. (Hrsg.): Reform des Literaturunterrichts. Frankfurt/M., 228–266.

ARTELT, CORDULA / SCHLAGMÜLLER, MICHAEL (2004): Der Umgang mit literarischen Texten als Teilkompetenz im Lesen? Dimensionsanalysen und Ländervergleiche. In: SCHIEFELE, U. u. a. (Hrsg.), 169–196.

ARTELT, CORDULA / NAUMANN, JOHANNES / SCHNEIDER, WOLFGANG (2010): Lesemotivation und Lernstrategien. In: KLIEME, E. u. a. (Hrsg.), 73-112.

ASSMANN, ALEIDA (2002): Der väterliche Bücherschrank. In: WIESINGER (Hrsg.): Akten des X. Internationalen Germanistenkongresses Wien 2000, 97–112.

ASSMANN, ALEIDA / ASSMANN, JAN (Hrsg.) (1987): Kanon und Zensur. Archäologie der literarischen Kommunikation II. München.

ASSMANN, JAN (1992): Das kulturelle Gedächtnis. Schrift, Erinnerung und politische Identität in frühen Hochkulturen. München.

AUERNHEIMER, GEORG (1990): Einführung in die interkulturelle Erziehung. Darmstadt.

AUERNHEIMER, GEORG (2003): Einführung in die Interkulturelle Pädagogik. Darmstadt.

AUGST, GERHARD / DEHN, MECHTHILD (³2007): Rechtschreibung und Rechtschreibunterricht. Eine Einführung für Studierende und Lehrende aller Schulformen. Stuttgart.

BACHMAIR, BEN (Hrsg.) (2010): Medienbildung in neuen Kulturräumen. Die deutschsprachige und britische Diskussion. Wiesbaden.

BACHMANN, THOMAS / BECKER-MROTZEK, MICHAEL (2010): Schreibaufgaben situieren und profilieren. In: POHL, T. / STEINHOFF, T. (Hrsg.) : Textformen als Lernformen. Duisburg, 191–210.

BAQUERO TORRES, PATRICIA (2009): Kultur und Geschlecht in der interkulturellen Pädagogik. Eine postkoloniale Re-Lektüre. Frankfurt/M.

BARSCH, ACHIM, u. a. (Hrsg.) (1994): Empirische Literaturwissenschaft in der Diskussion. Frankfurt/M.

BARTSCH, ELMAR / MARQUART, TOBIAS (1999): Grundwissen Kommunikation. Ausgangsfragen, Schlüsselthemen, Praxisfelder. Stuttgart.

BAURMANN, JÜRGEN (2005): Schreiben lernen – beim Schreiben lernen. In: ABRAHAM / KUPFER-SCHREINER / MAIWALD (Hrsg.), Schreibförderung und Schreiberziehung. Eine Einführung für Schule und Hochschule. Donauwörth, 48–56.

BAURMANN, JÜRGEN (2009): Sachtexte lesen und verstehen. Grundlagen- Ergebnisse- Vorschläge für einen kompetenzfördernden Unterricht. In: Praxis Deutsch, Seelze.

BAURMANN, JÜRGEN (2013): Schreiben, überarbeiten, beurteilen. Ein Arbeitsbuch zur Schreibdidaktik. Seelze.

BAURMANN, JÜRGEN (im Druck): Prozessorientierung und Methoden des Schreibunterrichts. In: FEILKE, H. / POHL, T. (Hrsg.): Schriftlicher Sprachgebrauch – Texte verfassen. DTP Bd. 4. Baltmannsweiler.

BAURMANN, JÜRGEN / HOPPE, O. (Hrsg.) (1984): Handbuch für Deutschlehrer. Stuttgart.

BAURMANN, JÜRGEN / LUDWIG, OTTO (1985): Texte überarbeiten. Zur Theorie und Praxis von Revisionen. In: BOUEKE / HOPSTER (Hrsg.): Schreiben – Schreibenlernen. Rolf Sanner zum 65. Geburtstag. Tübingen, 254–276.

BAURMANN, JÜRGEN / FEILKE, HELMUT (1997): Freies Arbeiten. In: Praxis Deutsch 141/1997, 18–27.

BAURMANN, JÜRGEN / MÜLLER, ASTRID (1998): Zum Schreiben motivieren – das Schreiben unterstützen. Ermutigung zu einem schreiber-differenzierten Unterricht. Basisartikel. In: Praxis Deutsch 149/1998, 16–22.

BAURMANN, JÜRGEN, u.a. (2000): Denkschrift Deutschdidaktik. In: Didaktik Deutsch 9/2000, 73–83.

BAURMANN, JÜRGEN / POHL, THORSTEN (2009): Schreiben – Texte verfassen. In: BREMERICH-VOS, A. u.a. (Hrsg.): Bildungsstandards für die Grundschule: Deutsch konkret. Berlin, 75–103.

BECK, JOHANNES (1994): Der Bildungswahn. Essay. Reinbek.

BECKER-MROTZEK, MICHAEL (1997): Zum Verhältnis von Sprachwissenschaft und Sprachdidaktik. In: Didaktik Deutsch 3/1997, 16–32.

BECKER-MROTZEK, MICHAEL (1997a): Schreibentwicklung und Textproduktion. Der Erwerb der Schreibfertigkeit am Beispiel der Bedienungsanleitung. Opladen.

BECKER-MROTZEK, MICHAEL (2012): Mündliche Kommunikationskompetenz. In: Ders. (Hrsg.): Mündliche Kommunikation und Gesprächsdidaktik. DTP Bd. 3, 2. korr. Auflage, Baltmannsweiler, 66–83.

BECKER-MROTZEK, MICHAEL / BRÜNNER, GISELA (1997): Gesprächsanalyse und Gesprächsführung. In: RAAbits Deutsch/Sprache. Impulse und Materialien für die kreative Unterrichtsgestaltung. 13. Ergänzungslieferung. Heidelberg.

BECKER-MROTZEK, MICHAEL (2004): Kernkompetenzen im Bereich von Mündlichkeit und Schriftlichkeit. In: KÄMPER-VAN DEN BOOGAART, M. (Hrsg.): Deutschunterricht nach der PISA-Studie. Frankfurt/M.,143–152.

BECKER-MROTZEK, MICHAEL / BÖTTCHER, INGRID (Hrsg.) (2006): Schreibkompetenz entwickeln und beurteilen. Praxishandbuch für die Sekundarstufe I und II. Berlin.

BECKER-MROTZEK, MICHAEL / SCHINDLER, KIRSTEN (2007): Schreibkompetenz modellieren. In: Dies. (Hrsg.): Texte schreiben. Köln (Kölner Beiträge zur Sprachdidaktik 5), 7–26.

BECKER-MROTZEK, MICHAEL u.a. (2013): Sprache im Fach: Einleitung. In: Ders. (Hrsg.): Sprache im Fach. Sprachlichkeit und fachliches Lernen. Münster u.a., 7–13.

BEISBART, ORTWIN, u.a. (Hrsg.) (1993): Leseförderung und Leseerziehung. Theorie und Praxis des Umgangs mit Büchern für junge Leser. Donauwörth

BEISBART, ORTWIN (1998): Vorlesen/Vortragen. In: ABRAHAM u.a. (Hrsg.), 230–232.

BEISBART, ORTWIN / BISMARCK, KRISTINA (2013): Lesestrategien im Literaturunterricht. In: FREDERKING, V. u.a. (2013a). Baltmannsweiler, 340-356.

BELGRAD, JÜRGEN / FINGERHUT, KARLHEINZ (Hrsg.) (1998): Textnahes Lesen. Annäherungen an Literatur im Unterricht. Baltmannsweiler.

BELKE, GERLIND (2003): Methoden des Sprachunterrichts in multilingualen Lerngruppen. In: BREDEL, U. / GÜNTHER, H. / KLOTZ, P. / OSSNER, J. / SIEBERT-OTT, G. (Hrsg.): Didaktik der deutschen Sprache. Bd. 2. Paderborn u.a., 840–853.

BELKE, GERLIND / CHRYSAKOPOULOS, CHRISTOS / KROON, SJAAK / LUCHTENBERG, SIGRID / OOMEN-WELKE, INGELORE / POMMERIN, GABRIELE / REICH, HANS H. (1986): Planung mehrkultureller Erziehung. In: Diskussion Deutsch 90, 424–438.

BEREITER, CARL (1980): Development in Writing. In: GREGG, L. W. / STEINBERG, E. R. (Hrsg.): Cognitive processes in writing. Hillsdale, 73–93.

BEREITER, CARL / SCARDAMALIA, MARLENE (1987): The Psychology of Written Composition. Hillsdale.

BERNASCONI, TOBIAS / HLEBEC, HRVOJE / REISSIG, TILO (2011): Ressourcen und Probleme der Lehrer im Orthograpieunterricht. In: BREDEL, U. / TEISSIG, T. (Hrsg.): Weiterführender Orthographieerwerb. Baltmannsweiler, 496–506.

BERTHOLD, SIEGWART (2000): Im Deutschunterricht Gespräche führen lernen. Unterrichtsanregungen für das 5.–13. Schuljahr. Essen.

BERTSCHI-KAUFMANN, ANDREA / KUNZ, MARCEL (1996): Wenn Pippi Langstrumpf Robin Hood begegnet. Junge Erwachsene lesen und verarbeiten die Bücher ihrer Kindheit. In: Praxis Deutsch 135/1996, 62–65.

BESTE, GISELA (Hrsg.) (2007): Deutsch-Methodik. Handbuch für die Sekundarstufe I und II. Berlin.

BICKES, HANS / PAULI, UTE (2009): Erst- und Zweitspracherwerb. München.

BLEICHER, JOAN KRISTIN (2006): „We love to entertain you" – Beobachtungen zur aktuellen Entwicklung von Fernsehformaten. (Hamburger Hefte zur Medienkultur, Nr. 8). Hamburg.

BLEISSEN, ISABELLA (1995): Satirische Texte. Stuttgart.

BOELMANN, JAN M. / SEIDLER, ANDREAS (Hrsg.) (2012): Computerspiele als Gegenstand des Deutschunterrichts. Beiträge zur Literatur- und Mediendidaktik, Bd. 24. Frankfurt/M. u. a.

BÖNNIGHAUSEN, MARION / RÖSCH, HEIDI (Hrsg.) (2004): Intermedialität im Deutschunterricht. Diskussionsforum Deutsch, Bd. 15. Hohengehren.

BOETTCHER, WOLFGANG / FIRGES, JEAN / SITTA, HORST / TYMISTER, HANS-JOSEF (1973): Schulaufsätze – Texte für Leser. Düsseldorf.

BOETTCHER, WOLFGANG (2009): Grammatik verstehen. Band 1: Wort (2009a). Band 2: Einfacher Satz (2009b). Band 3: Komplexer Satz (2009c). Tübingen.

BOURDIEU, PIERRE (1987): Die feinen Unterschiede. Kritik der gesellschaftlichen Urteilskraft. Frankfurt/M.

BOURDIEU, PIERRE (2002): Gegenfeuer. Wortmeldungen im Dienste des Widerstands gegen die neoliberale Invasion. Konstanz: UVK 1998 oder ders.: Ein soziologischer Selbstversuch. Frankfurt/M.

BRÄUER, CHRISTOPH (2011): Literarisches Lernen im Sprechen und Schreiben: Schriftliche Vor- und Nachbereitungen literarischer Gespräche. In: STEINBRENNER, M. / MAYER, J. / RANK, B. (Hrsg.): „Seit ein Gespräch wir sind und hören voneinander". Das Heidelberger Modell des Literarischen Unterrichtsgesprächs in Theorie und Praxis. Baltmannsweiler, 229–262.

BRÄUER CHRISTOPH / WINKLER, IRIS (2012): Aktuelle Forschung zu Deutschlehrkräften. Ein Überblick. In: Didaktik Deutsch 33/2012, 74–91.

BRÄUER, GERD (Hrsg.) (2001): Pedagogy of Learning in Higher Education. An Introduction. London.

BRECHT, BERTOLT (1971): Erfolg. In: Ders., Geschichten vom Herrn Keuner. Frankfurt/M.

BREDEL, URSULA (2007): Sprachbetrachtung und Grammatikunterricht. Paderborn, u. a.

BREDEL, URSULA (2011a): Sprachbegriffe und Sprachthematisierung – das Verhältnis von Linguistik, Sprachdidaktik und Schule. In: KÖPCKE, K.-M. / NOACK, C. (Hrsg.) (2011): Sprachliche Strukturen thematisieren. Sprachunterricht in Zeiten der Bildungsstandards. Baltmannsweiler, 47–59.

BREDEL, URSULA (2011b): Merksätze – Die Relation zwischen orthographischem Können und orthographischem Wissen. In: BREDEL, U. / TEISSIG, T. (Hrsg.): Weiterführender Orthographieerwerb. Baltmannsweiler, 409–421.

BREDEL, URSULA / FUHRHOP, NANNA / NOACK, CHRISTINA (2011): Wie Kinder lesen und schreiben lernen. Tübingen.

BREDEL, URSULA / MÜLLER, ASTRID / HINNEY, GABRIELE (2010): Schriftsystem und Schrifterwerb: linguistisch, didaktisch, empirisch. Berlin/New York.

BREDEL, URSULA / REISSIG, Tilo (2011): Weiterführender Orthographieerwerb. Baltmannsweiler.

BREMERICH-VOS, ALBERT (1996a): Hermeneutik, Dekonstruktivismus und produktionsorientierte Verfahren. Anmerkungen zu einer Kontroverse in der Literaturdidaktik. In: BELGRAD, J. / MELENK, H. (Hrsg.) (1996): Literarisches Verstehen – Literarisches Leben. Baltmannsweiler, 25–49.

BREMERICH-VOS, ALBERT (1996b): Aspekte des Schriftspracherwerbs – Stufentheorien, das ,Neue' und die Lehrer-Schüler-Interaktion. In: PEYER, A. / PORTMANN, P. R. (Hrsg.): Norm, Moral und Didaktik – Die Linguistik und ihre Schmuddelkinder. Eine Aufforderung zur Diskussion. Tübingen, 267–290.

BREMERICH-VOS, ALBERT / GROTJAHN, RÜDIGER (2007): Lesekompetenz und Sprachbewusstheit: Anmerkungen zu zwei aktuellen Debatten. In: KLIEME, E. / BECK, B. (Hrsg.): Sprachliche Kompetenzen. Konzepte und Messung. DESI-Studie (Deutsch Englisch Schülerleistungen International). Weinheim, Basel: Beltz,158–177.

BREMERICH-VOS, ALBERT / GRANZER, DIETLINDE / KÖLLER, OLAF (Hrsg.) (2008): Lernstandsbestimmung im Fach Deutsch. Gute Aufgaben für den Unterricht. Weinheim/Basel.

BREMERICH-VOS, ALBERT u. a. (Hrsg.) (2009): Bildungsstandards Deutsch und Mathematik. Leistungsmessung in der Grundschule. Weinheim/Basel.

BRINKER, KLAUS (2010): Linguistische Textanalyse. Eine Einführung in Grundbegriffe und Methoden. Berlin.

BRIZIĆ, KATHARINA / LO HUFNAGEL, CLAUDIA (2011): "Multilingual Cities" Wien. Bericht zur Sprachenerhebung in den 3. und 4. Volksschulklassen. Teil 1 (quantitativ) zum wissenschaftlichen Projekt „Sprache und Bildungserfolg". Österreichische Akademie der Wissenschaften. Wien.

BROMME, RAINER (1992): Der Lehrer als Experte. Zur Psychologie des professionellen Wissens. Bern, u. a.

BROMME, RAINER (1995): What exactly is 'pedagogical content knowledge'? Critical remarks regarding a friutful research program. In: HOPMANN, S. / RIQUARTS, K. (Hrsg.): Didaktik and/or curriculum. Kiel, 205–216.

BROWN, PENELOPE / LEVINSON, STEPHEN (1987): Politeness. Some Universals in Language Usage. Cambridge.

BRÜGGEMANN, JÖRN (2008): Literarizität und Geschichte als literaturdidaktisches Problem. Eine Studie am Beispiel des Mittelalters. Frankfurt/M.

BRÜGGEMANN, JÖRN (2013): Deutschdidaktik und Germanistik. In: FREDERKING, V. u. a. (2013b). Baltmannsweiler, 143–176.

BRUNER, JEROME (1987): Wie das Kind sprechen lernt. Bern/Stuttgart/Toronto.

BUDDE, MONIKA / RIEGLER, SUSANNE / WIPRÄCHTIGER-GEPPERT, MAJA (2011): Sprachdidaktik. Berlin.

BÜHLER, CHARLOTTE (1918): Das Märchen und die Phantasie des Kindes. In: dies. / HETZER, H.: Das Märchen und die Phantasie des Kindes. München 1958, 17–71.

BÜHLER, KARL (1982): Das Organonmodell der Sprache. In: ders.: Sprachtheorie. Die Darstellungsfunktion der Sprache. Stuttgart, New York, 24–33.

BUNDESINSTITUT FÜR BILDUNGSFORSCHUNG, INNOVATION & ENTWICKLUNG DES ÖSTERREICHISCHEN SCHULWESENS (BIFIE) (2013a): Musterthemenpakete zur standardisierten und schriftlichen Reife- und Diplomprüfung. Online verfügbar, (2. 12. 2013).

BUNDESINSTITUT FÜR BILDUNGSFORSCHUNG, INNOVATION & ENTWICKLUNG DES ÖSTERREICHISCHEN SCHULWESENS (BIFIE) (2013b): Standardisierte kompetenzorientierte Reifeprüfung. Reife- und Diplomprüfung. Grundlagen – Implementierung – Entwicklung. Online verfügbar, (2. 12. 2013).

BUSS, ANGELIKA (2006): Intertextualität als Herausforderung für den Literaturunterricht. Am Beispiel von Patrick Süskinds Das Parfum. Frankfurt/M.

BUSSMANN, HADUMOD (2008): Lexikon der Sprachwissenschaft. Stuttgart.

CALMBACH, MARC / THOMAS, PETER MARTIN / BORCHARD, INGA / FLAIG, BODO (2011): Wie ticken Jugendliche? Lebenswelten von Jugendlichen im Alter von 14 bis 17 Jahren in Deutschland. Düsseldorf.

CHLOSTA, CHRISTOPH / OSTERMANN, TORSTEN / SCHRÖDER, CHRISTOPH (2003): Die „Durchschnittsschule" und ihre Sprachen: Ergebnisse des Projekts Sprachenerhebung Essener Grundschulen (SPREEG). Essener Linguistische Skripte – EliSe 3, Heft 1.

CHLOSTA, CHRISTOPH / OSTERMANN, TORSTEN (³2014); Grunddaten zur Mehrsprachigkeit im deutschen Bildungssystem. In: AHRENHOLZ / OOMEN-WELKE (Hrsg.), 17–30.

CHOMSKY, NOAM (1969): Aspekte der Syntax-Theorie. Frankfurt/M.

CHRIST, HANNELORE u.a. (1995): „Ja, aber es kann doch sein ..." In der Schule literarische Gespräche führen. Frankfurt/M.

CHRIST, HANNELORE / HOLZSCHUH, HORST / MERKELBACH, VALENTIN / RAITZ, WALTER / STÜCKRATH, JÖRN (1974): Hessische Rahmenrichtlinien. Analyse und Dokumentation eines bildungspolitischen Konflikts. Düsseldorf.

CINAR, MELIHAN / OTREMBA, KATRIN / STÜRZER, MONIKA / BRUHNS, KIRSTEN (2013): Kinder-Migrationsreport. Ein Daten- und Forschungsüberblick zu Lebenslagen und Lebenswelten von Kindern mit Migrationshintergrund. München. Online verfügbar, (20.02.2013).

COHEN, PHILIP (1993): Verbotene Spiele. Theorie und Praxis antirassistischer Erziehung. Hamburg.

DAHRENDORF, MALTE (1975): Literaturdidaktik im Umbruch. Aufsätze zur Literaturdidaktik, Trivialliteratur, Jugendliteratur. Düsseldorf.

DAWIDOWSKI, CHRISTIAN (2009): Literarische Bildung in der heutigen Mediengesellschaft. Eine empirische Studie zur kultursoziologischen Leseforschung. Frankfurt/M.

DAWIDOWSKI, CHRISTIAN (2012): Bildung oder: Fachdidaktik als Wissenschaft. Ein Zwischenruf. In: Didaktik Deutsch, 32/2012, 5–10.

DECKER-ERNST, YVONNE / OOMEN-WELKE, INGELORE (Hrsg.) (2013): Deutsch als Zweitsprache: Beiträge zur durchgängigen Sprachbildung. Stuttgart.

DECKER-ERNST, YVONNE / SCHNITZER, KATJA (2013): FreiSprachen: Sprachen an Freiburger Grund- und Sonderschulen. Lokale Bestandsaufnahme als Basis für Bildungsentscheidungen. In: OOMEN-WELKE / DIRIM (Hrsg.), Mehrsprachigkeit in der Klasse wahrnehmen – aufgreifen – fördern. Stuttgart, 25–42.

DECKER, YVONNE / SCHNITZER, KATJA (2012): FreiSprachen – Eine flächendeckende Erhebung der Sprachenvielfalt an Freiburger Grundschulen. In: KNAPP / AHRENHOLZ (Hrsg.), Sprachstand erheben – Spracherwerb erforschen. Beiträge aus dem 6. Workshop Kinder mit Migrationshintergrund. Freiburg, 95–112.

DECKER, YVONNE / SCHNITZER, KATJA (2013): Mehrsprachigkeit an Freiburger Grundschulen und deren Konsequenzen für die Professionalisierung von Lehrpersonen. Ergebnisse aus dem Projekt FreiSprachen. In: WILDEMANN / HOODGARZADEH (Hrsg.), Sprachen und Identitäten, ide extra 2013, 119–131.

DEHN, MECHTHILD (2000): Alphabetisierung als Leseförderung – Lesenlernen und Lesenlehren in der Schule. In: STARK u.a. (Hrsg.), Von der Alphabetisierung zur Leseförderung. Stuttgart, 82–106.

DEMMRICH, ANKE / BRUNSTEIN, JOACHIM C. (2004): Förderung sinnverstehenden Lesens durch „Reziprokes Lehren". In: LAUTH, G.W. / GRÜNKE, M. / BRUNSTEIN, J.C.: Interventionen bei Lernstörungen. Förderung, Training und Therapie in der Praxis. Göttingen, 279–287.

DEPPERMANN, ARNULF (Hrsg.) (2013): Das Deutsch der Migranten. Jahrbuch des Instituts für Deutsche Sprache 2012. Berlin.

DER DEUTSCHUNTERRICHT (1989): Fremdes verstehen. Themenheft 41, Heft 4.

DER DEUTSCHUNTERRICHT (1987): Muttersprachenunterricht anderswo. Themenheft 39, Heft 2.

DESI-KONSORTIUM (Hrsg.) (2008): Unterricht und Kompetenzerwerb in Deutsch und Englisch. Ergebnisse der DESI-Studie. Weinheim

Deutsch. Das Oberstufenbuch (2009). Berlin.

DEUTSCHMAGAZIN. Ideen und Materialien für den Unterricht. MATTHIESSEN, W. / ZIRBS, W. (Hrsg.). München.

DEUTSCHES PISA-KONSORTIUM (Hrsg.) (2001): PISA 2000. Basiskompetenzen von Schülerinnen und Schülern im internationalen Vergleich. Opladen.

DEUTSCHES PISA-KONSORTIUM (Hrsg.) (2002): PISA 2000 – Die Länder der Bundesrepublik Deutschland im Vergleich. Opladen.

Didaktik Deutsch ([1.] 1998; 2. 2008 -): Halbjahresschrift für die Didaktik der deutschen Sprache und Literatur ; Mitteilungsorgan des Symposions Deutschdidaktik e.V. Sonderheft. Baltmannsweiler.

DIEDERICH, JÜRGEN / TENORTH, HEINZ-ELMAR (1997): Theorie der Schule. Ein Studienbuch zu Geschichte, Funktionen und Gestaltung. Berlin.

DIRIM, İNCI / EDER, ULRIKE / SPRINGSITS, BIRGIT (2013): Subjektivierungskritischer Umgang mit Literatur in migrationsbedingt multilingual-multikulturellen Klassen der Sekundarstufe. In: GAWLITZEK / KÜMMERLING-MEIBAUER (Hrsg.), 121–141.

DRACH, ERICH (⁴1963): Grundgedanken der deutschen Satzlehre. Fotomechanischer Nachdruck der 3. Aufl. Frankfurt/M. 1940, Darmstadt.

DÜRSCHEID, CHRISTA (2007): Damit das grammatische Abendland nicht untergeht. Grammatikunterricht auf der Sekundarstufe II. In: KÖPCKE, K.-M. / ZIEGLER, A. (Hrsg.): Grammatik in der Universität und für die Schule. Theorie, Empirie und Modellbildung. Tübingen, 45–66.

DÜRSCHEID, CHRISTA (2011): Zweifeln als Chance? Zweifeln als Problem? Sprachliche Zweifelsfälle im Deutschunterricht. In: KÖPCKE, K.-M. / ZIEGLER, A. (Hrsg.): Grammatik – Lehren, Lernen, Verstehen. Zugänge zur Grammatik des Gegenwartsdeutschen. Berlin/New York, 155–174.

EGGERT, HARTMUT (2002): Literarische Texte und ihre Anforderungen an die Lesekompetenz. In: GROEBEN / HURRELMANN (Hrsg.) (2002a), 186–194.

EGGERT, HARTMUT / GARBE, CHRISTINE (2003): Literarische Sozialisation. Stuttgart.

EHLERS, SWANTJE (2003): Das Lesebuch. Zur Theorie und Praxis des Lesebuchs im Deutschunterricht. Baltmannsweiler.

EHLICH, KONRAD (2000): Sprechhandlung. In: GLÜCK, HELMUT (Hrsg.): Metzler Lexikon Sprache. Stuttgart/Weimar, 682f.

EHLICH, KONRAD (2012): Sprachliche Bildung. In: EHLICH, K. / VALTIN, R. / LÜTKE, B.: Expertise „Erfolgreiche Sprachförderung unter Berücksichtigung der besonderen Situation Berlins". Online verfügbar, (20. 12. 2013).

EHLICH, KONRAD / BREDEL, URSULA / REICH, HANS H. (2008): Sprachaneignung: Prozesse und Modelle. In: Dies. (Hrsg.): Referenzrahmen zur altersspezifischen Sprachaneignung. Berlin: Bundesministerium für Bildung und Forschung, 9–34.

EHLICH, KONRAD / VALTIN, RENATE / LÜTKE, BEATE (2012): Expertise „Erfolgreiche Sprachförderung unter Berücksichtigung der besonderen Situation Berlins". Online verfügbar, (20. 12. 2013).

EHMKE, TIMO / JUDE, NINA (2010): Soziale Herkunft und Kompetenzerwerb. In: KLIEME, E. u. a. (Hrsg.), 231–254.

EICHLER, WOLFGANG (2007a): Sprachbewusstheit. In: KLIEME, E. / BECK, B. (Hrsg.): Sprachliche Kompetenzen. Konzepte und Messung. DESI-Studie (Deutsch Englisch Schülerleistungen International). Weinheim u. a., 147–157.

EICHLER, WOLFGANG (2007b): Sprachbewusstheit bei DESI. In: WILLENBERG, H. (Hrsg.): Kompetenzhandbuch für den Deutschunterricht. Baltmannsweiler, 124–133.

EICHLER, WOLFGANG (2008): Sprachbewusstheit Deutsch. In: DESI-Konsortium (Hrsg.): Unterricht und Kompetenzerwerb in Deutsch und Englisch. Ergebnisse der DESI-Studie. Weinheim, 112–119.

EICHLER, WOLFGANG / HENZE, WALTER (1994): Sprachwissenschaft und Sprachdidaktik. In: LANGE, G. / NEUMANN, K. / ZIESENIS, W. (Hrsg.): Taschenbuch des Deutschunterrichts. Grundfragen und Praxis der Sprach- und Literaturdidaktik. Grundlagen – Sprachdidaktik – Mediendidaktik. Band 1. Baltmannsweiler, 129–152.

EICHLER, WOLFGANG / HENZE, WALTER (2003): Sprachwissenschaft und Sprachdidaktik. In: LANGE, G. / NEUMANN, K. / ZIESENIS, W. (Hrsg.): Taschenbuch des Deutschunterrichts Bd. 1, 101–123.

EICHLER, WOLFGANG; NOLD, GÜNTER (2007): Sprachbewusstheit. In: KLIEME, E. / BECK, B. (Hrsg.): Sprachliche Kompetenzen. Konzepte und Messung. DESI-Studie (Deutsch Englisch Schülerleistungen International). Weinheim u. a., 63–82.

EICHLER, WOLFGANG / THOMÉ, GÜNTHER (2008): Rechtschreiben Deutsch. In: DESI-Konsortium (Hrsg.): Unterricht und Kompetenzerwerb in Deutsch und Englisch. Ergebnisse der DESI-Studie. Weinheim, 104–111.

EINECKE, GÜNTER (1999): Auf die sprachliche Ebene lenken. Gesprächssteuerung, Erkenntniswege und Übungen im integrierten Grammatikunterricht. In: BREMERICH-VOS, A. (Hrsg.): Zur Praxis des Grammatikunterrichts. Mit Materialien für Lehrer und Schüler. Freiburg i. Breisgau, 125–192.

EINHEITLICHE PRÜFUNGSANFORDERUNGEN IN DER ABITURPRÜFUNG DEUTSCH (EPA); Beschluss der Kultusministerkonferenz vom 01.12.1989, in der Fassung vom 24.05.2002. Online verfügbar, (23.07.2008).

EISENBERG, PETER / MENZEL, WOLFGANG (Hrsg.) (1995): Grammatik-Werkstatt. In: Praxis Deutsch 129, 14–26.

EISENBERG, PETER (2004a): Wie viel Grammatik braucht die Schule? In: Didaktik Deutsch 17/2004, 4–25.

EISENBERG, PETER (2004b): Das Wort. Grundriss der deutschen Grammatik. Stuttgart.

EISENBERG, PETER (2013a): Der Satz. Grundriss der deutschen Grammatik. Stuttgart.

EISENBERG, PETER (2013b): Schulgrammatik – Sprache für Schüler, Sprachwissen für Lehrer. In: KÖPCKE, K.-M. / ZIEGLER, A. (Hrsg.): Schulgrammatik und Sprachunterricht im Wandel. Berlin/New York, 7–16.

ELLIS, ROD (2009): Implicit and Explicit Learning, Knowledge and Instruction. In: ELLIS, R. u.a. (Hrsg.): Implicit and Explicit Knowledge in Second Language Learning, Teaching and Testing. Bristol u.a., 3–25.

ENNEMOSER, MARCO (2003): Der Einfluss des Fernsehens auf die Entwicklung von Lesekompetenz. Eine Längsschnittstudie vom Vorschulalter bis zur dritten Klasse. Hamburg.

EPA: s. Einheitliche Prüfungsanforderungen in der Abiturprüfung Deutsch.

ERLINGER, HANS-DIETER (2001): Medienerziehung im Deutschunterricht und hochschulcurriculare Konsequenzen. In: Erlinger / MARCI-BOEHNCKE (Hrsg.) (2001).

ERLINGER, HANS-DIETER / MARCI-BOEHNCKE, GUDRUN (Hrsg.) (2001): Deutschdidaktik und Medienerziehung – Kulturtechnik Medienkompetenz in Unterricht und Studium. München.

ESSLINGER, GESINE (2011): Konzepte des Interpunktionserwerbs. In: BREDEL, U. / TEISSIG, T. (Hrsg.): Weiterführender Orthographieerwerb. Baltmannsweiler, 318–339.

EWERS, HANS-HEINO (2004): Die Göttersagen der Gegenwart – Die Medienverbundangebote sind die großen Narrationen unserer Zeit. In: 1000 und 1 Buch. Das Magazin für Kinder- und Jugendliteratur Nr. 2/Mai 2004, 4–10.

FÄCKE, CH. / WANGERIN, W. (Hrsg.) (2007): Neue Wege zu und mit literarischen Texten. Baltmannsweiler.

FEILKE, HELMUTH (2003): Basisartikel Beschreiben und Beschreibungen. In: Praxis Deutsch, 182, 6–14.

FEILKE, HELMUTH (2012): Bildungssprachliche Kompetenzen – fördern und entwickeln. In: Bildungssprache. Praxis Deutsch 233, 4–13.

FEILKE, HELMUTH (2013): Bildungssprache und Schulsprache am Beispiel literal-argumentativer Kompetenzen. In: BECKER-MROTZEK, M. / SCHRAMM, K. / THÜRMANN, E. / VOLLMER, H. (Hrsg.): Sprache im Fach. Sprachlichkeit und fachliches Lernen. Münster u.a., 113–130.

FEILKE, HELMUTH / JOST, JÖRG (2014, i.D.). Sprache und Sprachgebrauch reflektieren. In: BECKER-MROTZEK, M. u.a. (Hrsg.), Gute Aufgaben für die Sekundarstufe II. Berlin.

FIEHLER, REINHARD (1998): Bewertungen und Normen als Problem bei der Förderung von Gesprächsfähigkeit. In: Der Deutschunterricht 1/1998, 53–64.

FIEHLER, REINHARD (2012): Mündliche Kommunikation. In: BECKER-MROTZEK, MICHAEL (Hrsg.): Mündliche Kommunikation und Gesprächsdidaktik. DTP Bd. 3. Baltmannsweiler, 25–51.

FIGUEROA, PETER (1993): Europa, Vielfalt, Ungleichheit, Rassismus und die Folgen für die Erziehung. In: Boteram, N. (Hrsg.): Interkulturelles Verstehen und Handeln. Pfaffenweiler, 136–143.

FINGERHUT, KARLHEINZ (1987): Die folgenlose Literatur und der pädagogische Wahn. Deutschdidaktik, Literaturunterricht und Gegenwartsliteratur. In: OELLERS, N. (Hrsg.), Literatur und Literaturunterricht der Moderne. Germanistik und Deutschunterricht im Zeitalter der Technologie, Bd. 3, Tübingen, 3–22.

FINGERHUT, KARLHEINZ (1992): Arbeit am Kanon. Formen der Interferenz zwischen literarischem und pädagogischem Diskurs am Beispiel von Heines „Buch der Lieder" und „Wintermärchen". In: BREMERICH-VOS (Hrsg.) (1993b), 37–58.

FINGERHUT, KARLHEINZ (1995a): Das Verhältnis von Fachwissenschaft und Fachdidaktik in der Zeit von 1964 bis 1994. In: JÄGER, L. (Hrsg.), Germanistik. Disziplinäre Identität und kulturelle Leistung. Vorträge des deutschen Germanistentags 1994. Weinheim, 87–104.

FINGERHUT, KARLHEINZ (1995b): Kanon und kultursoziologisches Orientierungswissen im Literaturunterricht. Mit einem Blick auf Deutungen der „Emilia Galotti". In: Diskussion Deutsch Heft 142, 86–96.

FINGERHUT, KARLHEINZ (1997a): Kanon, Kommentar und Schullektüre. Didaktische Arbeit am Kanon unter den Bedingungen der Postmoderne. In: Deutschunterricht 4/1997, 180–190.

FINGERHUT, KARLHEINZ (1997b): Heine als Symptom. In: Der Deutschunterricht 5, 5–18.

FINGERHUT, KARLHEINZ (2008): Die didaktische Funktionalisierung literarischer Texte in kompetenzorientierten Unterrichtseinheiten integrierter Deutschbücher. In: Didaktik Deutsch 24, Heft 1 2008, 5–23.

FINGERHUT, KARLHEINZ (2010): Literaturgeschichte als Kulturgeschichte. In: KÄMPER-VAN DEN BOOGAART, M. / SPINNER, K. H. (Hrsg.) (2010): DTP Bd. 11/3. Baltmannsweiler, 255-293.

FITZGERALD, JILL (1987): Research on Revision in Writing. In: Review of Educational Research. 57/1987, 481–506.

FIX, MARTIN (2000): Textrevisionen in der Schule. Prozessorientierte Schreibdidaktik zwischen Instruktion und Selbststeuerung. Empirische Untersuchung in achten Klassen. Baltmannsweiler.

FIX, MARTIN (2006): Texte schreiben. Schreibprozesse im Deutschunterricht. Paderborn.

FIX, MARTIN (2008): Lernen durch Schreiben. In: Praxis Deutsch, Heft 210, 6–15.

FIX, MARTIN / MELENK, HARTMUT (2000): Schreiben zu Texten. Schreiben zu Bildimpulsen. Das Ludwigsburger Aufsatzkorpus. Baltmannsweiler.

FLOWER, LINDA S. / HAYES, JOHN R. / CAREY, LINDA / SCHRIVER, KAREN / STRATMAN, JAMES (1986): Detection, Diagnosis, and the Strategies of Revision. In: College Composition and Communication 37/1986, 16–55.

FörMig (2011). Förderung von Kindern und Jugendlichen mit Migrationshintergrund. Bilanz und Perspektiven eines Modellprogramms, von GOGOLIN, INGRID / DIRIM, İNCI / KLINGER, THORSTEN / LANGE, IMKE / LENGYEL, DRORIT / MICHEL, UTE / NEUMANN, URSULA / REICH, HANS H. / ROTH, HANS-JOACHIM / SCHWIPPERT, KNUT. Münster u. a.

FRANK, HORST JOACHIM (1976): Dichtung, Sprache, Menschenbildung. Geschichte des Deutschunterrichts von den Anfängen bis 1945. 2 Bde. München.

FRANZMANN, BODO u. a. (Hrsg.) (1999): Handbuch Lesen. München.

FRANZMANN, BODO (2001): Die Deutschen als Leser und Nichtleser: Ein Überblick. In: Stiftung Lesen (Hrsg.). Leseverhalten in Deutschland im neuen Jahrtausend: Eine Studie der Stiftung Lesen. Mainz.

FREDERKING, VOLKER (1995): Umgang mit dem Fremden. Assoziative, produktive und imaginative Verfahren zu einem aktuellen Problem. In: SPINNER, K. H. (Hrsg.): Imaginative und emotionale Lernprozesse im Deutschunterricht. Frankfurt/M., 169–191.

FREDERKING, VOLKER / JONAS, HARTMUT (Hrsg.) (2008): Neue Medien im Deutschunterricht – eine Zwischenbilanz.

FREDERKING, VOLKER (2013a): Symmedialer Literaturunterricht. In: FREDERKING, V. u. a. (2013a). Baltmannsweiler, 535–567.

FREDERKING, VOLKER (Hrsg.) (2013b): Identitätsorientierter Literaturunterricht. In: FREDERKING, V. u. a. (2013a). Baltmannsweiler, 427–470.

FREDERKING, VOLKER / HUNEKE, HANS-WERNER / KROMMER, AXEL / MEIER, CHRISTEL (Hrsg.) (2013a): Taschenbuch des Deutschunterrichts, Bd. 2, Literatur-und Mediendidaktik. Baltmannsweiler.

FREDERKING, VOLKER / HUNEKE, HANS-WERNER / KROMMER, AXEL / MEIER, CHRISTEL (Hrsg.) (2013b): Taschenbuch des Deutschunterrichts, Bd. 3, Aktuelle Fragen der Deutschdidaktik. Baltmannsweiler.

FREUDENBERG, RICARDA (2012): Zur Rolle des Vorwissens beim Verstehen literarischer Texte. Eine qualitativ-empirische Untersuchung. Wiesbaden.

FRIEDLÄNDER, KÄTE (1941): Über Kinderbücher und ihre Funktion in Latenz und Vorpubertät. In: Internationale Zeitschrift für Psychoanalyse und Imago, 26/1941, 232–251.

FROMMER, HARALD (1984): Warum nicht Nacherzählen? Eine methodische Anregung für den Literaturunterricht auf allen Stufen. In: Der Deutschunterricht, 2/1984, 21–32.

FRÜHWALD, WOLFGANG (1984): Die Erneuerung des Mythos. Zu Eichendorffs Gedicht Mondnacht. In: Segebrecht, W. (Hrsg.), Gedichte und Interpretationen, Bd 3. Stuttgart, 395–407.

FRÜHWALD, WOLFGANG u.a. (Hrsg.) (1991): Geisteswissenschaften heute. Frankfurt/M.

FUNKE, REINOLD (2005): Sprachliches im Blickfeld des Wissens. Tübingen.

FUNKE, REINOLD (2008): Einleitung. In: FUNKE, R. / JÄKEL, O. / JANUSCHEK, F. (Hrsg.): Denken über Sprechen. Facetten von Sprachbewusstheit. Flensburg, 9–23.

FÜRSTENAU SARA / GOGOLIN, INGRID / YAĞMUR, KUTLAY (2003): Mehrsprachigkeit in Hamburg. Ergebnisse einer Sprachenerhebung an den Grundschulen. Münster.

GADAMER, HANS G. (1975): Wahrheit und Methode. Tübingen.

GANSEL, CARSTEN (1997): Zwischen Einstiegsliteratur und literarischer Autonomie? Kinder- und Jugendliteratur und ihre Chancen im Literaturunterricht. In: Der Deutschunterricht, 3/1997, 80–86.

GARBE, CHRISTINE (2003): Warum lesen Mädchen besser als Jungen? Zur Notwendigkeit einer geschlechterdifferenzierenden Leseforschung und Leseförderung. In: ULF, ABRAHAM / BREMERICH-VOS, ALBERT / FREDERKING, VOLKER / WIELER, PETRA (Hrsg.): Deutschdidaktik und Deutschunterricht nach PISA. Freiburg i. Br., 69–89.

GARBE, CHRISTINE / HOLLE, KARL / VON SALISCH, MARIA (2006): Entwicklung und Curriculum: Grundlagen einer Sequenzierung von Lehr-/Lernzielen im Bereich des (literarischen) Lesens. In: GROEBEN, N. / HURRELMANN, B. (Hrsg.), Empirische Unterrichtsforschung in der Literatur- und Lesedidaktik. Ein Weiterbildungsprogramm. Weinheim, 115–154.

GARBE, CHRISTINE / HOLLE, KARL / JESCH, TATJANA (2009): Texte lesen. Textverstehen – Lesedidaktik – Lesesozialisation. Schöningh.

GARBE, CHRISTINE (2013): Literarische Sozialisation- Mediensozialisation. In: FREDERKING, V. u.a. (2013a). Baltmannsweiler, 23–42.

GARDT, ANDREAS (1998): Die Fachsprache der Literaturwissenschaft im 20. Jahrhundert. In: HOFFMANN, L. / KALVERKÄMPER, H. / WIEGAND, H. E. (Hrsg.): Fachsprachen. Languages for Special Purposes. Ein internationales Handbuch zur Fachsprachenforschung und Terminologiewissenschaft. Berlin/New York, 1355–1362.

GDS siehe Grammatik der deutschen Sprache (1997).

GAWLITZEK, IRA / KÜMMERLING-MEIBAUER, BETTINA (Hrsg.) (2013): Mehrsprachigkeit und Kinderliteratur. Stuttgart.

GEISSLER, ROLF (1970): Prolegomena zu einer Theorie der Literaturdidaktik. Hannover.

GER, Gemeinsamer europäischer Referenzrahmen für Sprachen, hg. v. Goethe-Institut Inter Nationes, Berlin u.a.

GERNER, VOLKER (2013): Die Didaktikwissenschaft Deutsch und ihre Bezüge zur Bildungswissenschaft/ Erziehungswissenschaft/Pädagogik. In: FREDERKING, V. u.a. (2013b). Baltmannsweiler, 177–196.

GERTH, KLAUS (1977): Satire. In: Praxis Deutsch, 22/1977, 8–11.

GERTH, KLAUS (1992): Das Komische. In: Praxis Deutsch, 125/1992, 19–26.

GIESE, GERHARDT (1961): Quellen zur deutschen Schulgeschichte seit 1800. Göttingen.

GLASERSFELD, ERNST VON (1997): Wege des Wissens – Konstruktivistische Erkundungen durch unser Denken. Heidelberg.

GLINZ, HANS (1952): Die innere Form des Deutschen. Bern.

GOETHE-INSTITUT: Was ist CLIL? Online verfügbar, (18.11.2013).

GOFFMAN, ERVING (1967): Interaction Ritual. New York.

GOGOLIN, INGRID (1994): Der monolinguale Habitus der multilingualen Schule. Münster.

GOGOLIN, INGRID u. a. (2010): Durchgängige Sprachbildung: Qualitätsmerkmale für den Unterricht. Hamburg: FörMig-Kompetenzzentrum.

GOGOLIN, INGRID / LANGE, IMKE (2010): Durchgängige Sprachbildung. Eine Handreichung. FörMig-Material Bd. 2. Münster.

GOGOLIN, INGRID (2011): Förderung von Kindern und Jugendlichen mit Migrationshintergrund FörMig: Bilanz und Perspektiven eines Modellprogramms. Münster.

GOGOLIN, INGRID / LANGE, IMKE (2011): Bildungssprache und durchgängige Sprachbildung. In: FÜRSTENAU, SARA / GOMOLLA, MECHTHILD (Hrsg.): Migration und schulischer Wandel: Mehrsprachigkeit. Wiesbaden. Online verfügbar, (12. 5. 2014).

GORNIK, HILDEGARD (2011): Anmerkungen zu Aufgaben im Grammatikunterricht am Beispiel der Entwicklung des Begriffs Objekt – Traditionen und Neuorientierungen. In: KÖPCKE, KLAUS-MICHAEL (Hrsg.): Sprachliche Strukturen thematisieren: Sprachunterricht in Zeiten der Bildungsstandards. Baltmannsweiler, 108–120.

GORNIK, HILDEGARD / GRANZOW-EMDEN, MATTHIAS (2008): Sprachthematisierung und grammatische Begriffe. In: Didaktik Deutsch – Sonderheft 2/2008, 127–138.

GRAMMATISCHE TERMINOLOGIE. Online verfügbar, (20. 12. 2013).

GRAEFEN, GABRIELE (1999): Mündliche Kommunikation (wie und wozu?). Eine Auseinandersetzung mit Modellierungen des Lehrziels „mündliche Kommunikation". In: „Rhetorik". Mitteilungen des Deutschen Germanistenverbandes 3/1999, 374–396.

GRAF, WERNER (2004): Der Sinn des Lesens. Modi der literarischen Rezeptionskompetenz. Münster.

GRAF, WERNER (2007): Lesegenese in Kindheit und Jugend. Einführung in die literarische Sozialisation. Baltmannsweiler.

GRAMMATIK DER DEUTSCHEN SPRACHE (1997), hg. v. ZIFONUN, GISELA, u. a., 3 Bde., Berlin.

GRANZOW-EMDEN, MATTHIAS (2013): Deutsche Grammatik verstehen und unterrichten. Tübingen.

GRIMM, SIEGLINDE (2008): Konstruktivistische Abwege der Deutschdidaktik und die Neurobiologie. In: PAUL, INGWER / THIELMANN, WINFRIED / TANGERMANN, FRITZ (Hrsg.): Standard: Bildung. Blinde Flecken der deutschen Bildungsdiskussion. Göttingen, 141–154.

GROEBEN, NORBERT / HURRELMANN, BETTINA (Hrsg.) (2004): Lesesozialisation in der Mediengesellschaft. Ein Forschungsüberblick. Weinheim/München.

GRÜNWALDT, HANS JOACHIM (1998): Zur Didaktik und Methodik mündlicher Kommunikations-Übungen. In: Der Deutschunterricht 1/1998, 65–73.

GRZESIK, JÜRGEN / FISCHER MICHAEL (1985): Was leisten Kriterien für die Aufsatzbeurteilung? Theoretische, empirische und praktische Aspekte des Gebrauchs von Kriterien und der Mehrfachbeurteilung nach globalem Ersteindruck. Opladen.

GRZESIK, JÜRGEN (2005): Texte verstehen lernen. Neurobiologie und Psychologie der Entwicklung von Lesekompetenzen durch den Erwerb von textverstehenden Operationen. Münster.

GÜLICH, ELISABETH / HAUSENDORF, HEIKO (2000): Vertextungsmuster Narration. In: BRINKER, K. / ANTOS, G. / HEINEMANN, W. / SAGER, S. F. (Hrsg.): Text- und Gesprächslinguistik. 1. Halbband. Berlin/New York, 369–356.

GÜNKEL, LUTZ / ZIFONUN, GISELA (Hrsg.) (2012): Deutsch im Sprachvergleich. Grammatische Kontraste und Konvergenzen. IDS-Jahrbuch 2011. Berlin.

GÜNTHER, SILKE (2012): Reading, Playing, Media (RePlayMe). Eine Spielplattform zur Förderung der Lesekompetenz. In: BOELMANN, JAN M. / SEIDLER, ANDREAS (Hrsg.): Computerspiele als Gegenstand des Deutschunterrichts. Frankfurt/M. u. a., 217–224.

HAAS, GERHARD (1995): Lesen für die Schule, gegen die Schule, in der Schule: Spannende Verhältnisse. In: Rosebrock (Hrsg.), Lesen im Medienzeitalter. Weinheim/München 1995. 211-228.

HAAS, GERHARD (1997): Handlungs- und produktionsorientierter Literaturunterricht. Theorie und Praxis eines „anderen" Literaturunterrichts für die Primar- und Sekundarstufe. Seelze.

HABERMAS, JÜRGEN (1978): Umgangssprache, Wissenschaftssprache, Bildungssprache. In: Merkur 4, 327–332.

HÄCKER, SABINE (1999): Gedichte in zwei Sprachen. In: Praxis Deutsch 157, 45–48.

HALLET, WOLFGANG (2007): Hypertext und Literatur. Didaktische Implikationen der Literatur- und Texttheorie. In: FÄCKE, CH. / WANGERIN, W. (Hrsg.): Neue Wege zu und mit literarischen Texten. Baltmannsweiler, 89–109.

HAMELMANN, MONIQUE / KÄMPER-VAN DEN BOOGAART, MICHAEL (2013): „Kritik am Privileg wird zum Privileg: so dialektisch ist der Weltlauf" – Einige Anmerkungen zur Crux kritischen Urteilens im Deutschunterricht. In: DAWIDOWSKI, CHRISTIAN / WROBEL, DIETER (Hrsg.): Kritik und Kompetenz – Die Praxis des Literaturunterrichts im gesellschaftlichen Kontext. Baltmannsweiler, 41–60.

HÄRLE, GERHARD / STEINBRENNER, MARKUS (Hrsg.) (2004): Kein endgültiges Wort. Die Wiederentdeckung des Gesprächs im Literaturunterricht. Baltmannsweiler.

HARMGARTH, FRIEDERIKE (1997): Lesegewohnheiten – Lesebarrieren: Schülerbefragung im Projekt „Öffentliche Bibliothek und Schule – neue Formen der Partnerschaft". Ergebnisse der Schülerbefragung 1995/1996. Gütersloh.

HASSENSTEIN, FRIEDRICH (1994): Literaturwissenschaft und Literaturdidaktik. In: Taschenbuch des Deutschunterrichts, 5., vollst. überarb. Aufl., Band 2: Literaturdidaktik, 447–465.

HATTIE, JOHN (2012): Visible Learning for teachers. Maximizing impact on learning. London.

HATTIE, JOHN (2013): Lernen sichtbar machen. Überarb. deutschsprachige Ausg. von Visible Learning, von WOLFGANG BEYWL und KLAUS ZIERER. Baltmannsweiler.

HAUEIS, EDUARD (1996): Aspekte und Probleme des Schreibunterrichts: Aufsatzunterricht. In: GÜNTHER, H. / LUDWIG, O. (Hrsg.): Schrift und Schriftlichkeit. Ein interdisziplinäres Handbuch internationaler Forschung. 2. Halbband. Berlin/New York, 1260–1268.

HAUEIS, EDUARD (2006): Textsorten in der Schule. Über den Unterschied zwischen „didaktisierten" und didaktisch reflektierten linguistischen Beschreibungen. In: SPIEGEL, C. / VOGT, R. (Hrsg.): Vom Nutzen der Textlinguistik für den Unterricht. Baltmannsweiler, 19–32.

HEGELE, WOLFGANG (1996): Literaturunterricht und literarisches Leben in Deutschland (1850–1990). Historische Darstellung – Systematische Erklärung. Würzburg.

HEINEMANN, WOLFGANG (2006): Textdidaktik als angewandte Textlinguistik. In: SPIEGEL, C. / VOGT, R. (Hrsg.): Vom Nutzen der Textlinguistik für den Unterricht. Baltmannsweiler, 19-32.

HEINRICH, FINN-OLE (⁴2007): Räuberhände. Roman. München.

HEITMEYER, WILHELM (2002): Süchtig nach Anerkennung – Die prekäre Normalität. In: Die Zeit, Nr. 19 vom 2. Mai 2002, 4.

HELMERS, HERMANN (1979): Didaktik der deutschen Sprache. Stuttgart.

HELMKE, ANDREAS (2003): Unterrichtsqualität erfassen, bewerten, verbessern. Seelze.

HENTIG, HARTMUT VON (1982): Die entmutigte Republik. Frankfurt/M.

HERDER, JOHANN GOTTFRIED (1784–1791): Ideen zur Philosophie der Geschichte der Menschheit. 1966, Nachdruck Wiesbaden 1985.

HERDER, JOHANN GOTTFRIED (1772): Über den Ursprung der Sprache. In: Herders Werke in fünf Bänden. Zweiter Band (6. Auflage 1982). Berlin, 89–200.

HERETH, HANS-JÜRGEN (1996): Die Rezeptions- und Wirkungsgeschichte von Kurt Schwitters, dargestellt anhand seines Gedichtes „An Anna Blume". Frankfurt/M.

HERMAND, JOST (1994): Geschichte der Germanistik. Reinbek.

HEROLD, MARTIN / LANDHERR, BIRGIT (2001): SOL. Selbstorganisiertes Lernen. Ein systemischer Ansatz für Unterricht. Baltmannsweiler.

HERRLITZ, WOLFGANG (1984): Das Projekt „International Mother Tongue Education Network". In: VAN PEER / VERHAGEN (Hrsg.), Forces in the Mother Tongue Education. Tilburg, 9–22.

HERRLITZ, WOLFGANG / ONGSTAD, SIGMUND / VEN, PIET-HEIN VAN DE (Hrsg.) (2007): Research on mother tongue education in a comparative international perspective. Theoretical and methodological issues. Amsterdam.

HERTEL, SILKE / JUDE, NINA / NAUMANN, JOHANNES (2010): Leseförderung im Elternhaus. In: KLIEME, E. u. a. (Hrsg.), 255–276.

HERZ, CORNELIUS (2013): Literaturumbrüche. Medienwandelprozesse als Geschichte und Gegenwart im Deutschunterricht. München.

HEYTING, FRIEDA (2004): Pragmatische Präsuppositionen als Indikatoren pädagogischer Reflexion. In: LENZEN, DIETER (Hrsg.): Irritationen des Erziehungssystems. Pädagogische Resonanzen auf Niklas Luhmann. Frankfurt/M., 88–121

HICKETHIER, KNUT (1999): Medienkultur und Medienwissenschaft im Germanistikstudium. In: LECKE, B. (Hrsg.), Literatur und Medien in Studium und Deutschunterricht. Beiträge zur Geschichte des Deutschunterrichts Bd. 37. Frankfurt/M. u. a., 85–112.

HIECKE, ROBERT HEINRICH (1841): Der deutsche Unterricht auf deutschen Gymnasien. Ein pädagogischer Versuch. Leipzig.

HILLMANN, HEINZ (1974): Rezeption – empirisch. In: DEHN, W. (Hrsg.): Ästhetische Erfahrung und literarisches Lernen. Frankfurt/M., 219–237.

HINNEY, GABRIELE (2011): Was ist Rechtschreibkompetenz? In: BREDEL, U. / TEISSIG, T. (Hrsg.): Weiterführender Orthographieerwerb. Baltmannsweiler, 191–225.

HINTZ, INGRID (2000): „Andere Bücher habe ich nur gelesen, bei diesem muss ich nachdenken". Methoden lernen und anwenden mit dem Lesetagebuch. In: Praxis Deutsch, 164/2000, 33–39.

HINTZ, INGRID (2002): Das Lesetagebuch – intensiv lesen, produktiv schreiben, frei arbeiten. Baltmannsweiler

HOBERG, RUDOLF (1998): Methoden im fachbezogenen Muttersprachenunterricht. In: HOFFMANN, L. / KALVERKÄMPER, H. / WIEGAND, H. E. (Hrsg.): Fachsprachen. Languages for Special Purposes. Ein internationales Handbuch zur Fachsprachenforschung und Terminologiewissenschaft. Berlin/New York, 954–960.

HOFFMANN, LUDGER (2006): Funktionaler Grammatikunterricht. In: BECKER, T. / PESCHEL, C. (Hrsg.), Gesteuerter und ungesteuerter Grammatikunterricht. Hohengehren, 20–44.

HOFFMANN, LUDGER (2013): Deutsche Grammatik: Grundlagen für Lehrerausbildung, Schule, Deutsch als Zweitsprache und Deutsch als Fremdsprache. Berlin.

HOFFMANN, LUDGER / EKINCI-KOCKS, YÜKSEL (Hrsg.) (2010): Sprachdidaktik in mehrsprachigen Lerngruppen. Vermittlungspraxis Deutsch als Zweitsprache. Baltmannsweiler.

HOFMANN, NICOLE (2011): Auswirkungen unterrichtlicher Prozesse auf die Rechtschreibleistungen von Schülerinnen und Schülern. In: BREDEL, U. / TEISSIG, T. (Hrsg.): Weiterführender Orthographieerwerb. Baltmannsweiler, 475–495.

HOHMANN, JOACHIM S. (Hrsg.) (1994): Deutschunterricht zwischen Reform und Modernismus. Blicke auf die Zeit 1968 bis heute. Frankfurt/M.

HOHMANN, MANFRED (1983): Interkulturelle Erziehung – Versuch einer Bestandsaufnahme. In: Ausländerkinder in Schule und Kindergarten 4/1983, 4–8.

HÖLSCHER, PETRA (2007): Lernszenarien – Sprache kann nicht gelehrt, sondern nur gelernt werden. In: AHRENHOLZ (Hrsg.), 151–167.

HÖLSCHER, PETRA / PIEPHO, HANS-EBERHARD / ROCHE, JÖRG (2006): Handlungsorientierter Unterricht mit Lernszenarien. Oberursel.

HÖLSKEN, HANS-GEORG (1993): Leseverstehen als kognitive Textverarbeitung. In: BEISBART u. a. (Hrsg.), 47–54.

HOLZBRECHER, ALFRED (³2014): Interkulturelles Lernen. In: AHRENHOLZ / OOMEN-WELKE (Hrsg.), 118–130.

HOMBERGER, DIETRICH (2001): Grammatik für den Deutschunterricht. Stuttgart.

HOPPE, ALMUT (2013): Deutschdidaktik, Deutschunterricht und Referendariat. In: FREDERKING, V. u. a. (2013b). Baltmannsweiler, 792–812.

HOPPE, OTFRIED (1979): Theorie oder Praxis? Notwendige Unterscheidungen zwischen Hochschultheorie und schulischer Praxis. In: HOPSTER (Hrsg.) (1979b), 66–111.

HOPSTER, NORBERT (1979a): Deutschdidaktik als Handlungswissenschaft? In: ders. (Hrsg.) (1979b), 51–65.

HOPSTER, NORBERT (Hrsg.) (1979b): Hochschuldidaktik „Deutsch". Paderborn.

HORMEL, ULRIKE / SCHERR, ALBERT (2004): Bildung für die Einwanderungsgesellschaft. Perspektiven der Auseinandersetzung mit struktureller, institutioneller und interaktioneller Diskriminierung. Wiesbaden.

HUBER, LUDWIG / STÜCKRATH, JÖRN (2007): Was können Eingangsdiagnosen im Deutschstudium leisten? Zum Symbolverstehen von Studienanfängern am Beispiel von Wolfgang Borcherts Nachts schlafen die Ratten doch. In: GAILBERGER / KRELLE (Hrsg.), Wissen und Kompetenz. Entwicklungslinien und Kontinuitäten in Deutschdidaktik und Deutschunterricht. Hohengehren 2007, 74–96.

HÜSLER, SILVIA (²2009): Kinderverse aus vielen Ländern. Mit Audio-CD. Freiburg.

HUMBOLDT, WILHELM VON (1795/96): Über Denken und Sprechen. In: LEITZMANN, A. (Hrsg.): Wilhelm von Humboldts Werke. Bd. 7, Zweite Hälfte, Paralipomena. Berlin, 581–583.

HUMBOLDT-UNIVERSITÄT ZU BERLIN (2013): Homepage des Instituts für Qualitätsentwicklung und Bildungswesen, Kompetenzstufenmodelle. Online verfügbar.

HURRELMANN, BETTINA / HAMMER, MICHAEL / NIESS, FERDINAND (1993): Leseklima in der Familie. Lesesozialisation, Bd. 1. Gütersloh.

HURRELMANN, BETTINA u. a. (Hrsg.) (1996): Familienmitglied Fernsehen. Fernsehgebrauch und Probleme der Fernseherziehung in verschiedenen Familienformen. Opladen.

HUWYLER, MAX (2010): was ist – ist was? Geschichten, Gedichte, Szenen. Deutsch und Übersetzung in sieben Sprachen. Zürich.

IGL, JOSEF / POLLINGER, SABINE (1999): Lesetagebuch. Ein Unterrichtsvorschlag zum Buch ‚Mensch Karnickel' von R. Herfurtner. In: Schulmagazin 5 bis 10, 12/1999, 29–36.

IMEN INTERNATIONAL MOTHER TONGUE EDUCATION NETWORK (Hrsg.) (1984ff.): Studies in Mother Tongue Education. Nijmegen.

IMEN INTERNATIONAL MOTHER TONGUE EDUCATION NETWORK (Hrsg.) (1993ff.): Mother Tongue Education Research Series. Münster.

INTERNATIONALE ARBEITSGRUPPE SCHRIFTLICHE STANDARDISIERTE KOMPETENZORIENTIERTE REIFE- UND DIPLOMPRÜFUNG (2013): Die standardisierte Reife- und Diplomprüfung Deutsch auf einen Blick.

IVO, HUBERT (1969): Kritischer Deutschunterricht. Frankfurt/M.

IVO, HUBERT (1975): Handlungsfeld Deutschunterricht. Frankfurt/M.

IVO, HUBERT (1996): Über den Tag hinaus. Begriff einer allgemeinen Sprachdidaktik. In: Didaktik Deutsch 1/1996, 8–29.

IVO, HUBERT (2002): Nach 1945 Deutsch unterrichten. Ein Bericht lebens-, fach- und politikgeschichtlicher Verschränkungen. Beiträge zur Geschichte des Deutschunterrichts 51. Frankfurt/M.

IVO, HUBERT / NEULAND, EVA (1991): Grammatisches Wissen. Skizze einer empirischen Untersuchung über Art, Umfang und Verteilung grammatischen Wissens (in der Bundesrepublik). In: Diskussion Deutsch, 121/1991, 437–493.

JAKOBSON, ROMAN (1960): Linguistik und Poetik. In: Ausgewählte Aufsätze 1921–1971. Frankfurt/M. 1979.

JÄGER, LUDWIG / SWITALLA, BERND (Hrsg.) (1994): Germanistik in der Mediengesellschaft. München.

JANTZEN, CHRISTOPH (2012a): Was Überarbeitung Überarbeitungskompetenz ist. In: HÜTTIS-GRAFF, PETRA / JANTZEN, CHRISTOPH (Hrsg.): Überarbeiten lernen – Überarbeiten als Lernen. Stuttgart, 343–346.

JANTZEN, CHRISTOPH (2012b): Was und wie überarbeiten eigentlich Sechstklässlerinnen. Klara – eine Fallstudie. In: HÜTTIS-GRAFF, PETRA / JANTZEN, CHRISTOPH (Hrsg.): Überarbeiten lernen – Überarbeiten als Lernen. Stuttgart, 239–287.

JEUK, STEFAN (²2013): Deutsch als Zweitsprache in der Schule. Grundlagen – Diagnose – Förderung. Stuttgart.

JONAS, HARTMUT / ROSE, KURT (2002): Computerunterstützter Deutschunterricht. (Beiträge zur Geschichte des Deutschunterrichts. Bd. 48). Frankfurt/M. u. a.

JÖRGENS, MORITZ (2013): Leseengagement. Ein vielversprechendes Konstrukt in der Leseförderung? In: Didaktik Deutsch, 18. Jahrgang, Heft 35, 102–115.

JOST, JÖRG / LEHNEN, KATRIN / REZAT, SARA / SCHINDLER, KIRSTEN (2011): Schriftliches Beurteilen lernen. In: BRÄUER, G. / SCHINDLER, K. (Hrsg.): Schreibarrangements für Schule, Hochschule Beruf. Freiburg, 221–239.

JOSTING, PETRA (2001): Medienverbund, Deutschunterricht und Medienkompetenz. In: Beiträge Jugendliteratur und Medien, 3/2001, 174–185.

JOSTING, PETRA / HOPPE, HEIDRUN (Hrsg.) (2006): Mädchen, Jungen und ihre Medienkompetenzen. Aktuelle Diskurse und Praxisbeispiele für den (Deutsch-)Unterricht. München.

JOSTING, PETRA / JONAS, HARTMUT (Hrsg.) (2007): Intermediale und interdisziplinäre Lernansätze im Deutschunterricht. Jahrbuch Medien im Deutschunterricht 2006. München.

JOSTING, PETRA / MAIWALD, KLAUS (Hrsg.) (2007): Einführung: Kinder- und Jugendliteratur im Medienverbund: Grundlagen, Beispiele und Ansätze für den Deutschunterricht. München.(kjl&m 07, extra), 7–9.

JOSTING, PETRA / DREIER, RICARDA (2013): Kinder- und Jugendliteratur im Literaturunterricht. In: FREDERKING, V. u. a. (2013a). Baltmannsweiler, 73–101.

JOSTING, PETRA (2014): Medienkonvergenz im aktuellen Handlungssystem der Kinder- und Jugendliteratur. In: WEINKAUFF, G. u. a. (Hrsg.): Kinder und Jugendliteratur im Prozess der Medienkonvergenz. Adaption – Hybridisierung – Intermedialität. Frankfurt/M. u. a.

KAFKA, FRANZ (1994): Auf der Galerie. In: Ders: Schriften, Tagebücher Briefe. Kritische Ausgabe. Drucke zu Lebzeiten. Frankfurt/M.

KAMMLER, CLEMENS (Hrsg.) (2006a): Literarische Kompetenzen – Standards im Literaturunterricht. Modelle für die Primar- und Sekundarstufe. Seelze.

KAMMLER, CLEMENS (2006b): Literarische Kompetenzen – Standards im Literaturunterricht. Anmerkungen zum Diskussionsstand. In: KAMMLER (Hrsg.) (2006a), 7–23.

KAMMLER, CLEMENS (2011): Kryptische Selbstkritik. In: Didaktik Deutsch 31/2011, 5–10.

KAMMERL, RUDOLF / LUCA, RENATE / HEIN, SANDRA (Hrsg.) (2011): Keine Bildung ohne Medien! Neue Medien als pädagogische Herausforderung. Berlin.

KÄMPER-VAN DEN BOOGAART, MICHAEL (1992): Schönes schweres Lesen. Legitimität literarischer Lektüre aus kultursoziologischer Sicht. Wiesbaden 1992.

KÄMPER-VAN DEN BOOGAART, MICHAEL (1996): Mit Bourdieu durch die Literaturdidaktik spaziert. In: Didaktik Deutsch 1/1996, 30–52.

KÄMPER-VAN DEN BOOGAART, MICHAEL (2000a): Leseförderung oder Literaturunterricht: Zwei Kulturen in der Deutschdidaktik? Anmerkungen zu einem didaktischen Zielkonflikt. In: Didaktik Deutsch 9/2000, 4–22.

KÄMPER-VAN DEN BOOGAART, MICHAEL (2000b): Tonio Kröger. In: FÖRSTER, JÜRGEN (Hrsg.): „Schulklassiker" lesen in der Medienkultur. Stuttgart/Leipzig, 8–40.

KÄMPER-VAN DEN BOOGAART, MICHAEL (2000c): Alfred Anderschs „Sansibar oder der letzte Grund". Für den lonesome hero und das Gute im Mann. In: BOGDAL, KLAUS-MICHAEL / KAMMLER, CLEMENS (Hrsg.): (K)ein Kanon. 30 Schulklassiker neu gelesen. München 2000, 156–160.

KÄMPER-VAN DEN BOOGAART, MICHAEL (2003a): Lesekompetenzen – Hauptsache flexibel. Zu einer Parallele zwischen Literaturdidaktik und empirischer Lesepsychologie. In: ABRAHAM u. a., Deutschdidaktik und Deutschunterricht nach Pisa. Freiburg i. Br., 26–46.

KÄMPER-VAN DEN BOOGAART, MICHAEL (2003b): Nach der kritischen Ära: Probleme mit der Geschichte. In: Lecke, B. (Hrsg.), Bestandsaufnahme Deutschunterricht 2000: Ästhetische Erziehung, kritische Aufklärung? Frankfurt/M.,121–153.

KÄMPER-VAN DEN BOOGAART, MICHAEL (2004a): Fachwissenschaftliche Ausbildung aus geisteswissenschaftlicher Sicht. In: BLÖMEKE, SIGRID u. a. (Hrsg.): Handbuch Lehrerbildung. München 2004, 383–397.

KÄMPER-VAN DEN BOOGAART, MICHAEL (Hrsg.) (2004b): Deutschunterricht nach der PISA-Studie. Reaktionen der Deutschdidaktik. Frankfurt/M.

KÄMPER-VAN DEN BOOGAART, MICHAEL (2006): Kleinschrittiges Lesen als Kompetenz. Zu Johann WOLFGANG Goethes ‚Das Göttliche' (Jahrgangsstufe 11–13). In: KAMMLER (2006a), 158–175.

KÄMPER-VAN DEN BOOGAART, MICHAEL (2007): Draußen und drinnen. Zur Rezeption neuer Literaturtheorien in Didaktik und Schule. In: CZECH, G. (Hrsg.): „Geteilter" deutscher Himmel? Zum Literaturunterricht in Deutschland in Ost und West von 1945 bis zur Gegenwart. Frankfurt/M., 299–314.

KÄMPER-VAN DEN BOOGAART, MICHAEL (2008a): Schulinterner Lehrplan. Lehrerübergreifende Vereinbarung zu Ressourcennutzung, Stoffverteilung und Leistungsüberprüfung. In: SACHER, W. u.a. (Hrsg.): Handbuch Schule. Bad Heilbrunn.

KÄMPER-VAN DEN BOOGAART, MICHAEL (2008b): Lässt sich normieren, was als literarische Bildung gelten soll? Eine Problemskizze am Beispiel von Brechts Erzählung „Der hilflose Knabe". In: RÖSCH, H. (Hrsg.): Kompetenzen im Deutschunterricht. Frankfurt/M., 27–50.

KÄMPER-VAN DEN BOOGAART, MICHAEL (Hrsg.) (2009a): Deutsch. Das Oberstufenbuch. Berlin/Mannheim.

KÄMPER-VAN DEN BOOGAART, MICHAEL (2009b): Empirische Messungen im Bereich anspruchsvolleren Lesens: Lernprozesse für die Literaturdidaktik im Kontakt mit der Psychometrik. In: HOCHREITER, S. u.a. (Hrsg.): Schnittstellen. Aspekte der Literaturlehr- und -lernforschung (ide extra 14). Innsbruck u.a, 155–171.

KÄMPER-VAN DEN BOOGAART, MICHAEL (2010a): Geschichte des Lese- und Literaturunterricht. In: KÄMPER-VAN DEN BOOGAART, M. / SPINNER, K. (Hrsg.) (2010): DTP Bd. 11/1. Baltmannsweiler, 3–83.

KÄMPER-VAN DEN BOOGAART, MICHAEL (2010b): Lehrerkonzepte und Lehrerkompetenzen für den Lese- und Literaturunterricht. In: KÄMPER-VAN DEN BOOGAART, M. / SPINNER, K. (Hrsg.) (2010), DTP Bd. 11/2. Baltmannsweiler, 104–136.

KÄMPER-VAN DEN BOOGAART, MICHAEL (2011): Zur Fachlichkeit des Literaturunterrichts. In: Didaktik Deutsch Heft 30/2011, 22–39.

KÄMPER-VAN DEN BOOGAART, MICHAEL (2012): Der deutsche Aufsatz und das Abitur – was man vielleicht aus der Geschichte lernen könnte, in: FEILKE, HELMUTH / KÖSTER, JULIANE / STEIMMETZ, MICHAEL (Hrsg.), Textkompetenzen in der Sekundarstufe II, 41-62.

KÄMPER-VAN DEN BOOGAART, MICHAEL (2013a): Textnahes Lesen. In: FREDERKING, V. u.a. (2013a). Baltmannsweiler, 279–290.

KÄMPER-VAN DEN BOOGAART, MICHAEL (2013b): Korrumpieren Testaufgaben notwendig das literarische Verstehen? In: FREDERKING, V. u.a. (2013b). Baltmannsweiler, 735–756.

KÄMPER-VAN DEN BOOGAART, MICHAEL / PIEPER, IRENE (2008): Literarisches Lesen. In: Didaktik Deutsch (Sonderheft) 2/2008, 46–65.

KÄMPER-VAN DEN BOOGAART, MICHAEL / SPINNER, KASPAR H. (Hrsg.) (2010): Lese- und Literaturunterricht. 3 Teilbände. (: DTP, Handbuch zur Didaktik der deutschen Sprache und Literatur in elf Bänden, hrsg. v. Winfried Ulrich; Band 11/1-3.) Baltmannsweiler.

KÄMPER-VAN DEN BOOGAART, MICHAEL / MARTUS, STEFFEN / SPOERHASE, CARLOS (2011): Entproblematisieren: Überlegungen zur Vermittelbarkeit von Forschungswissen, zur Vermittlung von „falschem" Wissen und zur Funktion literaturwissenschaftlicher Terminologie. In: Zeitschrift für Germanistik 1, 8–24.

KATTHAGE, GERD (2004): Didaktik der Metapher: Perspektiven für den Deutschunterricht. Hohengehren.

KEPSER, MATTHIS (2013): Deutschdidaktik als eingreifende Kulturwissenschaft. Ein Positionierungsversuch im wissenschaftlichen Feld. In: Didaktik Deutsch, Heft 34, 52–68.

KESELING, GISBERT (1995): Pausen und Pausenorte in schriftlichen Wegebeschreibungen. In: BAURMANN, JÜRGEN / WEINGARTEN, RÜDIGER (Hrsg.): Schreiben: Prozesse, Prozeduren und Produkte. Opladen, 201–219.

KILIAN, JÖRG (2011): Strukturiertes Bedeutungswissen. Zur Schlüsselfunktion lexikalisch-semantischer Strukturen beim sprachlichen Lernen. In: KÖPCKE, K.-M. / NOACK, C. (Hrsg.): Sprachliche Strukturen thematisieren. Sprachunterricht in den Zeiten der Bildungsstandards. Baltmannsweiler, 155–177.

KILIAN, JÖRG (2013): Kritische Grammatik, sprachliches Lernen und sprachliche Bildung. Über Sprachreflexion und Sprachkritik im grammatikdidaktischen Sinne. In: KÖPCKE, K.-M. / ZIEGLER, A. (Hrsg.): Schulgrammatik und Sprachunterricht im Wandel. Berlin u. a., 61–82.

KILIAN, JÖRG / NIEHR, THOMAS / SCHIEWE, JÜRGEN (2010): Sprachkritik. Ansätze und Methoden der kritischen Sprachbetrachtung. Berlin/New York.

KLAFKI, WOLFGANG (1991): Neue Studien zur Bildungstheorie und Didaktik. Zeitgemäße Allgemeinbildung und kritisch-konstruktive Didaktik. Weinheim/Basel.

KLETT / BENDEL-KLOSTERMANN (1995ff): Sprachschlüssel A 8; Schulalltag, 2. Stunde: Physik. Stuttgart.

KLIEME, ECKHARD u. a. (2003): Zur Entwicklung nationaler Bildungsstandards. Eine Expertise, hg. vom Bundesministerium für Bildung und Forschung. Bonn/Berlin. Online verfügbar, (17. 07. 2008).

KLIEME, ECKHARD (2004): Was sind Kompetenzen und wie lassen sie sich messen? In: Pädagogik. Nr. 6, 10–13.

KLIEME, ECKHARD u. a. (Hrsg.) (2010): PISA 2009. Bilanz nach einem Jahrzehnt. Münster u. a.

KLIEWER, HANS-JÜRGEN / POHL, INGE (Hrsg.) (2006): Lexikon Deutschdidaktik. Baltmannsweiler.

KLIPPERT, HEINZ (1995): Kommunikationstraining. Übungsbausteine für den Unterricht. Weinheim/Basel.

KLIPPERT, HEINZ (1999): Methoden-Training. Übungsbausteine für den Unterricht. 9. Auflage, Weinheim/Basel.

KLOTZ, PETER (1983): Sprachliche Beobachtungen im Rahmen eines Unterrichtsversuches Deutsch-Erdkunde. In: BIRKENHAUER, JOSEF (Hrsg.): Sprache und Denken im Geographieunterricht. Paderborn.

KLOTZ, PETER (1991): Grammatisches Grundwissen und Schulgrammatik – am Beispiel des deutschen Modalsystems. In: Diskussion Deutsch 121/1991, 494–508.

KLOTZ, PETER (1996): Grammatische Wege der Textgestaltungskompetenz. Theorie und Empirie. Tübingen.

KLOTZ, PETER u. a. (Hrsg.) (1996): „Didaktik Deutsch" – Ein Organ für eine wissenschaftliche Fachdidaktik. In: Didaktik Deutsch 1/1996, 4–7.

KLOTZ, PETER (1998): Wie Sätze informieren. Sprachwissen in Funktion. In: Praxis Deutsch 147, 53–56.

KLOTZ, PETER (1999): Auf Verbindungen warten können. Von sprachlichen Klammerstrukturen zu sprachlichem Wissen. In: Ders. / PEYER, ANN: Wege und Irrwege sprachlich-grammatische Sozialisation. Baltmannsweiler.

KLOTZ, PETER (2003): Integrativer Deutschunterricht. In: KÄMPER-VAN DEN BOOGAART, M. (Hrsg.): Deutschdidaktik. Leitfaden für die Sekundarstufe I und II. Berlin, 46–59.

KLOTZ, PETER (2004): Sprachreflexionskompetenz und kompetenter Sprachgebrauch. In: KÄMPER – VAN DEN BOOGAART, M. (Hrsg.): Deutschunterricht nach der PISA-Studie. Reaktionen der Deutschdidaktik. Frankfurt/M., 153–168.

KLOTZ, PETER (2011): Linearität und Textualität. In: KÖPCKE, K.-M. / ZIEGLER, A. (Hrsg.): Grammatik lehren, lernen, verstehen. Zugänge zur Grammatik des Gegenwartsdeutschen. Berlin/Boston, 383–397.

KMK (1982) Verzeichnis grundlegender grammatischer Fachausdrücke. Abgedruckt in: RAASCH, A. (Hrsg.) (1983): Grammatische Terminologie. Vorschläge für den Sprachunterricht. Tübingen, 13–18.

KMK (2002): PISA 2000 – Zentrale Handlungsfelder. Beschluss der 299. KMK vom 17./18. 10. 2002.

KMK (2003): Vereinbarung über Bildungsstandards für den Mittleren Schulabschluss (Jahrgangsstufe 10). Beschluss der KMK vom 04. 12. 2003. Online verfügbar, (30. 09. 04).

KMK (2012): Bildungsstandards im Fach Deutsch für die Allgemeine Hochschulreife. Beschluss der Kultusministerkonferenz vom 18. 10. 2012. Online verfügbar, (08. 01. 2013).

KNAPP, KARLFRIED / KNAPP-POTTHOFF, ANNELIE (1990): Interkulturelle Kommunikation. In: Zeitschrift für Fremdsprachenforschung 1, 62–93.

KNAPP, WERNER (³2014): Didaktische Konzepte Deutsch als Zweitsprache. In: AHRENHOLZ / OOMEN-WELKE (Hrsg.), 133–148.

KNAPP, WERNER / AHRENHOLZ, BERNT (2012) (Hrsg.): Sprachstand erheben – Spracherwerb erforschen. Freiburg.

KNIFFKA, GABRIELE / SIEBERT-OTT, GESA (³2012): Deutsch als Zweitsprache – Lehren und lernen. Paderborn.

KNOBLOCH, JÖRG (1992): Lesen und lesen lassen. Literaturunterricht bei Tag und Nacht, im Klassenzimmer und in einem Zug. Lichtenau.

KÖLLER, WILHELM (1997): Funktionaler Grammatikunterricht. Tempus, Genus, Modus: Wozu wurde das erfunden? Baltmannsweiler.

KÖPCKE, KLAUS-MICHAEL (2011): Grammatikalität und Akzeptabilität – Zwei für den Grammatikunterricht zentrale Begriffe verstehen lernen. In: KÖPCKE, K.-M. / ZIEGLER, A. (Hrsg.): Grammatik – Lehren, Lernen, Verstehen. Zugänge zur Grammatik des Gegenwartsdeutschen. Berlin/New York, 287–306.

KÖPCKE, KLAUS-MICHAEL (2012): Konkurrenz bei der Genuskongruenz. Überlegungen zum Grammatikunterricht in der Sekundarstufe II. In: Der Deutschunterricht 1/2012, 36–46.

KÖPCKE, KLAUS-MICHAEL / NOACK, CHRISTINE (Hrsg.) (2011a): Sprachliche Strukturen thematisieren. Sprachunterricht in Zeiten der Bildungsstandards. Hohengehren.

KÖPCKE, KLAUS-MICHAEL / NOACK, CHRISTINE (2011b): Zweifelsfälle erwünscht: Perspektiven für den Sprachunterricht. In: Dies. (Hrsg.) (2011): Sprachliche Strukturen thematisieren. Sprachunterricht in Zeiten der Bildungsstandards. Baltmannsweiler, 3–12.

KÖPCKE, KLAUS-MICHAEL / SPIESS, CONSTANZE (2013): Metaphern als Gelenkstück für einen integrativen Grammatikunterricht. In: KÖPCKE, K.-M. / ZIEGLER, A. (Hrsg.): Schulgrammatik und Sprachunterricht im Wandel. Berlin/New York, 253–286.

KÖSTER, JULIANE (2009): Erwerb von Textverstehenskompetenz durch Lernaufgaben Vortrag im Rahmen der Jenaer Tage der Didaktik am 9.5.2009. Online verfügbar.

KÖSTER, JULIANE (2010): Aufgabentypen für Erfolgskontrollen und Leistungsmessung im Literaturunterricht. In: KÄMPER-VAN DEN BOOGAART, M. / SPINNER, K.H. (Hrsg.) (2010), DTP Bd. 11/3. Baltmannsweiler, 3–26.

KÖSTER, JULIANE / LINDAUER, THOMAS (2008): Zum Stand wissenschaftlicher Aufgabenreflexion aus deutschdidaktischer Perspektive. In: Didaktik Deutsch 14. Sonderheft 2, 148–161.

KÖSTER, JULIANE / WIESER, DOROTHEE (2013): Plädoyer für nutzloses Wissen. In Didaktik Deutsch, Heft 34, 5–11.

KOTTHOFF, HELGA (1998): Spaß verstehen. Zur Pragmatik von konversationellem Humor. Tübingen.

KRAFT, VOLKER (2004): Erziehung zwischen Funktion und Reflexion oder: die Erziehung der Erziehungswissenschaft. In: LENZEN, D. (Hrsg.): Irritationen des Erziehungssystems. Pädagogische Resonanzen auf Niklas Luhmann. Frankfurt/M., 152–171.

KREFT, JÜRGEN (1977): Grundprobleme der Literaturdidaktik. Heidelberg.

KREFT, JÜRGEN (²1982): Grundprobleme der Literaturdidaktik. 2. verb. Aufl. Heidelberg.

KREJCI, MICHAEL (1993): Lesen oder erfahren? In: BEISBART, ORTWIN u.a. (Hrsg.): Leseförderung und Leseerziehung. Donauwörth.

KÜBLER, HANS-DIETER (1996): Kompetenz der Kompetenz. Eine Lieblingsmetapher der Medienpädagogik. In: Medien praktisch 798/1996, 11–15.

KÜHN, PETER (2008): „Gute Aufgaben" zur Lernstandsbestimmung im Kompetenzbereich „Sprache und Sprachgebrauch untersuchen". In: BREMERICH-VOS, A. / GRANZER, D. / KÖLLER, O. (Hrsg.): Kultusministerkonferenz (2003): Bildungsstandards im Fach Deutsch für den mittleren Schulabschluss.

KUNZE, REINER (1976): Die wunderbaren Jahre. Prosa. Frankfurt/M.

KÜNZLI, RUDOLF (1991): Didaktik zwischen Lehrplan und Unterricht. In: ADL-AMINI, B. / KÜNZLI, R. (Hrsg.): Didaktische Modelle und Unterrichtsplanung. München, 180–209.

KUPFER-SCHREINER, CLAUDIA (2005): Der Weg der Gedanken zum geschriebenen Wort – die „innere Sprache" und ihre Bedeutung für den Schreibprozess. In: ABRAHAM, U. / KUPFER-SCHREINER, C. / MAIWALD, K. (Hrsg.): Schreibförderung und Schreiberziehung. Eine Einführung für Schule und Hochschule. Donauwörth, 23–38.

LÄMMERT, EBERHARD (1991): Das überdachte Labyrinth. Ortsbestimmungen der Literaturwissenschaft 1960–1990. Stuttgart.

LANGEMACK, LISELOTTE (1989): Das Lesetagebuch. Ein Tip für den Deutschunterricht der Klassen 5–10. In: Pädagogik 3/1989, 12–20.

LECKE, BODO (1974): Massenmedien – Massenkommunikation. In: Bremer Kollektiv: Grundriss einer Didaktik und Methodik des Deutschunterrichts für die Sekundarstufe I und II. Stuttgart.

LECKE, BODO (1986): Wie lernt und wie lehrt man Literatur? – Zur aktuellen Diskussion über „Literarische Bildung" in der Literaturdidaktik der Bundesrepublik Deutschland. In: German Studies in India/Indo-German, 2–3/1986, 121–128.

LECKE, BODO (1987): „Literarische Bildung": immer noch, nie mehr oder schon wieder? In: Oellers (Hrsg.), Bd. 3: Literatur und Literaturunterricht in der Moderne. Tübingen, 129–145.

LECKE, BODO (1994): Die „curriculare Wende" der Didaktik und die Entstehung des kritisch-politischen Deutschunterrichts. In: HOHMANN, JOACHIM S. (Hrsg.), Deutschunterricht zwischen Reform und Modernis- mus. Blicke auf die Zeit 1968 bis heute. Frankfurt/M. 1994, 44–68.

LECKE, BODO (1996a): Literaturdidaktik vs. Medienpädagogik – kontrovers oder komplementär? In: HOHMANN, JOACHIM S. / RUBINICH, JOHANN (Hrsg.): Wovon der Schüler träumt: Leseförderung im Spannungsfeld von Literaturvermittlung und Medienpädagogik. Frankfurt/M., 19–50.

LECKE, BODO (1996b): Literaturdidaktik vs. Medienpädagogik – kontrovers oder komplementär? In: ders. (Hrsg.): Literaturstudium und Deutschunterricht auf neuen Wegen. Frankfurt/M. u. a., 151–168.

LECKE, BODO (1997): TV-Serien und ihre literarischen Erzählmuster – Ein Thema für den Deutschunter-richt. In: KÄMPER-VAN DEN BOOGAART, M. (Hrsg.) (1997b), 166–183.

LECKE, BODO (Hrsg.) (1999): Literatur und Medien in Studium und Deutschunterricht. In: Beiträge zur Geschichte des Deutschunterrichts. Bd. 37 hrsg. von JOACHIM S. HOHMANN. Frankfurt/M.

LECKE, BODO (2004): Medienwechsel – Medienwandel – Mediengeschichte. In: JONAS, H. / JOSTING, P. (Hrsg.): Medien – Deutschunterricht – Ästhetik. München, 103–114.

LECKE, BODO (2008): Mediengeschichte, Intermedialität und Literaturdidaktik. Beiträge zur Literatur- und Mediendidaktik, Bd. 15. Frankfurt/M., u. a.

LEGUTKE, MICHAEL / SCHOCKER-V. DITFURTH, MARITA (Hrsg.) (2003): Kommunikativer Fremdsprachen-unterricht: Rückblick nach vorn. Tübingen, 59–68.

LESSING, GOTTHOLD EPHRAIM (1968): Sämtliche Schriften, hg. von Karl Lachmann, besorgt durch Franz Muncker, (Repr. von 1886–1924). Stuttgart/Leipzig/Berlin.

LESSING, MARIE / WIESER, DOROTHEE (Hrsg.) (2013): Zugänge zu Metaphern – Übergänge durch Meta-phern. Paderborn.

LIND, GEORG (2013): Meta-Analysen als Wegweiser? Zur Rezeption der Studie von Hattie in der Politik. Online verfügbar, (26.11.2013).

LINKE, ANGELIKA / OOMEN-WELKE, INGELORE (Hrsg.) (1995): Herkunft, Geschlecht und Deutschunter-richt. Freiburg i. Br.

LUCHTENBERG, SIGRID (1999): Interkulturelle kommunikative Kompetenz: Kommunikationsfelder in Schule und Gesellschaft. Opladen.

LUCHTENBERG, SIGRID (³2014): Language Awareness. In: AHRENHOLZ / OOMEN-WELKE (Hrsg.), 107–117.

LÜBKE, DIETHARD (2007): Schulgrammatik Deutsch. Berlin.

LÜDI, GEORGES u. a. (1998): Welche Sprachen sollen die Schülerinnen und Schüler der Schweiz während der obligatorischen Schulzeit lernen? Gesamtsprachenkonzept an die EKS. (15.7.1998). Sprachen-konzept Schweiz, hg. v. der Schweizerischen Konferenz der kantonalen Erziehungsdirektoren. Bern. Online verfügbar, (18.11.2013).

LÜTKE, BEATE (2012): Kein Text fällt vom Himmel. In: Deutschunterricht 1/2012.

LÜTKE, BEATE (2013): Sprachförderung im Deutschunterricht – fachspezifische und fachübergreifende Schwerpunkte. In: BECKER-MROTZEK, M. / SCHRAMM, K. / THÜRMANN, E. / VOLLMER, H. (Hrsg.): Sprache im Fach. Sprachlichkeit und fachliches Lernen. Münster u. a., 99–112.

Ludwig, Otto (1983): Einige Gedanken zu einer Theorie des Schreibens. In: Grosse, S. (Hrsg.): Schriftsprachlichkeit. Düsseldorf, 37–73

Ludwig, Otto (1988): Der Schulaufsatz. Seine Geschichte in Deutschland. Berlin /New York.

Luhmann, Niklas (1992): Die Wissenschaft der Gesellschaft. Frankfurt/M.

Luhmann, Niklas / Schorr, Eberhard (1979): Reflexionsprobleme im Erziehungssystem (Nachwort 1988), Frankfurt/M.

Luhmann, Niklas (2002): Das Erziehungssystem der Gesellschaft., hg. v. Dieter Lenzen. Frankfurt/M. 2002.

Maiwald, Klaus (2010): Kompetenzen und Unterrichtsziele im Lese- und Literaturunterricht der Sekundarstufe I. In: Kämper-van den Boogaart, M. / Spinner, K. H. (Hrsg.) (2010), DTP Bd. 11/2. Baltmannsweiler, 49–78.

Mandl, Heinz / Friedrich, Helmut / Horn, Aemilian (1986): Psychologie des Wissenserwerbs. In: Weidenmann, B. / Knapp, A. (Hrsg.): Pädagogische Psychologie. Weinheim, 143–187.

Marci-Boehncke, Gudrun / Gast, Wolfgang (1997): Zwischen ‚Faust' und der daily soap. Medienpädagogik im Fach Deutsch. In: medien + erziehung 5/1997, 293–302.

Marci-Boehncke, Gudrun / Rath, Matthias (Hrsg.) (2010): Medienkonvergenz im Deutschunterricht. Jahrbuch Medien im Deutschunterricht 2010. München.

Mecheril, Paul / Dirim, İnci / Gomolla, Mechtild / Hornberg, Sabine / Stojanov, Krassimir (Hrsg.) (2010): Spannungsverhältnisse. Assimilationsdiskurse und interkulturell-pädagogische Forschung. Münster.

Mecheril, Paul: Was ist Migrationspädagogik? Online verfügbar, (15. 11. 2013).

Melter, Claus / Mecheril, Paul (²2011): Rassismuskritik Bd. 1: Rassismustheorie und Forschung. Schwalbach/Ts.

Menzel, Wolfgang (1995): Die indirekte Rede. Grammatik und Textanalyse am Beispiel eines Textes von Thomas Bernhard. In: Praxis Deutsch 129/1995, 61–65.

Menzel, Wolfgang (1999): Grammatikwerkstatt: Theorie und Praxis eines prozessorientierten Grammatikunterrichts für die Primar- und Sekundarstufe. Stuttgart.

Mertlitsch, Carmen / Doleschal, Ursula (2010): Individuelle Beratung und Begleitung von Schreibprozessen. Zum „Peer-Tutoring" am SchreibCenter der Alpen-Adria-Universität Klagenfurt. In: Saxalber, A. / Esterl, U. (Hrsg.): Schreibprozesse begleiten. Vom schulischen zum universitären Schreiben. Innsbruck u. a., 215–228.

Merz-Grötsch, Jasmin (2001): Schreiben als System. Bd. 2: Die Wirklichkeit aus Schülersicht. Eine empirische Analyse. Freiburg i. Br.

Mesch, Birgit (2011): Konzepte des Erwerbs der Getrennt- und Zusammenschreibung. In: Bredel, U. / Teissig, T. (Hrsg.): Weiterführender Orthographieerwerb. Baltmannsweiler, 268–295.

Meyer, Hilbert (1993): Leitfaden zur Unterrichtsvorbereitung. Berlin.

Meyer, Hilbert (1987): Unterrichts-Methoden, 2 Bde., Berlin.

Meyer, Hilbert (2001): Türklinkendidaktik. Aufsätze zur Didaktik, Methodik und Schulentwicklung. Berlin.

Meyer, Hilbert (2004): Was ist guter Unterricht? Berlin. (4. Auflage 2007)

Meyer, Hilbert (2007): Leitfaden zur Unterrichtsvorbereitung. Berlin.

Ministerium für Bildung, Wissenschaft und Kultur/Landesinstitut für Schule und Ausbildung (L.I.S.A.) des Landes Mecklenburg-Vorpommern (Hrsg.) (2013): Gute Schule. Schulinterner Lehrplan. Ein Leitfaden mit Grundsätzen, Instrumenten und Vorschlägen. Online verfügbar, (29. 11. 13).

Mittlerer Schulabschluss Berlin/Brandenburg 2013, Deutsch. Freising.

MPFS (Medienpädagogischer Forschungsverbund Südwest) (Hrsg.) (2011): JIM 2011. Jugend, Information, (Multi-) Media. Basisstudie zum Medienumgang 12- bis 19-Jähriger in Deutschland. Stuttgart.

Mühlhausen, Ulf (1994): Überraschungen im Unterricht. Situative Unterrichtsplanung. Weinheim/ Basel.

MÜLLER, ASTRID / DIRIM, İNCI (2007): Sprachliche Heterogenität – Deutsch lernen in mehrsprachigen Lernkontexten. In: Praxis Deutsch 202, 6–15.

MÜLLER, KARLA (2010): Das Lesebuch und andere printbasierte Lehr- und Lernmittel für den Lese- und Literaturunterricht. In: KÄMPER-VAN DEN BOOGAART, M. / SPINNER, K. H. (Hrsg.) (2010), DTP Bd.11/2. Baltmannsweiler, 243–274.

MÜLLER-MICHAELS, HARRO (1972): Literaturdidaktik als normsetzende Handlungswissenschaft. In: Vogt, J. (Hrsg.) (1972): Literaturdidaktik. Düsseldorf, 17–21.

MÜLLER-MICHAELS, HARRO (1993): Was bleibt? Begründung eines Kanons in Denkbildern, In: Deutschunterricht 1/1993, 5–13.

MÜLLER-MICHAELS, HARRO (1999): Literarische Anthropologie in didaktischer Absicht. Begründung der Denkbilder aus Elementarerfahrungen. In: Deutschunterricht 3/1999, 164–174.

MÜLLER-MICHAELS, HARRO (2013): Aufgaben und Diskurse der Didaktik. In: FREDERKING, V. u. a. (2013b), Baltmannsweiler, 117–125.

NAUMANN, JOHANNES / SCHNEIDER, WOLFGANG / ARTELT, CORDULA / STANAT, PETRA (2010): Lesekompetenz von PISA 2000 bis PISA 2009. In: KLIEME, E. u. a. (Hrsg.): PISA 2009, 23–71.

NECKER-ZEIHER, MARIANNE (2007): Formen des offenen Unterrichts verwenden. In: BESTE (Hrsg.), 228–248.

NEULAND, EVA (2003): Sprachbewusstsein – eine zentrale Kategorie für den Sprachunterricht. In: Der Deutschunterricht 3/2002, 4–11.

NEULAND, EVA (Hrsg.) (2006): Variation im heutigen Deutsch: Perspektiven für den Sprachunterricht. Frankfurt/M.

NEULAND, EVA / HOCHHOLZER, RUPERT (2006): Regionale Sprachvarietäten im muttersprachlichen Deutschunterricht. In: Dies. (Hrsg.): Variation im heutigen Deutsch: Perspektiven für den Sprachunterricht. Frankfurt/M., 175–192.

NEULAND, EVA / PESCHEL, CORINNA (2013): Einführung in die Sprachdidaktik. Stuttgart u. a.

NEUMANN, ASTRID / LEHMANN, RAINER H. (2008): Schreiben Deutsch. In: DESI-Konsortium (Hrsg.): Unterricht und Kompetenzerwerb in Deutsch und Englisch. Weinheim/Basel, 89–102.

NIKLAS, JOCHEN (2012): Otfried Preußler. Krabat. Materialien und Arbeitsanregungen. In: BEKES, PETER / FREDERKING, VOLKER (Hrsg.), Reihe Texte. Medien. Hannover..

NIX, DANIEL (2010): Förderung der Lesekompetenz. In: KÄMPER-VAN DEN BOOGAART, M. / SPINNER, K. H. (Hrsg.) (2010), DTP Bd. 11/2. Baltmannsweiler, 139–189.

NÜNDEL, ERNST / SCHLOTTHAUS, WERNER (1978): Ausgerechnet Agamemnon. Wie Lehrer mit Texten umgehen. München/Wien.

NUTZ, MAXIMILIAN (1997): Schülerzentrierte Literatur-Gespräche – Gespräche über Literatur? In: Didaktik Deutsch 3/1997, 86–92.

OECD (Hrsg.) (2001): OECD PISA. Programme for International Student Assessment. Schülerleistungen im internationalen Vergleich. Im Auftrag der Kultusminister der Länder in der Bundesrepublik Deutschland und in Zusammenarbeit mit dem Bundesministerium für Bildung und Forschung.

OECD (Hrsg.) (2013): Bildung auf einen Blick 2013: OECD-Indikatoren, Germany/Academic Foundation, 446. Gütersloh.

OELKERS, JÜRGEN (1999): Lehrpläne als Steuerungsinstrument? Vortrag in München. Zürich.

OELKERS, JÜRGEN (2001): Bildung, Kanon, Effizienz: Herausforderungen des Gymnasiums. Zürich.

OELKERS, JÜRGEN (2006): Lehrpläne als Steuerungsinstrument? In: CRIBLEZ, L. / GAUTSCHI, P. / MONICO, P. H. / MESSNER, H. (Hrsg.): Lehrpläne und Bildungsstandards. Was Schülerinnen und Schüler lernen sollen. Bern, 241–268.

OERTER, ROLF (1999): Theorien der Lesesozialisation – Zur Ontogenese des Lesens. In: Groeben, Norbert (Hrsg.): Lesesozialisation in der Mediengesellschaft. IASL (= Internationales Archiv für Sozialgeschichte der deutschen Literatur), 10. Sonderheft. Tübingen, 27–55.

OEVERMANN, ULRICH (1996): Theoretische Skizze einer revidierten Theorie professionalisierten Handelns. In: COMBE, A. / HELSPER, W. (Hrsg.): Pädagogische Professionalität. Untersuchungen zum Typus pädagogischen Handelns. Frankfurt/M., 70–182.

OOMEN-WELKE, INGELORE (1985): Innenansicht einer Türkenklasse: Erfahrungen und Reflexionen aus der Arbeit in einem ‚nationalen Modell'. In: Deutsch lernen 2/1985, 3–45.

OOMEN-WELKE, INGELORE (2003): Entwicklung sprachlichen Wissens und Bewusstseins im mehrsprachigen Kontext. In: BREDEL, U. / GÜNTHER, H. / KLOTZ, P. / OSSNER, J. / SIEBERT-OTT, G. (Hrsg.): Didaktik der deutschen Sprache. Bd 1. Paderborn u. a., 452–463.

OOMEN-WELKE (2010): Sprachförderung durch Erkunden von Sprachen. In: Der Deutschunterricht (2010) 6, 69–80.

OOMEN-WELKE, INGELORE (Hrsg.) (2010): Der Sprachenfächer. Berlin.

OOMEN-WELKE, INGELORE (2011): Sprachen vergleichen auf eigenen Wegen: Der Beitrag des Deutschunterichts. In: ROTHSTEIN, B. (Hrsg.), Sprachvergleich in der Schule. Baltmannsweiler, 49–70.

OOMEN-WELKE, INGELORE (2013): Sprachvergleich und Sprachbewusstheit. In: OOMEN-WELKE / AHRENHOLZ (Hrsg.), 85–97.

OOMEN-WELKE (³2014a): Deutsch und andere Sprachen im Vergleich. In: AHRENHOLZ / OOMEN-WELKE (Hrsg.), 33–48.

OOMEN-WELKE (³2014b): Didaktik der Sprachenvielfalt. In: AHRENHOLZ / OOMEN-WELKE (Hrsg.), 479–492.

OOMEN-WELKE, INGELORE (³2014c): Präkonzepte: Sprachvorstellungen ein- und mehrsprachiger Schülerinnen. In: AHRENHOLZ, B. / OOMEN-WELKE, I. (Hrsg.): Deutsch als Zweitsprache. Baltmannsweiler, 373–384.

OOMEN-WELKE, INGELORE / AHRENHOLZ, BERNT (Hrsg.) (2013): Deutsch als Fremdsprache. DTP Bd. 10. Baltmannsweiler.

OOMEN-WELKE, INGELORE / DİRİM, İNCİ (Hrsg.) (2013): Mehrsprachigkeit in der Klasse wahrnehmen – aufgreifen – fördern. Stuttgart.

OOMEN-WELKE, INGELORE / RÖSCH, HEIDI (2013): Wissen über Sprachen erwerben – Sprachengebrauch reflektieren und respektieren. In: OOMEN-WELKE / DIRIM (Hrsg.), 179–219.

OOMEN-WELKE, INGELORE / BREMERICH-VOS, Albert (2014): Der Kompetenzbereich „Sprache und Sprachgebrauch untersuchen". In: BEHRENS, U. u. a. (Hrsg.): Bildungsstandards Deutsch: konkret. Berlin.

ORTNER, HANSPETER (2000): Schreiben und Denken. Tübingen.

OSKAMP, IRMTRAUD M. (1996): Jugendliteratur im Lehrerurteil. Historische Aspekte und didaktische Perspektiven. Würzburg.

OSSNER, JAKOB (1993): Praktische Wissenschaft. In: BREMERICH-VOS (Hrsg.) (1993b), 186–199.

OSSNER, JAKOB (1999): Das Profil der Fachdidaktik. Grundzüge einer praktischen Disziplin. In: RADTKE, F.-O. (Hrsg.): Lehrerbildung an der Universität – Zur Wissensbasis pädagogischer Professionalität. Dokumentation des Tages der Lehrerbildung an der Johann Wolfgang Goethe-Universität, Frankfurt/M., 23–45.

OSSNER, JAKOB (2006a): Kompetenzen und Kompetenzmodelle im Deutschunterricht. In: Didaktik Deutsch, 2006/21, 5–19.

OSSNER, JAKOB (2006b): Sprachdidaktik Deutsch. Paderborn u. a.

OSSNER, JAKOB (2012): Grammatische Terminologie in der Schule. In: Didaktik Deutsch 18, 111–126.

PAEFGEN, ELISABETH K. (1996a): Reicher Materialfundus. In: Praxis Deutsch 135/1996, 13–15.

PAEFGEN, ELISABETH K. (1996b): Verstehen Leser den Text oder (nur) sich selbst? Diskussion der ‚Lebensroman'-These im rezeptionstheoretischen Kontext. In: Literatur für Leser 2/1996, 136–149.

PAEFGEN, ELISABETH K. (1998): Textnahes Lesen. Sechs Thesen aus didaktischer Perspektive. In: BELGRAD / FINGERHUT (Hrsg.), 14–23.

PAEFGEN, ELISABETH (2010a): Kompetenzen und Unterrichtsziele im Lese- und Literaturunterricht der Sekundarstufe II . In: KÄMPER-VAN DEN BOOGAART, M. / SPINNER, K. H. (Hrsg.) (2010), DTP, Bd. 11/2. Baltmannsweiler, 79–103.

PAEFGEN, ELISABETH (2010b): Kompetenzen und Unterrichtsziele im Lese-und Literaturunterricht der Sekundarstufe II. In: KÄMPER-VAN DEN BOOGAART, M. / SPINNER, K. H. (Hrsg.) (2010), DTP Bd. 11/2. Baltmannsweiler, 79–103.

PAGEL, BARBARA / HINNEY, GABRIELE (2007): Rechtschreibkompetenz und Sprachbewusstheit. Ein Unterrichtsprojekt zum forschenden Lernen. In: Grundschulunterricht 9/2007, 12–24.

PARR, ROLF (2003): Der mit dem Ball tanzt, der mit dem Bein holzt, der mit sich selbst spielt. – Nationalstereotype in der Fußball-Berichterstattung. In: ADELMANN, R. / PARR, R. / SCHWARZ, Th. (Hrsg.): Querpässe. Beiträge zur Literatur-, Kultur- und Mediengeschichte des Fußballs. Heidelberg, 47–70.

PAULSEN, GARY (1995): Allein in der Wildnis. Hamburg.

PAYRHUBER, FRANZ-JOSEF (1999): Leseinteressen von Jugendlichen und Schullektüre in der Sekundarstufe. In: FRANZMANN u. a. (Hrsg.), 589–592.

PEER, W. VAN / VERHAGEN, A. (Hrsg.) (1984): Forces in European Mother Tongue Education. Enschede.

PESCHEL, CORINNA (2006): Vom Nutzen textgrammatischen Wissens für die Textproduktion – Eine Untersuchung schulischen Grammatikunterrichts am Beispiel kausaler Verknüpfungsmittel. In: BECKER, T. / PESCHEL, C. (Hrsg.): Gesteuerter und ungesteuerter Grammatikunterricht. Baltmannsweiler, 105–127.

PESCHEL, CORINNA (2009): Grammatische Zweifelsfälle als Thema des Deutschunterrichts? Das Beispiel der ‚schwachen Maskulina‘. In: HENNIG, M. / MÜLLER, CH. (Hrsg.): Wie normal ist die Norm? Sprachliche Normen im Spannungsfeld von Sprachwissenschaft, Sprachöffentlichkeit und Sprachdidaktik. Kassel, 39–59.

PETERSEN, JÜRGEN H. (2000): Mimesis – Imitatio – Nachahmung. Eine Geschichte der europäischen Poetik. München.

PETERSSEN, WILHELM H. (⁹2000): Handbuch Unterrichtsplanung. aktualisierte und überarb. Ausgabe. München.

PEYER, ANN (2005): Grammatikunterricht. In: LANGE, G. / WEINHOLD, S. (Hrsg.): Grundlagen der Deutschdidaktik. Sprachdidaktik – Mediendidaktik – Literaturdidaktik. Baltmannsweiler, 73–100.

PHILIPP, MAIK (2011): Lesesozialisation in Kindheit und Jugend. Lesemotivation, Leseverhalten und Lesekompetenz in Familie, Schule und Peer-Beziehungen. Stuttgart.

PHILIPP, MAIK (2012a): Motiviert lesen und schreiben. Dimensionen, Bedeutung, Förderung. Seelze.

PHILIPP, MAIK (2012b): Das vernachlässigte Füllhorn der Sprache. Unter: www.leseforum.ch. Online-Plattform für Literalität 1/2012. Online verfügbar, (20.12.2013).

PIEPER, IRENE / ROSEBROCK, CORNELIA / WIRTHWEIN, HEIKE / VOLZ, STEFFEN (2004): Lesesozialisation in schriftfernen Lebenswelten. Lektüre und Mediengebrauch von HauptschülerInnen. Weinheim/München.

PIEPER, IRENE (2010): Lese- und literarische Sozialisation. In: KÄMPER-VAN DEN BOOGAART, M. / SPINNER, K. H. (Hrsg.) (2010), DTP Bd. 11/1. Baltmannsweiler, 87–147.

PIEPHO, HANS-EBERHARD (2003): Von der Übungs- und Aufgabentypologie zur Szenariendidaktik: es hat sich etwas entwickelt. In: LEGUTKE / SCHOCKER-v. DITFURTH (Hrsg.), 59–68.

PINAR, WILLIAM F. / REYNOLDS, WILLIAM M. / SLATTERY, PATRICK / TAUBMAN, PETER M. (1996): Understanding Curriculum. An Introduction to the Study of Historical and Contemporary Curriculum Discourses. (=Studies in the Postmodern Theory of Education 17). New York u. a.

POHL, INGE / ULRICH, WINFRIED (Hrsg.) (2011): Wortschatzarbeit. Baltmannsweiler.

POHL, THORSTEN (2008): Die Entwicklung der Text-Sorten-Kompetenz im Grundschulalter. In: BREMERICH-VOS / GRANZER / KÖLLER (Hrsg.), 88–116.

PORTMANN, PAUL R. (1991): Schreiben und Lernen. Grundlagen der fremdsprachlichen Schreibdidaktik. Tübingen.

PRAXIS DEUTSCH (1976-2000): Zeitschrift für den Deutschunterricht. Sonderheft. Praxis Deutsch / Sonderheft. Seelze.

RAJEWSKI, IRINA (2002): Intermedialität. Tübingen/Basel.

REICH, HANS H. (1993): Die Entwicklung interkultureller Curricula. In: Sachunterricht und Mathematik in der Primarstufe 9/1993, 419–423.

REICH, HANS H. (2011): Durchgängige Sprachbildung. Vortrag am 20. Mai 2011 beim Landesinstitut Hamburg. Online verfügbar, (10.9.2013).

RETELSDORF, JAN / MÖLLER, JENS (2008): Entwicklungen von Lesekompetenz und Lesemotivation: Schereneffekte in der Sekundarstufe? In: Zeitschrift für Entwicklungspsychologie und Pädagogische Psychologie 40, 179–188.

RICHTER, KARIN (2010): Krabat und die Schwarze Mühle. Die sorbische Sage im literarischen, ethnischen, historischen und medialen Kontext. Reihe: Bilder erzählen Geschichten. Geschichten erzählen zu Bildern. Bd.7, Modelle und Materialien für den Literaturunterricht.

RICHTER, TOBIAS / CHRISTMANN, URSULA (2002): Lesekompetenz: Prozessebene und interindividuelle Unterschiede. In: GROEBEN / HURRELMANN (2002a), 25–58.

RIECKMANN, CAROLA / JÖRGENS, MORITZ / ROSEBROCK, CORNELIA (2013): Verhinderte Lesebereitschaft. Was fehlt schriftfernen Jugendlichen zum eigenständigen Lesen. In: IDE-Informationen zur Deutschdidaktik: Literale Praxis. Heft 1, 87–99.

RINGER, FRITZ K. (1987): Die Gelehrten. Der Niedergang der deutschen Mandarine 1890–1933. München.

ROBINSOHN, SAUL B. (1969): Bildungsreform als Revision des Curriculums. Neuwied.

RÖBER, CHRISTA (2011): Konzepte des Erwerbs der Groß-/Kleinschreibung. In: BREDEL, U. / TEISSIG, T. (Hrsg.): Weiterführender Orthographieerwerb. Baltmannsweiler, 296–317.

ROCHE, JÖRG (2001): Interkulturelle Sprachdidaktik. Eine Einführung. Tübingen.

RÖSCH, HEIDI (1995): Begegnung mit Minderheitensprachen in der DeutschlehrerInnenausbildung. In: LINKE / OOMEN-WELKE (Hrsg.), 299–315.

RÖSCH, HEIDI (2007): Interkulturelle Literatur lesen – Literatur interkulturell lesen. In: FÄCKE / WANGERIN (Hrsg.), 51–62.

RÖSCH, HEIDI (2013a): Interkulturelle Literaturdidaktik im Spannungsfeld von Differenz und Diskriminierung, Diversität und Hybridität. In: JOSTING, P. / RÖDER, C. (Hrsg.): Extra-Band der Fachzeitschrift kjl&m.

RÖSCH, HEIDI (2013b): Mehrsprachige Kinderliteratur im Literaturunterricht. In: Gawlitzek / Kümmerling-Meibauer (Hrsg.), 143–168.

ROSEBROCK, CORNELIA (Hrsg.) (1995): Lesen im Medienzeitalter. Biografische und historische Aspekte literarischer Sozialisation. Weinheim.

ROSEBROCK, CORNELIA (1997): Kinder- und Jugendliteratur im Unterricht – aus der Perspektive der Lehrerbildung: In: RANK, B. / ROSEBROCK, C. (Hrsg.): Kinderliteratur, literarische Sozialisation und Schule. Weinheim, 7–28.

ROSEBROCK, CORNELIA (2001): Schritte des Literaturerwerbs. In: Lesezeichen. Mitteilungen des Lesezentrums der Pädagogischen Hochschule Heidelberg 10/2001, 5–36.

ROSEBROCK, CORNELIA / NIX, DANIEL (2006): Forschungsüberblick: Leseflüssigkeit (Fluency) in der amerikanischen Leseforschung und -didaktik. Didaktik Deutsch 20, 90–112.

ROSEBROCK, CORNELIA / NIX, DANIEL (2008): Grundlagen der Lesedidaktik und der systematischen schulischen Leseförderung. Baltmannsweiler.

ROSEBROCK, CORNELIA / NIX, DANIEL / RIECKMANN, CAROLA / GOLD, ANDREAS (2011): Leseflüssigkeit fördern. Lautleseverfahren für die Primar- und Sekundarstufe. Seelze.

ROSEBROCK, CORNELIA / NIX, DANIEL (2014): Grundlagen der Lesedidaktik und der systematischen schulischen Leseförderung. 5., überarb. Auflage. Baltmannsweiler.

ROSEBROCK, CORNELIA / WIRTHWEIN, HEIKE (2014): Standardorientierter Lese- und Literaturunterricht in der Sekundarstufe I. Baltmannsweiler.

ROTHSTEIN, BJÖRN (Hrsg.) (2011): Sprachvergleich in der Schule. Baltmannsweiler.

RÖTTGER, BRIGITTE (1974): Literaturdidaktik und Literaturwissenschaft. Wandlungen fachdidaktischer Theoriebildungen. In: BOUEKE, D. (Hrsg.): Deutschunterricht in der Diskussion. Forschungsberichte. Paderborn, 36–55.

RUNGE, GABRIELE (1997a): Lesesozialisation in der Schule. Untersuchungen zum Einsatz von Kinder- und Jugendliteratur im Unterricht. (Diss.) Würzburg.

RUNGE, GABRIELE (1997b): Nur keine Experimente! Was und wie häufig lassen Lehrer lesen? Ergebnisse einer empirischen Untersuchung. In: Praxis Deutsch 143/1997, 4–10.

SCHEFFER, BERND (1995): Klischees und Routinen der Interpretation: Vorschläge für eine veränderte Literaturdidaktik. In: Der Deutschunterricht 3/1995, 74–83.

SCHELLER, INGO (1980): Erfahrungsbezogener Unterricht. Aneignung Verarbeitung Veröffentlichung. Oldenburg.

SCHERF, DANIEL (2013): Leseförderung aus Lehrersicht. Eine qualitativ-empirische Untersuchung professionellen Wissens. Wiesbaden.

SCHERNER, MAXIMILIAN (2013): Grammatik im Deutschunterricht der Sekundarstufe II – struktur- oder prozessorientiert. In: KÖPCKE / ZIEGLER: Schulgrammatik und Sprachunterricht im Wandel. Berlin/ New York, 101–126.

SCHIEFELE, ULRICH / ARTELT, CORDULA / SCHNEIDER, WOLFGANG / STANAT, PETRA (Hrsg.) (2004): Struktur, Entwicklung und Förderung von Lesekompetenz. Vertiefende Analysen im Rahmen von PISA 2000. Wiesbaden.

SCHLICKAU, STEPHAN (2009): Neue Medien in der Sprach- und Kulturvermittlung. (Hildesheimer Schriften zur Interkulturellen Kommunikation, Bd. 1). Frankfurt/M. u.a.

SCHMIDT, SIEGFRIED J. (1999): Literaturwissenschaft als Medienkulturwissenschaft. Anmerkungen zur Integration von Literatur- und Medienwissenschaft(en). In: LECKE (Hrsg.), 64–83.

SCHOENTHAL, GISELA (1995): Anregungen aus der angewandten Gesprächsforschung für die schulische Gesprächserziehung. In: Der Deutschunterricht 1/1995, 25–29.

SCHÖN, ERICH (1990): Die Entwicklung literarischer Rezeptionskompetenz. Ergebnisse einer Untersuchung zum Lesen bei Kindern und Jugendlichen. In: Siegener Periodikum zur Internationalen Literaturwissenschaft 9, 2/1990, 229–276.

SCHÖN, ERICH (1999): Geschichte des Lesens. In: FRANZMANN, u.a. (Hrsg.), 1–85.

SCHÖNERT, JÖRG (1999): ‚Kultur' und ‚Medien' als Erweiterungen zum Gegenstandsbereich der Germanistik in den 90er Jahren. In: LECKE (Hrsg.), 43–64.

SCHRAMM, HILDE (Hrsg.) (1981): Frauensprache – Männersprache. Ein Arbeitsbuch zur geschlechtsspezifischen Sprachverwendung. Frankfurt/M.

SCHUBERT, KRISTINA/SCHUBERT-FELMY, BARBARA (2014): Rico, Oskar und die Tieferschatten von Andreas Steinhöfel. In: Josting, P./Dreier, R. (Hrsg.): Lesefutter für Groß und Klein. Kinder- und Jugendliteratur nach 2000 und literarisches Lernen im medienintegrativen Deutschunterricht. Kjl&m 14. extra. München, S. 79-91.

SCHUBERT-FELMY, BARBARA (2001): Wege der Imagination – Lesewege. Augsburg.

SCHUBERT-FELMY, BARBARA (2006): Zur Mitarbeit der Jungen im Literaturunterricht – Wie kann man sie erreichen? In: JOSTING, P. / HOPPE, H., 151–167.

SCHUBERT-FELMY, BARBARA (2012): Erinnerungsorte. Land- und Dorfleben im Spiegel literarischer Zeugnisse der DDR. Analysen für Schule und Hochschule. Baltmannsweiler.

SCHUBERT-FELMY, BARBARA / SCHUBERT, KRISTINA (2005): Medienintegrativer Deutschunterricht am Beispiel von Astrid Lindgrens „Ronja Räubertochter". In: FREDERKING, V. / JOSTING, P. (Hrsg.): Medienintegration und Medienverbund im Deutschunterricht. Baltmannsweiler, 104 –1 22.

SCHULE OHNE RASSISMUS (1995): Handbuch. Bundeskoordination c/o Aktion Courage – SOS Rassismus. Bonn.

SCHULZ VON THUN, FRIEDEMANN (1981, 2010): Miteinander reden. 3 Bde. Reinbek/Hamburg.

SCHUSTER, KARL (1998): Mündlicher Sprachgebrauch im Deutschunterricht. Denken – Sprechen – Handeln. Baltmannsweiler.

SCHWAKE, TIMOTHEUS (2007): Otfried Preußler: Krabat. In: Einfach Deutsch, hg. v. DIEKHANS, JOHANNES.

SCHWITTERS, KURT (1973): An Anna Blume. In: Das literarische Werk. Bd. 1. Lyrik, hg. v. FRIEDHELM LACH. Köln.

SEARLE, JOHN R. (1982): Eine Taxonomie illokutionärer Akte. In: ders.: Ausdruck und Bedeutung. Untersuchungen zur Sprechakttheorie. Frankfurt/M., 17–50.

SEIDEMANN, WALTER (1927): Deutschunterricht als innere Sprachbildung. Heidelberg.

SEIFERT, WALTER (1975): Literarische Prosaformen im Unterricht. In: SOWINSKI, B. (Hrsg.), Fachdidaktik Deutsch. Köln/Wien, 232–253.

SEKRETARIAT DER KMK (2003): Entwicklung und Implementation von Bildungsstandards. Bonn.

SHULMAN, LEE S. (2004): The Wisdom of Practice. Essays on Teaching, Learning and Learning to Teach. San Francisco.

SPIEWAK, MARTIN (2008): Der undankbarste Job meines Lebens. In: Die Zeit Nr. 12 vom 13. 03. 2008.

SPINNER, ELISABETH / SPINNER, KASPAR H. (1984): Kinder und Jugendliteratur. In: BAURMANN / HOPPE (1984), 362–373.

SPINNER, KASPAR H. (1989a): Literaturunterricht und moralische Entwicklung. In: Praxis Deutsch 95/1989, 13–19.

SPINNER, KASPAR H. (1989b): Textanalyse im Unterricht. In: Praxis Deutsch 98/1989, 19–23.

SPINNER, KASPAR H. (1989c): Fremdverstehen und historisches Verstehen als Ergebnis kognitiver Entwicklung. In: Der Deutschunterricht 4/1989, 19–23.

SPINNER, KASPAR H. (1993): Entwicklung des literarischen Verstehens. In: BEISBART u. a. (Hrsg.), 55–64.

SPINNER, KASPAR H. (1995): Die Entwicklung literarischer Kompetenz beim Kind. In: ROSEBROCK (Hrsg.), 81–96.

SPINNER, KASPAR H. (1999a): Lese- und literaturdidaktische Konzepte. In: FRANZMANN u. a. (Hrsg.), 593–601.

SPINNER, KASPAR H. (1999b): Die eigenen Lernwege unterstützen. Die sogenannte kognitive Wende in der Deutschdidaktik. In: ders. (Hrsg.) (1999c), 5–9.

SPINNER, KASPAR H. (Hrsg.) (1999c): Neue Wege im Literaturunterricht. Informationen, Hintergründe, Arbeitsanregungen, Hannover.

SPINNER, KASPAR H. (2001a): Deutsch in der gymnasialen Oberstufe: Probleme und Perspektiven. In: TENORTH (Hrsg.) (2001b), 142–154.

SPINNER, KASPAR H. (2001b): Kreativer Deutschunterricht. Identität – Imagination – Kognition. Seelze.

SPINNER, KASPAR H. (2004): Lesekompetenz in der Schule. In: SCHIEFELE u. a. (Hrsg.), 125–138.

SPINNER, KASPAR H. (2006a): Literarisches Schreiben zu einem Text. Zu Franz Hohler ‚Das Huhn auf der Funkausstellung‘. In: KAMMLER (Hrsg.) (2006a), 66–79.

SPINNER, KASPAR H. (2006b): Literarisches Lernen. In: Praxis Deutsch 33, Heft 200, 6–16.

SPINNER, KASPAR H. (2006c): Neue und alte Bilder von Lernenden. Deutschdidaktik im Zeichen der kognitiven Wende. In: SPINNER, K. H.: Kreativer Deutschunterricht. Identität – Imagination – Kognition. 2. Aufl., Seelze, 131–148.

SPINNER, KASPAR H. (2013): Methoden des Literaturunterrichts. In DTP Bd. 2. Baltmannsweiler, 190–242.

STAHNS, RUVEN / BREMERICH-VOS, Albert (2013): Aspekte empirischer Unterrichtsforschung. In: KÖPCKE, K.-M. / ZIEGLER, A. (Hrsg.): Schulgrammatik und Sprachunterricht im Wandel. Berlin, 151–176.

STÄNDIGE KONFERENZ der KULTUSMINISTER (2003): Bildungsstandards im Fach Deutsch für den Mittleren Schulabschluss (Jahrgangsstufe 10). Online verfügbar, (18. 07. 08).

STÄNDIGE KONFERENZ DER KULTUSMINISTER (2004): Bildungsstandards im Fach Deutsch für den Hauptschulabschluss (Jahrgangsstufe 9). Online verfügbar, (18.07.08).

STANAT, PETRA / SCHNEIDER, WOLFGANG (2004): Schwache Leser unter 15-jährigen Schülerinnen und Schülern in Deutschland: Beschreibung einer Risikogruppe. In: SCHIEFELE u. a. (Hrsg.), 243–274.

STANAT, PETRA / RAUCH, DOMINIQUE / SEGERITZ, MICHAEL (2010): Schülerinnen und Schüler mit Migrationshintergrund. In: KLIEME, E. u. a. (Hrsg.), 200–230.

STATISTISCHES BUNDESAMT 2013: Distatis. Online verfügbar, (21. 10. 2013).

STEINHOFF, TORSTEN (2009): Der Wortschatz als Schaltstelle des schulischen Spracherwerbs. In: Didaktik Deutsch 27, 33–52.

STEINIG, WOLFGANG / HUNEKE, HANS-WERNER (⁴2011): Sprachdidaktik Deutsch. Eine Einführung. Berlin.

STEINMETZ, MICHAEL (2013): Der überforderte Abiturient im Fach Deutsch. Eine qualitativ-empirische Studie zur Realisierbarkeit von Bildungsstandards. Wiesbaden.

STEMMER-RATHENBERG, ANKE (2011): Zur Nachahmung empfohlen! Imitatives Schreiben zu Prosatexten. Baltmannsweiler.

STEVENSON, PATRICK (2013): SprachGeschichten mit Migrationshintergrund: demografische und biografische Perspektiven auf Sprachkenntnisse und Spracherleben. In: DEPPERMANN (Hrsg.), 193–221.

STUTTERHEIM V., CHRISTIANE (1994): Quaestio und Textaufbau. In: KORNADT, H.-J. / GRABOWSKI, J. / MANGOLD-ALLWINN, R. (Hrsg.): Sprache und Kognition. Perspektiven moderner Sprachpsychologie. Heidelberg/Berlin/Oxford, 251–271.

TANNEN, DEBORAH (1991): Du kannst mich einfach nicht verstehen. Warum Männer und Frauen aneinander vorbeireden. Hamburg.

TANNEN, DEBORAH (1992): Das hab' ich nicht gesagt. Kommunikationsproblem im Alltag. München.

TENORTH, HEINZ-ELMAR (1994): „Alle alles zu lehren". Möglichkeiten und Perspektiven allgemeiner Bildung. Darmstadt.

TENORTH, HEINZ-ELMAR (2000): Geschichte der Erziehung. Einführung in die Grundzüge ihrer neuzeitlichen Entwicklung. Neuauflage. Weinheim/München.

TENORTH, HEINZ-ELMAR (2001): Kerncurricula für die Oberstufe – Zur Einleitung. In: ders. (Hrsg.) (2001b), 10–20

TENORTH, HEINZ-ELMAR (Hrsg.) (2001b): Kerncurriculum Oberstufe. Mathematik – Deutsch – Englisch. Weinheim.

TENORTH, HEINZ-ELMAR / TIPPELT, RUDOLF (2007): BELTZ Lexikon Pädagogik. Weinheim/Basel.

TEBRÜGGE, ANDREA (2001): Unterrichtsplanung zwischen didaktischen Ansprüchen und alltäglicher Berufsanforderung. Eine empirische Studie zum Planungshandeln von Lehrerinnen und Lehrern in den Fächern Deutsch, Mathematik und Chemie. Frankfurt/M. u. a.

TERHART, EWALD (2000): Perspektiven der Lehrerbildung. Abschlussbericht der von der KMK eingesetzten Kommission. Weinheim.

TERHART, EWALD (2011): Hat John Hattie tatsächlich den Heiligen Gral der Schul- und Unterrichtsforschung gefunden? Eine Auseinandersetzung mit Visible Learning. In: KEINER, E. (Hrsg.): Metamorphosen der Bildung. Historie – Empirie – Theorie. Bad Heilbrunn 2011, 277–292.

TOULMIN, STEPHEN (1996): Der Gebrauch von Argumenten. Weinheim.

ULRICH, WINFRIED (Hrsg.) [1941-]: Deutschunterricht in Theorie und Praxis : DTP ; Handbuch zur Didaktik der deutschen Sprache und Literatur in elf Bänden. Baltmannsweiler.

ULRICH, WINFRIED (2012): Mit Sprachreflexion Textkompetenz fördern. In: Deutschunterricht 1/2012, 4–7.

VAN LOO, JOHANNA; FREYTAG, GERALD (2009): Deutsche Sprache der Gegenwart. Abi Box Deutsch. Schülerarbeitsbuch. Hannover.

VERTOVEC, STEVEN (2007): Super-diversity and its implications. Ethnic and Racial Studies, 29/6, 1024–1054.

VOLLSTÄDT, WITLOF u. a. (Hrsg.) (1999): Lehrpläne im Schulalltag. Eine empirische Studie zur Akzeptanz und Wirkung von Lehrplänen in der Sekundarstufe I. Opladen, 12.

VYGOTSKIJ, LEV S. (2005): Das Problem der Altersstufen. In: Ausgewählte Schriften, Bd. 2. Hrsg. v. Joachim Lompscher. Berlin, 53–90.

WAGNER, WOLF-RÜDIGER (2004): Integrierte Medienerziehung und die Bildungsstandards im Fach Deutsch. In: JONAS, H. / JOSTING, P. (Hrsg.): Medien: Kritik und Sprache (Jahrbuch Medien im Deutschunterricht 2004). München. 201–209.

WAGNER, WOLF-RÜDIGER (2013): Bildungsziel Medialitätsbewusstsein. Einladung zum Perspektivwechsel in der Medienbildung. München.

WALDMANN, GÜNTER (1988): Produktiver Umgang mit Lyrik. Eine systematische Einführung in die Lyrik, ihre produktive Erfahrung und ihr Schreiben. Baltmannsweiler.

WALDMANN, GÜNTER (1998): Produktiver Umgang mit Literatur im Unterricht: Grundriss einer produktiven Hermeneutik. Baltmannsweiler.

WANGERIN, WOLFGANG (2007): Der Leser „macht eigentlich aus einem Buche, was er will" (Novalis). Konstruktivistische Begründungen produktiven Literaturunterrichts. In: FÄCKE / WANGERIN (Hrsg.), 63–88.

WAPNEWSKI, PETER (1975): Literatur heute. In: Meyers Enzyklopädisches Lexikon. Mannheim Bd.15, 155–159.

WATZLAWICK, PAUL u. a. (1969): Menschliche Kommunikation. Formen, Störungen, Paradoxien. Bern u. a.

WEBER, MAX (1991): Schriften zur Wissenschaftslehre. Stuttgart.

WEINERT, FRANZ E. (2002): Vergleichende Leistungsmessung in Schulen – eine umstrittene Selbstverständlichkeit. In: WEINERT, FRANZ E. (Hrsg.): Leistungsmessungen in Schulen. Weinheim/Basel, 17–31.

WEISGERBER, LEO (⁹1951): Das Tor zur Muttersprache. Düsseldorf.

WELSCH, WOLFGANG (2002): Kulturverständnis. Netzdesign der Kulturen. Online verfügbar, (05. 10. 2013).

WERMKE, JUTTA (1996): Medienpädagogik und Fachdidaktik Deutschunterricht. 9/1996, 440–450.

WERMKE, JUTTA (1997): Integrierte Medienerziehung im Fachunterricht: Schwerpunkt Deutsch. München.

WICHERT, ADALBERT (2013): Epochen im Literaturunterricht. In: FREDERKING, V. u. a. (2013a). Baltmannsweiler, 43–55.

WIELAND, REGINA (2010): Sprache gebrauchen – Sprache thematisieren. In: HUNEKE, H. W. (Hrsg.): Sprach- und Mediendidaktik. Baltmannsweiler, 33–359.

WIELER, PETRA (1989): Sprachliches Handeln im Literaturunterricht als didaktisches Problem. Bern/Frankfurt/M.

WILDEMANN, ANJA / HOODGARZADEH, MAHZAD (Hrsg.) (2013): Sprachen und Identitäten, ide extra. Innsbruck.

WILKENDING, GISELA (1972): Ansätze zur Didaktik des Literaturunterrichts. Darstellung – Analyse. Weinheim/Basel.

WILLENBERG, HEINER (2003): Unterrichtsgespräch versus Vergleichsarbeit. In: Deutschunterricht 5/2003, 26–31.

WILLENBERG, HEINER (2007): Kompetenzhandbuch für den Deutschunterricht. Auf der empirischen Basis des DESI-Projekts. Baltmannsweiler.

WILLENBERG, HEINER (2008): Wortschatz Deutsch. in: DESI-Konsortium (Hrsg.): Unterricht und Kompetenzerwerb in Deutsch und Englisch. Ergebnisse der DESI-Studie. Weinheim u. a., 72–80.

WILLENBERG, HEINER (2011): Kritische Betrachtung von Makrountersuchungen zur Wortschatzmessung. In: POHL, I. / ULRICH, W. (Hrsg.): Wortschatzarbeit. Baltmannsweiler, 517–523.

WINKLER, IRIS (2011): Aufgabenpräferenzen für den Literaturunterricht. Eine Erhebung unter Deutschlehrkräften. Wiesbaden.

WINKLER, MICHAEL (1995): Die Schwierigkeiten des Zentaurus. Über Grundlagenforschung in der Pädagogik. In: LEONARD u. a. (Hrsg.), Pädagogische Erkenntnis – Grundlagen pädagogischer Theoriebildung. Weinheim[u.a], 13–58.

WINNER, ELLEN (1988): The Point of Words. Children's Understanding of Metaphor and Irony. Cambridge/Massachusetts.

WINTERSTEINER, WERNER (Hrsg.) (2002): Portfolio. Themenheft von ide. Informationen zur Deutschdidaktik. Zeitschrift für den Deutschunterricht in Wissenschaft und Schule, Heft 1.

WINTERSTEINER, WERNER (2007): Wintersteiner: Praktische Wissenschaft. Zum heutigen Selbstverständnis der Deutschdidaktik. In: GLABONIAT, M. u. a. (Hrsg.): Wir sind, was wir tun. Deutschdidaktik und Deutschunterricht vor neuen Herausforderungen (ide-extra, 13), Innsbruck/Wien/Bozen, 19–32.

WINTERSTEINER, WERNER (2011): Alte Meister-Über die Paradoxien literarischer Bildung. In: Didaktik Deutsch 17/2011, Heft 30, 15–21.

WITTE, THEO / RIJLAARSDAM, GERT / SCHRAMM, GERT (2012): An empirically grounded theory of Literary Development. Teachers' pedagogical content knowledge on literary development in upper secondary education. Online verfügbar, (20.11.2013).

WOLF, CHRISTA (1980): Lesen und Schreiben. Neue Sammlung. Darmstand/Neuwied, 18–23.

WOLSKI, WERNER (1998): Die Fachsprache der Sprachwissenschaft seit den Junggrammatikern. In: HOFFMANN, L. / KALVERKÄMPER, H. / WIEGAND, H. E. (Hrsg.): Fachsprachen. Languages for Special Purposes. Ein internationales Handbuch zur Fachsprachenforschung und Terminologiewissenschaft. Berlin/New York, 1341–1355.

WROBEL, ARNE (1995): Schreiben als Handlung. Überlegungen und Untersuchungen zur Theorie der Textproduktion. Tübingen.

WROBEL, DIETER (2009): Individuell lesen lernen. Das Hattinger Modell zur nachhaltigen Leseförderung in der Sekundarstufe. Baltmannsweiler.

ZABKA, THOMAS (2004): Literarisches Verstehen durch Inhaltsangaben? Anmerkungen zu einer umstrittenen Form des Umgangs mit narrativen Texten. In: KÄMPER-VAN DEN BOOGAART (Hrsg.), 201–222.

ZABKA, THOMAS (2006): Typische Operationen literarischen Verstehens. Zu Martin Luther ,Vom Raben und Fuchs'. In: Kammler (Hrsg.) (2006a), 80–101.

ZABKA, THOMAS (2007): Diskursive und poetische Aufgaben zur Texterschließung. In: WILLENBERG, 199–209.

ZABKA, THOMAS (2009): Theoretische Überlegungen zu einer Lehrerkompetenz. In: Kämper- van den BOOGAART, M. / SPINNER, K. H. (Hrsg.) (2010), DTP Bd. 11/3. Baltmannsweiler, 60–88.

ZABKA, THOMAS (2010): Texte über Texte als Formate schriftlicher Leistungsprüfung: Nacherzählung, Inhaltsangabe, Analyse, Interpretation und benachbarte Aufgaben. In: KÄMPER-VAN DEN BOOGAART, M. / SPINNER, K. H. (Hrsg.) (2010), DTP Bd. 11/3. Baltmannsweiler, 60–88

ZABKA, THOMAS (2012a): Didaktische Analyse literarischer Texte. Theoretische Überlegungen zu einer Lehrerkompetenz. In: FRICKEL, D. / KAMMLER, C. / RUPP, G. (Hrsg.): Literaturdidaktik im Zeichen von Kompetenzorientierung und Empirie: Perspektiven und Probleme. Freiburg, 139–162.

ZABKA, THOMAS (2012b): Hinweise zum Aufbau literarischer Kompetenz in der Sekundarstufe II. In: Informationen zur Deutschdidaktik 36, Heft 1, 108–118.

ZABKA, THOMAS (2013): Texte über Texte als Formate schriftlicher Leistungsüberprüfung: Nacherzählung, Inhaltsangabe, Analyse, Interpretation und benachbarte Aufgaben. In: KÄMPER-VAN DEN BOOGAART, M. / SPINNER, K. H. (Hrsg.) (2010), DTP Bd. 11/3. Baltmannsweiler, 60–88.

ZIEHE, THOMAS (1996): Vom Preis des selbstbezüglichen Wissens. In: COMBE, A. / HELSPER, W. (Hrsg.), Pädagogische Professionalität. Untersuchungen zum Typus pädagogischen Handelns, Frankfurt/M., 924–942.

Namenregister

317

Textnachweis: Nach dem Tod von **Horst Schmidt-Brümmer** wurde der Reiseführer Südstaaten USA von **Heike Wagner** für die vorliegende Auflage aktualisiert. Sie hat im Vista Point Verlag den Reiseführer West-Kanada und den Info Guide Rhein-Ruhr sowie gemeinsam mit Bernd Wagner die Reiseführer Ost-Kanada und Rocky Mountains veröffentlicht.

Das Kapitel **Chronik – Abriss der Geschichte** stammt von **Siegfried Birle**, der neben einem Reiseführer Nordwesten USA und dem Bildband USA die historischen Kapitel einiger USA-Reiseführer für den Vista Point Verlag verfasste.